Elogios ao *Treinamento de Equipes Ágeis*

"O subtítulo deste livro diz que ele é destinado aos 'Scrum Masters, agile coaches e Gerentes de Projeto', contudo, as orientações e os aconselhamentos valem para qualquer pessoa que faça parte de uma equipe ágil (Scrum). Esta obra indubitavelmente ajudará os membros da equipe a entender melhor sua relação com o trabalho que os Scrum Masters, os agile coaches e os gerentes de projeto fazem para a equipe. E, além do mais, o livro pode ser inestimável para qualquer pessoa que trabalhe em coaching de saúde e bem-estar com qualquer grupo de pessoas, difundindo o uso do livro para além dos esforços ágeis."

—Scott Duncan, *Agile Coach*

"Lyssa explica de forma notável como as habilidades do coach profissional podem ser empregadas para treinar equipes ágeis de desenvolvimento de software. O que mais amo neste livro é como Lyssa expressa conselhos práticos à vida, relacionando-os com as experiências cotidianas que todos nós reconhecemos. Um guia essencial que todos os gerentes ágeis devem ter na estante."

—Rachel Davies, autora do *Agile Coaching*

"Ao ler este livro, pude na verdade ouvir a voz de Lyssa, direcionando-me e despertando insights poderosos. Uma das melhores coisas de ter um coach experiente e sábio ao seu lado é que ele o ajuda a ser o melhor coach que você pode ser para a sua equipe."

—Kris Blake, *Agile Coach*

"Lyssa Adkins apresenta o treinamento ágil em um estilo cuidadoso, fundamentado em bases sólidas. Ela resolve o paradoxo de como o treinamento pode ajudar uma equipe a se auto-organizar e mostra como um ambiente estimulante pode levar as equipes a um desempenho melhor do que nunca."

—Bill Wake, *Industrial Logic, Inc.*

"Eu amo as três virtudes de Lyssa como agile coach — amorosa, humana, decidida. Cada capítulo apresenta uma combinação irresistível de filosofia e ação, framework e liberdade, abordagem e prevenção, como qualquer livro ágil deveria. Provavelmente, *Treinamento de Equipes Ágeis* ficará cheio de orelhas de tanto uso, em vez de ficar inteiro na minha estante. A intensidade e a qualidade da expertise que Lyssa obteve, vivenciou e manifestou ao longo de sua própria jornada de treinamento foram sintetizadas pela voz da sua experiência."

—*Christopher Avery, mentor de processos de responsab*

"Em minha experiência com projetos ágeis, o agile coach é um dos papéis mais importantes a se desempenhar. *Treinamento de Equipes Ágeis* de Lyssa Adkins apresenta os detalhes e as informações práticas sobre o que é preciso para ser um ótimo agile coach."

—*Dave Hendricksen, arquiteto de software, Thomson-Reuters*

"Eu me lembro de quando conheci a Lyssa no Scrum Gathering, em Orlando, e percebi mais do que depressa que ela se tornaria uma inspiração na comunidade ágil. Este livro condensa seus pensamentos e ideias em um trabalho literário fantástico que, creio eu, preenche uma lacuna em nossa comunidade. Sabíamos que o papel de um coach era necessário, mas durante muito tempo não tínhamos certeza de qual era, de fato, esse papel. Enquanto comunidade, nos esforçamos para explicar o que fazer, quando fazer e o que fazer a seguir. Lyssa não apenas organizou tudo o que nós, como coaches, ansiamos ser, mas também deu conselhos ótimos com orientações realistas sobre como ser o melhor coach que você pode para a sua equipe."

—*Martin Kearns, Coach (CSC) + Trainer (CST),*
Consultor Principal, Renewtek ply. Ltd.

Treinamento de Equipes Ágeis

Treinamento de Equipes Ágeis

Um Guia para Scrum Masters, Agile Coaches e Gerentes de Projeto em Transição

Lyssa Adkins

Prefácio de Jim Highsmith e Mike Cohn

ALTA BOOKS
GRUPO EDITORIAL
Rio de Janeiro, 2020

Treinamento de Equipes Ágeis

Copyright © 2020 da Starlin Alta Editora e Consultoria Eireli. ISBN: 978-85-508-1114-7

Translated from original Coaching Agile Teams. Copyright © 2010 by Pearson Education, Inc. ISBN 9780321637703. This translation is published and sold by permission of Pearson Education, Inc., the owner of all rights to publish and sell the same. PORTUGUESE language edition published by Starlin Alta Editora e Consultoria Eireli, Copyright © 2020 by Starlin Alta Editora e Consultoria Eireli.

Todos os direitos estão reservados e protegidos por Lei. Nenhuma parte deste livro, sem autorização prévia por escrito da editora, poderá ser reproduzida ou transmitida. A violação dos Direitos Autorais é crime estabelecido na Lei nº 9.610/98 e com punição de acordo com o artigo 184 do Código Penal.

A editora não se responsabiliza pelo conteúdo da obra, formulada exclusivamente pelo(s) autor(es).

Marcas Registradas: Todos os termos mencionados e reconhecidos como Marca Registrada e/ou Comercial são de responsabilidade de seus proprietários. A editora informa não estar associada a nenhum produto e/ou fornecedor apresentado no livro.

Impresso no Brasil — 1ª Edição, 2020 — Edição revisada conforme o Acordo Ortográfico da Língua Portuguesa de 2009.

Produção Editorial
Editora Alta Books

Gerência Editorial
Anderson Vieira

Gerência Comercial
Daniele Fonseca

Equipe Editorial
Adriano Barros
Ian Verçosa
Keyciane Botelho
Laryssa Gomes
Leandro Lacerda

Tradução
Cibelle Ravaglia

Produtor Editorial
Illysabelle Trajano
Juliana de Oliveira
Thiê Alves

Assistente Editorial
Maria de Lourdes Borges

Raquel Porto
Rodrigo Dutra
Thales Silva

Copidesque
Vivian Sbravati

Marketing Editorial
Lívia Carvalho
marketing@altabooks.com.br

Coordenação de Eventos
Viviane Paiva
eventos@altabooks.com.br

Equipe Design
Ana Carla Fernandes
Larissa Lima
Paulo Gomes
Thais Dumit
Thauan Gomes

Revisão Gramatical
Rochelle Lassarot
Hellen Suzuki

Revisão Técnica
Guilherme Calôba
SFC ®, PMP ®

Editores de Aquisição
José Rugeri
j.rugeri@altabooks.com.br
Márcio Coelho
marcio.coelho@altabooks.com.br

Diagramação
Luisa Maria Gomes

Publique seu livro com a Alta Books. Para mais informações envie um e-mail para autoria@altabooks.com.br

Obra disponível para venda corporativa e/ou personalizada. Para mais informações, fale com projetos@altabooks.com.br

Erratas e arquivos de apoio: No site da editora relatamos, com a devida correção, qualquer erro encontrado em nossos livros, bem como disponibilizamos arquivos de apoio se aplicáveis à obra em questão.
Acesse o site www.altabooks.com.br e procure pelo título do livro desejado para ter acesso às erratas, aos arquivos de apoio e/ou a outros conteúdos aplicáveis à obra.
Suporte Técnico: A obra é comercializada na forma em que está, sem direito a suporte técnico ou orientação pessoal/exclusiva ao leitor.
A editora não se responsabiliza pela manutenção, atualização e idioma dos sites referidos pelos autores nesta obra.
Ouvidoria: ouvidoria@altabooks.com.br

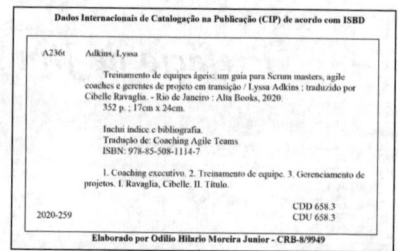

Dados Internacionais de Catalogação na Publicação (CIP) de acordo com ISBD

A236t   Adkins, Lyssa

       Treinamento de equipes ágeis: um guia para Scrum masters, agile coaches e gerentes de projeto em transição / Lyssa Adkins ; traduzido por Cibelle Ravaglia. - Rio de Janeiro : Alta Books, 2020.
       352 p. ; 17cm x 24cm.

       Inclui índice e bibliografia.
       Tradução de: Coaching Agile Teams
       ISBN: 978-85-508-1114-7

       1. Coaching executivo. 2. Treinamento de equipe. 3. Gerenciamento de projetos. I. Ravaglia, Cibelle. II. Título.

2020-259   CDD 658.3
                                        CDU 658.3

Elaborado por Odilio Hilario Moreira Junior - CRB-8/9949

Rua Viúva Cláudio, 291 — Bairro Industrial do Jacaré
CEP: 20.970-031 — Rio de Janeiro (RJ)
Tels.: (21) 3278-8069 / 3278-8419
www.altabooks.com.br — altabooks@altabooks.com.br
www.facebook.com/altabooks — www.instagram.com/altabooks

ASSOCIADO

Para agile coaches em formação e para os experientes — talvez você encontre aqui algo que possa ajudá-lo a trilhar o seu caminho.

Sumário

PREFÁCIO POR MIKE COHN XIII
PREFÁCIO POR JIM HIGHSMITH XV
AGRADECIMENTOS XVII
INTRODUÇÃO XIX
SOBRE A AUTORA XXV

Parte I   Tudo Começa com Você 1

1   Serei um Bom Coach? 3
     Por que Agile Coaches São Importantes 4
     O Contexto do Treinamento Ágil 5
     Vamos Entender Nosso Linguajar 8
     Adotando o Treinamento Ágil 9
     O Nascimento de um Agile Coach 16
     Características Inatas 17
     Faça do Treinamento Ágil a Sua Expressão Pessoal 19
     Recapitulação 19
     Recursos e Leituras Adicionais 19

2   Espere um Alto Desempenho 21
     Defina Suas Expectativas 22
     Adote uma Metáfora para Alto Desempenho 23
     Nunca Se Chega ao Destino 30
     Recapitulação 30
     Recursos e Leituras Adicionais 31
     Referências 31

3   Tenha Domínio de Si 33
     Comece com o Autoconhecimento 35
     Reabilitação da Síndrome de Querer
     Centralizar e Controlar Tudo 40
     Prepare-se para o Dia 44

ix

Concentre-se na Prática 47
Seja um Modelo para Eles 54
Apoie-se 55
Busque Sempre Se Aprimorar 56
Recapitulação 56
Leituras e Recursos Adicionais 56
Referências 57

4 Mude Seu Estilo 59
Estágios das Equipes Ágeis 60
Estilos do Agile Coach 64
Sinta-se à Vontade com a Mudança de Seu Estilo 68
Recapitulação 70
Leituras e Recursos Adicionais 71
Referências 71

Parte II Ajudando a Equipe a Buscar Mais 73

5 Coach como Mentor Coach 75
O que É Treinamento Ágil? 76
Por que Treinamos? 77
Treinamento em Dois Níveis 78
Treinamento Individual 83
Treinamento de Product Owners 98
Treinamento para Agile Coaches 109
Treinando Gerentes Agile 111
Recapitulação 116
Leituras e Recursos Adicionais 117
Referências 117

6 Coach como Facilitador 119
Use uma Abordagem Leve 121
Facilite as Reuniões em Pé 121
Facilitação do Planejamento do Sprint 126
Facilitação da Revisão do Sprint 131
Facilitação da Retrospectiva 135
Facilitação durante as Conversas da Equipe 139
Facilitação Profissional e Agile Coach 146
Recapitulação 147
Leituras e Recursos Adicionais 147
Referências 148

7 Coach como Professor 149
Ensine durante o Pontapé Inicial da Equipe........................150
Ensine Novos Membros da Equipe 174
Use os Momentos de Aprendizagem.....................................175
Ensine os Papéis Ágeis o Tempo Todo................................175
Recapitulação..186
Leituras e Recursos Adicionais....................................186
Referências...187

8 Coach como Pessoa que Resolve Problemas 189
Orientação Ágil sobre Resolução de Problemas.....................191
Surgem os Problemas e a Busca por Eles...........................192
Enxergue Claramente os Problemas.................................199
Resolver Problemas..203
Recapitulação...208
Leituras e Recursos Adicionais...................................208
Referências..209

9 Coach como Mediador de Conflitos................. 211
O Papel do Agile Coach no Conflito...............................212
Os Cinco Níveis de Conflito......................................213
Qual É o Nível do Conflito no Momento?...........................216
O que Você Deve Fazer a Respeito?................................220
Portador de Reclamações..226
Conflitos Irresolúveis...230
Últimas Considerações acerca do Conflito.........................235
Recapitulação..236
Leituras e Recursos Adicionais..................................236
Referências...236

10 Coach como Direcionador Colaborativo 239
Colaboração ou Cooperação?.......................................241
Da Cooperação à Colaboração......................................242
Promova Colaboradores Individuais................................243
Necessidade de Excesso de Ideias.................................248
Construa Sua Força de Colaboração................................249
Revele a Essência da Colaboração.................................262
Recapitulação..263
Leituras e Recursos Adicionais..................................264
Referências...265

Parte III   Dê Mais de Si 267

11   Modos de Insucesso, Recuperação
e Sucesso do Agile Coach 269

Modos de Insucesso do Agile Coach 270
De Onde Vêm os Modos de Insucesso? 271
Recupere-se dos Modos de Insucesso 273
Modos de Sucesso do Agile Coach 277
Pratique, Pratique 279
Recapitulação 280
Leituras e Recursos Adicionais 280
Referências 280

12   Quando Chegarei Lá? 281

Habilidades do Agile Coach 282
Além de uma Lista de Habilidades 290
Recapitulação 296
Leituras e Recursos Adicionais 297
Referências 297

13   Sua Jornada 299

Jornadas do Agile Coach 300
Recapitulação 317
Leituras e Recursos Adicionais 317
Referências 318

ÍNDICE 319

Prefácio por Mike Cohn

O alarde no Scrum Gathering de 2008, em Chicago, foi causado por uma palestrante que era nova nesse congresso. Na segunda-feira à tarde, ela apresentou uma palestra chamada "The Road from Project Manager to Agile Coach" [A Jornada do Gerente de Projeto para o Agile Coach, em tradução livre]. Na terça-feira, todos estavam falando sobre isso.

A razão pela qual a palestrante — Lyssa Adkins, cujo livro você tem em mãos agora — provocou alvoroço foi o entusiasmo, conhecimento e experiência indiscutíveis que ela trouxe à tona para a questão decisiva sobre treinamento ágil. Lyssa, a diretora de um grande escritório corporativo de gerenciamento de projetos que teve uma formação tradicional em gestão de projetos antes de descobrir a metodologia ágil, é o modelo perfeito para quem quer se tornar um agile coach competente.

Assistir a uma excelente agile coach é como assistir a um mágico. Não importa o quanto você lhe assista de perto, você não consegue descobrir como ela faz isso. Neste livro, a maga agile coach Lyssa Adkins nos leva até os bastidores e nos revela os truques de seu ofício. O mais espantoso é que não há truques nem cartas na manga. O que você encontrará são simplesmente técnicas ótimas para orientar as equipes a fim de que ela seja mais bem-sucedida do que nunca.

Lyssa rompe com as barreiras mágicas de ser coach em termos concretos. Ela não explica somente a diferença entre ensinar, treinar e aconselhar, como também nos mostra quando e como avançar entre elas. Lyssa apresenta orientações a respeito de como escolher entre treinar um indivíduo ou a equipe toda. Ela também nos conta como identificar as oportunidades de treinamento — chances de impactar profundamente a equipe.

Ao nos conduzir para além de coelhos brancos e chapeleiros malucos, Lyssa revela como iniciar conversas difíceis usando perguntas de peso, elaboradas para fazer com que os membros da equipe discutam um problema construtivamente. Esta é uma das minhas partes favoritas do livro. Lyssa compartilha os conselhos práticos sobre colaboração — um achado raro, porque muitos outros livros a respeito do assunto afirmam apenas que a colaboração é necessária, mas não oferecem nenhum conselho sobre como colocá-la em prática. Porém tão importante quanto todas as ferramentas que Lyssa nos mostra é o lembrete de que parte do trabalho do coach é saber quando se sentar, observar e deixar a equipe trabalhar.

Dado que nós, como agile coaches, também estamos fadados ao fracasso, Lyssa apresenta uma descrição substancial de oito modalidades de insucesso em que podemos nos enquadrar. No início da minha carreira, eu costumava me encaixar nas modalidades Expert e Hub. Posso dizer com sinceridade que elas foram deixadas para trás, mas ainda me esforço para não me comportar de acordo com a modalidade Opinativa. Vez ou outra, talvez você se comporte segundo as modalidades Espiã, Gaivota ou Borboleta, ou quem sabe você seja afetado por outras modalidades que ela descreve. Felizmente, Lyssa também nos apresenta oito modalidades de sucesso. Leia o Capítulo 11, "Modos de Insucesso, Recuperação e Sucesso do Agile Coach", a fim de conferir em qual modalidade você pode se encaixar.

Bons agile coaches e Scrum Masters ajudam suas equipes a alcançar mais do que elas conseguiriam por conta própria. Tornar-se um agile coach competente, assim como se tornar um mágico, começa com o aprendizado de um conjunto de técnicas. Deste ponto em diante, é uma questão de prática, prática e mais prática. Ainda que a prática dependa de você, este livro sensacional lhe direcionará no caminho certo, mostrando como um master agile coach desempenha seu ofício.

— Mike Cohn
Autor do *Succeeding with Agile*
Boulder, Colorado

Prefácio por Jim Highsmith

Antes de mais nada, este livro é ótimo! Eu tenho a oportunidade de ler muitos livros, propostas de livros e manuscritos sobre a metodologia ágil, e muitos são mais do mesmo — algumas ideias boas aqui e acolá, mas nenhuma contribuição sólida para a área. O livro de Lyssa Adkins não se encaixa nessa categoria.

Eu procuro quatro coisas em livros sobre a metodologia: O livro contribui com ideias novas? O livro organiza as ideias existentes de novas maneiras? O livro agrega às ideias existentes? A escrita é boa? Por exemplo, o livro pioneiro de Kent Beck, *Programação Extrema (XP) Explicada,* combinou ideias novas e organizou ideias já vigentes de novas maneiras. Algumas pessoas afirmam que não há nada de novo na metodologia ágil, mas a combinação de práticas e valores específicos de Kent era inédita. Ao ver pela primeira vez o *Desenvolvimento de Software com Scrum — Aplicando Métodos Ágeis com Sucesso,* de Mike Cohn, minha reação foi: "Como pode existir um livro inteiro sobre esse assunto? Isso já não tinha sido abordado devidamente no *Planning Extreme Programming,* de Beck e Fowler?" Percebi rapidamente que o livro de Mike ampliava as ideias existentes de formas novas e empolgantes, além de apresentar ideias novas.

Treinamento de Equipes Ágeis sistematiza um framework produtivo que organiza as ideias e práticas. Ademais, agrega às ideias vigentes de meios que estimulam a reflexão. Por fim, o livro é bem escrito, a leitura é irresistível, e as ideias são práticas e acompanhadas por exemplos empíricos.

Uma das ideias de Lyssa que se coaduna com as minhas é a definição do coach que desempenha múltiplos papéis: professor, mentor, pessoa que soluciona os problemas, gerenciador de conflitos, coach de desempenho. Essa distinção entre os papéis fortalece o trabalho do coach. Por exemplo, os mentores ensinam coisas — práticas ágeis — ao passo que os coaches de desempenho incentivam os indivíduos e as equipes a aprenderem sobre si mesmos. A experiência de Lyssa como life coach introduz essa dimensão valiosa ao seu trabalho de treinamento e a este livro. Muitos "agile coaches" são mentores que ensinam práticas ágeis. Este livro pode ajudá-los a se tornarem coaches eficazes de aprimoramento de desempenho.

Há três tipos de público para este livro: agile coaches, líderes ágeis e o público em geral.

Primeiro, para todos que se consideram um agile coach, instrutor, mentor ou facilitador, este livro tem uma profusão de ideias, práticas e informações interessantes que podem ajudá-los a melhorar. Por exemplo, vejamos uma citação de Lyssa que dá o que pensar: "Um Scrum Master que faz com que as equipes não só adotem as práticas ágeis, mas as usem em sua busca deliberada e satisfatória de alta performance é um agile coach." No Capítulo 10, "Coach como Direcionador Colaborativo", Lyssa explora a cooperação e a colaboração, uma diferenciação valiosa para a melhoria do desempenho da equipe. Cada uma dessas ideias potencializa o papel do agile coach.

O segundo público deste livro é alguém em posição de liderança em uma organização ágil — gerente, Product Owner, Scrum Master, coach, gerente de projeto ou gerente de iteração. Embora o treinamento seja um trabalho integral de um agile coach, é uma função de meio período para todos os líderes. Há muita coisa escrita a respeito das equipes auto-organizadas, porém não há muita coisa sobre como se tornar uma equipe auto-organizada ou como ajudar tal equipe a despontar. Os líderes influenciam o ambiente de trabalho, e o livro de Lyssa pode ajudá-los a facilitar o amadurecimento das equipes de auto-organização, em grande parte, sendo mais ágeis.

Por último, qualquer um que almeje ser um membro ágil da equipe se beneficiará lendo este livro. Eu sou fã de Christopher Avery, autor do livro *Teamwork Is an Individual Skill: Getting your work done when sharing responsibility* ["Trabalho em Equipe é uma Habilidade Individual: Realize seu trabalho ao compartilhar as responsabilidades", em tradução livre], que escreve: "Para aperfeiçoar o trabalho em equipe, preciso me aperfeiçoar" e "Sou responsável por todos os relacionamentos da minha comunidade de projetos". Isso significa que melhorar o desempenho da equipe não é somente responsabilidade do líder ou do técnico, mas de todos os membros da equipe. O livro de Lyssa pode ajudar as pessoas a se tornarem agile coaches autônomos — melhorando suas equipes ao melhorarem-se. O Capítulo 3, "Tenha Domínio de Si", é tão válido para os membros individuais da equipe quanto para os agile coaches.

Como você pode ver, sou um defensor ferrenho deste livro. Ele fará companhia aos meus melhores livros ágeis na minha estante. *Treinamento de Equipes Ágeis* foca o que alguns chamariam de *capacidades interpessoais*, capacidades que percebemos que são geralmente mais difíceis de aprender e aplicar do que as ditas competências técnicas. Para indivíduos, líderes e coaches, há uma mina de ouro de ideias, práticas, listas de verificação e preciosidades neste livro.

— Jim Highsmith
Diretor de Práticas Ágeis,
Cutter Consortium
Flagstaff, Arizona

Agradecimentos

Sem Mike Cohn, este livro simplesmente não sairia do papel. Demorou cerca de oito meses para me convencer a escrever. E agora, tendo escrito e acreditando que esta obra trará mais alegria e sentido à vida profissional das pessoas, deixo aqui minha gratidão eterna e um abraço de urso, só porque sei que isso o envergonha ainda mais. Meus sinceros agradecimentos, Mike.

Depois de Mike veio Chris Guzikowski, editor da Addison-Wesley, que me deu a chance de escrever o livro assim que me convenci que deveria fazê-lo. Obrigada, Chris. E depois veio o apoio dos autores talentosos e profissionais ágeis que contribuíram com os livros para a Mike Cohn Signature Series: Lisa Crispin, Janet Gregory, Clinton Keith, Roman Pichler, Kenny Rubin e Jurgen Appelo. Saber que cada um de vocês estava passando por muitas das coisas que eu enfrentava fez com que minha trajetória fosse menos solitária.

Muito obrigada às minhas musas humanas, as mulheres que me ajudaram a não perder o fio da meada das ideias e a ignorar a minha falta de autoestima: Sandra Enoch, minha coach de trabalho e de vida; Beverly Johnson, minha terapeuta de ioga do Phoenix Rising; Eleanor Rouse, a mentora do meu Círculo de Mulheres local; e Kathy Harman, que continuou me incentivando ao encontrar informações na minha escrita para me mostrar a razão pela qual os coaches precisam deste livro. Do amparo dessas mulheres, tirei todas as minhas forças. Obrigada, amigas. Somos como a B-Tribe, a música nunca para.

Sem John Adkins, meu marido e editor residente, queridos leitores, vocês simplesmente teriam menos conteúdo para ler neste livro. A boa vontade dele para fazer o trabalho pesado nas iterações finais dos capítulos potencializou minha capacidade de elaborar mais conteúdo e oferecer mais aos leitores. E, quando a última rodada de edições chegou ao fim, pudemos observar os vestígios dele no livro, que deixaram a obra ainda melhor. Minha sogra professora de inglês ficaria orgulhosa. E John, meu amor, você contribuiu de maneira incalculável para este trabalho, e estimo profundamente cada observação sua.

Lee Devin e sua amada esposa, a talentosa diretora Abigail Adams, abriram seu teatro e seus corações para que eu pudesse vivenciar uma colaboração na prática por meio do exemplo de uma trupe de atores trabalhando juntos em um grupo principiante. Tal prática ganhou forma; comecei a pensar e a escrever mais seriamente, e deu o "pontapé inicial" para este livro. E, depois de tudo, lá estava Lee — resoluto, criterioso, experiente, não admitindo desculpas, mesmo que sua última palavra fosse sempre um seco "querida". Como uma autora de primeira viagem, não poderia desejar um mentor melhor.

Durante a elaboração do livro, as colaborações com pessoas novas e os momentos inesquecíveis com os outros propiciaram as sementes das histórias que, creio eu, fizeram o livro ganhar vida. Obrigada pelas sementes de Tobias Mayer, Kristen Blake, Ellen Braun, Aaron Sanders, Rich Sheridan, Michael Spayd, Mike Vizdos e todos os aprendizes de coach e outros agilistas que tive o privilégio de ver florescerem.

Quando as peças do livro começaram a se encaixar, os críticos apareceram do nada (tá bom, saíram da internet) para ajudar a obra a ficar ainda melhor. Meus sinceros agradecimentos a Bachan Anand, Brad Appleton, Suzanne Davenport, Rachel Davies, Scott Duncan, Scott Dunn, April Johnson, Robert Mead, Dan Mezick, Bent Myllerup, Michael Sahota e Chris Sims.

Uma vez reunidos os esforços, um grupo de especialistas foi convidado a revisar o livro. Devido às suas dúvidas e incentivos, o livro ficou ainda melhor, mais uma vez. Obrigada, Ken Auer, Dave Hendricksen, Michael Feathers, Jim Highsmith e Bill Wake.

Agradeço aos agilistas pioneiros que criaram uma maneira de trabalhar em que as pessoas encontram um significado maior em suas vidas profissionais, produzindo resultados fenomenais para suas empresas e — agora em crescimento — para o mundo. A Jeff Sutherland, Ken Schwaber, Alistair Cockburn, Kent Beck, Jim Highsmith e muitos outros, alguns conhecidos e outros desconhecidos, sou eternamente grata.

Meus agradecimentos especiais a Jim Highsmith e a Mike Cohn, por contribuírem com as palavras iniciais do livro. Quando eu estava pensando em quem convidar para escrever um prefácio, Mike me aconselhou: "Escolha alguém que você ficaria emocionada em ver o nome na capa do livro." Emocionada, de fato. Obrigada, senhores.

Amor eterno e agradecimentos aos meus pais, Jeanette e John Clark, exemplos de que trabalhar arduamente nunca matou ninguém. O trabalho duro e os sacrifícios deles concretizaram este livro e uma vida em que posso escolher minha profissão, trabalhando com muita alegria.

Por último, mas não menos importante, agradeço à minha filha Kailey Adkins, que achou bastante normal que eu escrevesse um livro. Sua crença inabalável de que eu poderia escrevê-lo (e faria isso) ajudou a materializá-lo.

Introdução

Estas poucas páginas de introdução foram provavelmente mais difíceis de escrever do que a maior parte do livro. Ao lamentar este fato para uma colega agile coach, que foi minha aprendiz de coach há alguns anos, observei um lento sorriso crescente surgir em seu rosto, enquanto ela olhava para mim e me dava um conselho. Ela disse, com simplicidade e clareza: "Leve isso para a equipe."

"Leve isso para a equipe", repeti. Quantas vezes eu disse isso a ela durante seu estágio de aprendizagem como agile coach? Tantas que não consigo contar, ao passo que eu a ajudava a se recuperar da dificuldade de controlar e comandar tudo, e me desloquei para um mundo em que ela rotineiramente levaria problemas para a equipe em vez de solucioná-los sozinha.

Portanto, quando confrontada com o texto problemático de introdução, "leve isso para a equipe" me pareceu um conselho sábio. Mandei uma mensagem para as pessoas que me acompanharam a cada passo do caminho, enquanto este livro estava ganhando vida, e perguntei-lhes quais eram as duas coisas que deveriam ser publicadas na introdução. As respostas delas estão entrelaçadas umas com as outras, e com as minhas próprias ideias no decorrer do restante desta introdução.

Este pequeno exemplo — este lembrete insignificante do que é ser um agile coach — encerra o propósito deste livro. Talvez você seja como eu e esteja disposto a melhorar o modo de trabalhar com equipes e pessoas que costumava ser bem-sucedido, mas que, agora, não funciona mais. Ou talvez você ache que exista algo ineficiente, ou mesmo desumano, na maneira como foi treinado para trabalhar com os outros. Você quer mudar ao vestir a sua camisa ágil de liderança, porém não sabe por onde começar.

Eu venho melhorando há muitos anos, mas os comportamentos do passado perduram. Eles ficam à espreita mesmo que eu me encontre em um cenário ágil totalmente novo, repleto de liberdade, responsabilidade e possibilidade. Neste exemplo, a necessidade de assumir o problema da introdução do livro por conta própria e resolvê-lo para que eu possa dizer "fiz tudo sozinha" ainda se agarra a mim, embora já não me sirva. Eu sei disso, ainda que me esqueça. E aqui reside a prática do agile coach: reanimar-se e reorientar-se constantemente, para que você possa melhorar o alcance e o impacto do seu treinamento. Por quê? Para que as pessoas se tornem grandes agilistas, as equipes desenvolvam produtos que as enchem de orgulho e para que as empresas e nações colham os frutos de equipes livres e responsáveis, que vivem em um mundo de possibilidades, do qual a inovação e a excelência são decorrentes.

O imperativo de "aprimorar-se constantemente" significa nos expor a uma boa ideia ágil de treinamento após a outra e incorporá-las a nossas respostas cotidianas como coaches para equipes e pessoas. Este livro apresenta um enorme leque de opções dessas boas ideias sobre treinamento; algumas, desafiadoras, e outras, práticas. Algumas você demorará um bom tempo para digerir, talvez até mesmo tenha dificuldade em entendê-las. Outras você adotará como suas de imediato. Espero que ambas as coisas aconteçam.

Por que Este Tópico É Importante?

A maioria das equipes que observo em meu ensino e treinamento usa o ágil para obter resultados medianos, geralmente na forma de produtos medíocres desenvolvidos com maior rapidez. Sim, o método ágil funciona para isso, e talvez seja melhor do que as coisas anteriores, mas esta não é a história inteira. Olhe à sua volta e veja que há muito ainda a se alcançar! E os agile coaches ajudam as pessoas a alcançar isso, porém somente se aperfeiçoarem suas habilidades e continuarem melhorando.

Apesar de eu trabalhar com equipes ágeis como coach, eu me contestava incessantemente: O que é *realmente* ser um agile coach? O que isso significa pra mim? O que mais devo adotar? O que devo deixar de lado?

Este livro oferece respostas a estas perguntas. As respostas são oriundas dos próprios frameworks ágeis e das metodologias vinculadas que complementam o conjunto de ferramentas do agile coach de modo bem natural, como facilitação, mediação de conflitos, colaboração, coach de vida/trabalho e de ensino. Neste livro, cada capítulo se desenvolve com o intuito de lhe transmitir os mindsets e as ferramentas dessas modalidades, e de outras pessoas, para que você possa incorporá-las ao seu treinamento. O resultado esperado? Equipes que alcançam resultados impressionantes.

Para Quem É Este Livro?

Esta não é uma obra para iniciantes em frameworks ágeis nem para aprender o básico e o funcionamento das coisas. No decorrer do livro, suponho que você saiba o que é a metodologia ágil e como as práticas funcionam. Caso contrário, consulte as referências online, acesse ScrumAlliance.org ou mountaingoatsoftware.com [conteúdos em inglês].

Sei que meus métodos ágeis podem não ser como os seus, mas aposto que, do modo como os abordo, os principais conceitos de todos os frameworks ágeis ficam bem evidentes neste livro. Minha bagagem pessoal com ágil começou com o Scrum, e depois, usando o Scrum como alicerce, combinei outras ferramentas e técnicas ágeis e não ágeis. Você verá isso refletido no texto.

Você pensará que este livro foi escrito sob medida para você, se reconhecer algum dos itens a seguir:

- Você teve algumas experiências como Scrum Master, com Extreme Programming (XP) ou com outro líder de equipe ágil, e isso, aparentemente, não funcionou muito bem; ou foi bom, mas você sente que tem alguma coisa a *mais*.
- Seu trabalho caiu na rotina, e você percebe que as equipes que treina também estão passando pelo ágil no automático.
- Suas equipes aprendem as práticas ágeis e estão indo bem, mas não estão obtendo os resultados fabulosos que deveriam.
- Você está alocado em muitas equipes ágeis porque seus gerentes acreditam que o treinamento ágil não é uma função em tempo integral, e você não tem certeza de como provar que eles estão equivocados.
- Você não se convenceu de que o papel de agile coach é ideal para você e quer ter uma noção dele antes de entrar de cabeça.

Onde Você Pode Chegar com Este Livro?

Deixe este livro conduzi-lo a um tour pelo mundo interior de se tornar um excelente agile coach. Ao lê-lo, repare o terreno tortuoso de como um agile coach supervisiona as equipes e as pessoas, molda as opiniões sobre essas observações e analisa os preconceitos e as emoções pessoais. Preste atenção à medida que o livro o guia por entre as pradarias da tomada de decisões para expor ou não as observações e as reflexões em prol das equipes ágeis e na busca incessante de ser melhor do que somos hoje.

Este livro promove a abordagem de uma pessoa, a minha abordagem, para a criação de equipes ágeis de alto desempenho. Ele não lhe dirá "o caminho". Em vez disso, ao longo da minha jornada, ele lhe indicará uma boa maneira que o ajudará a encontrar seu próprio caminho como coach. Eu usei esse padrão e as ideias deste livro com êxito enquanto treinava muitos aspirantes a agile coaches, com o resultado de que cada coach encontrou seu caminho e, depois, sua voz única.

Talvez, ao longo deste livro, você veja que o papel do agile coach, desempenhado com eficácia, é mais do que conseguir que os processos e princípios ágeis básicos sejam insuflados pouco a pouco em uma equipe. Quem sabe este livro ajude as equipes a saber o que esperar de um bom (ou ótimo) agile coach, para que elas possam ser específicas sobre o que precisam quando não recebem o suficiente. Talvez, ao longo deste livro, os gerentes medianos e seniores vejam o trabalho do agile coach como uma contribuição valiosa, que consome tempo e energia, de modo que a tendência de se ter um agile coach dividido entre muitas equipes desapareça. Quem sabe este livro prepare o aspirante a agile coach para uma jornada pessoal rumo ao esclarecimento, em que sua motivação e propósito visem a equipe, e não ele próprio.

Aceito todos esses desfechos radiantes e, pelo menos, posso imaginar o que esteja acontecendo com você e com as pessoas que você influencia ao ler este livro e ao colocar suas ideias em prática.

Como Este Livro Funciona?

Cada capítulo deste livro é independente, para que você possa lê-lo quando determinado assunto lhe despertar interesse. Talvez você entre em pânico a respeito de alguma coisa que está acontecendo com sua equipe e, examinando o sumário, diga a si mesmo: "A-há! É disso aqui que preciso hoje." Ou, se estiver em um momento reflexivo, você simplesmente abre o livro em uma página aleatória e começa a ler, confiando que as palavras na página terão uma serventia melhor agora. Sinta-se à vontade para ler o livro do começo ao fim, se quiser. Terá o mesmo efeito também. Basta saber que você não precisa trilhar nenhum caminho predefinido, convencional ou aleatório para usá-lo bem. Use este livro como seu fiel escudeiro ao longo de sua jornada, quando precisar; o livro o esperará pacientemente de volta, quando estiver voando sozinho e não precisar mais da ajuda dele na questão.

Os capítulos com "Coisas a Se Experimentar" o ajudam a concretizar as ideias, tomando medidas seguras para um treinamento melhor. Como os capítulos são independentes, as referências a outros trechos importantes do livro aparecem em "Veja também", em todo o livro. Além disso, as citações provocativas estrategicamente inseridas o convidam a refletir sobre a natureza admirável do treinamento ágil.

O livro serve suas histórias, segredos e coisas para saborear em 3 seções e 13 capítulos:

Parte I: Tudo Começa com Você

Capítulo 1 *Serei um Bom Coach?*	Quem é essa pessoa que chamamos de agile coach e como sei se já sou um? Quais são os dez aspectos das "características inatas" que preveem o sucesso para um agile coach?
Capítulo 2 *Espere um Alto Desempenho*	Os alicerces que permitem que uma equipe de alto desempenho floresça são revelados e colocados em um contexto de equipe ágil. O segredo? Esperar um alto desempenho.

Capítulo 3 *Tenha Domínio de Si*	Fazer coach começa com você, mas não é sobre você. É sobre o que você pode trazer para a equipe, a fim de ajudá-la a melhorar. Para fazer isso, você deve se restabelecer da vontade de controlar e centralizar tudo e, em seguida, dominar a si próprio.
Capítulo 4 *Mude Seu Estilo*	Neste capítulo, o framework de estilo de liderança ajuda os coaches a saber qual estilo empregar com a equipe que treinam para evoluir (e delegar).

Parte II: Ajudando a Equipe a Buscar Mais

Capítulo 5 *Coach como Mentor Coach*	Este capítulo apresenta os princípios básicos de treinamento profissional no cenário de uma equipe ágil, junto com as especificidades de treinar equipes inteiras, bem como membros da equipe, Product Owners e gerentes ágeis.
Capítulo 6 *Coach como Facilitador*	Ferramentas práticas são oferecidas para facilitar as conversas, as reuniões em pé (também conhecidas como reunião diária ou daily scrum), como sessões de planejamento ágeis, bem como as conversas de colaboração não estruturadas.
Capítulo 7 *Coach como Professor*	Concentre-se em ser o melhor professor que você já teve — aquele que foi gentil e duro, aquele que sabia que você poderia fazer melhor e esperava o melhor de você. Em seguida, use as técnicas deste capítulo para ensinar o método ágil, sobretudo os papéis ágeis. Prepare-se para tirar proveito de momentos comuns de aprendizado, como o início da equipe, as reuniões em pé e os momentos ocasionais perfeitos em que o ágil simplesmente é entendido por todos.
Capítulo 8 *Coach como Pessoa que Resolve Problemas*	Visualizar a equipe como um ecossistema revela o papel do coach como "revelador de sistemas", que, quando leva em consideração os alicerces ágeis, permite que a equipe se recupere dos problemas, visando a sanidade e o dinamismo.

Capítulo 9 *Coach como Mediador* *de Conflitos*	O conflito, como um elemento importante de uma equipe ágil de alto desempenho, significa que o coach ajuda a equipe a navegar pelo conflito e entrar no estado almejado de discordância construtiva.
Capítulo 10 *Coach como* *Direcionador* *Colaborativo*	Construir uma força de colaboração de equipe é um aspecto fundamental do papel de agile coach, mas somente se quisermos resultados impressionantes.

Parte III: Dê Mais de Si

Capítulo 11 *Modos de Insucesso,* *Recuperação e Sucesso* *do Agile Coach*	As modalidades comuns de insucesso e sucesso em treinamento ágil são reconhecidas e identificadas neste capítulo. Também são apresentados passos para recuperar-se das modalidades de insucesso, pois não se leva muito a sério a exploração do fracasso para o sucesso.
Capítulo 12 *Quando Chegarei Lá?*	Um "roadmap" de habilidades é apresentado neste capítulo. Ele contém listas de habilidades, mindsets, ferramentas e técnicas que podem ser úteis para indicar quando você se tornou um agile coach com sucesso.
Capítulo 13 *Sua Jornada*	A jornada de cada coach é diferente da última, e o único Santo Graal a ser encontrado em treinamento ágil é o desempenho do seu papel. Neste capítulo, as histórias das jornadas de outras pessoas esclarecem e o inspiram a revisitar sua jornada de coach.

Você está pronto para começar? O que está esperando?

Sobre a Autora

Lyssa Adkins conheceu a metodologia atuando como líder de projeto, com mais de 15 anos de sucesso em gerenciamento de projetos. Embora experiente, nada a preparou para o poder e a simplicidade das práticas ágeis bem implementadas.

Nos últimos anos, ela treinou muitas equipes ágeis e desempenhou o papel de master coach para muitos aprendizes de coach. Treinando coaches individualmente e em pequenos grupos, Lyssa assiste em primeira mão ao despertar dos agile coaches mais incríveis e tenta fazer com que as equipes que ela treina atinjam seu pleno potencial.

A experiência nas práticas ágeis de Lyssa, com suas habilidades profissionais de treinamento e de coach, lhe possibilitam a abordagem necessária para orientar equipes e líderes ágeis a impulsionarem a metodologia ágil como a arma de vantagem competitiva que deve ser. Ela sabe que o caminho da transformação é espinhoso. Como gerente de programas de grande escala e diretora de escritórios de gerenciamento de projetos que se tornou agile coach e treinadora, ela também viveu isso na pele. Isso faz com que Lyssa consiga ajudar as pessoas a passarem do mundo real para o mundo ágil.

Lyssa tem três certificações: Certified Scrum Trainer (CST), Project Management Professional (PMP) e Six Sigma Green Belt (SSGB). Ela também é treinadora e coach coativa.

Para mais informações, acesse coachingagileteams.com [conteúdo em inglês]. Você também pode encontrar Lyssa no Twitter como @lyssaadkins e seu e-mail é lyssaadkins@cricketwing.com.

PARTE I
Tudo Começa com Você

Capítulo 1
Serei um Bom Coach?

Embora eu tivesse 15 anos de gerenciamento de projetos no momento em que me deparei com a metodologia ágil, nada me preparou para o poder e a simplicidade de uma metodologia ágil bem aplicada. No entanto, eu não enxergava isso a princípio. Quando fui apresentada à metodologia ágil, não acreditei que funcionasse. Meu modelo mental de projetos era o de um conjunto de máquinas enormes que funcionavam separadamente, mas em sincronia, cada parte produzindo uma matéria-prima para ser ingerida por outra parte da máquina e, por fim, expelir um produto completo e acabado. Em meu mundo, o gerenciamento de projetos era crítico, um negócio sério, porque os gerentes de projeto orquestravam o funcionamento de toda a máquina. A realização de projetos era complicada e grande, e eu estava convencida de que tinha que ser assim. Eu nem podia imaginar o que uma equipe pequena trabalhando junta mediante os planos que ela própria elaborou poderia conceber. À primeira vista, aquilo era muito precário para fazer um "trabalho de verdade".

> **Quando terminar este capítulo, você poderá responder a estas perguntas:**
>
> - Por que os agile coaches são importantes?
> - Quais outras metodologias os agiles coaches podem levar para suas equipes? Por quê?
> - Por que "ser" um agile coach é tão importante quanto desempenhar o trabalho de um agile coach?
> - Qual a diferença entre um agile coach, um Scrum Master, um gerente de projeto e um líder técnico?
> - Como alguém se torna um agile coach? Como sei quando estou "chegando lá"?
> - Como as "características inatas" determinam o sucesso de um agile coach?

Trinta dias depois, após ajudar um agile coach master a montar minha primeira equipe ágil e observar como a equipe trabalhava junta, eu estava convencida de que minhas opiniões sobre a metodologia ágil eram equivocadas e que meu modelo mental de gerenciamento de projetos estava simplesmente ultrapassado. A equipe ágil não apenas começou da estaca zero (uma ação que costumava levar 30 dias no meu mundo anterior), como desenvolveu uma parte importante de uma funcionalidade que foi utilizada de imediato, e começou a gerar lucros enormes à empresa mais do que depressa. Eles haviam produzido "trabalho de verdade", do tipo que a máquina de gerenciamento de projetos levaria muitos meses para expelir. E era um trabalho de qualidade melhor do que o que normalmente vinha da máquina. E sabe qual era a melhor parte? Eles fizeram tudo isso em 30 dias.

Os elogios eram fantásticos. Os vice-presidentes saíram da toca para parabenizar a equipe, agradecê-la efusivamente e assegurar que a equipe compreendesse o valor do próprio trabalho para a empresa — e oferecer o próximo conjunto de desafios. Bastaram 30 dias para a equipe estar mais do que pronta a fim de assumir qualquer coisa que a empresa pudesse colocar em suas mãos. Motivados profunda e espontaneamente por suas realizações em conjunto, eles não enxergavam limites para o que poderiam alcançar. Vamos mandar ver!

Quero que cada equipe ágil nova vivencie uma experiência como essa equipe teve, ou ainda melhor. Quero que as equipes ágeis potencializem toda a vantagem competitiva que a metodologia ágil pode e foi concebida para oferecer, superando de longe todas as expectativas, entregando produtos inovadores onde eles forem mais importantes.

Se as equipes terão esses tipos de experiência ímpar com a metodologia ágil, elas precisarão de coaches que possam oferecer o ensino, o treinamento e a orientação adequados para materializar isso. É aqui que você entra.

Por que Agile Coaches São Importantes

Caso você seja como a maioria dos aspirantes a agile coaches com quem trabalho, muito pouco em sua educação ou experiência o preparou devidamente para ser um agile coach. Você pode se perguntar: "Qual é o meu papel em uma equipe auto-organizada?" ou "Como faço para ajudar a equipe sem tomar as decisões?". Muitos coaches principiantes respondem, por um lado, excedendo-se, e, por outro, deixando a desejar. Para chegar a um meio-termo, um treinamento na medida certa, você deve primeiro compreender algumas coisas sobre o mundo em que você treina e a respeito das pessoas que você treina.

Atualmente, os problemas que enfrentamos muitas vezes não resistem ao modelo de máquina que muitos de nós já utilizamos no passado. Com o modelo da máquina, acreditamos que podemos solucionar qualquer problema complexo, dividi-lo em seus componentes, produzir cada um deles mais ou menos de forma separada e, em seguida, reuni-los novamente em uma única manobra de integração final. Foi como acabei ficando com programas que executavam 19 fluxos de trabalho simultâneos para produzir um produto. Ao aderir a este modelo, minhas equipes enfrentam pouquíssimos problemas (agora ou antes). Ao contrário, os problemas com os quais ela tem que lidar são instáveis e, antes, nunca foram sanados de modo satisfatório para as pessoas. Ao mesmo tempo, o mundo está bem mais inconstante do que nunca, e a última mudança nos abala antes mesmo de nos acostumarmos com a anterior. Este é o mundo em que trabalhamos.

Além do mais, as pessoas que eu treino querem saber que são importantes. Elas não estão mais satisfeitas em serem engrenagens na máquina. Elas querem saber que aquilo em que investiram sua energia e reflexão gera algo valioso e que suas contribuições também são consideradas valiosas. As pessoas que treino não são motivadas pela abordagem Cenoura e Chicote; elas são motivadas por um senso de valor e propósito. "Por que estamos fazendo isso afinal?" e "O quanto isso é bom para alguém?" transformam-se em perguntas determinantes para elas, à medida que buscam sentido em suas vidas como nunca antes. Veja como as pessoas de nossas equipes gastam seu tempo: frequentando aulas de ioga, praticando esportes radicais, explorando atividades artísticas, ajudando suas comunidades ou dedicando-se aos cuidados dos filhos. Em síntese, elas estão explorando cada faceta de quem são, em busca de se tornarem seres humanos plenamente integrados e completos.

O treinamento ágil é importante porque ajuda em ambas as áreas — produzindo produtos relevantes no complexo e instável mundo real e agregando significado à vida profissional das pessoas. A metodologia ágil é muito mais do que uma metodologia alternativa de gerenciamento de projetos. Ela é ótima no que tange ao gerenciamento, porém essa é a manifestação mais fraca dela. Realizada de forma eficiente (e simples), a metodologia ágil direciona nosso foco para os produtos críticos a serem criados e nos dá a possibilidade de criá-los, um após o outro, o mais importante depois do mais importante, de um modo que viabilize atender ao nosso próprio padrão altíssimo de excelência e buscar um propósito pessoal auspicioso — mas somente quando bem feita. Isso significa que as equipes precisam de coaches que lhes proporcionem uma visão clara da metodologia ágil bem aplicada, e uma série de outras habilidades que fazem com que a metodologia ágil ganhe vida para eles.

O Contexto do Treinamento Ágil

A metodologia ágil se basta; o treinamento a aprofunda.

Descritos como leves e simples, os frameworks ágeis apresentam um pequeno conjunto de práticas para ensinar, o que facilita reunir e organizar as equipes de modo rápido, pelo menos para tarefas básicas. Em minha experiência, fazer com que uma equipe comece a praticar a metodologia ágil a partir do zero, em um dia, não é somente possível, mas comum. A metodologia ágil é leve, rápida e simples — ilusoriamente simples.

Funciona bem na prática, ainda que seja difícil aplicá-la bem. Uma série de razões conspiram contra isso. A principal delas é que a metodologia ágil evidencia a sujeira que as pessoas varrem para debaixo do tapete por anos. Quem quer ver isso? Ninguém, mas devemos.

Como forma de trabalhar, a metodologia ágil aparentemente é saturada de opostos: simples, porém desafiadora; leve e compacta, embora poderosa; racional, mas discreta; acessível, ainda que profunda. Com o intuito de treinar as equipes para aplicá-la bem, você não precisa adicionar artefatos, eventos ou papéis novos ao framework escolhido. Em vez disso, encontre coisas que ajudem a expressar os aspectos desafiadores, poderosos, discretos e profundos de cada elemento já presente no framework. Adicione as metodologias aliadas.

O *"Modus Operandi"* do Treinamento Ágil

Conforme ilustra a Figura 1.1, podemos pensar na metodologia ágil como um cenário permanente — um conjunto de valores, práticas, princípios e papéis que zelamos ao orientar as pessoas para que empreguem bem a metodologia. Para fazer isso, lhes mostramos nossas habilidades com muitas metodologias aliadas, o que nos permite avançar bastante no papel como agile coach. Nós nos transformamos em seus facilitadores, professores, coaches e mentores, mediadores de conflitos, direcionadores de colaboração e solucionadores de problemas. Transmitimos outras coisas que aprendemos, que ajudam a expressar os aspectos desafiadores, poderosos, discretos e profundos da metodologia ágil.

Você descobrirá metodologias e escolas de pensamento diferentes do que eu identifiquei. É por isso que o modelo tem espaço para o que você aprende. Ao incorporar uma metodologia nova e provar sua utilidade com suas equipes ágeis, guarde-a com carinho em sua "Pasta de Favoritos". Adote este modelo como seu e expanda-o, à medida que aprende coisas novas. Compartilhe o que você aprendeu com outras pessoas para que possamos, juntos, progredir ininterruptamente na arte do treinamento ágil.

Este livro explora cada uma dessas metodologias aliadas, contextualizadas para uso no mundo ágil. Por exemplo, não temos o propósito de abordar o coach de trabalho/life coach com as equipes ágeis, pois a busca individual de prioridade poderia ofuscar o objetivo de uma equipe ágil — produzir frequentemente resultados reais que as pessoas considerem valiosos. Em vez disso, empregamos as habilidades de coach de trabalho/life coach para ajudar cada pessoa a se tornar o melhor agilista que puder. E, como tal, colocamos isso no contexto do mundo ágil.

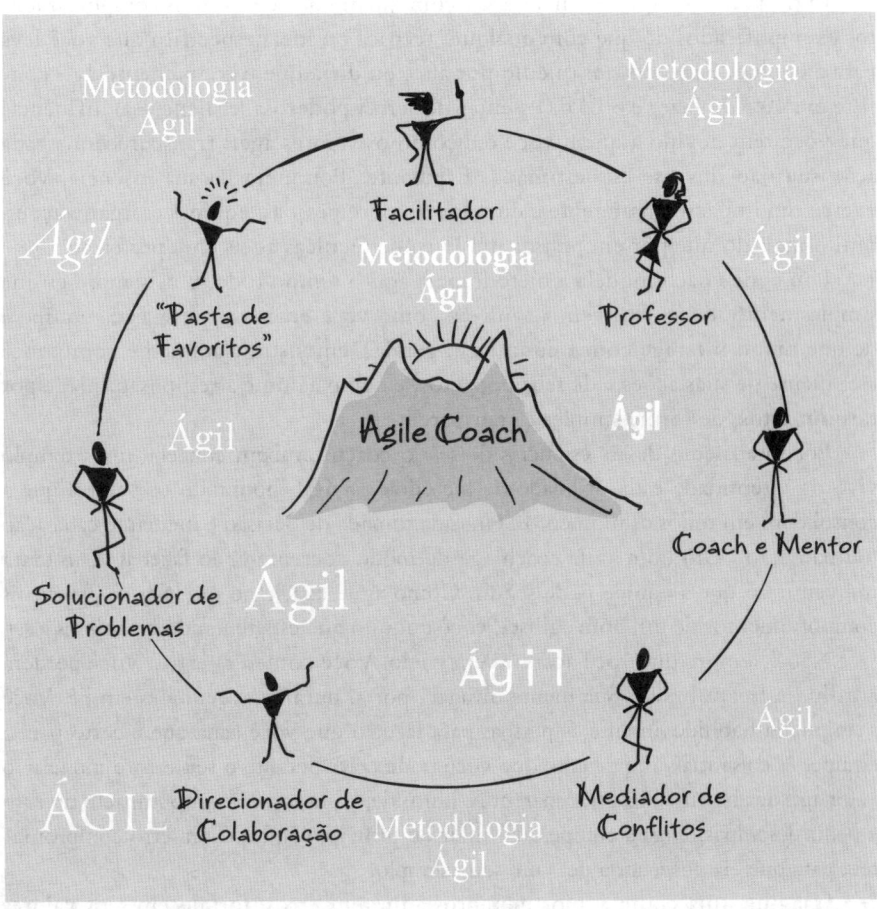

FIGURA 1.1 A metodologia ágil fornece o cenário no qual empregamos outras habilidades a fim de aprofundar seu entendimento e uso pelas pessoas

A "Essência do Ser" do Treinamento Ágil

Acabamos de descrever muitas coisas que o agile coach faz, entre elas, ensinar, facilitar, colaborar e orientar. É bastante coisa para fazer. Sem sombra de dúvidas, o fazer é importante. Você deve conhecer seu trabalho como coach, se orientar pelos princípios ágeis e estar sempre à procura da próxima ideia inovadora para a equipe. Contudo, tão importante quanto a parte do "fazer" do treinamento ágil é a parte da "essência do ser".

O treinamento ágil tem mais a ver com quem você é e com os comportamentos exemplificados do que com qualquer técnica ou ideia específica que você leva para a equipe. Fazendo um cálculo por alto, eu diria que o treinamento ágil consiste em 40% do fazer e 60% da essência do ser. A poderosa (e silenciosa) influência que você tem devido a quem você é e como os valores ágeis transparecem a cada ação sua não deve ser subestimada. É pujante. Por meio da sua essência, você exerce um impacto abrangente e duradouro sobre pessoas, equipes e organizações, muito mais do que pôr em prática um livro de técnicas ágeis com perfeição.

Um agile coach modela a metodologia ágil o tempo todo, pois sempre ensina simplesmente *sendo*. Isso vem à tona em como você ensina as pessoas da equipe e de que modo interage com a equipe em geral. Demonstra claramente como você está ciente de suas ações e de seus impactos, e como assume a responsabilidade por tais impactos, de forma simples e transparente.

Por intermédio dessas essências de ser, o coach também concebe um exemplo vivo da intensidade e da utilidade da metodologia ágil, honrando os valores que a consolidam em todos os momentos, em cada tomada de decisão e mediante cada ação (ou não ação). Um bom agile coach age de modo coerente e, ao fazer isso, instaura um caminho que a equipe pode seguir. Como agile coach, ao modelar os principais comportamentos de um bom agilista, você *é* aquilo que está tentando ensiná-los a *ser*.

Não é sempre que você acertará em cheio. Você cometerá erros. Você perderá a calma e ficará bravo. Sua mente divagará por aí durante as reuniões em pé. Você manipulará habilidosamente as pessoas para fazer o que você acha que é certo para a equipe. A coisa mais importante que você pode fazer perante o seu erro é modelar o valor ágil de abertura. Seja transparente e humilde; basta reconhecer o impacto do erro e pedir desculpas. Diga à equipe qual valor ou princípio ágil que seu erro comprometeu, para que ela possa aprender com seu exemplo.

Imagine uma equipe cujos membros admitem erros, fortalecem seus valores compartilhados, perdoam uns aos outros e seguem em frente. Você acha que uma equipe dessas teria ideias extraordinárias? Eu acho.

Vamos Entender Nosso Linguajar

Um Scrum Master que leva as equipes para além da adoção de práticas ágeis em sua busca desenfreada e satisfatória por alto desempenho é um agile coach. Repare o uso do plural — *equipes*. Isso indica um ingrediente fundamental e necessário para se intitular um agile coach: ter treinado diversas equipes e ter visto uma série de possibilidades e limitações, sucessos e insucessos, em uma variedade de situações.

Minha preferência pelo termo *agile coach* vem simplesmente da minha experiência anterior. A empresa em que aprendi a metodologia ágil pela primeira vez usou o nome do papel, *agile coach*, como uma forma de manter suas opções em aberto, apesar de usarem, lá no fundo, o Scrum. Com o passar do tempo, as equipes que treinei usaram o Scrum com Lean, o Seis Sigma, as práticas de Extreme Programming, e design centrado no usuário. *Agile coach* parecia um termo mais adequado para essas situações.

> **MASHUPS ÁGEIS**
>
> Quando as equipes combinaram o Scrum com outras coisas, como Lean ou design centrado no usuário, elas desfrutaram do sucesso ao manter o framework Scrum e o Manifesto Ágil praticamente intactos. Ao deixar de lado o framework Scrum e não levar em consideração o Manifesto Ágil ao mesmo tempo em que buscavam uma maneira de trabalhar que se adaptasse melhor, elas muitas vezes passavam por dificuldades e outras vezes falhavam irremediavelmente.
>
> É aí que mora a origem da derrocada — encontrar uma maneira de trabalhar que melhor *se ajuste* a elas. Ao agir assim, elas não raro descartam o ciclo de inspeção e adaptação como algo supérfluo, preferindo acreditar que não precisavam de uma estrutura formal para melhorar continuamente. Neste contexto, elas se deram um consentimento implícito para varrer seus problemas para debaixo do tapete (de novo). Caso tivessem mantido o ciclo de inspecionar e adaptar ativo, os variados mashups do Scrum com outros métodos ágeis e não ágeis, provavelmente teriam sido adaptadas até que se tivesse êxito. Preste atenção neste exemplo.

O nome do papel, *agile coach*, assegura seus interesses e mantém suas opções em aberto. Se um framework ágil for substituído por outro, o nome mais genérico provavelmente ainda será usado em conversas comuns. E isso valoriza minha experiência anterior de usar o Scrum como base e adicionar outras ferramentas que fossem pertinentes para a situação em questão. É por isso que eu o utilizo neste livro.

Adotando o Treinamento Ágil

A fim de se tornar um agile coach, será necessário conhecer novos ares. Até mesmo os coaches bastante experientes encontram lugares novos para se aventurar quando aprendem a forma como seus colegas treinam pessoas, equipes inteiras e organizações que envolvem as equipes. Eles (e eu) ainda nos aventuramos por aí.

> **VEJA TAMBÉM** Coaches diferentes de raízes distintas compartilham suas jornadas pessoais de treinamento no Capítulo 13, "Sua Jornada".

Se você está apenas começando ou faz pouco tempo que é coach, sua jornada será diferente de todas as outras que lhe antecederam. As jornadas são diferentes, mas, se você vier de um contexto similar (Scrum Master, gerente de projeto ou líder técnico), alguns indícios nesta jornada podem ser os mesmos. A Figura 1.2 mostra alguns desses indícios, que serão mais explorados nas seções a seguir.

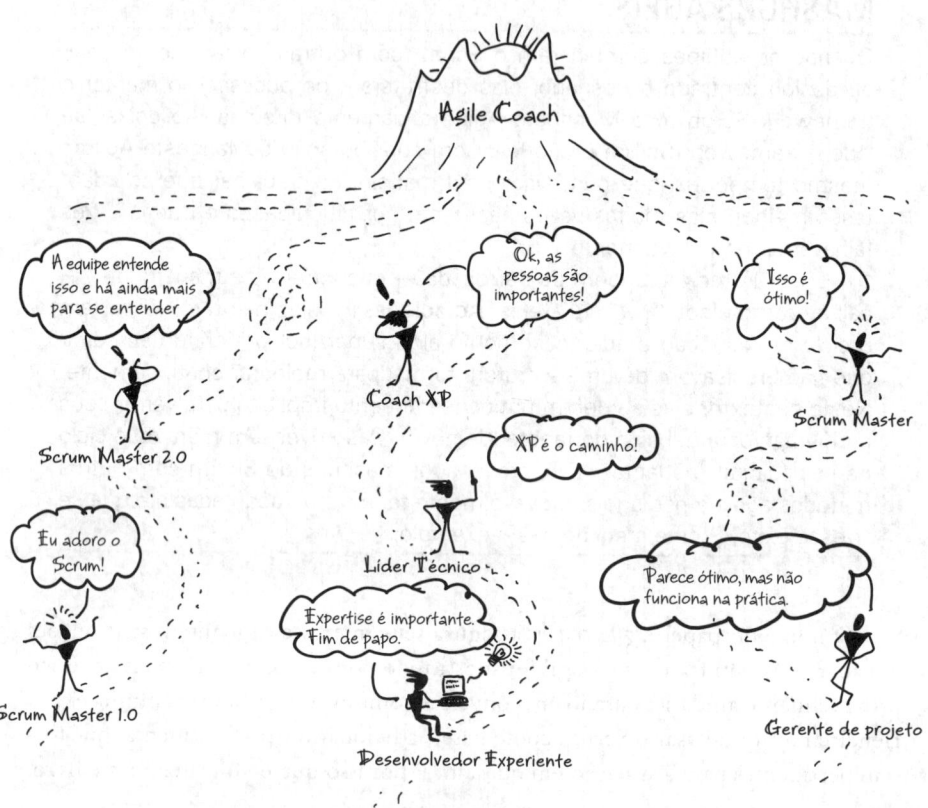

FIGURA 1.2 Embora a jornada de cada pessoa para se tornar um agile coach trilhe um caminho diferente, alguns dos indícios durante o caminho podem parecer familiares àqueles oriundos de históricos semelhantes

A Trajetória do Scrum Master para o Agile Coach

Um Scrum Master organiza e gerencia a equipe com práticas Scrum e princípios ágeis. Durante algum tempo, essas mudanças são tudo o que a equipe e a empresa podem absorver. Na maioria das empresas, trabalhar em estreita colaboração se informando por meio de canais de comunicação, dentro de um timebox enxuto para criar produtos reais mediante comprometimento compartilhado de uma equipe pode ser uma mudança radical o suficiente. Depois de alguns sprints, no entanto, o Scrum Master frequentemente se dá conta da intensidade significativa de cada uma das práticas do Scrum.

Por exemplo, pode-se continuar sempre a aprender meios de se criar uma retrospectiva para que os membros da equipe tenham uma visão inteiramente nova de seu trabalho e apresentem ideias sólidas para melhoria. Ao tentar fazer as coisas que as pessoas escrevem em blogs, você também pode ajudar a equipe a descobrir os melhores métodos para fazer o planejamento do sprint. E então despontam os conflitos e a colaboração, e muitas equipes não se saem bem em nenhum dos dois cenários. Durante todo o tempo, a equipe o surpreende com questões difíceis que o convidam a pensar em novas ideias para lidar com o que está acontecendo diariamente.

O Scrum Master mergulha nas profundezas do Scrum e emerge com ferramentas e técnicas de diversas metodologias para ajudar a equipe a absorver as práticas, princípios, valores e papéis do Scrum. Ao mesmo tempo, o Scrum Master constata que uma quantidade significativa de tempo é gasta treinando as pessoas na organização a fim de auxiliarem a equipe e se tornarem ágeis.

É bem provável que, neste momento, o Scrum Master inicie outra equipe e seja o Scrum Master das equipes, coisa que possibilita novas perspectivas. Os padrões vêm à tona, e os obstáculos e a notoriedade inerentes às equipes se tornam palpáveis em novos moldes.

EVOLUÇÃO GERAL DO SCRUM MASTER PARA AGILE COACH

Scrum Master que se tornou agile coach =
  Treinamento de Certified ScrumMaster +
  início de diversas equipes e experiências como Scrum Master +
  receber mentoria de alguém com mais experiência +
  adotar ideias de outras metodologias afins +
  treinar pessoas de fora da equipe, não apenas mantê-las sob controle +
  lidar com os obstáculos organizacionais que envolvem as equipes

Já que muitas equipes estão na jogada agora, outras pessoas darão um passo à frente para experimentar o papel de Scrum Master. Isso o torna principiante como mentor, trabalhando com os novos Scrum Masters para ajudá-los a aprender o trabalho e fazer mudanças necessárias que tragam bons resultados. Após um tempo do início das equipes novas, do treinamento de Scrum Master e, em seguida, da mentoria de novos Scrum Masters, o Scrum Master se transformou em um agile coach (ou *coach scrum*, caso prefira o linguajar Scrum).

Um agile coach (ou coach scrum) é:

- Alguém que gosta da intensidade das práticas e princípios ágeis e pode ajudar as equipes a apreciá-las também.
- Alguém que matou mais de um leão por dia, enfrentou obstáculos organizacionais e tornou-se um coach para gerentes e outras pessoas, à medida que as abordou.
- Alguém que pode ajudar a gerência em todos os níveis da organização a entender as vantagens do trabalho ágil.
- Alguém que trouxe à tona as ideias de facilitador profissional, treinamento, gerenciamento de conflitos, mediação, efetividade e muito mais, para ajudar a equipe a se tornar uma equipe de alto desempenho — a maneira como você sempre imaginou que uma equipe de alto desempenho poderia ser quando dava asas à sua imaginação

A Trajetória do Gerente de Projeto para o Agile Coach

Um gato doméstico tem mais semelhanças com uma onça-pintada do que um gerente de projeto e um agile coach. Eles simplesmente não fazem parte da mesma família. Um gerente de projeto planeja e controla, supervisionando tudo ao redor. Um coach orienta. Um gerente de projeto é bem-sucedido se o projeto for bem-sucedido. O sucesso de um agile coach equivale à melhoria contínua da equipe e sua busca por alto desempenho. Os dois estão focados em coisas completamente diferentes e, assim, agem de forma totalmente distinta. Por essas razões, a trajetória do gerente de projeto para o agile coach pode ser um bocado mais demorada do que a dos outros. Para mim, foi. E foi a melhor coisa que aconteceu na minha carreira.

A trajetória começa com um treinamento ágil, independentemente do framework ágil que você planeje usar. Depois, vem a prática em equipes, o que provoca a sucessão de várias equipes com o passar do tempo. Ao trabalhar com equipes, é importante ser orientado por alguém que fez a transição de gerente de projeto para agile coach. Muitas convicções intrínsecas voltadas ao plano do gerenciamento de projetos devem ser deixadas de lado antes que qualquer pessoa se torne um agile coach de sucesso, e um mentor pode ajudá-lo durante a transição. A Tabela 1.1 enumera algumas delas.

TABELA 1.1 Os principais fundamentos do gerenciamento de projetos que são substituídos

Convicção do gerenciamento de projetos	Substituída por
Podemos planejar o trabalho e trabalhar o plano.	O planejamento é crucial; os planos são inúteis.*
As restrições de escopo, prazo e custo podem ser compensadas umas pelas outras para corrigir os problemas.	Organiza-se constantemente o tempo e o orçamento (pessoas). Apenas o escopo é flexível.
O plano fica mais detalhado com o tempo, à medida que desenvolvemos o projeto em fases de atividade: requisitos, design, desenvolvimento, teste e assim por diante.	Um plano fica mais fidedigno ao longo do tempo, porque é constantemente revisado e ajustado de acordo com o desempenho real da equipe.
Entregar no prazo, dentro do orçamento e do escopo se traduz em sucesso.	Os clientes obterem o valor de negócio de que precisam é o único indicador de sucesso.
O escopo pode ser congelado com as descobertas posteriores sendo tratadas como solicitações de mudança da data final agendada.	O escopo continua flexível, e as mudanças de qualquer tipo são bem-vindas mesmo no final do projeto.
Controlar o plano de projeto é o meu trabalho.	O controle do plano é impossível; minha única medida de controle é que as equipes estejam na segurança da metodologia ágil. Portanto, eu treino a equipe para empregar adequadamente a metodologia ágil.
A conclusão de tarefas e os entregáveis indicam o progresso e o valor entregues.	Somente os produtos finais entregues indicam progresso e valor entregue.

*Depois de sua presidência, Dwight D. Eisenhower disse: "Quando nos preparamos para a batalha, sempre achei os planos inúteis, mas o planejamento é indispensável." As batalhas, como a maioria dos projetos, são coisas imprevisíveis que exigem uma abordagem empírica, como a metodologia ágil.

Geralmente, as convicções intrínsecas do gerenciamento voltado ao plano são substituídas pelo simples fato: a gravidade funciona.

Os alpinistas sabem que a gravidade funciona. Eles a entendem. Eles a aceitam. Eles se planejam contando com ela. Fiquei sabendo disso quando passei por um grupo de alpinistas que estava escalando, com todos os seus equipamentos a postos, cordas penduradas e pessoas agarradas ao lado de uma rocha vertical bem acima de mim. Quando, mais tarde, passei pelos carros no estacionamento, reparei em um adesivo no para-choque que dizia: "A gravidade funciona." Sim, ela funciona. Os alpinistas sabem disso e se planejam para isso. Como os agile coaches.

Uso esta metáfora para ilustrar que, em nosso ambiente físico, algumas coisas são simplesmente tidas como certas. Constantemente. Sempre presentes. Indiscutíveis. Ainda mais em nosso ambiente de trabalho.

As necessidades dos clientes mudam. Gravidade.

O que a equipe pode fazer é conhecido apenas por ela e muda com o tempo. Gravidade.

O mundo se move em um ritmo vertiginoso e criar situações que ninguém poderia prever. Gravidade.

Você não pode assumir um compromisso em nome de outras pessoas e esperar comprometimento por parte delas. Gravidade.

A metodologia ágil admite a gravidade e acomoda sua atração dentro de suas práticas e princípios. Lidar com a gravidade faz parte do pacote.

Os gerentes de projetos que usam táticas voltadas ao plano tentam desafiar a gravidade. Assim, durante a jornada do gerente de projeto para o agile coach, deve-se lidar com essa ideia central e aceitá-la: a gravidade funciona.

EVOLUÇÃO GERAL DO GERENTE DE PROJETO PARA AGILE COACH

Um gerente de projeto se torna agile coach =
  Treinamento ágil +
  várias experiências Scrum Master (ou o equivalente em seu framework ágil) +
  ser orientado por alguém que tenha feito a transição de gerente de projeto para agile coach +
  adotar ideias de outras metodologias afins +
  treinar pessoas de fora da equipe, não apenas mantê-las sob controle +
  lidar com os obstáculos organizacionais que envolvam as equipes

À medida que progride, você decidirá se fará a transição para agile coach. Talvez você se sinta atraído pelo papel de Product Owner, pois ele inclui um

> trabalho semelhante ao escopo e à visão que você teve como gerente de projeto. Talvez você queira ser um membro da equipe, enquanto tira da gaveta habilidades há muito esquecidas (mas amadas). Ou, possivelmente, você veja que o treinamento ágil lhe cabe perfeitamente, logo, você mergulha de cabeça.
> Talvez você decida que não fará a transição e, em vez disso, opte por continuar usando as habilidades voltadas ao plano com equipes que não sejam ágeis. Caso tenha experiência com a metodologia ágil, você provavelmente desenvolveu um senso mais apurado de quais projetos são adequados para uma abordagem definida e voltada ao plano. Dê preferência a esses projetos e fique ciente de que eles lhe exigirão que desafie menos a gravidade.

Ter um mentor para ajudá-lo nesta mudança é imprescindível. Um mentor agile coach oferece um treinamento integral para ajudá-lo a enxergar como a metodologia ágil funciona e lhe chamar a atenção quando você, inadvertidamente, retrocede àquela mentalidade voltada ao plano. Essas mentalidades estão arraigadas e revelam-se de muitas maneiras — na necessidade de dizer aos membros da equipe o que fazer, na reação instintiva de dizer "sim" à última interpretação do cliente a respeito de suas exigências e, depois, esperar que a equipe consiga cumprir com elas, ou se comprometer com uma data e informar a equipe posteriormente.

Vez ou outra, você e até mesmo a equipe não perceberão que o sistema de convicções de gerenciamento de projetos entrou em vigor novamente até que seu mentor chame a atenção para isso e o ajude a se lembrar de que um agile coach não age dessa forma. Longe disso, um agile coach sabe que as simples práticas ágeis, quando bem aplicadas, têm uma resposta para todas essas situações e muito mais. Portanto, o coach se concentra em conseguir que as equipes empreguem bem a metodologia ágil. O resto vem naturalmente.

A Trajetória do Líder Técnico para o Agile Coach

Às vezes, as habilidades ágeis de treinamento agregam ao seu conjunto de conhecimentos formas de ajudar ainda mais as pessoas a desenvolver suas habilidades técnicas. O caminho que leva o líder técnico para o agile coach se enquadra nesta categoria. Comumente, os líderes técnicos começam como desenvolvedores experientes, aperfeiçoando as habilidades e expertise em programação, e, com o passar do tempo, começam a orientar outros desenvolvedores. Durante a jornada, novas técnicas e práticas, como a metodologia Extreme Programming (XP), surgem e são incorporadas ao repertório do líder técnico. Dentro de pouco tempo, ele começa a ensinar aos outros a metodologia XP e a trabalhar com eles, lado a lado, para ajudá-los a empregar bem as práticas. O líder técnico chama a si próprio de coach XP, coisa que se assemelha muito a um treinador de basquete, que conhece o jogo como a palma de sua mão; faz com que cada jogador treine repetidas vezes por meio do ensino, prática e treinamento; e depois os ajuda a somar tudo isso a estratégias que possibilitem vencer os jogos. O maior trunfo do treinador de basquete é a expertise no assunto e os meios de passar esse conhecimento para os outros. Estes são também os maiores trunfos de um coach XP.

Em seguida, o ensino e a orientação se disseminam entre as equipes e assumem a forma de ajudar a elevar o desenvolvimento de software para que se manifeste em uma escala maior. Nesta escala, os problemas inerentes a toda a organização se tornam barreiras para o avanço do aperfeiçoamento da expertise em programação. O líder técnico percebe que estar "alerta aos problemas" para lidar com essas limitações e distúrbios, como gargalos, pode ajudar muitas equipes ao mesmo tempo e mostra-se um desafio interessante, pois o compele a exercer um novo conjunto de habilidades, como facilitar o processo e influenciar as pessoas.

Em algum momento, o líder técnico começa a usar o termo *agile coach* para se descrever. O trabalho dele vai além do ensino de habilidades técnicas, ainda que continue a representar sua essência, porque, agora, o líder técnico também presta atenção tanto ao framework de gerenciamento que cerca a equipe como às "questões de pessoas", que parecem estar sempre presentes. Quando esse agile coach consegue engenhosamente atravessar os desafios dentro e fora das equipes e direcioná-los para a busca de alto desempenho em todos os níveis, não somente no quesito de excelência técnica, ele faz jus ao termo.

O Nascimento de um Agile Coach

Independentemente do caminho que você toma ou qual é a sua procedência, ao trabalhar efetivamente com as equipes ágeis, você começa a se transformar. Os indícios claros informam que o agile coach que habita em você está aflorando. A Tabela 1.2 enumera alguns desses indícios.

TABELA 1.2 Indícios claros de que um agile coach está nascendo

O coach deixará de	O coach começará a
Coordenar contribuições individuais	Treinar a equipe inteira para colaborar uns com os outros
Ser um especialista no assunto	Ser um facilitador *para* a equipe
Investir em resultados específicos	Investir no desempenho geral da equipe
Saber a resposta	Perguntar à equipe as respostas
Direcionar	Deixar a equipe trilhar o próprio caminho

O coach deixará de	O coach começará a
Controlar	Orientar
Falar de prazos e opções técnicas	Falar do valor do negócio agregado
Falar de fazer o melhor	Falar de fazer o adequado para o negócio neste momento
Corrigir problemas	Falar dos problemas com a equipe

São coisas que você faz e fala sobre as mudanças, conforme passa do gerenciamento para o treinamento. Quando comportamentos diferentes vêm à tona com mais frequência e começam a acontecer naturalmente, você está firme no caminho para se tornar agile coach. Continue assim.

Características Inatas

Com o tempo, andei reparando que as pessoas que fazem transições estrondosas e bem-sucedidas para o agile coach têm algumas coisas em comum — coisas que elas nem sequer conseguem reconhecer nelas mesmas. Chamaremos essas características comuns de *características inatas* (*native wiring*). Elas parecem estar presentes nas pessoas que observo desde o começo e me fazem prever: "Sim, esta aqui provavelmente conseguirá." Em contrapartida, reparo a falta de tais características quando busco na memória e penso em por que alguém não conseguiu fazer a transição para agile coach. E às vezes eu estava errada; logo, aplico isso como guia geral, e não como regra.

Elaborei esta lista ao pensar em meus aprendizes agile coaches e no que fez a transição para o agile coach parecer fácil. Alguns deles não tiveram problemas para se tornar um agile coach — facilmente em comparação à minha jornada espinhosa (e compensadora). Agora, ao analisar a lista, posso ver que, com o tempo, adotei a mentalidade das características inatas. Há dez anos, provavelmente apenas metade dos aspectos das características inatas era realidade para mim. Hoje em dia, elas vivem em meu ser e constituem a essência inabalável por meio da qual treino as equipes ágeis.

Ao pensar se você será um bom agile coach, leve em consideração as dez habilidades e as mentalidades predominantes em pessoas que apresentam as características inatas para treinamento:

1. Elas têm uma habilidade insondável para "ler nas entrelinhas". Assim que entram em uma reunião ou em um recinto, elas podem inferir

basicamente tudo que ocorreu enquanto estavam fora. Elas meio que "leem" instantaneamente as emoções no ar e sabem se tudo está correndo bem ou não.

2. Elas se preocupam mais com as pessoas do que com os produtos. Claro, o foco nos produtos ainda impera, entretanto esse foco leva em conta as pessoas, que, por sua vez, sabem que são importantes e têm apoio para crescer, criando ótimos produtos.
3. Promovem a curiosidade. Reconhecem quando não sabem algo. Elas não sabem o que as pessoas estão pensando ou sentindo, e não sabem por que as coisas são como são. Elas simplesmente perguntam.
4. Acreditam que as pessoas são essencialmente boas. Sim, elas sabem que os casos difíceis existem. Porém até mesmo as pessoas mais difíceis lá no fundo são boas — talvez estejam um pouquinho mais atrás na trajetória de se tornar um ser humano completo. Desse modo, vão ao encontro dessas pessoas e as ajudam a dar os primeiros passos.
5. Sabem que os planos caem por terra, por isso agem no momento certo com a equipe, em vez de se agarrar a qualquer ideia ou esperança sobre como as coisas deveriam ser.
6. Elas têm sede de aprender. Sabem que a aprendizagem e o crescimento nunca acabam.
7. Acreditam que qualquer grupo de pessoas pode fazer coisas boas no mundo, tendo em conta um ambiente de crescimento e um objetivo audacioso. Elas acreditam que a excelência existe e vale a pena buscá-la.
8. Elas têm pouca tolerância em relação às questões institucionais que afastam as pessoas da busca pela excelência, aquelas que "simplesmente são assim, porque sempre foram assim". Uma coisa que as deixa com a pulga atrás da orelha é quando alguém afirma: "Sim, sei que é uma perda de tempo, mas é assim que fazemos isso."
9. Elas acreditam que a instabilidade é essencial. Caos e destruição são simplesmente alicerces para construir algo melhor. O pandemônio é esperado.
10. Elas correm o risco de estar erradas. Quando estão erradas, assumem e seguem em frente.

A bagagem delas não importa. Testador, gerente de projeto, especialista em processos de negócios, instrutor ou administrador — se você tiver essas características inatas dentro de si ou puder adotá-las em sua vida com o tempo, há uma boa chance de você se tornar um bom coach.

Faça do Treinamento Ágil a Sua Expressão Pessoal

Este livro é um convite ao estímulo e à prática a partir de maneiras alternativas de pensar em modelos e ferramentas específicos para usar com as equipes. Em meio a todas essas informações e muitas sugestões, você deve encontrar sua própria voz como agile coach. Ninguém faz treinamento ágil do mesmo jeito. Este livro apresenta uma perspectiva experiente de como ser um agile coach com base em uma forma positiva — a minha — de treinar equipes ágeis.

Com prática e foco, você descobrirá o seu jeito, a sua própria voz como agile coach. Apesar de escrito em linguagem direta, este livro não deve ser erroneamente interpretado como uma diretriz ou um manual de procedimentos. Nada deve ser seguido à risca como um ritual ou prática rígida.

Modele tudo que você aprende neste livro com sua maneira única de abordar e treinar a equipe. Você é quem conhece melhor o contexto em que se encontra. Decerto que você conhece a si próprio melhor. Mantenha esse conhecimento em primeiro lugar ao considerar as ideias contidas neste livro e ao deparar-se com muitas outras ideias em sua prática com equipes ágeis.

Valorize o seu contexto e a si próprio, faça questão de não ficar em sua zona de conforto. Desafie a si mesmo. Faça com que o treinamento das equipes ágeis seja sua marca de excelência pessoal.

Recapitulação

Vamos fechar este capítulo com chave de ouro:

- Tornar-se um agile coach exige estudo, experiência e prática.
- "Ser" um agile coach em tudo o que faz é um exemplo infalível para todos que você treina.
- Seu desejo recorrente para ser o melhor agile coach que você pode significa se abster de atitudes e comportamentos que restringem a expressão da equipe de empregar bem a metodologia ágil.
- Os caminhos para ser um agile coach são tantos e tão variados quanto os lugares a partir dos quais os indivíduos iniciam sua jornada.
- As qualidades comuns aos agile coaches bem-sucedidos refletem a abertura, a orientação de pessoas e uma busca profunda e apaixonada pela excelência pessoal e profissional.

Recursos e Leituras Adicionais

Adkins, L. 2008. The Road from Project Manager to Agile Coach [A Trajetória do Gerente de Projeto para o Agile Coach, em tradução livre]. YouTube [conteúdo em inglês]. Use esse vídeo para se livrar de seus modos de pensar e abra-se para as perspectivas e mentalidades que ajudam o despontar dos bons agile coaches.

Pink, D. 2006. *A Revolução do Lado Direito do Cérebro*. O futuro dos serviços altamente personalizados e do alto conceito chegou. Esse livro oferece evidências sólidas de por que as coisas são desse jeito e o que você pode fazer para prosperar neste cenário. Muitas das ideias presentes no livro podem ajudá-lo a desenvolver ou solidificar suas "características inatas" como agile coach.

Wheatley, M. 2006. *Liderança e a Nova Ciência: Descobrindo Ordem num Mundo Caótico*. Leitura essencial para qualquer agile coach (e para todos os gerentes que um agile coach encontra), para entender por que o modelo de máquina de trabalho não serve mais e qual deve ser o papel do "líder" em sistemas auto-organizáveis, como equipes ágeis.

Capítulo 2
Espere um Alto Desempenho

Em geral, as equipes compreendem os conceitos básicos da metodologia ágil logo nos primeiros sprints. Concebidos para serem simples, os frameworks ágeis são descomplicados e fáceis de se trabalhar. E as práticas, quando ensinadas adequadamente, também são fáceis de se implementar.

Não demora muito para que as rotinas elaboradas dentro das práticas ágeis façam com que as equipes se sintam presas em um ciclo de atividades monótono e sem fim — sempre passando de uma prática rotineira para a próxima e de um sprint para o outro, e depois para o outro, sistematicamente. Elas progridem no produto que estão criando juntas, todavia ficam empacadas nas mesmas atividades repetitivas.

Além dos resultados que a empresa exige que as equipes produzam, elas precisam de mais alguma coisa para se empenharem — algo que transforme essas práticas rotineiras em sua jornada rumo à realização. Em vez de ver o mesmo cenário, com as mesmas atividades repetitivas de novo e de novo, elas precisam ver sinais e marcos diferentes ao longo do caminho que indiquem o progresso em direção a algo significativo e que valha a pena. Esse "algo" é a busca pelo alto desempenho. É pelas ações cotidianas que, juntas, as equipes se esforçam para ser o melhor que podem.

> **Quando terminar este capítulo, você será capaz de responder a estas perguntas:**
>
> - Como posso definir minha expectativa de que a equipe será de alto desempenho?
> - Quais referências e imagens posso usar para ensinar à equipe uma definição útil de alto desempenho?
> - Como posso ajudar a equipe a arquitetar seu próprio caminho para o alto desempenho?

Sabemos que, na era do conhecimento, a motivação se origina quando as pessoas conquistam autonomia, entendimento e um senso de propósito (Pink, 2009). Estipular o alto desempenho como sua expectativa de referência e possibilitar às equipes um meio de alcançá-lo atingem esses poderosos motivadores em cheio. A partir dessa revitalização, todos saem ganhando. A empresa obtém resultados melhores e contrata equipes que podem fazer qualquer coisa. As equipes e os indivíduos que se comprometem alcançam mais autonomia, entendimento e propósito em suas vidas. Todos colhem os frutos doces da árvore do alto desempenho.

Defina Suas Expectativas

Contar com o alto desempenho não quer dizer que você o exija. Esperar por um alto desempenho significa que você simplesmente sabe que conquistá-lo é mais do que possível; é normal. Esperar por um alto desempenho significa que você acredita que a equipe pode alcançá-lo, logo você passa a apoiá-la, com generosidade e categoricamente, em direção a essa expectativa. Ao acreditar, você a estimula a buscar um ideal do que ela pode se tornar como um todo. Eles são impulsionados para serem mais do que são.

Isso os instiga a seguir adiante, sprint a sprint, release a release. Durante o percurso, eles experimentam juntos momentos emocionantes de grandeza, alimentando a ânsia de continuar a jornada. Também sentem o gosto da decepção e da mágoa, fazendo com que desanimem. Em meio a tudo isso, permaneça firme em sua crença no alto desempenho — e neles.

Você acredita no alto desempenho, mas o que ele significa? Incerteza; não faltam modelos, avaliações e descrições acerca do alto desempenho, e, mesmo que haja uma definição abrangente e aceitável nos dicionários, ela ainda nos escapa entre os dedos. Neste livro, você também não encontrará esse tipo de definição de alto desempenho. Meu objetivo não é defini-lo como de praxe, e sim libertá-lo, admitindo que o alto desempenho não tem a ver com conquistar uma determinada posição, mas com a jornada rumo a uma coisa melhor. Equipes que "superam todas as expectativas lógicas" e "até mesmo se surpreendem" talvez estejam a caminho dessa jornada (Katzenbach e Smith, 2003). Há também equipes que melhoram todos os dias, pouco a pouco.

Como agile coach, ajude-os a iniciar uma jornada rumo ao alto desempenho simplesmente esperando que eles cheguem até lá. Depois, dê-lhes a matéria-prima que usarão para criar sua própria definição concebível de alto desempenho — um desejo que alimenta a imaginação e a possibilidade de alcançá-lo. Treine-os para escolher o próximo passo em seu caminho (e o próximo, e o próximo), focando o tempo inteiro o desejo inspirador de alto desempenho.

Promova a euforia, o entusiasmo, deixe a expectativa no ar para essa jornada — primeiro em você mesmo, e depois canalize esses sentimentos em favor deles. Lidere acreditando na equipe. Afinal de contas, se você não acredita que eles podem atingir um alto desempenho, por que eles deveriam se empenhar?

Adote uma Metáfora para Alto Desempenho

A metáfora é poderosa. Os coaches profissionais sabem disso há muito tempo. Na realidade, a "metáfora" é uma habilidade fundamental ensinada em cursos de treinamento profissional (Whitworth *et al.*, 2007).

"Sou a cola que mantém esta família unida."
"Sou a pedra no seu sapato, lembrando-o para ter cuidado."
"Sou a luz no final do túnel."
"Sou um pássaro pairando acima de tudo."
"Sou o farol a guiá-lo."

Os coaches questionam coisas que ajudam os clientes a idealizarem sua própria metáfora, que seja profunda e significativa. Os clientes usam a metáfora para guiá-los pelos acontecimentos que se desenrolam em suas vidas.

Caso esteja tendo dificuldades em navegar por um mar de turbulências durante um período de mudanças rápidas e imprevisíveis, talvez a metáfora "Sou um pássaro pairando acima de tudo" sirva para ajudar o cliente a manter o equilíbrio, enquanto as ondas das mudanças se chocam por toda a parte. Talvez o cliente tenha um propósito, algo importante para compartilhar com o mundo. Então a metáfora "Sou o farol a guiá-lo" ajude a manter a chama do propósito viva e significativa, pois alimenta seu trabalho.

As equipes usam metáforas da mesma maneira. Ao longo do seu treinamento, uma equipe pode elaborar a própria metáfora que a ajude a passar pelos momentos turbulentos ou emocionantes. A fim de auxiliá-la a ficar por dentro das coisas e a definir uma ideia de alto desempenho, apresente imagens que acendem a faísca da metáfora. Uma dessas imagens demonstra uma árvore: a Árvore do Alto Desempenho.

A Árvore do Alto Desempenho

A Árvore do Alto Desempenho nasceu quando eu estava treinando muitas equipes que trabalhavam juntas há algum tempo. Elas estavam com o desempenho relativamente bom em relação às práticas básicas da metodologia ágil (reuniões padronizadas e metas de sprint) e continuamente entregavam resultados importantes, ainda que seus gerentes soubessem que elas poderiam contribuir com mais e mais.

Capítulo 2 Espere um Alto Desempenho

Como agile coach, eu não tinha ideia de como tentariam conquistar o alto desempenho, mas sabia que cada equipe o faria à sua maneira, independentemente de como eu procedesse. Desse modo, abrir um caminho ou mesmo uma rota sinuosa para trilharem não daria certo. Tive que bolar algo sugestivo que despertasse o desejo de conquistar o alto desempenho segundo suas próprias regras, alguma coisa que cada equipe pudesse empregar a fim de pavimentar seu próprio caminho ou rota. Com base em minha aprendizagem sobre o poder da metáfora, criei a Árvore de Alto Desempenho (veja a Figura 2.1).

Apresente a árvore à equipe a qualquer momento. Fazer isso logo de início, talvez na formação da equipe, além de organizá-la melhor, também serve para apresentar a árvore como uma forma de analisar um problema ou uma anomalia quando um deles vier à tona. Uma vez apresentada, passe a consultá-la conforme as situações em equipe se manifestem e use-a como material para as retrospectivas.

Para apresentar a árvore à equipe, basta desenhá-la das raízes até a copa, à medida que você explica o significado dos valores do Scrum e enumera as características do alto desempenho. Você pode ver na ilustração que não é necessário ser um desenhista de mão cheia para fazê-la.

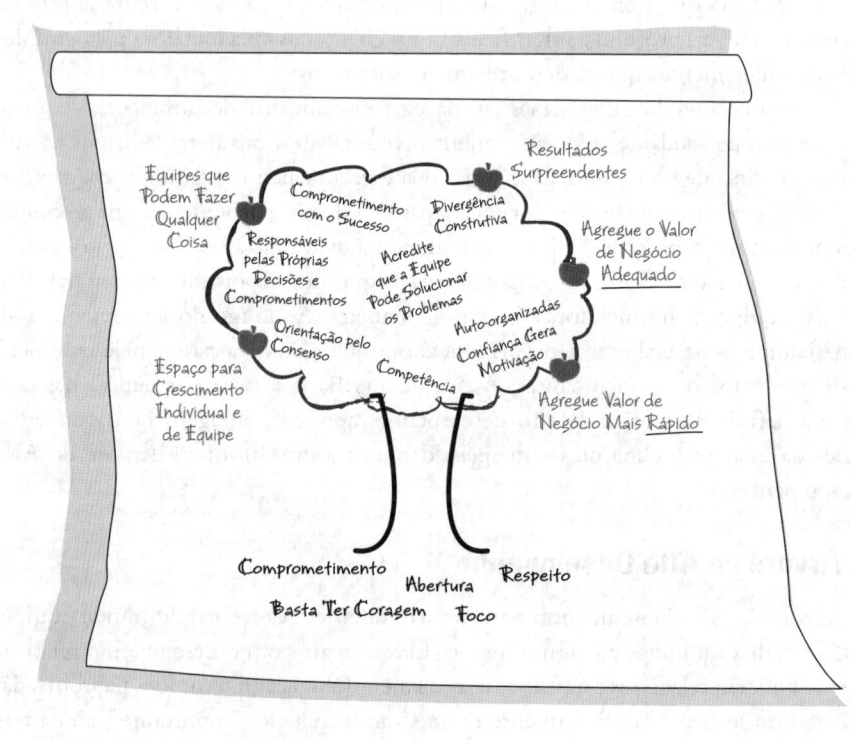

FIGURA 2.1 Árvore do Alto Desempenho

Conforme escreve as palavras nas raízes da árvore, ensine os valores do Scrum. Em termos simples, eles são os seguintes:

Comprometimento: Esteja disposto a comprometer-se com um objetivo. O Scrum concede às pessoas a autorização de que precisam para cumprir seus compromissos.
Foco: Faça o seu trabalho. Concentre todas as suas iniciativas e competências em fazer o trabalho ao qual você se comprometeu. Não se preocupe com mais nada.
Abertura: O Scrum deixa claro para todo mundo tudo que está acontecendo no projeto.
Respeito: Os indivíduos são influenciados por suas bagagens e por suas experiências. É de suma importância respeitar as diferentes pessoas que fazem parte de uma equipe.
Coragem: Tenha a coragem de se comprometer, agir, ser aberto e respeitoso (Schwaber e Beedle, 2001).

Caso não use o Scrum, mas ache que esses valores lhe servirão, não considere as referências à palavra *Scrum*. (Nem precisa mencionar que elas são oriundas do Scrum.) Você também pode utilizar os valores do Extreme Programming em vez disso ou junto dos valores do Scrum, se sua equipe desenvolve software. As definições destes valores partem do princípio que as práticas do Extreme Programming ocupam o cerne do repertório de desenvolvimento de software da equipe:

Comunicação: Mantenha a comunicação adequada circulando ao empregar muitas práticas que não podem ser feitas sem se comunicar. Os problemas dos projetos sempre ocorrem porque fulano não informa beltrano de alguma coisa importante.
Simplicidade: Qual é a coisa mais simples que poderia funcionar? É melhor fazer uma coisa simples hoje e pagar um bocado a mais amanhã para modificá-la, caso necessário, do que fazer uma coisa complicada hoje, que não funcionaria.
Feedback: O feedback prático a respeito do estado das coisas é incalculável. O otimismo é um risco ocupacional de cronograma. O feedback é o tratamento.
Coragem: Tenha a coragem necessária para desenvolver um software bom, o que talvez signifique descartar o código e mudar de direção, ainda que na reta final do desenvolvimento. Quer dizer que você nunca entrará em um beco sem saída? Tenha coragem (Beck e Andres, 2004).

Caso nenhum desses conjuntos de valores se enquadrem, e sua empresa instaure valores que funcionem bem, passe a usá-los. O segredo é: os valores que você usa devem ser definidos para que sejam compatíveis com a metodologia ágil, facilmente compreensíveis (não repletos de abstrações ou jargões) e significativos. Utilize somente os valores que despertem um sentimento de busca nos membros da equipe. Você sabe que tem um conjunto bom quando os membros da equipe consideram as definições e dizem: "Isso, quero ser mais assim. Quero que todos sejam desse jeito. Eu quero que nossa empresa seja mais desse jeito."

À medida que desenha, faça um tour pelas perspectivas do Scrum. Se as raízes são firmes, elas sustentam a árvore, que cresce em direção ao céu — mais organizada e mais alta. As folhas germinam e se reúnem em um número crescente sob a luz do sol. Conforme as folhas captam a luz, elas, por sua vez, alimentam a árvore. Tudo cresce mais forte, mais alto e mais verde. A árvore se tornou um lugar acolhedor, e a equipe percebe que eles mesmos contribuíram para o germinar de algumas coisas — as características da colaboração em massa e, portanto, do alto desempenho (adaptado de Tabaka, 2006):

- Elas são **auto-organizadas** em vez de baseadas em cargos ou títulos.
- Elas têm **competência** para tomar decisões.
- Elas acreditam genuinamente que, **como equipe, podem solucionar qualquer problema**.
- Elas estão comprometidas com o **sucesso da equipe** versus o sucesso a qualquer custo.
- A equipe **tem suas próprias decisões e compromissos**.
- **Confiança**, versus medo ou agressividade, as motiva.
- Elas são orientadas **pelo consenso**, indo da divergência total em direção à concordância.
- E elas vivem em um mundo de constante **divergência construtiva**.

Essas características modelam as folhas da árvore. Se as raízes forem firmes e as folhas captarem luz o bastante, a árvore dará frutos. Frutos do alto desempenho.

Os primeiros frutos percebidos são: você agrega valor de negócio *mais rápido* e, posteriormente, agrega o valor de negócio *adequado* com mais frequência. À medida que as raízes (valores) e folhas (alto desempenho) continuam a crescer, a equipe pode até mesmo produzir um fruto de resultados *surpreendentes* — do tipo que faz com que um negócio supere a concorrência progressivamente e do tipo que a metodologia ágil visa criar. Por meio deste fruto, despontam mais dois: uma equipe que pode, de fato, *fazer qualquer coisa* e uma equipe que promove espaço para *crescimento* de equipe e individual. Esses dois frutos são aqueles que revitalizam a árvore inteira e frutificam sem medida. Eles abastecem o crescimento sustentável.

Seja lá quando você apresentar a árvore, basta ter o desenho no ambiente de trabalho da equipe. Ele fica em algum lugar, um lembrete discreto de que o alto desempenho é normal e sua expectativa, fervorosa. Como mostra a Figura 2.2, a árvore serve para quando a equipe cai na rotina ou enfrenta algum problema, e você simplesmente aponta para o desenho e diz: "Onde as raízes estão enfraquecidas?" A árvore também fica lá para quando a equipe demonstra todos os sinais de alto desempenho, mas os produtos desenvolvidos cheiram à mediocridade. Você percebe que eles podem fazer melhor e logo diz: "Quais frutos queremos saborear agora?"

- Onde as raízes estão enfraquecidas?
- Quais folhas trabalhar?
- Você está colhendo algum fruto?

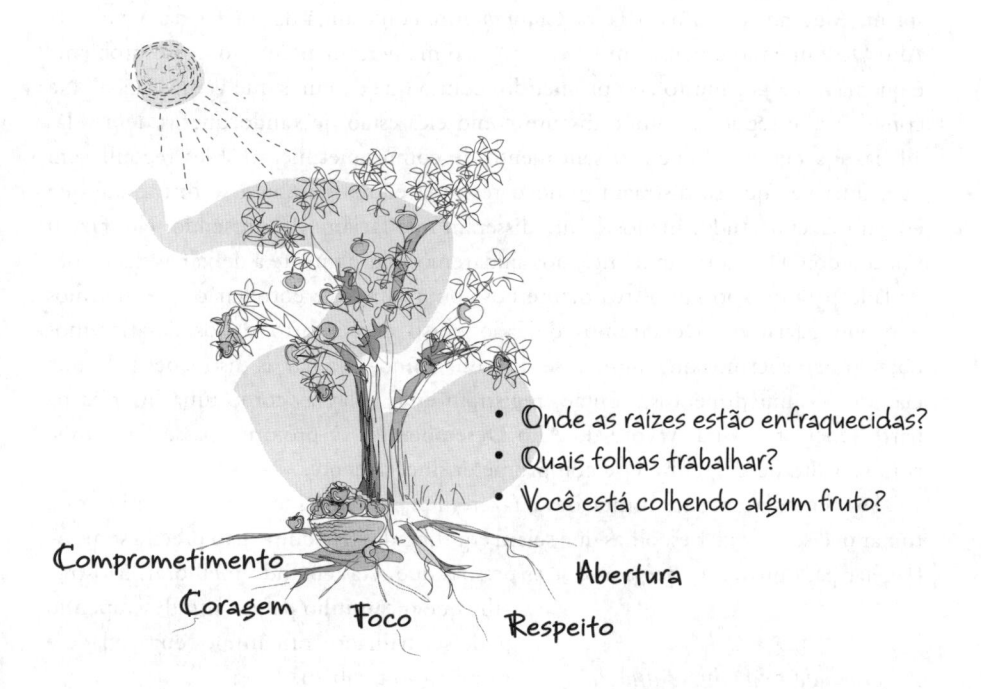

Comprometimento
Coragem
Foco
Abertura
Respeito

FIGURA 2.2 Use a Árvore de Alto Desempenho para estimular a equipe a dar o próximo passo rumo ao alto desempenho

Ao utilizar a árvore desse modo, suas perguntas se transformam em desafios para eles, um jeito de atraí-los para um horizonte mais claro do que eles podem se tornar juntos. Quando aceitam o desafio, abrem o caminho para o próximo passo em sua jornada rumo ao alto desempenho. Assim, eles definem o próprio caminho.

Por exemplo, talvez a equipe se sinta decepcionada com a qualidade do próprio trabalho e, ao levar em consideração a Árvore de Alto Desempenho, chegue à conclusão de que não é efetivamente orientada pelo quesito consenso. Eles reconhecem que têm a tendência de se jogarem na primeira coisa que aparece, em vez de ouvir as ideias de todos os membros da equipe. Acabam achando que, caso se distraiam com a divergência de ideias, antes de chegar a um consenso sobre o que usariam, a qualidade de seus produtos aumentaria. Desse modo, eles podem destacar uma "Orientação pelo Consenso" na Árvore de Alto Desempenho e escrever a si próprios um lembrete de que, para as coisas funcionarem, faz-se necessário ouvir as ideias de outras pessoas. Ficar cada vez melhor na orientação pelo consenso é o próximo passo dessa equipe em direção ao alto desempenho.

Agora, há pouco tempo, uma segunda equipe deixou de cumprir suas metas de sprint. Alguém repara na palavra *Compromisso* como uma das raízes da Árvore de Alto Desempenho e pensa em voz alta: "Fico me perguntando se o nosso problema é que não estamos muito comprometidos com o que dizemos que vamos fazer." Na conversa que segue, a equipe discute como eles estão deixando que as demandas alheias e a energia drenem o sentimento de comprometimento. Eles reconhecem que, uma vez que se distraem, todo o resto da equipe também se distrai até que estejam fazendo tudo, menos o que disseram que fariam. Assim sendo, eles fazem um acordo: "De agora em diante, nos ajudaremos mutuamente a deixar as distrações de lado para que possamos realmente nos comprometer e entregar o que dissemos que entregaríamos. Deixaremos de lado nosso desconforto e nos desafiaremos quando percebermos que alguém se distraiu. Vamos chamar as distrações pelo que elas são — impedimentos." Então, registram estas palavras como uma insígnia na parte superior de sua Árvore de Alto Desempenho. O próximo passo da equipe rumo ao alto desempenho é se comprometer sinceramente.

Ao remediarem suas limitações e fazerem planos para melhorar, incentive-os a tomar decisões e fazer escolhas que sejam equilibradas. A equipe não precisa se autoflagelar para provar a você e às outras pessoas que está tentando melhorar. Mostre-lhe que o caminho para o alto desempenho pode ser trilhado com ânimo, curiosidade e valorização também.

O caminho, quer trilhado com entusiasmo ou com apreensão, quer percorrido rapidamente ou a passos lentos e vagarosos, nunca será igual, e você nem sequer pode imaginar como será a jornada final de cada equipe. Logo, é melhor não julgar; ao contrário, confie na equipe para trilhar o caminho que ela acredita ser o adequado.

Você pode informá-los quando a árvore estiver consolidada. É quando a equipe

> *A seriedade excessiva é um sinal de alerta para a mediocridade e o pensamento burocrático. As pessoas que estão seriamente comprometidas com o entendimento e o alto desempenho são seguras o bastante para se animarem.*
> —Michael J. Gelb

fala sobre a árvore como uma metáfora e sobre o caminho escolhido para o alto desempenho:

"Podemos crescer se fortalecermos nossas raízes."
"Somos uma árvore; somos flexíveis."
"O vento pode nos sacudir, mas não nos derrubará."

É quando o poder da metáfora se irradia e se materializa, ajudando a equipe a sobreviver a mudanças turbulentas ou a conquistar o próximo grande objetivo.

Outra Metáfora: Construindo as Fundações

Se a Árvore de Alto Desempenho não for de seu interesse, tente uma imagem diferente. Elabore sua própria imagem. Não precisa ser uma coisa sofisticada ou complicada, as coisas simples também funcionam bem. O treinador e mentor Scrum Tobias Mayer usa a imagem de "construir uma fundação" em suas aulas. É uma lista simples de cinco coisas que fazem o Scrum (e todos os métodos ágeis) funcionar. Ele afirma que, se você tem essas cinco coisas, você tem tudo o que precisa, e os outros detalhes acabam se arranjando (Mayer, 2009):

Empirismo: Sucesso depois de uma série de fracassos. Prefira a análise *a posteriori* à previsão.
Auto-organização: As pessoas que conhecem o problema sabem como solucioná-lo.
Colaboração: Promover uma mentalidade "sim/e". Reconsiderar as ideias; não um meio-termo (Austin e Devin, 2003).
Priorização: Foco! Fazer o que deve ser feito.
Ritmo: Respire, e o resto acontecerá por si.

A respeito desses usos, Mayer afirma: "Vejo estes cinco princípios como a base da criação, que (metaforicamente) é o Scrum em flor, desabrochando. Tudo aflora no Scrum: ideias, equipes, processos, design, arquitetura, produtos..."

A presença do imaginário de "construir uma fundação" para a equipe instaura um campo fértil para a metáfora se manifestar de modo que eles suscitem uma perspectiva de sua jornada em direção à grandeza juntos. Entendeu? Você nem precisa tocar no nome alto desempenho, caso ele deixe as pessoas retraídas. A jornada rumo à grandeza também funciona bem. Talvez você ouça os membros da equipe usarem a alegoria proporcionada para a criação de metáforas, que, por sua vez, despertam o entusiasmo em si próprias:

"Onde o nosso alicerce está enfraquecido?"

"Será que ultimamente não desmoronamos um pouco?"

"Se fôssemos lançar uma nova pedra fundamental hoje, o que poderíamos talhar nela?"

Nunca Se Chega ao Destino

A jornada de uma equipe ágil rumo ao alto desempenho é apenas isso — uma jornada. A equipe pode sentir o gostinho do alto desempenho de vez em quando, e até mesmo vivenciá-lo por um tempo, mas ela nunca "chega" ao alto desempenho, onde a história acaba. A história não acaba, ela continua.

Assim que começarem a vivenciar o alto desempenho, sem sombras de dúvidas, alguma coisa acontecerá, e eles serão realocados. Um membro da equipe será promovido e passará a controlar os colegas de equipe. A empresa se reestruturará e uma nova vice-presidente fará valer sua vontade em relação ao direcionamento da equipe. Alguém da equipe sairá de licença-maternidade; alguém se casará e se mudará de cidade; e outra pessoa simplesmente partirá para outro projeto. Sempre que uma dessas coisas acontecer, a dinâmica da equipe mudará, e a equipe terá que retroceder.

À vista disso, ensine a equipe a respeitar sua capacidade de se recuperar completa e rapidamente de contratempos — respeitar isso acima do progresso que ela fez até agora ou onde ela "está" atualmente em sua jornada. Não restam dúvidas de que contratempos ocorrerão. Sua expectativa de que alcançarão a grandeza juntos pode contagiá-los e os fortalecerá, ainda que o caminho seja difícil.

Recapitulação

Vamos fechar este capítulo com chave de ouro:

- Faça questão de que a equipe saiba que você espera um alto desempenho e deseja que ela o conquiste.
- Estimule a jornada da equipe com imagens e desafios que lhe permitam pavimentar o próprio caminho para o alto desempenho.
- Apoie o próximo passo que eles escolheram, ao treiná-los para atingir a grandeza, e acredite que são capazes de alcançar tudo o que quiserem, desde que se esforcem.

Recursos e Leituras Adicionais

Schwaber, K. and M. Beedle. 2001. *Agile Software Development with Scrum*. Upper Saddle River, NJ: Prentice Hall. Nesse livro, os valores do Scrum estão escondidos no último capítulo. A leitura das definições claras e convincentes desses valores é obrigatória para qualquer agile coach. Agora, sempre ler tais definições e estudá-las a fundo é obrigatório para qualquer grande agile coach.

Pink, D. 2009. The Surprising Science of Motivation. http://blog.ted.com/2009/08/the_surprising.php [conteúdo em inglês]. Quer saber o que é importante para as pessoas e o que isso tem a ver com a razão de alcançar um alto desempenho? Assista a essa palestra para descobrir. Caso queira saber mais, leia [conteúdo em inglês]: *Drive: The Surprising Truth About What Motivates Us*.

Referências

Austin, R. and Devin, L. 2003. *Artful Making: What Managers Need to Know About How Artists Work*. Upper Saddle River, NJ: Prentice Hall.

Beck, K. and Andres, C. 2004. *Extreme Programming Explained: Embrace Change*. 2. ed. Boston: Addison Wesley.

Katzenbach, J. and Smith, D. 2003. *The Wisdom of Teams: Creating the High-Performance Organization*. Nova York: HarperCollins.

Mayer, T. 2009. Conversa particular com Tobias Mayer em 23 de setembro de 2009.

Pink, D. 2009. The Surprising Science of Motivation. http://blog.ted.com/2009/08/the_surprising.php.

Schwaber, K. and M. Beedle. 2001. *Agile Software Development with Scrum*. Upper Saddle River, NJ: Prentice Hall.

Tabaka, J. 2006. *Collaboration Explained: Facilitation Skills for Software Project Leaders*. Boston: Addison-Wesley.

Whitworth, L., Kimsey-House, K., Kimsey-House, H. and Sandahl, P. 2007. *Co-Active Coaching: New Skills for Coaching People Toward Success in Work and Life*. 2. ed. Mountain View, CA: Davies-Black.

Capítulo 3

Tenha Domínio de Si

Preciso confessar uma coisa. Estou meio que em reabilitação de querer controlar e centralizar tudo compulsivamente. Sei que estou melhorando porque as pessoas que me conhecem agora dizem: "Não! Você? Uma adepta compulsiva da centralização? Não acredito." Quando ouço isso, sorrio e agradeço, tenho muito orgulho da minha transformação conquistada às duras penas. Mas sei que a tendência de querer controlar e centralizar tudo é profundamente enraizada, por isso, ao começar o treinamento de uma equipe ágil, peço aos membros da equipe que chamem a minha atenção caso eu recorra aos velhos hábitos. Eles nem sequer imaginam que terão que fazer isso, mas, ao passar por alguma situação estressante, tento controlar o que eles fazem e como fazem. Eles me avisam: "Opa! Você acabou de se transformar no monstro do controle e da centralização. Devolva nossa coach." Eles ainda chamaram a atenção outras vezes do monstro do controle e da centralização que habita em mim e que, embora domesticado, fica à espreita nas sombras, esperando a chance de assumir o controle.

> **Quando terminar este capítulo, você poderá responder a estas perguntas:**
>
> - Onde entra a minha habilidade de reconhecer minhas reações naturais ao conflito e de falar sem fazer mal aos outros, minha disposição de ser um líder servidor e minha aptidão a trabalhar com minhas próprias reações emocionais? Por que essas coisas são importantes, afinal?
> - Quanto da síndrome de centralização e controle existe em mim? O que devo fazer com relação a isso?
> - O que significa "ter domínio de si"? Como começar a colocar isso em prática?
> - O que posso fazer no calor do momento com as equipes para melhorar minha capacidade de responder às suas necessidades?
> - O que significa ouvir, falar e estar conscientemente com as equipes?

Da mesma forma que preciso de muitas advertências para refrear as minhas tendências controladoras e de centralização, conquistar o domínio de si a fim de que você consiga ser o tipo de coach que a equipe mais precisa não acontece de um dia para o outro. Requer consciência, prática e o fortalecimento da noção de que: fazer coach começa com você, mas não tem a ver com você.

Pelo contrário, o treinamento ágil tem a ver com a sua contribuição para a equipe a fim de ajudá-la a desbloquear o potencial escondido até dela própria. Com isso, eles se dão conta de suas competências e talentos, o que significa agrupar essas habilidades em uma unidade nova chamada *equipe*.

Sim, você descobrirá muitas ideias e ferramentas práticas necessárias para usar com o aprendizado da equipe ao longo do caminho. Todavia a contribuição mais importante que você pode oferecer à equipe é simplesmente esta: você.

Ao fazer coach, entregue-se. Entregue-se e esteja completamente preparado, pronto para treinar e proporcionar à equipe o necessário em cada momento. Para tal, sua postura deve ser clara e realista.

Na correria de uma vida atribulada e conectada, aparentemente é normal passar os dias com a cabeça nas nuvens e sem os pés no chão. Você simplesmente está cheio de coisas para fazer. No contexto das equipes ágeis, você pode se ver repleto de ideias e experiências; anseios e medos; planos e objetivos; e sonhos tanto para a equipe quanto para você. Estar atulhado com tudo significa não ter espaço para enxergar quem de fato são os membros de sua equipe e em quais circunstâncias. Caso pudesse, no entanto, você conseguiria ver os membros e as circunstâncias da equipe explicitamente e, ao enxergá-los de maneira autêntica, reagiria sem dúvidas a eles.

Isso é um convite para o autodomínio e para assumir uma posição sistemática e indiscutível perante a equipe. Desaloje de sua mente os objetivos pessoais, as emoções e os pensamentos. Uma vez livre, você passa a refletir como um espelho nítido, no qual a equipe pode se ver outra vez. Com a mente desanuviada, você passa a trabalhar em prol da *equipe*, e não de suas próprias necessidades.

Caso se sinta atulhado de coisas neste momento, talvez esteja se perguntando por onde começar. Comece com você mesmo. Comece com o autoconhecimento.

Vemos o autoconhecimento como o "primeiro passo" em programas de emagrecimento, programas de recuperação de abuso, retiros sobre liderança — qualquer iniciativa que estimule a recuperação e o crescimento pessoal. O mesmo vale para o treinamento. Este capítulo apresenta uma série de ideias a respeito de um bom treinamento ágil que lhe faculta a possibilidade de refletir sobre si próprio e fazer algumas perguntas indispensáveis: Como essa ideia se ajusta à minha compreensão atual de mundo? Em que sentido eu teria que mudar para comportar esta ideia? Quais práticas adotarei para me ajudar a ser uma pessoa sistemática, embasada, aberta a ideias e preparada para ministrar treinamentos?

Comece com o Autoconhecimento

Esteja ciente de como você reage em determinadas situações e reconheça o que "tira você do sério" — são facetas importantes de se conhecer em si próprio e de quem somos. Este autoconhecimento associado à avaliação de suas habilidades atuais sinaliza sua maturidade como agile coach e lhe indica o próximo passo rumo à melhoria.

Vamos chamar este próximo passo de sua **área de crescimento**. Como um agile coach, cujo desafio é melhorar constantemente em benefício de suas equipes, identifique sua área de crescimento e não tenha medo de ultrapassar seus limites. Você saberá que identificou sua área de crescimento quando se sentir pouco à vontade e menos confiante com suas habilidades. Para alguns coaches, sua área de crescimento exige que eles tomem como hábito enxergar cada pessoa como um ser humano em vez de um obstáculo. Para mim, é coibir a reação automática de assumir o controle das coisas que não estão caminhando do modo como eu gostaria. Em ambos os casos, você encara de modo consciente suas limitações e opta por praticar aquilo que ajudará as equipes a alcançar um sucesso estrondoso.

Com o intuito de identificar sua área de crescimento, exploraremos, um de cada vez, nas próximas seções:

- Como você reage ao conflito.
- As palavras que você escolhe nas conversas do dia a dia.
- Sua postura para ser um líder servidor.
- Sua facilidade com a inteligência emocional.

Eu o convido a explorar pouco a pouco as próximas seções, tirando um tempinho para refletir sobre essas áreas, para que você possa compreender melhor a si próprio como agile coach. Ao fazer isso, você pode reconhecer seus comportamentos instintivos e fazer escolhas conscientes do que seguir ou optar por algo diferente. À medida que você explora, saiba que algumas ideias podem parecer inatingíveis neste exato momento ou podem não ser boas para você. Se assim for, não vá tão longe, mas fique dentro de sua área de crescimento.

Qual É o Seu Modo Natural de Resposta ao Conflito?

Uma série de análises pode ajudá-lo a reconhecer e a identificar pelo nome seu modo de resposta automático aos conflitos. A maioria deles é baseada no instrumento de Thomas Kilmann, uma categorização dos modos comuns de respostas aos conflitos: Competir, Colaborar, Conciliar, Acomodar e Evitar (Kilmann, 2007). Segundo a CPP Inc (2009), os cinco modos estão em duas dimensões — assertividade, ou até que ponto as pessoas tentam satisfazer seus próprios interesses; e cooperatividade, ou até que ponto as pessoas tentam satisfazer os interesses de outra pessoa. Os modos se dividem assim:

- **Competir**: Assertivo e que não colabora.
- **Colaborar**: Assertivo e que colabora.
- **Conciliar**: Entre as duas dimensões.
- **Acomodar**: Colabora sem ser assertivo.
- **Evitar:** Nem assertivo, nem colabora. (CPP, Inc., 2009)

Pense na última vez que você esteve em um conflito. Não necessariamente um conflito sobre o trabalho; qualquer um servirá. Qual foi o seu modo de resposta? Você foi impulsionado pelo desejo de fazer valer suas próprias necessidades ou de satisfazer o interesse de outrem?

Agora, vamos percorrer esta mesma linha de raciocínio em mais alguns cenários conflituosos. O contexto é fundamental, por isso não se espante ao descobrir que você reage a alguns cenários colocando em prática o modo Conciliar, e a outros, usando o modo Competir.

A fim de saber qual desses modos se enquadram em sua "tendência natural", você pode fazer uma das inúmeras avaliações online. Ou você pode tentar adivinhar. Ou quem sabe pode usar outro método, como perguntar a um amigo ou membro da família. As pessoas que o conhecem melhor e que o amam têm uma percepção que pode ajudá-lo a categorizar suas reações instintivas ao conflito. Pergunte a elas.

Seja lá o que você use para saber mais a respeito de sua resposta ao conflito, o objetivo continua o mesmo: reconhecer seu modo de resposta natural ao conflito a fim de que você o detecte quando se deparar com ele. A partir desse conhecimento, você faz uma escolha consciente que se adéque à resposta ou adota uma opção diferente — o que você acha que atenderá melhor às pessoas que você treina (e à situação).

O Quão Agressiva É a Sua Comunicação?

Possivelmente, algumas pessoas diriam que estimulamos a agressividade entre as pessoas que treinamos. A probabilidade de que nossos treinamentos em equipe explodam em agressividade é irrisória, pelo menos, não do tipo físico. E quanto à agressividade verbal? Mesmo quando acreditamos que o jeito como falamos não é agressivo, nossas palavras podem machucar as pessoas e lhes causar desconforto.

Para observar como isso funciona na prática, procure responder às seguintes perguntas honestamente e conte quantas respostas "sim" e "não" você tem (adaptadas de Baran e do Center for NonViolent Communication, 2004):

- Você tira um tempo todos os dias para refletir com calma sobre como gostaria de se relacionar consigo mesmo ou com as outras pessoas?
- Você se lembra de que todos os seres humanos têm as mesmas necessidades?

- Antes de conversar, você reflete se tem a intenção de ajudar as pessoas a satisfazer as necessidades delas como se fossem suas?
- Ao solicitar que alguém faça algo, você procura analisar se está pedindo ou exigindo alguma coisa?
- Em vez de dizer o que você *não* quer que alguém faça, você diz o que você *quer* que a pessoa faça?
- Em vez de dizer o que *espera* de alguém, você diz quais medidas gostaria que a pessoa tomasse para ajudá-la a melhorar?
- Antes de concordar ou discordar das opiniões de alguém, você tenta prestar atenção ao que a pessoa está sentindo e do que está precisando?
- Em vez de dizer "não", você reconhece qual necessidade sua impede que diga "sim"?
- Caso esteja se sentindo chateado, você fica pensando em qual necessidade não está sendo satisfeita e que medidas poderia tomar para atendê-la, em vez de ficar pensando sobre o que há de errado com os outros ou com você?
- Em vez de elogiar alguém que fez algo que você gostou, você manifesta sua gratidão dizendo à pessoa qual necessidade sua foi atendida?

Se você respondeu "não" em um punhado de perguntas, existe uma boa probabilidade de que sua comunicação seja involuntariamente ofensiva. Foi agressivo, e não importa se você não teve a intenção de sê-lo. Para se ter um impacto considerável, o tipo de impacto que um coach precisa com o intuito de influenciar as pessoas e ajudá-las a se tornarem bons agilistas, você deve estar atento ao modo como fala e responsabilizar-se pelo seu despertar emocional (Scott, 2007). Isso quer dizer que você reconhece seu impacto caso a agressividade tenha sido intencional e se acha que a outra pessoa deveria se sentir desconfortável ou não.

> Para um líder, nenhum comentário é insignificante. Talvez você tenha dito algo que nem se lembre e que tenha impactado violentamente alguém que estava procurando orientação e respeito (Scott, 2007).

Como um agile coach, os membros da equipe contam com você para orientação e validação, sobretudo no início, quando a metodologia ágil os deixa entusiasmados e ao mesmo tempo apavorados. As pessoas que treinamos não se sentirão motivadas a mudar ou a correr riscos se as deixarmos desconfortáveis — se ficarmos reparando, julgando, ignorando ou até mesmo manipulando. Volte para a lista de perguntas para ver onde você responde "não". Pense a respeito: se você alterasse as suas respostas para "sim", isso aumentaria a sua habilidade de influenciar e de alcançar as pessoas que você treina?

> *Quando nos concentramos em esclarecer o que está sendo observado e sentido e o que precisamos, em vez de reparar e julgar, descobrimos a profundidade de nossa própria compaixão.*
>
> — Dr. Marshall Rosenberg

Feito isso, retroceda mais uma vez e leve em consideração essas perguntas: Com que intensidade você internalizou a comunicação não violenta? Com que frequência você presta atenção à maneira como interage com as pessoas? Com que frequência você assume a responsabilidade pelo seu despertar emocional?

As respostas viabilizarão informações importantes para ajudá-lo a encaixar todas as peças da imagem de quem você está se tornando como agile coach.

Você Consegue Ser um Servidor?

O termo *líder servidor* é usado com frequência de modo leviano quando as pessoas recorrem a um modelo que sintetiza um treinamento ágil. Ao ouvir o termo pela primeira vez, pensei que era uma simples definição de que o coach servia a equipe, e não de que a equipe servia o coach. Sem dúvidas, era uma descrição bastante diferente daquela de liderança em gerenciamento de projeto com a qual eu vinha trabalhando há muito tempo. Nesse modelo, a equipe certamente me servia. Tudo o que você tinha que fazer era participar de uma das minhas reuniões de status para ver isso na prática. Desse modo, a simples definição do coach que servia a equipe foi o que me bastou durante um bom tempo.

> *A consciência não serve de consolo — é exatamente o oposto. Ela perturba e desperta.*
>
> — Robert K. Greenleaf

Se você tem um histórico de dizer às pessoas o que elas têm que fazer, talvez buscar uma mudança que se harmonize com essa simples definição já seja uma mudança mais que suficiente para você. Se assim for, por enquanto, pare por aí mesmo.

Caso esteja pronto para aprofundar seus conhecimentos sobre liderança servidora e avaliar qual é a sua posição em relação aos conceitos fundamentais, leve em conta o seguinte estudo da década de 1970 que cunhou o termo.

Sobre a questão de desenvolver os outros:

"... Faça questão de que as necessidades prioritárias de outras pessoas estejam sendo atendidas. O melhor teste, e o mais difícil de aplicar, é: aqueles que são servidos evoluem como pessoas; eles, *enquanto são servidos*, tornam-se mais íntegros, mais sábios, mais independentes, mais autônomos e mais propensos a se tornarem servidores?" (Greenleaf, 1991)

Reflita sobre estas questões: Como você se sente sobre o dever de fazer com que as pessoas cresçam? Como se harmoniza com sua ideia de treinar equipes ágeis? Quando deixam as equipes que você lidera, as pessoas estão melhores do que antes?

Sobre a questão de ouvir e dar abertura para os outros responderem:

"... Somente um servidor nato automaticamente ouve *primeiro* um problema e depois responde.

"Muitas vezes é um tanto deprimente se questionar, mas outras vezes é fundamental se perguntar — 'Vale mesmo a pena dizer o que tenho em mente?'" (Greenleaf, 1991)

Reflita sobre estas questões: Quanto tempo você gasta ouvindo as pessoas primeiro? As pessoas têm espaço para falar quando estão ao seu redor?

Sobre a questão de aceitar um ao outro:

"[As pessoas] progridem mais quando se identificam com seus líderes e quando são aceitas pelo que são, ainda que seu desempenho possa ser julgado criticamente em relação ao que são capazes de fazer." (Greenleaf, 1991)

Reflita sobre estas questões: Qual é a probabilidade de você aceitar as pessoas como elas são e reconhecer onde elas estão em sua jornada? Ao treinar as pessoas, suas decisões criam uma barreira entre você e elas?

A liderança servil, um modelo eficaz para o treinamento ágil, fortalece os outros (Greenleaf, 1991). O fortalecimento dos outros leva ao fortalecimento em equipe, ocasionando ideias melhores e inovadoras. À medida que você leva em consideração a alma da liderança servidora — desenvolvendo as pessoas, ouvindo e dando espaço, e viabilizando a aceitação — onde você se sustenta em sua habilidade para ser um líder servidor? Saiba onde está a sua área de crescimento. Caso não tenha despertado e não esteja incomodado, você ainda não chegou lá.

Você Responderá com Inteligência?

Sem sombras de dúvidas as pessoas o consideram uma pessoa inteligente. Você pode até ter um QI alto, mas e quanto ao seu QE? O QE, seu quociente de inteligência emocional, revela a sua capacidade de lidar conscientemente com as emoções à medida que elas vêm à tona, pensar a respeito do que elas são e decidir como utilizá-las melhor (Bradberry e Greaves, 2005).

Aumentar seu EQ potencializa suas habilidades de treinamento. Temos boas notícias quanto a isso: ao contrário de outras formas de inteligência, a inteligência emocional pode ser aprendida (Goleman, 1998). Livros, avaliações online e seminários estão amplamente disponíveis e podem ajudá-lo a compreender as principais habilidades da inteligência emocional. Algumas delas estão enumeradas na seção

"Leituras e Recursos Adicionais" no final deste capítulo. São as tais das habilidades. Você pode praticar e aperfeiçoá-las até ficar bom em inteligência emocional. E, felizmente, as equipes ágeis nos oferecem muitas oportunidades de praticar.

> *Existe um mundo entre estímulo e resposta. Este é o lugar onde o personagem vive.*
>
> — *James Hunter*

Como reage ao conflito, como se comunica, como aceita de bom grado ser o líder servidor e como contribui com escolhas para as respostas emocionais são as dimensões de em quem você está se transformando como coach. Como e quanto você se envolve com o seu modo de fazer coach é uma questão de escolhas balanceadas com oportunidades perdidas. Quanto mais domínio você tiver de si, mais auto-organizadas e automonitoradas serão as equipes. Caso você não possa ou não faça bem tais coisas, as consequências não serão nefastas. Você simplesmente não contribuirá tanto quanto poderia com as equipes e consigo.

Trata-se do padrão geral deste capítulo. Por meio do conflito, do modo de falar, da liderança servidora e da inteligência emocional, sinta sua reação instintiva, pense a respeito e decida de forma consciente o que fazer com ela. Sua habilidade de se adequar a esse padrão é uma medida explícita de sua habilidade de se dominar.

Embora você tenha tempo para progredir nessas quatro dimensões de um bom agile coach, existe algo que não se pode esperar, que é a sua cura da síndrome de querer centralizar e controlar tudo.

Reabilitação da Síndrome de Querer Centralizar e Controlar Tudo

Alguns de vocês não carregam o fardo de querer centralizar e controlar tudo. Esta informação ainda vale para você, então prossiga com a leitura. Com certeza, as palavras centralizar e controlar descrevem alguém que já lhe solicitou um treinamento — talvez um Product Owner, um gerente ágil ou um ex-líder técnico ao se encontrar em um novo papel como um membro ágil da equipe. Ainda que você não tenha vivenciado pessoalmente um comportamento de querer centralizar e controlar tudo, precisará auxiliar as outras pessoas a se recuperarem dele.

Para quem sente na pele como é querer centralizar e controlar tudo, prossiga a leitura levando sua experiência em consideração. Preocupe-se em ajudar os outros mais tarde. Conforme dizem quando você está em um voo, ajude as crianças e os outros só após colocar a máscara de oxigênio em você mesmo.

No momento em que comecei a minha reabilitação do querer centralizar e controlar tudo, tive que me acostumar com estes pensamentos que não condizem ao centralizar e controlar:

Desapegue-se dos resultados: Dê à equipe liberdade para desenvolver as melhores ideias e produtos. Como um agile coach, você é somente uma das vozes na equipe quando se trata das especificidades do que eles criarão. Não fique estacionado aqui; você tem um papel maior a desempenhar. Concentre-se em *como* a equipe está trabalhando em grupo para ajudá-la a melhorar a qualidade e a integridade do trabalho, não apenas neste momento, mas em todos os produtos que construirão juntos. Se você ficar no nível do processo e abrir mão dos detalhes da decisão e do planejamento de cada equipe, poderá alcançar o desapego. Seu eu interior, uma vez desapegado, convida a equipe a se apegar e a se encarregar dos resultados. Isso a ajuda a conquistar os objetivos pretendidos (e às vezes exigidos) dela.

Leve para a equipe: Acredite se quiser, você não é a melhor pessoa para solucionar o problema, estando o problema no produto que a equipe está desenvolvendo ou no modo como a equipe trabalha em conjunto. Sempre que você achar que precisa resolver algo, pare e leve as observações para a equipe. Deixe que eles lhe digam a causa-raiz e o que farão a respeito (se farão). Caso você identifique o problema e implemente uma solução, corre o risco de estar completamente equivocado. Pior, você desestabilizou sutilmente a capacidade da equipe de resolver os próprios problemas.

Seja um espelho: Espelhe as coisas para a equipe, sem julgamento, o comportamento ou sinais que você percebe. Deixe que eles se vejam por meio da sua observação. Simplesmente manifeste o que você presenciar e pergunte: "Hummm... o que vocês acham que isso significa?" Em seguida, ouça.

Controle suas palavras e a expressão de seu rosto: Para fazer isso bem, coloque em prática o não julgamento e a comunicação não violenta, não somente em relação ao tom de sua voz e nas palavras escolhidas, mas também em relação às suas expressões faciais. Se você julgar, isso ficará evidente em sua expressão corporal. Você não chegará ao X da questão do que realmente está acontecendo. Em vez disso, eles falarão o que você quer ouvir. Ao se livrar dos julgamentos, você contribui com a autenticidade. Demonstre sua frustração, tristeza, alegria e entusiasmo quando estiver certo de que faz isso em benefício da equipe, e não por você.

O silêncio: Fique à vontade com o silêncio inquietante. Não o preencha. Permita que as pessoas tenham espaço para falar. Elas falarão.

Modelos podem ser incabíveis: Você ficará surpreso com as coisas que prejudicam o progresso da equipe. São fatores inibidores que giram em torno das crenças das pessoas a respeito do que elas são e do que elas podem fazer. Talvez elas digam: "É assim que as coisas funcionam por aqui" ou "É normal esperar cinco dias por esse tipo de coisa". Ao ficar sabendo desses autolimitadores, exponha-os para a equipe. Pergunte: "Isso é um impedimento para realizar o seu trabalho?" Ou ainda: "Se você não tivesse essas restrições, o que você faria agora?" Seja imprevisível, forte e arrojado. Você pode contar com a equipe para lhe dizer quando está sendo muito extravagante. Porém não pode contar com eles para lhe dizer quando não está sendo extravagante o bastante. Deixe que a equipe ouça suas ideias mirabolantes para que possam questionar as hipóteses que os restringem.

Deixe que a equipe fracasse: Não fique de braços cruzados enquanto a equipe está prestes a cair na beira do abismo. Entretanto aproveite as inúmeras oportunidades que surgem em cada sprint para que a equipe possa errar. As equipes que fracassam juntas e se superam juntas são muito mais fortes do que aquelas que ficam protegidas. E a equipe pode surpreendê-lo. Talvez você pense que determinada situação pode prejudicá-la e, na verdade, acaba sendo produtivo para ela. Observe e espere.

Seja sempre o maior fã da equipe, mas tome cuidado: Nada de elogios vazios, e não elogie pelo "bom trabalho que realizaram". O trabalho fluirá pela equipe. É uma via de mão dupla. O trabalho em questão não define a equipe e não a torna ótima. Melhorar como pessoa e buscar por equilíbrio enquanto equipe os torna ótimos. Desse modo, observe. Diga a eles — e a todos que você encontrar — o quanto eles estão melhorando *como equipe.*

Caso algumas dessas ideias abalem profundamente suas convicções, a chama de sua síndrome de querer centralizar e controlar tudo ainda continua viva. Não tem problema. Dê tempo ao tempo. Conforme você melhora, reconheça que ela pode ser controlada. Você não precisa ser implacável ou demasiadamente crítico para domar sua síndrome de querer centralizar e controlar tudo. Logo, quando você achar que se livrou completamente dela, pare e reflita um pouco mais. Provavelmente, a chama ainda está acesa.

TENTE ISTO

A fim de se reabilitar da síndrome de querer centralizar e controlar tudo, promova a confiança em equipe. Pode ser um remédio amargo, mas é necessário, porque o hábito de querer centralizar e controlar tudo estabelece um círculo vicioso que mina a confiança. Funciona assim na prática: você não confia na equipe, então você diz a eles o que fazer. Eles fazem o que você disse, mas não exatamente o que achavam que deveriam fazer. Os resultados não são aqueles que você esperava ou queria; desse modo, você diz novamente o que eles têm que fazer, desta vez, de um modo mais explícito. E o ciclo continua. Neste ciclo, todo mundo perde a confiança.

Um agile coach que estaciona em um mundo de confiança perdida é prejudicado.

Para aprender a confiar novamente, faça uma autoavaliação de si próprio. Durante um ou dois sprints, confie na equipe e deixe de julgá-la. Simplesmente diga que confia no julgamento da equipe para saber o que deve ser feito. Não interfira no trabalho dela. Em vez disso, observe o que está acontecendo. Isso exige um autogerenciamento formidável.

Com o intuito de ajudá-lo a gerenciar a si próprio, coloque em prática o **controle por lançamento**. O controle por lançamento funciona quando você "controla a equipe deixando-a à vontade dentro de determinadas circunstâncias conhecidas... é o controle a partir da confiança no processo" (Austin e Devin, 2003). A metodologia ágil viabiliza as circunstâncias conhecidas e, com isso, uma rede de segurança considerável. A equipe não persiste no erro ou deixa muito a desejar se você e eles fazem bom uso da metodologia ágil. O sprint com timebox para levantar ou eliminar os impedimentos, as reuniões diárias em pé e os compromissos cotidianos — tudo isso representa partes do framework ágil que possibilitam o controle por lançamento. À medida que você deixa de controlar a equipe, você os deixa livres dentro de um framework simples e poderoso: o ágil. Os pontos de verificação integrados e os ciclos de inspeção e adaptação lhe proporcionam o controle necessário e, ao mesmo tempo, viabilizam a criatividade em equipe. Para ajudá-lo durante a sua rápida autoavaliação, lembre-se do controle por lançamento. Ao se deparar com julgamentos, em vez de expô-los à equipe, tome nota. Em seguida, procure uma prática, um princípio ou um valor ágil que você possa fortalecer com a equipe a fim de ajudá-la a colocar em prática a metodologia ágil e abordar o assunto que provocou seu julgamento. Registre o que você ofereceu ao lado do julgamento. Faça uma lista do tipo "julgamento versus metodologia ágil" durante

> sua rápida autoavaliação e analise até que ponto você consegue promover a confiança — confie na equipe, em si próprio e na metodologia ágil.

Quando a síndrome do querer centralizar e controlar tudo vai perdendo força, talvez você sinta que existe um vazio a ser preenchido. Você costumava saber como se comportar; agora, não sabe. O que será do seu dia sem dizer às pessoas o que elas têm que fazer? Você fará treinamento (com certeza)! Ao treinar as pessoas, você cultiva um ambiente que "promove um espaço aberto" para a equipe criar. Agora, para se ter um espaço aberto, você precisa estar aberto também.

> Não se pode promover um espaço aberto se você ainda não tiver entendido a situação como um todo. Incentivar um espaço exige o uso de todas as suas aptidões por completo e de forma segura. Suas preocupações não importam para o grupo, então seu planejamento deve ser no sentido de eliminá-las (Corrigan, 2006).

Ao renunciar ao comportamento de querer centralizar e controlar tudo, não procure preencher o vazio deixado para trás. Permita que esse vazio exista e trabalhe para dissipar suas preocupações a fim de mantê-lo como está. Isso possibilita que você esteja pronto para contribuir com a equipe. Você ganha influência no momento atual, portanto preste atenção às coisas que surgem para a equipe e saiba que se concentrar em tais coisas é o meio pelo qual você consegue servi-los. Sua habilidade de entendê-los e ajudá-los nas circunstâncias do momento atual corresponde ao valor que você representa para a equipe.

Todavia, a realidade do nosso modo de viver toma todo o nosso tempo. Nossas vidas agitadas e frenéticas se chocam violentamente contra a ideia de deixar o vazio para trás e possibilitar um espaço para a equipe. Como lidar com isso?

Prepare-se para o Dia

Vivemos em um mundo agitado. Há dias em que, logo pela manhã, você sai correndo de casa ao mesmo tempo que veste suas roupas, com um pedaço de pão na mão, e as crianças subindo no carro, enquanto se empurram e ficam implicando um com o outro, quando você se dá conta que perdeu as chaves do carro. Esses contratempos só servem para deixá-lo a ponto de explodir. Depois de finalmente deixar as crianças com a babá e engolir seu pão, você tenta recuperar o fôlego enquanto dirige, mas não consegue porque seu celular não para, e você sabe que cada alerta é um e-mail que acabou de chegar. Isso é comum em nosso cotidiano, mas não é um jeito normal de começar um dia de treinamento.

Para conseguir ajudar a equipe, livre-se de suas preocupações e de seus pensamentos vertiginosos. Sua mente deve estar quieta para que você consiga analisar, com clareza, o que acontece com a equipe. É possível que você presencie o melhor e o pior das pessoas, às vezes em um intervalo curto de tempo. A fim de se manter firme em meio a essas rajadas de ventos sem ser varrido para longe, encontre o seu chão. Para tal, tenha domínio de si por meio da prática diária.

Prática Diária

Uma prática de preparação diária o ajuda a limpar as "coisas" de sua mente. Isso permite que você se prepare mentalmente antes de começar o treinamento e possibilita que se apresente à equipe livre de suas preocupações. Isso também o ajuda a compreender a si próprio a fim de que possa fazer uma pausa entre o estímulo e a resposta e, nesta pausa, escolher o que atende melhor à equipe naquele momento.

Sua prática diária pode ser qualquer coisa que o ajude a desanuviar o caos de pensamentos e emoções que oscilam em sua mente e corpo — qualquer coisa que aprimore sua capacidade de prestar atenção, para que você possa observar as coisas integralmente. Para algumas pessoas, a beleza da natureza proporciona um efeito calmante, talvez ocasionada pela floração da árvore do lado de fora da janela da sala de reuniões. Para outras, é a reafirmação da verdade mais profunda, o que traz consolo e restaura a fé nos seres humanos.

SIRVA COM GRATIDÃO

Um colega meu tem uma prática diária de ajudar sua esposa a se preparar para o trabalho. Ela é professora do ensino fundamental e deve chegar pontualmente no horário todo santo dia. Normalmente, ao acordar antes de o sol nascer, ela corre atarefada pela casa organizando tudo que precisa para o dia.

Como faz parte de sua prática diária, esse agile coach se levanta no mesmo horário que a esposa, a fim de preparar o café da manhã e auxiliá-la a organizar as coisas para que ela trabalhe mais tranquila. É possível que ele separe sobras da geladeira para o almoço dela ou carregue caixas de equipamentos para o projeto que ela está iniciando com os alunos. Ele a escuta e intervém quando solicitado, uma presença tranquila em meio às suas tarefas, ajudando no que pode. Ele a serve com gratidão. Isso reduz a tensão e ele pode fazer alguma coisa para que ela consiga se achar em meio às tarefas antes de ir trabalhar. Isso estabelece o ritmo adequado para o dia dele — quando ele estará a serviço das equipes que treina.

Veja mais algumas ideias para uma prática diária:

- Ouça uma música que o acalme e revigore.
- Leia livros inspiradores, blogs, meditações diárias e citações.
- Faça caminhadas e ouça os sons da natureza ao seu redor.
- Anote três coisas pelas quais você é grato.
- Faça ioga ou alongamento enquanto respira totalmente.
- Faça afirmações positivas para si próprio a fim de materializar a vida que deseja no momento presente.
- Defina a senha do seu computador para algo que coincida com o que você está trabalhando. Algumas ideias são EscuteT0d0s, DEspaço, Perd0E-SE e 0bserv00.

Caso nada disso o agrade, invente suas próprias práticas ou pesquise *práticas diárias*, ou *práticas de mindfulness* na internet. Um monte de pessoas estão fazendo isso, não somente os agile coaches. Muitos deles compartilharam suas práticas.

Fique Conectado com o que É Importante

Outra maneira de se preparar para o dia é ficar conectado com o que você gosta. Digamos que uma retrospectiva importante, que pode mudar a equipe substancialmente, aconteça amanhã. Você se preparou bem. Você está pronto. Por ora, basta esperar pelo dia seguinte. Talvez você perca o sono pensando nas muitas coisas que a equipe diria e no que você diria (ou não) em contrapartida. Ou você pode enlouquecer pensando em todas as situações possíveis que poderiam acontecer, preocupando-se com o que você faria em cada uma delas. Ou você pode se conectar com o que você gosta.

Se, por exemplo, o importante for que a sua equipe encontre o melhor modo de se expressar para falar livremente a respeito das coisas que a impacta, você tem que contribuir com tudo que estiver ao seu alcance a fim de ajudá-la a se expressar. Sua habilidade de responder virá da clareza que você tem sobre a melhor maneira de servi-la. Na realidade, uma boa maneira de descobrir com o que você se importa decorre da sua resposta a esta pergunta: Como posso estar à disposição do grupo? Responda qualquer coisa que lhe vier à mente. Possivelmente será o correto ou, pelo menos, correto o bastante para lhe ser útil.

Ficar conectado é estar conectado a *uma* coisa de que você gosta. É o segredo para que isso funcione. É bem provável que você tenha uma lista enorme de coisas que são importantes. Essa lista tem lá a sua utilidade, mas você não pode ocupar a mente com ela quando está absorto e as coisas estão acontecendo à sua volta. Desse modo, escolha alguma coisa à qual se conectar. Assim como um backlog de produto pode ter somente uma prioridade máxima, você deve escolher entre as coisas que mais gosta. Faça o que acha que melhor servirá ao grupo.

VEJA TAMBÉM   Ficar conectado com o que você gosta é uma técnica de preparação indispensável para treinar pessoas individualmente. Leve isso em consideração ao colocar em prática as ideias do Capítulo 5, "Coach como Mentor Coach", para treinar os membros da equipe, Product Owners, gerentes ágeis ou outras pessoas de fora.

Retenha o que for importante na mente e fique conectado a isso. Conforme os membros da equipe dizem e fazem as coisas que o preocupam e aquelas que você nem esperava, garanta que suas palavras e atitudes se baseiem em coisas importantes. Não fique ensinando toda e qualquer lição que aparecer — se agir assim, você ficará com eles para sempre, e as lições mais pertinentes de acordo com a situação atual deixarão a desejar quanto à eficácia e se perderão completamente. Em vez disso, use a conexão com o que você gosta como seu guia e sua barreira protetora. Ao interagir com a equipe em sintonia com o que você gosta, suas palavras acertam em cheio, diretamente em seus corações e mentes.

Concentre-se na Prática

Uma coisa é ser um erudito respeitável no conforto de sua casa ou nos momentos taciturnos de solidão que você se dispõe para o trabalho. E outra é se propor a manter o equilíbrio e ouvir a sabedoria no calor do momento com uma equipe. Temos como prática focar o domínio de si próprio para que possamos nos abrir melhor ao papel de líder servidor, explorar nossas emoções e escolher como lidar com nossas reações. Apesar de tudo, somos humanos. Nós reagimos.

Às vezes, a equipe precisa que você permaneça sem filtro — a fim de observar a sua reação como um reflexo do que acabou de acontecer. Porém, muitas vezes, a sua reação tem a ver com você e ela não tem vez quando falamos de treinamento. Observe sua reação e, conscientemente, escolha se deve agir de acordo com ela. É uma habilidade que vem com a prática.

Além da prática das habilidades que temos explorado, surge a questão importante de perceber como você enxerga as pessoas que treina. Você as enxerga como obstáculos a serem superados ou como pessoas com esperanças, sonhos, medos e pretensões como você? Se você não sabe, pode ter certeza, elas sabem.

"... Podemos perceber como os outros se sentem em relação a nós. Com pouquíssimo tempo, podemos sempre perceber quando estamos sendo um problema, manipulados ou ludibriados. Podemos sempre identificar a hipocrisia. Podemos sempre sentir a culpa dissimulada sob a fachada da gentileza. E, normalmente, ficamos indignados com isso. Não importa se a outra pessoa anda enquanto fala, senta-se na ponta da cadeira para praticar a escuta ativa, pergunta sobre os membros da família para demonstrar interesse ou usa qualquer outra habilidade aprendida a fim de ser mais eficaz. Passaremos a conhecer e responderemos a como essa pessoa se comporta em relação a nós quando faz essas coisas" (Arbinger Institute, 2000).

Conecte-se com o jeito que você enxerga as pessoas que encontra. Reconheça se você está pensando nelas como objetos ou como pessoas. Com o intuito de potencializar seu impacto, gaste mais tempo no sentido de enxergar as pessoas como pessoas.

> ### TENTE ISTO
>
> Com o passar do tempo, imagine que todo mundo que você conhece tenha um post-it na testa. Esse post-it reflete como você os vê neste momento. Caso você veja a pessoa atrapalhando o caminho ou sendo um problema a ser resolvido, imagine um *O* grande em sua testa. Você a vê como um objeto, um obstáculo a ser superado. Se você enxerga uma pessoa como alguém que está tentando realizar suas esperanças e sonhos da melhor forma possível, imagine um *P* grande em sua testa. Você a enxerga de uma maneira simples, uma pessoa, assim como você.
>
> Ao visualizar um *O* na testa de alguém, julgue menos e alimente a sua curiosidade. Procure sabe por que enxergou a pessoa desse jeito. Em sua concepção, o que essa pessoa fez para "ser rotulada" como um objeto? Quais histórias você inventou para justificar o seu comportamento (e se apegar aos seus julgamentos)? Depois de um tempo fazendo isso e alimentando sua curiosidade ao se deparar com *Os*, você pode reconhecer os padrões na forma como enxerga as pessoas. Uma vez ciente de tudo isso, talvez você comece a enxergar mais *Ps* na testa das pessoas.

Então, a partir daí, desenvolva a habilidade de identificar qualquer resposta automática conforme ela surge e como você decide quais medidas tomar a respeito. Existem algumas práticas para lapidar essas habilidades, como maneiras especiais de ouvir, falar e estar com a equipe. Elas são abordadas nas seções a seguir. Enxergar as pessoas como pessoas, junto com essas práticas, possibilita uma receita para o sucesso a fim de que você se concentre no domínio de si próprio.

Você Está Me Ouvindo?

Um dos privilégios mais raros é ser ouvido. Um agile coach sabe e se beneficia disso em prol da contribuição de cada pessoa para a equipe e também da qualidade dos produtos criados pela equipe. Mais uma vez, estamos falando de habilidades, não de talentos. Você pode desenvolver a habilidade de ouvir detalhadamente por intermédio do uso de frameworks que o ajudem a chamar a atenção para o problema — esta e muitas outras práticas. Um bom framework que ajuda os coaches são os níveis de escuta, da escola de coaching coativo (Whitworth *et al.*, 2007).

> **Nível I — escuta interna:** No nível I, o coach ouve as palavras do locutor e pode ser muito atento, mas as palavras são interpretadas por meio da perspectiva do próprio coach. Tudo o que o locutor diz pode ser encontrado mais ou menos em uma versão do seguinte pensamento na cabeça do coach: Como isso me afeta? Imagine que o locutor comece a dialogar sobre os possíveis impactos negativos de se ter um membro novo na equipe, coisa que a equipe vinha discutindo ultimamente. Em resposta, talvez o coach diga: "Já contratamos membros para a equipe entre os sprints antes. Desde que não façamos isso durante um sprint, não tem problema." O foco do coach se fixou no egoísmo em "Como isso me afeta?". Neste caso, o desejo do coach de ser visto como um "bom coach" ao defender a regra de contratar membros da equipe entre os sprints comprometeu a sua capacidade de ouvir o locutor. Em consequência, o coach perdeu completamente a chance de saber o que o locutor realmente queria dizer.
>
> **Nível II — escuta focada:** No nível II, uma conexão sólida é estabelecida entre o coach e o locutor. O coach está "ali" sentado com o locutor — focado atentamente no que ele diz. Livre das perspectivas pessoais, o coach escuta e responde prontamente com perguntas e silêncios que ajudam o locutor a conseguir expressar o que pretende. Em nosso exemplo, quando o locutor começa a falar sobre as mudanças que podem ocorrer quando um membro novo entra na equipe, o coach se concentra exclusivamente no locutor e observa o percurso das emoções. O coach não tem muita certeza do que, de fato, está acontecendo, porém, em vez de ficar formulando hipóteses ou analisar as coisas pela perspectiva pessoal, o coach fica curioso: "Não tenho certeza do que está acontecendo enquanto você fala sobre isso. Entusiasmo? Medo? Nervosismo? O que será que está acontecendo?" Logo, o coach escuta.
>
> **Nível III — escuta abrangente:** No nível III, o coach usa tudo em seu entorno para escutar. O tom de voz do locutor, a postura, as mudanças na

temperatura ambiente, os ruídos que estão acontecendo à sua volta — o coach percebe e lança mão de todas essas coisas. A conexão sólida do nível II segue acentuada, junto ao radar do coach, que interpreta tudo. Quando os radares estão funcionando, afloram as intuições. À medida que o locutor fala sobre como um membro novo da equipe será bom para a equipe, o coach percebe que, de repente, o ar fica pesado e diz: "Quando escuto você falando a respeito de como acha que isso será bom, ainda sinto um ar carregado. O que isso significa para você?" Talvez o locutor diga: "Pesado? Não, não é nada disso. É tipo estar animado, mas nervoso em contratar uma pessoa nova para a equipe." Ou talvez o locutor diga: "Carregado? (silêncio) Eu nem tinha percebido, mas é verdade. Sempre sinto esse peso quando trabalho com pessoas que têm mais experiência do que eu." Em ambos os casos, o coach e o locutor adquiriram um entendimento mais profundo.

TENTE ISTO

Preste atenção aos seus níveis de escuta e classifique-se após cada interação. Em que medida você escutou as pessoas levando as suas preocupações em conta (nível I), conectado solidamente com elas (nível II) ou conectado fisicamente com seu radar (nível III)? O que você percebe a respeito das habilidades das pessoas de serem criativas e solucionar seus próprios problemas quando você está ouvindo no nível I? As coisas mudam quando você está ouvindo no nível II e no nível III? Como?

A fim de aumentar o tempo que você passa nos níveis II e III, entre em cada conversa com a mente fresca. Lembre-se de que você nem sabe o que a pessoa dirá. Logo, aguarde o que acontecerá.

Você Está Falando?

Quando sentir vontade de falar, analise a sua consciência primeiro. O que lhe vem à mente? Pergunte-se: "Por que quero falar sobre isso agora?" Caso se sinta obrigado a falar, porque quer que a equipe veja o quanto você é inteligente ou quer que eles saibam que você está agregando valor, nem perca tempo. Supostamente, você tem toda uma equipe de pessoas inteligentes que agregam valor. Esse é *justamente* o trabalho delas. Como responsável pela qualidade e pelo desempenho, seu trabalho agrega valor em um nível totalmente diferente.

VEJA TAMBÉM

Sempre chega o momento de o coach falar, geralmente no

início da vida de uma equipe, ou quando eles estão pela primeira vez aprendendo a metodologia ágil. Nestas ocasiões, o coach emprega métodos de ensino com a equipe. Veja o Capítulo 4, "Mude Seu Estilo", para mais informações.

Sempre que quiser falar, garanta que o que lhe vem à mente tem a ver com a equipe. Assegure que suas palavras têm como objetivos ajudá-los a melhorar como equipe. A seguir, veja algumas práticas para ajudar.

Não Seja o Primeiro a Falar

Em vez de falar, conte até 10 (ou até 100). Dê um toque pessoal a este clássico exercício: enquanto você conta, preste muita atenção para ver se outra pessoa do grupo falará o que você tinha pensado. Se você esperar um pouco, é bem provável que ouça seu pensamento ou a essência dele, expresso por outra pessoa. Se você esperar e ninguém expressar nenhum pensamento, aguarde mais um bocado e veja se isso ainda é pertinente ou ajuda. Sendo o caso, fale com clareza e simplicidade. Como estava pensando sobre o que falar durante um tempo, você deve conseguir expressar isso de um jeito breve, preciso e impactante. Direcione a sua energia para o tipo de comunicação que você enviará ao grupo, a fim de entrar em uma nova esfera de descoberta e atividades.

Às vezes, depois de aguardar um pouco ou mais, você descobre que seu pensamento não é mais relevante. O grupo já partiu para outra. Que assim seja. Guarde seus pensamentos para si e confie que eles estão indo para onde precisam ir. Se identificar que eles estão se afastando do terreno propício, resista ao impulso de se intrometer para encaminhá-los de volta ao trajeto (este é o seu caminho, não necessariamente o deles). Em contrapartida, considere uma pergunta importante e bem colocada, como "Vocês entendem o que é importante neste momento?".

Não Fale

Às vezes, em uma conversa, as perguntas são seguidas pelo silêncio. Isso pode acontecer sobretudo com as equipes novas, mas pode ocorrer a qualquer momento. Treine a equipe para perceber que o silêncio ocasiona espaço o bastante para que as ideias inovadoras se manifestem. Antes de treinar a equipe para tal, você deve primeiro fazer isso sozinho.

Sempre que um membro da equipe fizer uma pergunta, não seja o primeiro a responder. Na prática, ao empregar a técnica do "não fale primeiro", talvez você não responda. Isso pode ser um tanto complicado quando você é quem tem que fazer a pergunta. "Vamos lá, equipe, pensando bem em como trabalhamos juntos neste último sprint, o que mais se sobressaiu e que gostaríamos de manter?" A sala de reunião fica tão silenciosa que você consegue ouvir os grilos no fundo. O silêncio constrangedor impregna o ambiente. Os membros da equipe nem sequer estão olhando um para o outro. Neste momento, seu maior presente para a equipe é mostrar que você não está nem um pouco constrangido com o silêncio constrangedor. Desse modo, fique de pé ou sentado ao lado da equipe, sem fazer nem exigir nada, mas conectado com eles. Olhe fixamente para cada um deles, pouco a pouco. Convide silenciosamente cada pessoa para dar o primeiro passo e falar. Alguém aceitará o convite.

Uma vez fiquei em silêncio por cinco minutos — somente uma vez. Depois disso, a equipe percebeu que a fala e o silêncio eram bem-vindos, e os silêncios deixaram de ser constrangedores e se tornaram produtivos e breves.

Você Está com a Equipe?

Simplesmente *esteja* com a equipe. Para colocar isso em prática, cultive a presença e se recicle.

Cultive a Presença

À medida que lê este livro, você realmente assimila as palavras deixando que elas penetrem em sua mente e em seu corpo? Você permite que elas mudem o que você é e o que pensa? Em caso afirmativo, provavelmente você está entregue ao exato momento. Sua atenção e sua vontade permanecem integralmente neste livro, nestas palavras, *neste* instante. Se, enquanto você lê estas palavras, sua mente divaga para a lista de compras ou preocupa-se com o mal-entendido ocorrido ontem, logo você não está totalmente presente. Presença é o ato de estar presente aqui e agora — não no futuro, mentalmente adicionando itens à lista de compras, e não no passado, preocupando-se com um mal-entendido. Aqui.

Nossas mentes fogem do presente e escapam para o passado ou para o futuro a todo momento. Normalmente, acontece durante todo o dia. Minha mente fica barulhenta. Talvez o barulho seja fruto da ansiedade a respeito do que a equipe fará em seguida, do julgamento sobre o Product Owner ser muito autoritário, da irritação sobre um membro da equipe que não participa de verdade, da euforia da equipe que acabou de lançar um produto novo e tantos outros pensamentos. Dentro da minha mente, todos os pensamentos se embaralham e tentam abrir caminho se acotovelando até alcançarem a minha atenção. Estridentes e inoportunos, eles me afastam do que eu preciso fazer como coach — sintonizar-me ao que está acontecendo com a equipe *no momento*.

Quando "estou presente", reconheço o que, de fato, está acontecendo com a equipe e, a partir dessa situação clara, ajudo-a a prosseguir de maneira construtiva e positiva. Analisando o passado, não raro, vejo que o caminho que eles tomaram era perfeito naquele exato momento e muito diferente do que eu teria sugerido se me deixasse levar pela preocupação, julgamento, irritação, euforia entre outras coisas.

A prática do mindfulness o ajuda a "estar presente". Por intermédio do mindfulness, você aprende a estar completamente presente a maior parte do tempo, e sua autoconsciência aumenta. Estar presente e adquirir autoconsciência são os dois lados da mesma moeda, e o que você precisa para ajudá-lo a reconhecer quando sua mente ficar barulhenta novamente.

MINHA PRÁTICA DIÁRIA

Eu tenho uma série de livros de mindfulness em minha biblioteca. Com o intuito de estar presente antes de treinar, escolho um livro e abro em uma página aleatória. Nove em cada dez vezes, fico perplexa quando abro o livro e "cai" no lugar perfeito para mim, e ainda leio a mensagem de que precisava naquele dia. (Por experiência própria, passei a acreditar que normalmente a outra das dez vezes também tem uma mensagem de que preciso, mas para a qual eu ainda não estou pronta.)

Agora mesmo, abri aleatoriamente o livro *Wherever You Go There You Are: Mindfulness meditation in everyday life* ["Onde Quer que Você Esteja, Você Está Lá: Meditação mindfulness diária", em tradução livre] e li estas palavras:

"Confiança. Confiança é um sentimento de probidade ou convicção de que as coisas podem se desdobrar dentro de um âmbito confiável que personifica a ordem e a integridade. Nem sempre podemos compreender o que está acontecendo conosco ou com o outro, ou o que está ocorrendo em uma determinada situação; entretanto, se confiarmos em nós mesmos ou em outro, ou depositarmos nossa confiança em um processo ou em uma solução ideal, podemos encontrar um elemento estabilizador expressivo que envolve a segurança, o equilíbrio e a receptividade dentro da confiança que, de alguma forma, se não for baseada na ingenuidade, nos conduz e nos protege intuitivamente contra os danos ou contra a autodestruição" (Kabat-Zinn, 1994).

O texto continua e proporciona mais coisas para se refletir e, em seguida, uma prática que o leitor pode fazer para dar um passo em rumo à confiança.

Ao pensar nessas palavras, reflito sobre a conexão entre elas e a ideia de confiar no framework ágil, sobre o qual eu escrevi em "controle por lançamento", neste capítulo. A "coincidência" até me espanta e deixa claro que existe mais e mais para mim neste trecho sobre confiança. Assim, guardo essas palavras comigo conforme passo o meu dia e vejo como elas podem ser relevantes de acordo com o meu desejo de estar presente, de modo que eu consiga escrever melhor este livro e ajudar as pessoas que treino.

Pense na possibilidade de comprar um ou dois livros do tipo "como chegar lá", ou "estar presente" a fim de usufruir da sabedoria deles, e que tais livros o ajudem a cultivar sua presença. Os títulos que tenho em minha estante, além do livro que acabei de mencionar, são:

> *The Tao of Holding Space* ["O Tao como Realização", em tradução livre], de Chris Corrigan
>
> *The Parent's Tao Te Ching* ["Origem do Tao Te Ching", em tradução livre], de William Martin
>
> *As Sete Leis Espirituais do Sucesso,* de Deepak Chopra
>
> *Comfortable with Uncertainty* ["Fique à Vontade com a Incerteza", em tradução livre], de Pema Chodron
>
> *A Vida de Compaixão,* de Dalai Lama

Por que "estar presente" é tão importante? Funciona assim: quando você "está presente", você estabelece bases sólidas. Com a presença (e empregando todas as outras habilidades de que falamos), você treina as pessoas a partir de um terreno sólido, fala com clareza e suas palavras impactam a equipe. Sua mediação faz a diferença, muito mais do que o incentivo ou ideia de outra pessoa.

A presença também é uma habilidade decisiva que cada membro da equipe tem que desenvolver. Caso estivéssemos todos na mesma sintonia, no mesmo momento — não fazendo um monte de coisas ao mesmo tempo nem com nossas mentes divagando entre o passado ou o futuro, mas aqui e agora, prestando atenção uns aos outros com nossos objetivos de trabalho à mão — o que você acha que poderia acontecer? Nada poderia impedir uma equipe como essa de desenvolver produtos impactantes que fariam toda a diferença para o mundo e para cada um deles.

Reinvente-se

Digamos que você tenha decidido interferir com a melhor das intenções. Você esperou para ver se outra pessoa diria o que você pensou. Você aguardou mais um pouco, porque achou que isso seria importante. Você passou uma mensagem sucinta e esclarecedora. Que não teve efeito algum. Ou a equipe tenta colocar em prática sua mensagem, porém você percebe que ela não tem serventia para eles. Você pode continuar com a conversa para evitar constrangimento (mas pode ser um desperdício de tempo) ou você pode se reciclar.

A fim de se reinventar, repense se a intervenção foi proveitosa para a equipe. Se não foi, deixe as coisas claras e volte atrás. "No momento, isso não está funcionando, sintam-se à vontade para ignorar e seguir em frente." Caso queira que a equipe preste atenção quando fala, você deve respeitar o tempo e processo criativo dela, não seu constrangimento.

Seja um Modelo para Eles

Agora, vamos discutir sobre a parte de que a metodologia ágil promete resultados admiráveis que exigirão conversas de mente e coração abertos entre os membros da equipe. Na hipótese de a equipe praticar muitas das coisas que você está praticando, eles podem ajudar a si próprios a conversarem produtivamente quando necessário. Imagine a interação deles alheia às prioridades pessoais, conscientes de como reagem ao conflito, colocando em prática uma comunicação não violenta e com uma presença sistemática ao abordar cada conversa. A maioria das pessoas nunca nem ouviu falar dessas coisas, que dirá praticá-las de modo consciente. Portanto, como coach delas, comporte-se como modelo e saiba que elas podem (e poderão) mudar.

Apoie-se

Tudo a respeito de ter o domínio de si próprio é uma habilidade que se aprende e que exige prática. Você não se aperfeiçoará caso não tente colocar essas coisas em prática e as incorpore ao seu treinamento. Você consegue ter consigo a mesma compaixão que tem com os outros? Você consegue rir dos "fracassos" e perdoar a si mesmo de um jeito que volte a praticar? Você conciliará suas necessidades com as necessidades da sua equipe de modo que continue fiel ao que pretende desses relacionamentos? Você contribuirá? Servirá à equipe? Fará a diferença na vida das pessoas? Ajudará a equipe a criar alguma coisa grandiosa?

Encontre as respostas para essas perguntas e deixe que elas sejam a sua referência ao praticar o domínio de si. Além disso, tenha um apoio. Um desses "apoios" é um esquema — qualquer coisa que lhe lembre de se engajar nas atividades que está praticando (Whitworth *et al.*, 2007).

Um esquema que uso (sim, eu ainda estou trabalhando duro para ter domínio de mim) é escolher uma prática da qual eu me lembrarei durante a semana. Mais de uma vez, minha prática tem sido ficar em silêncio depois de fazer uma pergunta para que as outras pessoas tenham a chance de falar. Para me lembrar disso, talvez eu rascunhe um "pausar... respirar... dar espaço" em uma nota do lado de fora do meu caderno de anotações. Escrevo em meu caderno inúmeras vezes ao dia, logo tenho no mínimo uns 12 lembretes de que estou praticando essa habilidade específica.

Outra coach usa um "broche com uma abelha ocupada" em suas roupas a fim de lembrar que sua necessidade de estar ocupada o tempo todo não deve se generalizar para a equipe e gerar um estresse desnecessário. Você pode colocar um alarme em seu celular ou em seu relógio e deixá-lo tocar para sinalizar que você deve contar as vezes que você se pegou escutando no nível I na última hora. Você pode pedir a um colega de trabalho que lhe chame a atenção quando seu comportamento de querer centralizar e controlar tudo se manifestar. As possibilidades de uso dos apoios são intermináveis. Seja criativo.

Busque Sempre Se Aprimorar

Nunca tinha percebido o quanto ser um agile coach de equipes exigiria que eu me trabalhasse. E, como resultado, tive uma jornada enriquecedora e produtiva.

Você pode gastar muito dinheiro em aulas de coaching. Não restam dúvidas de que elas fortalecerão suas habilidades e o ajudarão a ser um coach melhor. Ou você pode gastar bem menos em um livro importante, ou dois. Quem sabe você passe 30 minutos conferindo blogs inspiradores. A busca para se aprimorar não precisa ser cara nem exigir muito tempo, mas precisa ser uma prática contínua. Faça o que puder e, acima de tudo, siga em frente.

Aprenda sempre e teste ideias novas. Experimente. Caso deteste uma ideia depois de colocá-la em prática, abra mão, mas continue tentando. Ensinamos as equipes a inspecionar e se adaptar. Isso vale para os coaches também.

Recapitulação

Vamos fechar este capítulo com chave de ouro:

- Um agile coach serve de modelo para o que é um bom agilista. O que você diz, faz e como se controla são de suma importância. Todos estão observando.
- Conscientize-se de suas habilidades e identifique sua área de crescimento. Depois, vá para essa área, aprimore suas habilidades e identifique sua próxima área de crescimento.
- Busque melhorar da síndrome de querer centralizar e controlar tudo.
- Descubra práticas que o ajudem a cultivar a presença a fim de se preparar para o dia de treinamento e procure manter o equilíbrio durante o dia. Pratique isso.
- Aprenda a ouvir, falar e estar com a equipe conscientemente.

- Tenha consigo a mesma compaixão e apoio que oferece às pessoas que treina.

Leituras e Recursos Adicionais

Arbinger Institute. 2002. *Leadership and Self Deception: Getting out of the box.* São Francisco: Berrett-Koehler. Esse livro me ajudou a entender por que eu tinha tantos "problemas com as pessoas" nas minhas equipes e o que eu poderia mudar para que isso não acontecesse mais.

Corrigan, C. 2006. The Tao of Holding Space. www.archive.org/details/TheTao OfHoldingSpace [conteúdo em inglês]. Uma das minhas práticas de preparação diária é abrir esse livro em uma página aleatória e ler a sabedoria que se descortina diante de mim. É de arrepiar quantas vezes leio exatamente o que preciso para servir minha equipe. Repare que eu disse que leio o que preciso. Muitas vezes não é o que eu quero. É assim que sei que é o que servirá à equipe, em vez de me servir.

The Consortium for Research on Emotional Intelligence in Organizations. Emotional Competence Framework. www.eiconsortium.org/reports/emotional_competence_framework.html [conteúdo em inglês].

Greenleaf, R. 1991. *Como Se Tornar um Líder Servidor.* Greenleaf Center. Esse livro é a fonte do termo *líder servidor* e fornece informações abrangentes do que esse termo significa.

Kornfield, J. 2000. *Meditation for Beginners.* Louisville, CO: Sounds True. Extremamente prático, esse audiolivro de sessões curtas de meditações conduzidas pelo autor o ajudará a entrar no mundo de limpar sua mente e cultivar a presença. Entre as meditações, o autor explica os aspectos práticos da meditação: O que acontece quando meus pensamentos fogem de mim? E se minhas pernas ficarem dormentes? E se meu nariz coçar? Também acho esse audiolivro pertinente aos meditadores experientes. Certamente aprendi uma coisa ou outra que melhorou minha prática de meditação.

Queendom: The Land of Tests. Uma de muitas avaliações online de QE. www.queendom.com/tests/access_page/index.htm?idRegTest=1121 [conteúdo em inglês].

Referências

Arbinger Institute. 2000. *Leadership and Self-Deception.* São Francisco: Berrett--Koehler.

Austin, R. and Devin, L. 2003. *Artful Making: What Managers Need to Know About How Artists Work.* Upper Saddle River, NJ: Prentice Hall.

Baran, G. and Center for NonViolent Communication. 2004. 10 Things We Can Do to Contribute to Internal, Interpersonal and Organizational Peace. www.cnvc.org/en/what-nvc/10-steps-peace/10-things-we-can-do-contribute-internal-interpersonal-and-organizational-peace.

Bradberry, T. and Greaves, J. 2005. *The Emotional Intelligence Quick Book.* Nova York: Simon and Schuster.

Corrigan, C. 2009. The Tao of Holding Space. www.archive.org/details/TheTaoOfHoldingSpace.

CPP, Inc. 2009. History and Validity of the Thomas-Kilmann Conflict Mode Instrument (TKI). https://www.cpp.com/Products/tki/tki_info.aspx.

Goleman, D. 1998. *Working with Emotional Intelligence.* Nova York: Bantam Books.

Greenleaf, R. 1991. *The Servant as Leader.* Westfield, IN: The Robert K. Greenleaf Center.

Kabat-Zinn, J. 1994. *Wherever You Go There You Are: Mindfulness Meditation in Everyday Life.* Nova York: Hyperion.

Kilmann, R. 2007. Conflict and Conflict Management. www.kilmann.com/conflict.html.

Scott, S. 2007. *Fierce Conversations: Achieving Success at Work and in Life One Conversation at a Time.* Nova York: Berkley.

Whitworth, L., Kimsey-House, K., Kimsey-House, H. and Sandahl, P. 2007. *Co-Active Coaching: New Skills for Coaching People Toward Success in Work and Life,* segunda edição. Mountain View, CA: Davies-Black.

Capítulo 4

Mude Seu Estilo

Uma dúzia de crianças enfileiradas organizadamente praticando o mesmo movimento simples, de novo e de novo. Cada uma delas concentrada, e aposto que você não sabia que crianças conseguiam se concentrar. Esta é a aula de taekwondo da minha filha na pré-escola.

Idosos no parque, logo no início da manhã. Todos se movimentando delicadamente, os gestuais do tai chi chuan. Inspiram e expiram, enquanto fazem cada movimento, curvam-se, à medida que tranquilizam suas mentes. É uma visão de boas-vindas enquanto faço minhas caminhadas matinais.

Se você perguntar a alguém do grupo o que está fazendo, eles dirão: "Estamos praticando".

Nos últimos 15 anos, minha experiência limitada com o tai chi chuan também me ensinou isso. Primeiro, fiz uma aula de tai chi chuan, como uma mulher de negócios em ascensão que era, pois me recomendaram como um jeito de relaxar. Mais tarde, quando engravidei, eu passava os primeiros dez minutos de cada aula redescobrindo o meu centro de gravidade. Posteriormente, eu praticava sozinha, somente aqueles poucos movimentos dos quais me lembrava das antigas aulas. De novo e de novo, os mesmos movimentos e as vozes dos meus instrutores em minha cabeça: "Cada um deles é um exercício perfeito para o corpo e a mente. Faça-os vezes sem conta, isso é tudo que existe."

> **Ao terminar este capítulo, você poderá responder a estas perguntas:**
>
> - Para quais estágios as equipes se deslocam quando aprendem a metodologia ágil e começam a aplicá-la?
> - Como posso saber o estágio geral de uma equipe em um determinado momento?
> - Quais são os possíveis estilos de coaching e como os relaciono com o estágio atual da equipe?

Em uma noite extremamente quente e úmida, típica de Houston, ainda pior no estúdio de artes marciais (porque o ar-condicionado era para os fracos), eu praticava os movimentos. Pingando suor e frustrada com meu lento progresso, perguntei ao meu instrutor: "Quanto tempo você demorou para dominar o tai chi?" A julgar pelos troféus que ficavam expostos, ele foi se aperfeiçoando em várias modalidades de artes marciais, então eu esperava que ele me respondesse com um passo a passo. Ele evidentemente não poderia ter dominado todas essas modalidades em uma única vida, pensei eu. Ele me olhou e respondeu: "Eu ainda não sei. Ainda estou praticando." Eles devem seguir essa linha de aprendizagem nas artes marciais, porque ouvi falar de outros instrutores dizendo algo bem parecido. Ou talvez seja verdade.

Muitos anos depois, quando treinava as equipes ágeis, respondi a mesma coisa a uma de minhas aprendizes de coach quando, decepcionada com seu progresso, ela me perguntou: "Quanto tempo você demorou para se tornar uma master coach?" Fiz uma pausa e respondi: "Eu não sei ainda. Ainda estou praticando." Hoje, amanhã, no próximo ano, e sabe-se lá quantos anos depois disso, ainda estarei praticando.

Contudo, no meu jeito de fazer coach, reparei que percorri estágios com o passar do tempo. Ao tentar fazer muitas coisas pela primeira vez, parecia que eu estava na pele de outra pessoa. Elas pareciam estranhas e desconfortáveis. Depois de um tempo, eu nem sentia mais isso, e, depois de mais tempo e prática, eu nem percebia — passei a senti-las na pele. As pessoas passam por esses estágios. Você passará. As equipes também passarão.

Estágios das Equipes Ágeis

Um modelo bom para dominar qualquer coisa (se é que isso é possível) é proveniente das artes marciais. Um estudante de artes marciais progride por meio de três estágios de proficiência chamados Shuhari. Shu: Siga as regras. Ha: Infrinja as regras. Ri: Seja a regra. Esses estágios também descrevem as equipes ágeis conforme elas praticam e, em seguida, ficam boas na metodologia ágil.

Uma vez no estágio Shu, o aluno copia "as técnicas como são ensinadas sem mudá-las e ainda sem tentar entender a lógica" por trás delas (Cockburn, 1994). Siga a regra de novo, de novo e de novo. "O estágio Shu enfatiza [os] princípios básicos de um estilo inflexível para que o aluno tenha uma base sólida para o aprendizado futuro" (Shuhari Dojo Martial Arts). Esses "alicerces podem ser construídos de um jeito ainda mais eficiente trilhando apenas um único caminho" (Cockburn, 2008). Um único caminho. O caminho das regras.

A metodologia ágil está repleta de regras. No Scrum, por exemplo, a reunião em pé dura 15 minutos, começa e termina no horário, e cada pessoa responde a três perguntas. Decerto que existe um significado mais profundo para se ficar em pé nas reuniões, e podemos descobrir isso quando se aplicam essas regras. No entanto, caso as regras fossem aplicadas de modo automático durante toda a vida de uma equipe, as reuniões em pé provavelmente se transformariam em um ritual superficial. Se essas regras não forem aplicadas automaticamente no início de uma equipe, não restam dúvidas de que as reuniões em pé seriam tão superficiais quanto o ritual da reunião de status, que todos já conhecem muito bem. As regras libertam as pessoas de seus padrões já gastos pelo uso. Elas ensinam padrões novos por intermédio da imitação perfeita e repetição. Shu: Siga as regras.

Depois de Shu, vem o estágio Ha. Ao alcançar o estágio Ha, entendemos os princípios básicos e agora dedicamos tempo "refletindo sobre a verdade de tudo" (Sensei's Library). O estudante desperta "para uma compreensão mais profunda da arte do que a simples prática repetitiva pode possibilitar" (Cockburn, 2008). Agora, o aluno pode instruir outros como uma forma a mais de desenvolver suas próprias práticas. Na busca para se aperfeiçoar, "a individualidade começará a vir à tona" à medida que o aluno começa a "se libertar das instruções austeras do professor e começa a questionar e descobrir mais por meio da experiência pessoal" (Shuhari Dojo Martial Arts). Ao mesmo tempo em que se liberta, o aluno passa a defender com desvelo os princípios intrínsecos à prática. Por exemplo, uma vez que uma equipe demonstre, de modo eficiente, sua capacidade de participar de reuniões em pé seguindo as regras e, depois de enxergar o significado mais profundo dessas reuniões, como uma reunião de status, pode estar pronta para infringir as regras. As práticas se enraízam em sua memória muscular. Eles compreendem o princípio intrínseco às práticas. Eles podem infringir as regras. E então deixam que o procedimento de inspeção e adaptação da metodologia informe se eles se saíram bem e tiraram proveito. Ha: infrinja as regras.

Depois do estágio Ha, vem o Ri. Uma vez no estágio Ri, os movimentos se tornam parte do aluno. Embora o aluno ainda siga as regras gastas pelo uso, incluindo aquelas que foram infringidas e renovadas, "Não há técnicas... todos os movimentos são naturais" (Sensei's Library). "Agora o aluno está aprendendo e progredindo mais por meio da autodescoberta do que pela instrução", ao mesmo tempo que "valoriza a sabedoria e o conselho paciente do professor" (Shuhari Dojo Martial Arts). Uma vez no estágio Ri, a equipe pode decidir substituir as reuniões em pé por uma coisa completamente diferente. A prática de substituição ainda completa o princípio das reuniões em pé e o aprofunda ainda mais. O coach aconselha a equipe. A equipe reflete bem e depois faz o que quiser. Ri: Seja a regra.

No estágio Ri, o aluno e o professor são colegas e, se o aluno se sair bem, ele fica tão ou mais habilidoso que o mestre.

> Em última instância, o Shuhari deve possibilitar que o aluno supere o mestre, tanto em conhecimento como em habilidade. Esta é a

fonte de melhoria para a arte marcial como um todo. Se o aluno nunca superar o seu mestre, a arte ficará estagnada, na melhor das hipóteses. Caso o aluno nunca atinja a habilidade do mestre, a arte se deteriorará. Porém, se o aluno conseguir assimilar tudo o que o mestre pode transmitir e, em seguida, evoluir para níveis ainda mais elevados de progresso, a arte melhorará continuamente e prosperará (Shuhari Dojo Martial Arts).

Para superar o mestre, primeiramente, é necessário dominar as regras — totalmente. Depois, infringi-las com prudência. Em seguida, criar regras novas que ocasionem uma interpretação mais profunda dos princípios por trás das regras. Entretanto, o progresso dificilmente trilha esse caminho reto de três etapas. Conforme mostrado na Figura 4.1, não é uma progressão linear.

É mais próximo de círculos concêntricos, de modo que há o Shu dentro de Ha, e ambos, Shu e Ha, dentro de Ri. Assim, os princípios básicos permanecem estáveis; somente a aplicação e as sutilezas de sua execução mudam à medida que o aluno desenvolve a si mesmo e sua própria personalidade começa a moldar suas características às técnicas executadas (Shuhari Dojo Martial Arts).

Uma equipe pode estar em um ou em todos esses estágios simultaneamente. Talvez eles estejam no estágio Ha, pois dominam as reuniões em pé enquanto aprendem as regras do planejamento de lançamento em Shu. Talvez o nível de habilidade deles em geral os vincule ao estágio Ha, mas algumas práticas aprimoram o estado da arte e, assim, são dignas do estágio Ri. Cada pessoa da equipe está simultaneamente em um ou mais estágios. Ainda que cada pessoa possa estar atrelada a níveis distintos por conta das muitas habilidades, e a equipe como um todo também possa estar em níveis diferentes simultaneamente, ainda assim a sensação de que a equipe está "em sua maioria" em um determinado nível se destaca.

Caso a equipe sustente os princípios básicos estáveis mesmo quando todos tentam maneiras novas de fazer as coisas, ela evoluirá por meio dos estágios com prudência. Se os princípios básicos se perderem, considere isso como um sinal de que eles se deslocaram muito rápido ou pularam um estágio. A fim de ajudá-los a saber o que está acontecendo, peça a opinião da equipe.

Peça a opinião deles ao ensiná-los este modelo e deixe-os avaliar onde acham que estão em dado momento. Como um cenário de retrospectiva, por exemplo, este modelo facilita e muito a conversa a respeito de melhorias. Logo, faça isso em uma retrospectiva ou sempre que for útil para a equipe.

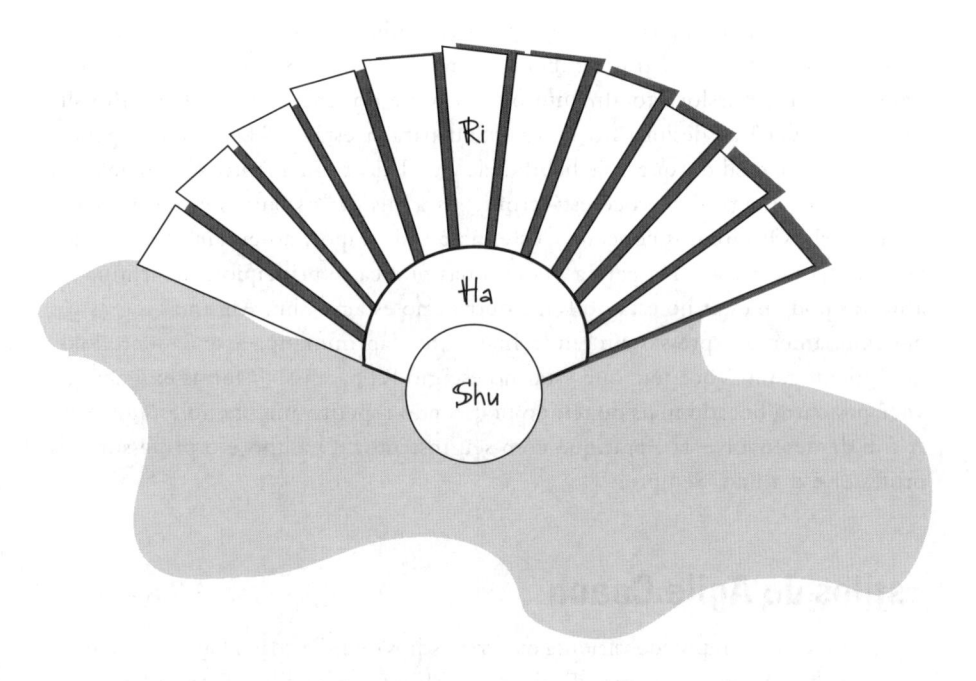

FIGURA 4.1 Estágios de proficiência do Shuhari

TENTE ISTO

Brinque com as formas de utilizar o modelo Shuhari em uma retrospectiva. Talvez você desenhe algo grande em um quadro branco, e os membros da equipe possam jogar uma versão da "brincadeira de fixar o rabo do burro" (sem a venda). Em vez de "rabos" do burro, eles colocam post-its com práticas ágeis, princípios, valores e papéis escritos no nível Shu, Ha ou Ri onde eles acharem que estão trabalhando atualmente. Depois de fixar os post-its, toda a equipe dá um passo para trás e discute o que vê. Onde eles concordam? Onde eles discordam? Talvez revelando que pessoas diferentes enxergam a equipe em níveis distintos para a mesma coisa? O que seria a próxima coisa a se praticar mais ou investigar mais a fundo?

Use a criatividade com este modelo. Pode ser divertido e importante.

Conforme a equipe trilha os próprios caminhos por meio do Shuhari, lembre-se de que esses estágios também valem para você. Seu domínio em treinamento ágil se desloca totalmente ou em parte por meio do Shuhari. Em sua totalidade, você se desloca do estágio Shu para o estágio Ha e depois para o estágio Ri, à medida que sua habilidade geral de treinamento se desenvolve. Uma vez no estágio Ha, você está pronto para ensinar os outros e se tornar um agile coach. Os círculos concêntricos estão a todo vapor, no entanto. Ainda que você esteja no estágio Ha para a maioria das práticas e princípios, determinados aspectos podem estar no estágio Ri, e outros, no estágio Shu. Algumas regras são engenhosamente expressas em seu treinamento e aprimoram a arte da metodologia ágil em geral. Você tem que estar no estágio Ri para isso. Outras exigem que você passe um bocado mais de tempo praticando repetitivamente no estágio Shu. A fim de desenvolvê-las, pratique com seu instrutor. O aluno é o professor, e o professor é o aluno. Sempre.

Estilos do Agile Coach

Com o passar do tempo, identifiquei que três estilos de agile coach habitam em mim e nos coaches que me ensinaram: Ensinar, Coaching e Aconselhar. Com o intuito de conseguir os melhores resultados, use esses três estilos empregando uma "abordagem de coaching", ou seja, direcionando também sua atenção para o Modelar e o Alcançar. A Figura 4.2 demonstra esses estilos. O Modelar possibilita que você mostre os comportamentos desejados que levam à entrega e ao sucesso da equipe. O Alcançar permite que você atinja em cheio a essência de cada pessoa da equipe a fim de ajudá-la a se tornar a melhor agilista que conseguir. A "abordagem de coaching" do Modelar e Alcançar exige que você, por meio de seu exemplo, passe as ferramentas, as técnicas, os valores e as mentalidades para a equipe, de modo que possam melhorar como membros individuais e como equipe. Com esses dois estilos em cena, você está pronto para tentar colocar em prática os três estilos de treinamento.

> **Ensinar:** Ao ensinar, você semeia as diretrizes e ensina as regras. Isso pode ser feito gentilmente ou de uma maneira mais enérgica, não importa, mas deve ser feito tomando as rédeas da situação — isso, sim, importa. Você conhece um modo melhor de trabalhar, então assuma as rédeas ao ensinar a metodologia ágil. Deixe as regras bem claras, com sua convicção de que a metodologia ágil viabiliza um jeito melhor de trabalhar. Prove isso com a sua experiência exemplificando como as coisas funcionam. Dessa forma, você ensina as práticas e os princípios. Ambos são regras. As práticas são os movimentos básicos. Os princípios dizem o "porquê" de cada prática. Quanto ao estilo Ensinar, personifique estes sentimentos:

"Siga estas regras. Eu as segui antes e sei bem no que elas podem resultar. Então, por ora, apenas sigam as regras."

"As regras funcionam. Qualquer outra coisa é um empecilho."

"Tudo o que vocês precisam saber está bem aqui, neste simples framework, ou seja, venham buscar as respostas aqui primeiro."

"Vejam como isso funciona..."

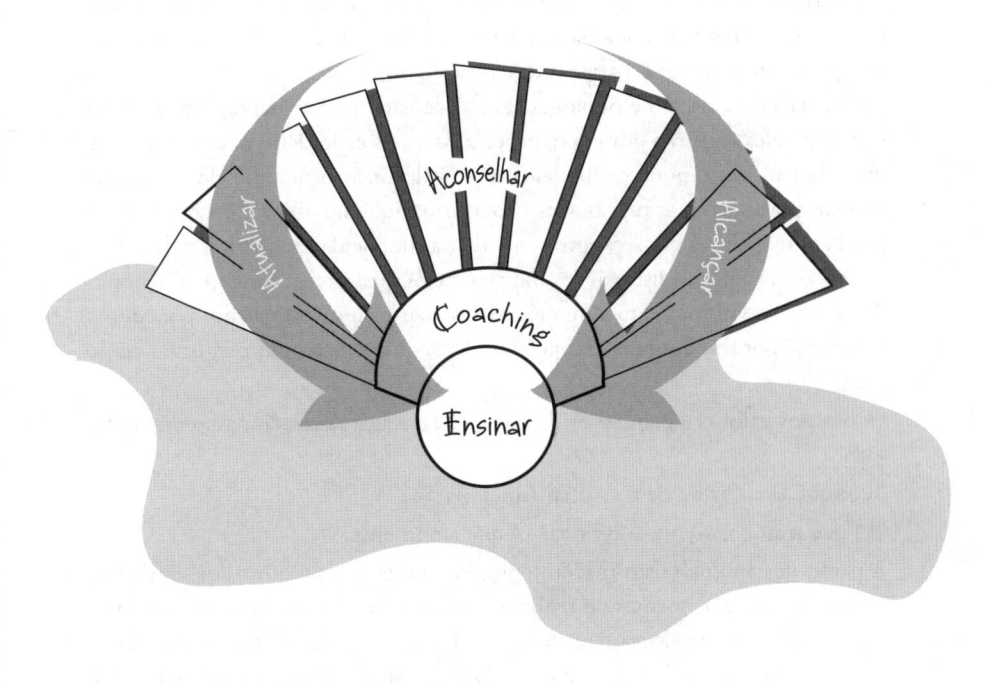

FIGURA 4.2   Estilos do agile coach

VEJA TAMBÉM	Veja o Capítulo 7, "Coach como Professor", a fim de se inspirar com ideias sobre como ensinar a metodologia ágil no início de uma equipe e durante os momentos de aprendizagem, à medida que todos trabalham juntos. O Capítulo 6, "Coach como Facilitador", lhe informa o "porquê" por trás de cada reunião ágil.

Incentive a equipe a moderar a necessidade incansável de saber tudo no mesmo instante. Em vez disso, peça que a equipe siga e adote as práticas ágeis, como sua principal tarefa, pois isso resulta em sucessos logo de início. Tais sucessos mantêm a organização sob controle (tempo o bastante) ao passo que a equipe pratica a metodologia ágil, comete erros inevitáveis, recupera-se deles e potencializa a prática. Com as feras controladas, passa a ser possível para a equipe, de fato, dominar o estágio Shu e seguir para o estágio Ha como uma consequência natural de seu sucesso com as práticas no estágio Shu.

Coaching: O estilo Coaching exige os alicerces criados pelo estilo Ensinar. Com as práticas ágeis funcionando bem, a equipe começa a se metamorfosear do cumprimento das regras para a internalização de valores a partir de seu conjunto de experiência com a metodologia ágil. Você não precisa encorajá-los a trilhar o caminho; eles seguirão por conta própria, às vezes cedo demais, então sinta-se à vontade para dar o pontapé inicial com o estilo Ensinar quando eles precisarem de mais prática com as regras. Caso contrário, fique no estilo Coaching ao perceber que eles já começaram a enxergar a simplicidade sofisticada da metodologia ágil e a discernir os motivos pelos quais a metodologia funciona. À medida que ultrapassam a memória muscular para investigar um pouco mais o que está por trás das práticas ágeis, ajude a equipe incitando perguntas como estas:

"Como os valores e princípios da metodologia ágil se relacionam com a sua vida?"

"Por que essa forma de trabalhar funciona?"

"O que a anula? O que a renova? O que a alimenta?"

A partir dessa exploração mais intensa, as mentes dos membros da equipe se abrem às múltiplas formas de realizar a mesma coisa, ao mesmo tempo em que promovem os valores e princípios. Eles estão preparados para algumas exceções que fogem às regras e para vivenciar suas próprias interpretações das regras. As exceções serão diferentes para cada equipe; você não precisa levar suas exceções favoritas das equipes anteriores para eles. Algumas exceções não serão compatíveis porque violam os princípios fundamentais. Chame a atenção deles para o fato e deixe-os fazer o que quiserem. Porém não os poupe das consequências de suas decisões. É necessário que eles vivenciem de forma direta as coisas e recebam feedback a fim de conseguirem analisar o que aconteceu, de modo a avaliarem se a mudança foi útil ou prejudicial.

Aconselhar: O estilo Aconselhar desponta quando a equipe internaliza completamente as práticas, os valores e os princípios ágeis e reflete seus benefícios. As coisas estão funcionando como uma engrenagem. Conforme eles estão ampliando os limites, algumas interpretações distorcidas das regras envelhecem e morrem, e outras nascem. Ambos os frutos são abordados com primazia pelos membros da equipe como parte do curso natural de vida de uma equipe ágil. A equipe é auto-organizada, automonitorada e autocorretiva e funciona sem você, mas eles ainda não percebem. Para que tal percepção desabroche, fique fora do caminho deles, sabendo que pedirão ajuda de seu conselheiro confiável (você) quando precisarem. Quando as perguntas vierem à tona, o coach agirá como um conselheiro:

"Eu não sei. O que vocês acham?"

"Posso oferecer uma contribuição?"

"Isso poderia funcionar. Tente."

Ao aconselhar, tenha certeza de que você fez bem o seu trabalho e agora os membros da equipe sabem tanto (às vezes mais) quanto você. Eles são livres para encontrar os próprios caminhos. Permita que os alunos superem o mestre a fim de que a arte da metodologia ágil possa ser aperfeiçoada e floresça.

Durante todo o tempo, à medida que você passa do estilo Ensinar para o Coaching e para o Aconselhar, faça questão de estar atento ao Modelar e ao Alcançar. A despeito do estilo de treinamento escolhido em qualquer momento, esteja sempre modelando. Modele constantemente os comportamentos que resultam no sucesso: escutar e contribuir com as ideias uns dos outros, enfrentando corajosamente os obstáculos e disposto a simplificar as coisas. Tudo o que você faz reflete uma mentalidade ou ferramenta que a equipe pode incorporar ao seu modo de ser, a fim de aprimorar o sucesso. E, sim, eles ficam menos dependentes de você.

> *Quando você precisa de mim, mas não me quer, devo ficar. Quando você me quer, mas não precisa mais de mim, tenho que ir.*
>
> —*Emma Thompson interpretando Nanny McPhee*

VEJA TAMBÉM Veja o Capítulo 5, "Coach como Mentor Coach", para orientação a respeito de como Alcançar cada pessoa na equipe, e também a equipe inteira.

Alcançar é envolver cada membro da equipe e a equipe inteira, a fim de ajudá-los a atingir a melhor interpretação possível da metodologia ágil. Esteja a par das convicções, aspirações e abordagens de cada membro da equipe no tocante à metodologia ágil, e os instrua a dar o próximo passo para se tornarem excelentes agilistas. Ao agir dessa maneira, sua influência alcança todo mundo. Ao passar de um estilo para outro, tome para si o objetivo de alcançar cada pessoa. Identifique o que eles querem e os ajude a enxergar como lidar com a metodologia ágil.

Sinta-se à Vontade com a Mudança de Seu Estilo

De início, com uma nova equipe, a escolha do estilo é fácil. É o estilo Ensinar. Você ensina reiteradamente conforme a equipe entende os princípios básicos da metodologia ágil e gera valor concreto. A partir daí, seu estilo flui naturalmente do estilo Ensinar para o Coaching à medida que a equipe se desloca do estágio Shu para o estágio Ha.

Caso não tenha certeza de onde a equipe se encontra na escala Shuhari, siga os próximos passos para ajudá-lo a decidir:

- A equipe é nova na metodologia ágil ou só alguns membros? Em caso afirmativo, eles estão no estágio Shu.
- A equipe mudou ou deixou de lado as práticas ágeis e perdeu o interesse nos objetivos por trás delas? Será que eles fazem uma mistura das práticas ágeis com alguma outra coisa, de modo que a metodologia não esteja clara para eles? Eles o olham torto quando você menciona o Manifesto Ágil? Se uma dessas respostas for afirmativa, talvez a equipe tenha evoluído para o estágio Ha cedo demais. Na verdade, eles estão no estágio Shu e precisam praticar.
- O lema da equipe é o Manifesto Ágil? Em tudo o que fazem, ficam do lado das pessoas e das interações, trabalhando no software (na verdade, qualquer produto), colaborando com o cliente e respondendo a mudanças (Beck *et al.*, 2001)? Eles aplicam bem as práticas básicas e têm novos insights que lhes possibilitam melhorar a cada sprint? Eles param um pouco — fazem uma pausa — para levar em consideração os desdobramentos antes de modificar, eliminar ou adicionar uma prática ágil? Eles enfrentam as consequências dessas mudanças propriamente? Se sim, sua equipe está no estágio Ha e precisa de você para treiná-la em uma interpretação mais abrangente da metodologia ágil.
- A equipe modificou a prática ágil e fez isso de modo consciente, mantendo a chama de vida dos valores e princípios ágeis acesa? Eles romperam com as barreiras da disfuncionalidade, de modo que a prática da metodologia ágil resulta em entregas melhores, mais rápidas e uma melhor satisfação? Eles assimilaram as habilidades e práticas necessárias para, de fato, serem automonitorados e autocorretivos? Em caso afirmativo, a equipe está no estágio Ri e precisa voar.

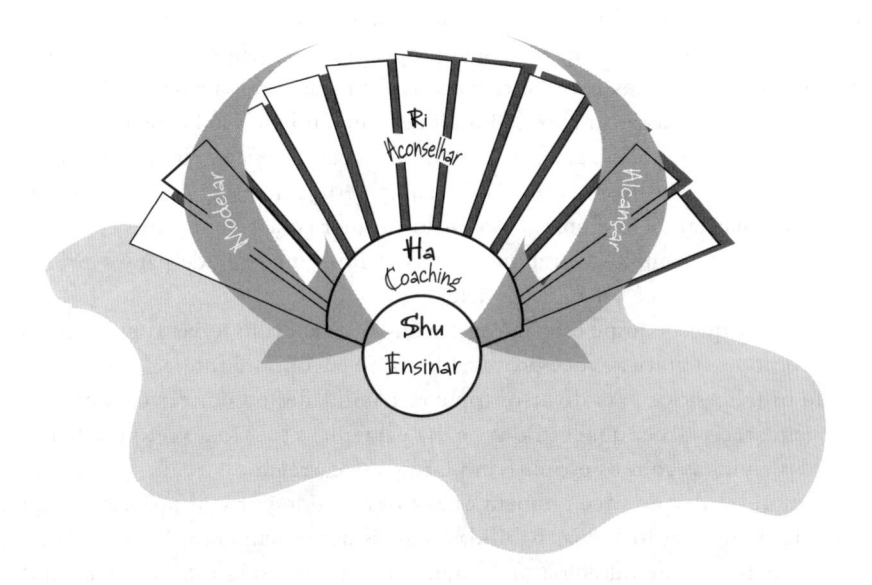

FIGURA 4.3 O estilo de um agile coach muda com a equipe à medida que ela se desloca entre os estágios Shu, Ha e Ri

Você saberá a hora de permitir que a equipe se desloque para o estágio Ha quando as práticas estiverem a todo vapor e totalmente assimiladas, e quando as conversas sobre mudanças mantiverem a chama dos princípios fundamentais acesa. Até lá, quando eles desejarem modificar uma prática, talvez para prevenir uma disfuncionalidade que preferem não enfrentar, lembre-os de que eles estão no estágio Shu e, neste estágio, eles seguem as regras. Eles devem enfrentar a disfuncionalidade, pelo menos por tempo o bastante para abordá-la e decidir explicitamente se querem modificá-la ou não.

Quando a equipe mostrar indícios de que está pronta para se deslocar para o estágio Ha, mude seu estilo Ensinar para o estilo Coaching imediatamente. Isso a desperta para o estilo Ha. O estilo Ensinar tem seu lugar, porém tem uma consequência involuntária: gera dependência. Flexibilize essa dependência, e deixe a equipe voar para que se desloque para o estágio Ha, descansando o professor e apresentando o coach. Ao utilizar o estilo Coaching, assuma seu lugar no estágio Ha, esperando que ela chegue enquanto ilumina o caminho.

Quando a equipe desembarcar no estágio Ri, vai querer abrir as asas. Normalmente, eles dizem que é hora de voar. Aconselhe-os como quiser.

Talvez você perceba que uma equipe está tentando chegar ao estágio Ri, mas não tem muita certeza. Neste caso, teste a situação mudando seu estilo Coaching para o estilo Aconselhar. Aconselhe-os e, em seguida, observe o impacto. A interpretação da arte da metodologia ágil desabrocha em direções novas e interessantes? Se sim, eles estão prontos para o estágio Ri. Eles se enquadram em interpretações mais restritivas das práticas e dos princípios? Em caso afirmativo, talvez passar um bocado mais de tempo no estágio Ha seja proveitoso.

Lembre-se de que os estágios são como círculos concêntricos; cada estágio engloba o outro sucessivamente. Caso a equipe esteja no estágio Ha, use o estilo Coaching, mas também empregue o estilo Ensinar ao apresentar uma prática ou ideia nova, por exemplo. Combine os dois estilos e os convide para o próximo estágio assim que você vir indícios dele.

Uma vez que a equipe esteja pronta e tenha vivenciado todas as práticas ágeis e as colocado em prática, você provavelmente se encontrará interagindo com eles usando os três estilos para diversos tópicos, habilidades ou em vários momentos. Ninguém precisa saber qual estilo você usa para qual situação, exceto você. Todas essas idas e vindas com os estilos é um fardo a se carregar.

Lembre-se de que você também está se deslocando por seus próprios estágios do Shuhari em relação às suas habilidades ágeis de treinamento. Você pode estar no estágio Ri na metodologia ágil enquanto está no estágio Shu nas habilidades de treinamento. Respeite seu atual nível de habilidade e permaneça nele até dominá-lo. Questione constantemente seu uso de estilos: você está impedindo a equipe de progredir para o próximo estágio de domínio porque você não está pronto? Você está estagnado no estilo Coaching por mais tempo do que o necessário porque é tão bom ser valorizado e desejado? Você está se deslocando para o estilo Aconselhar rápido demais a fim de evitar estudar a fundo alguma área que esteja dificultando a interpretação da metodologia ágil pela equipe? Em todos esses casos, inspecione e adapte. Adapte seu estilo de acordo com sua habilidade e experiência. Caso você não consiga se adaptar, como em uma situação em que a equipe superou as suas habilidades, envolva um coach mais experiente como seu mentor para ajudar a equipe e o auxiliar a progredir.

Recapitulação

Vamos fechar este capítulo com chave de ouro:

- As equipes (e você) dominam e se deslocam pelos estágios da metodologia ágil chamados de Shuhari. Você adquire destreza no treinamento ágil da mesma forma.
- Deixe o seu estilo fluir de Ensinar para Coaching e para o Aconselhar a fim de combiná-los com os estágios de Shuhari da equipe.

- Modele sempre os comportamentos de equipe bem-sucedidos e alcance cada pessoa da equipe, para ajudá-los a se tornarem grandes agilistas.
- Deixe fluir. Nenhum desses estágios ou estilos se desloca de forma nítida de A para B e para C. Isso seria fácil demais.

Leituras e Recursos Adicionais

Hunt, A. 2008. *Pragmatic Thinking and Learning: Refactor Your Wetware*. Raleigh: Pragmatic Programmers. Use esse livro para levar seu cérebro em um tour de diferentes maneiras de abordar seu trabalho e ver a progressão de novato para mestre.

Referências

Beck *et al.* 2001. Manifesto for Agile Software Development. www.agilemanifesto.org.

Cockburn, A. 1994. Conversa privada entre Alistair Cockburn e L. Sensei Nakamura, documentada na compilação de Alistair Cockburn de seus escritos de Shuhari aplicados à engenharia de software. http://alistair.cockburn.us/Shu+Ha+Ri [conteúdo em inglês].

———. 2008. Compilação de escritos de Shuhari aplicados à engenharia de software. http://alistair.cockburn.us/Shu+Ha+Ri [conteúdo em inglês].

Sensei's Library. http://senseis.xmp.net/?ShuHaRi [conteúdo em inglês].

Shuhari Dojo Martial Arts. www.shuhari.com/site/view/ShuharisMeaning.pml [conteúdo em inglês].

PARTE II

Ajudando a Equipe a Buscar Mais

Capítulo 5

Coach como Mentor Coach

Eu já vinha trabalhando como agile coach por alguns anos quando um colega me disse: "Sabe, tem um universo de possibilidades para o coach profissional. Acho que você deveria procurar saber mais". Esse era o jeito dele de não me ofender e dizer: "Você se considera uma coach, mas na verdade não é". Ele tinha razão.

Minha prática com treinamento ágil ia até determinado ponto, em que era útil para dar o pontapé inicial com as equipes e trabalhar efetivamente com o básico, mas ficavam muito aquém de aproveitar o potencial de cada pessoa a fim de melhorar o desempenho da equipe como um todo. Para isso, eu estava usando as técnicas de gerenciamento testadas e comprovadas (mas não muito eficazes) que aprendi durante meus anos como gerente de projeto.

> **Quando terminar este capítulo, você poderá responder a estas perguntas:**
>
> - O que é treinamento ágil e o que pretendemos quando treinamos?
> - Como sei quando treinar as pessoas individualmente vs. quando treinar toda a equipe?
> - Qual deve ser a postura do coach para incentivar a equipe a conquistar o alto desempenho?
> - Como treino as pessoas individualmente? Como começar? O que devo esperar?
> - Como posso tornar conversas de treinamento mais do que conversas amigáveis?
> - De que treinamento os Product Owners e os gerentes agile precisam para que possam ser de grande valor para as equipes?
> - Como posso treinar novos agile coaches a fim de que eles trabalhem sozinhos?

Nesta situação, fui estudar coaching e descobri que o mundo do coach profissional de trabalho/life coach se aplica 100% ao treinamento ágil. Tudo o que aprendi no curso pode ser utilizado diretamente com as equipes ágeis que treinei no mundo dos negócios. Imaginem a minha alegria!

Foi quando passei a distinguir a diferença entre treinamento e mentoria, e percebi que estava trabalhando com apenas um lado da equação, a mentoria. Uma vez que agreguei o treinamento com a mentoria que eu já estava fazendo, entendi a combinação significativa que os dois poderiam ter. As equipes que treinei também perceberam isso. Hoje em dia, sou uma coach profissional de trabalho/life coach e combino essas habilidades de forma bem natural com a mentoria ágil para orientar outros coaches, membros da equipe, equipes inteiras e as pessoas em volta delas.

Neste capítulo, exploramos muito do que aprendi a respeito de como colocar em prática as habilidades de coach em um contexto ágil. Começaremos definindo e deixando claro os conceitos de treinamento ágil e, depois, apresentamos os níveis de coach que se materializam — o nível individual e o da equipe como um todo — estudando a fundo como treinar as pessoas, dando atenção especial em como treinar outros agile coaches, Product Owners e gerentes.

O que É Treinamento Ágil?

Com o intuito de entender o treinamento ágil, primeiro analisaremos o mundo do coaching profissional. Nele, o treinamento acontece por meio de uma série de conversas inteligentes em que o coach ajuda o coachee a vislumbrar novas perspectivas e possibilidades. Depois disso, o coachee pode idealizar o próximo passo em seu crescimento pessoal e profissional, e tomar as providências para dar esse passo.

No contexto das equipes ágeis, o treinamento assume a natureza dupla de treinamento e mentoria. Sim, você está treinando alguém a fim de ajudá-lo a conquistar o próximo objetivo em sua vida, justamente como um coach profissional de trabalho/life coach faz. Você também está compartilhando suas experiências e ideias ágeis à medida que os aconselha, orientando-os a fazer o bom uso da metodologia ágil. Nesse sentido, o treinamento e a mentoria são entrelaçados em prol do desenvolvimento de agilistas talentosos, de forma que resultados maiores e melhores de negócios floresçam graças à metodologia ágil.

Esse padrão se reproduz em toda a equipe. O treinamento ajuda a melhorar o desempenho da equipe, em uma série de etapas escolhidas pela equipe em que você é o coach. A mentoria transmite seu conhecimento e experiência ágeis para a equipe, à medida que tal conhecimento se torna relevante para o que está acontecendo com eles.

Cada lado — treinamento e mentoria — é de suma importância e pode ser influente por si só. Juntos, eles são uma combinação imbatível para ajudar as pessoas a adotarem e colocarem em prática a metodologia ágil. O contexto da metodologia ágil faz de você um mentor; já o foco no desempenho faz de você um coach. As duas partes da equação se agrupam, fazendo com que a metodologia ágil ganhe vida e esteja ao alcance da equipe.

No mundo da metodologia ágil, o termo *coaching* abrange o treinamento e a mentoria. Não é nada demais; basta saber que o termo *agile coach* envolve tanto o treinamento como a mentoria. Além do mais, sabemos que estamos usando as habilidades do mundo do coach profissional, mas não somos, de fato, coaches profissionais. Uma questão séria a respeito da ética dos coaches profissionais afirma que os objetivos do coachee devem ser a única luz a guiar a relação do coaching. O coach tem que estar inteiramente à disposição do coachee, e não é isso que acontece conosco. Não podemos permitir que os objetivos do coachee prevaleçam, porque devemos também incorporar os nossos objetivos: influenciar o coachee a usar a metodologia ágil adequadamente.

Mais uma vez, não é nada demais; basta saber que somos treinados por um coach, usando ferramentas de treinamento profissional, e somos mentores especializados na metodologia ágil. A partir desses conhecimentos, ensinamos e empregamos as habilidades de coach a fim de ajudar cada pessoa a realizar a transição para o bom uso da metodologia ágil. Tenho sempre em mente este dueto ágil quando digo com orgulho: "Sou uma agile coach".

Por que Treinamos?

Os agile coaches advogam em prol do uso dinâmico da metodologia ágil a fim de que as empresas atinjam os objetivos de modo mais rápido e melhor. Se quisermos ampliar a capacidade máxima da metodologia ágil, podemos adaptar a frase anterior para: de modo mais rápido e melhor com inovações surpreendentes e nunca antes sonhadas. Essa é a função primeira da metodologia ágil.

Para tais fins, você treina com o intuito de:

- Ajudar a organização a conquistar resultados surpreendentes, aqueles que farão a diferença para o negócio e para os membros da equipe de uma maneira fundamental.
- Ajudar a equipe a progredir e a ficar mais forte (ou se recuperar, caso não esteja tão fortalecida).
- Ajudar cada pessoa a dar o próximo passo em sua jornada ágil, a fim de que ela possa ser uma agilista bem-sucedida, de modo que promova a melhoria da equipe e o próprio crescimento.

Maximizar o bem-estar e a realização que as pessoas sentem no trabalho pode ser um objetivo apartado ou deixado em segundo plano para você. Para mim está em primeiro lugar, pois acredito piamente que as pessoas devem se sentir realizadas no trabalho, já que passam a maior parte do dia trabalhando. E andei reparando que as equipes que se preocupam em promover o bem-estar e a sensação de dever cumprido se sentem mais realizadas e contentes. É um ciclo virtuoso que se retroalimenta.

Treinamento em Dois Níveis

Ao treinar uma equipe ágil, você a treina simultaneamente em dois níveis: o nível individual e o nível da equipe como um todo. Cada um desses níveis tem uma duração. Ademais, o treinamento ocorre como uma categoria de seu framework ágil preferido, e não como um substituto. Em primeiro lugar, devemos preservar a metodologia ágil. Em segundo, treinamos.

As intervenções do treinamento têm um efeito maior no início e no final do projeto (Hackman, 2002). Quando se trata da metodologia ágil, os limites do projeto se tornam tênues porque valorizamos a criação de produtos que atendam às necessidades do negócio, em vez de concluir o projeto dentro de um prazo predeterminado. Uma vez que a metodologia ágil está livre de amarras e em constante mudança, o início e o fim de todo o projeto não têm lá muita serventia para nós no quesito de cronometrar o tempo, o que importa são os limites inerentes do sprint e dos lançamentos. Contudo, as intervenções do treinamento ainda são válidas. Para as equipes ágeis, isso significa que o treinamento no início e no final de um sprint ou lançamento tem maior impacto.

Mesmo que você canalize seus objetivos de treinamento no início e no final, o coaching não tira férias no meio de um sprint. Você ainda ajuda a equipe a se livrar dos impedimentos, desempenhar plenamente seus papéis e, em geral, seguir em frente. Agora, no meio de um sprint, você tem que parar e pensar bem antes de apresentar uma constatação ou uma oportunidade de melhoria à equipe como um todo. Em vez disso, deixe que a equipe trabalhe e deixe para fazer as constatações ou melhorias no final do sprint, quando o treinamento tem um impacto maior na equipe.

Conforme mostra a Figura 5.1, seu treinamento se desloca do nível de equipe para o nível individual e retorna à equipe novamente durante a vida de um sprint. Uma intervenção inoportuna do coach pode fazer mais mal do que bem (Hackman, 2002), ainda mais em um framework ágil em que oferecemos às equipes o benefício de poder se concentrar durante o sprint. Mudar o foco de seus objetivos de treinamento para o indivíduo e vice-versa previne os malefícios e aumenta os benefícios.

Durante todo o tempo, seja o alicerce da equipe. Ajude a equipe quando todos empacarem no mesmo lugar; quando eles se perderem em meio aos detalhes ao ponto de não se recordarem das próprias atribuições, lembre-os dos objetivos definidos a serem alcançados, advogue em defesa do modo que eles escolherem à medida que trabalham juntos e não pare nunca de incentivá-los.

Treinamento Individual
O coach treina indivíduos para se tornarem os melhores agilistas e oferece as ferramentas que eles podem usar para resolver seus próprios problemas

Treinamento da Equipe

O treinamento da equipe como um todo durante o planejamento de sprint ajuda todos a compartilhar os compromissos e a produzir mais

As pessoas trazem problemas e reclamações para o coach

O treinamento com a equipe toda é importante, ainda mais durante as retrospectivas em que as pessoas estão aprendendo como aprender juntas

O treinamento individual fica em segundo plano quando a equipe começa a trabalhar no sprint

O treinamento da equipe é adiado para que todos se concentrem no trabalho; o coach fica no aguardo

Diminuem-se os treinamentos individuais; caso necessário, o coach aborda as preocupações individuais com toda a equipe na retrospectiva

Início do Sprint — Metade do Sprint — Final do Sprint

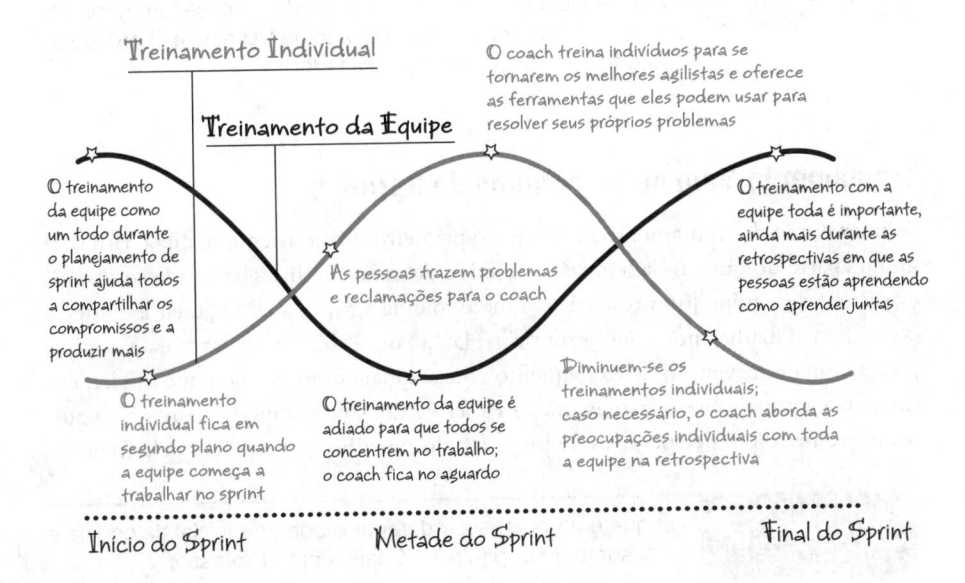

FIGURA 5.1 Análises dos treinamentos de equipe e individuais durante o sprint

Treinamento no Início do Sprint

O momento propício para treinar a equipe é quando um sprint termina e o outro começa. O treinamento educacional vira o centro das atenções, tal como ajudar a equipe a entender o bom funcionamento das práticas ágeis ou ensiná-la a personificar os respectivos papéis ágeis. Por meio desse tipo de treinamento, não perca o objetivo de vista: ajudar toda a equipe a enxergar como a metodologia ágil funciona perfeitamente quando feita de maneira simples. Ministre este treinamento "em alto e bom som" na sala da equipe, conforme o momento perfeito para ensinar um determinado conceito simplesmente vier à tona. Ou planeje uma intervenção educacional a fim de apresentar ou reforçar alguma coisa sobre a metodologia ágil que a equipe precisa no momento. Caso seja necessário que eles aprendam a utilizar melhor as informações de velocidade para planejar os sprints enquanto se concentram e produzem a todo vapor, por exemplo, prepare-se para ensiná-los a respeito quando estiverem no meio do planejamento do sprint. As intervenções de treinamento educacional impactam mais quando são realizadas no meio da atividade que deve ser melhorada.

> **VEJA TAMBÉM** O princípio de ajudar a equipe a manter o foco e a promover um senso de abundância de modo que se comprometa somente com o volume adequado de trabalho é abordado no Capítulo 6, "Coach como Facilitador".

Treinamento Bem no Comecinho do Sprint

A intervenção do treinamento no início do primeiro sprint da equipe dita o ritmo de grande parte do que virá a seguir. O objetivo do coach é "insuflar a vida ao sistema estrutural da equipe [no nosso caso, a metodologia ágil] e, assim, ajudar a equipe a começar a trabalhar por conta própria" (Hackman, 2002). Para dar vida à equipe, planeje uma intervenção de treinamento educacional como um pontapé inicial, ensinando a equipe sobre o framework ágil a ser usado, sobre como trabalhar em equipe, e a respeito das perspectivas do projeto e do trabalho que eles têm pela frente.

> **VEJA TAMBÉM** O que e como ensinar durante o pontapé inicial da equipe é o assunto do Capítulo 7, "Coach como Professor".

Treinamento no Meio de um Sprint

No meio de um sprint, o treinamento da equipe inteira dá um tempo. O coach também fica mais tranquilo fisicamente, conforme a equipe trabalha. Caso ocorra o treinamento da equipe, será somente para insights impactantes que o coach decidiu considerar.

Como os diálogos estratégicos de desempenho são apropriados para intervenções de treinamento na metade do sprint (Hackman, 2002), você pode perguntar à equipe se uma verificação no meio do sprint seria útil (sobretudo se o gráfico de burndown apresentar um salto). Durante uma conversa simples e rápida entre os membros da equipe, uma verificação no meio do sprint rende planos e ideias reformuladas a respeito de como eles realizarão o resto do trabalho. Não chega a gerar uma retrospectiva do meio do sprint, e o coach deve se proteger disso.

Uma vez que os agile coaches protegem a habilidade de concentração da equipe ao possibilitar que todos trabalhem por conta própria, o treinamento no meio do sprint é o momento perfeito para o treinamento individual. Por coincidência, esse é o momento em que os membros da equipe costumam expor os problemas ao coach.

No treinamento individual, os agile coaches lidam com os problemas de uma pessoa, não deixando de lado o ritmo natural da metodologia ágil a fim de não dificultar o trabalho. Se o problema for entre dois membros da equipe, incentive a pessoa que expôs o problema a se acertar com a outra. Caso não seja um problema bombástico, sugira que ele seja exposto na retrospectiva. Você pode sugerir a opção da retrospectiva a qualquer momento, ainda mais quando estiver perto do final do sprint.

O treinamento no meio do sprint é ótimo para reconhecer e fortalecer os comportamentos competentes da equipe que ocorrem espontaneamente (Hackman, 2002) ao treinar "em alto e bom som" na sala da equipe. Quando alguém fizer alguma coisa extremamente importante e significativa, fale sobre isso na frente do resto da equipe. Não precisa fazer estardalhaço. Mencionar o fato em uma conversa cotidiana e respeitosa de um jeito que toda a equipe possa ouvir por alto já funciona bem. Ou seja, você deve estar presente e atento para "identificar" alguém que esteja indo muito bem.

Treinamento no Final do Sprint

No final de um sprint ocorre a última intervenção do treinamento. O final sinaliza um momento natural para a equipe retomar como eles trabalharam juntos e decidir o que farão a fim de que o próximo sprint seja ainda melhor. Os frameworks ágeis atendem a essa intervenção para auxiliar a pausa formal no final de cada sprint — a retrospectiva. Durante a intervenção, facilite a conversa da equipe de modo que apresentem algumas coisas que concordem em mudar no próximo sprint. Com o passar do tempo, assegure que seu treinamento durante a retrospectiva os ajude a fazer mais do que simplesmente uma lista de atividades a serem concluídas. Oriente a equipe rumo ao desenvolvimento "até o ponto em que os membros aprendam *como* melhor aprender uns com os outros" (Hackman, 2002).

O final de um sprint e o começo de outro acontecem de um jeito tão rápido que as intervenções do coach tanto no início como no final do sprint podem cair como uma luva: retomar o aprendido e ensinar para o futuro.

Treinamento no Nível do Lançamento

O ciclo de intervenções do treinamento é replicado no nível do lançamento. Aqui, as intervenções mais importantes são as mesmas — aprendizado no início de um ciclo de lançamento e aprendizado por meio da retrospectiva final de um ciclo de lançamento, com uma verificação completa com toda a equipe no meio de um ciclo de lançamento com o treinamento individual.

Fique atento ao lugar em que a equipe está no sprint ou no ciclo de lançamento, a fim de que o treinamento individual e da equipe como um todo seja importante e expressivo. Encontre este equilíbrio: treine os indivíduos e as equipes ao mesmo tempo e escolha o tipo de treinamento que será mais impactante e menos disruptivo.

O Tom do Treinamento

Não importa se você está treinando no nível da equipe como um todo ou no nível individual, afine seu tom em uma dessas frequências: afetuoso, compreensível e intransigente. À primeira vista, essas três palavras parecem não combinar muito. Teria eu afirmado que você deve se portar em seu treinamento de um modo afetuoso, compreensível *e* intransigente? Justamente.

Seja amável com cada pessoa porque ela é humana, como você, e se comporte de forma acolhedora de modo que ela saiba que tem apoio enquanto se esforça para se tornar um membro melhor da equipe (e uma pessoa melhor). Seja solidário com a jornada de cada um, para que saibam que você respeita a trajetória *deles*, conforme os ajuda a se tornarem o que *querem ser*. Ao saberem — e sentirem — que você se porta de modo afetuoso e compreensivo, eles param de ficar com um pé atrás e assumem uma postura autêntica com você. Desarmados, o treinamento pode começar.

A fim de promover a afetuosidade e a compaixão em seus treinamentos, você não precisa estar perdidamente apaixonado pelo seu ambiente de trabalho. A atitude de sair abraçando e exclamando a esmo "Eu simplesmente amo esse cara!" é um substituto totalmente artificial para determinadas manifestações exigidas de você. Expresse o tipo de afetuosidade e compaixão que repercuta de modo tão genuíno que eles possam notar em seus olhos, no jeito como você os ouve atenciosamente e no modo como você respeita a expertise deles.

Nem é necessário mencionar as palavras *afeto* e *compaixão* para que eles saibam que têm apoio e são valorizados. Na realidade, é melhor que nem mencione. Em vez disso, bastar *ser* afetuoso e compreensível. E aqui reside a influência: ser afetuoso e ter compaixão permite que você aja de modo intransigente.

Presenteie-os com sua predisposição à intransigência, pois, como já conhece a personalidade deles, você espera o melhor e simplesmente acredita que eles podem se tornar o que querem se tornar e conquistar as coisas que desejam. O coaching não tem nada a ver com afagar a vaidade da equipe para que todos se sintam bem consigo mesmos. É o oposto, o coach assume a posição firme e necessária a fim de que cada pessoa alcance o próximo nível possível da metodologia ágil, e, ao fazê-lo, melhore o nível da metodologia por toda a parte. O treinamento ajuda cada pessoa a alcançar o próximo nível de crescimento profissional que torna o trabalho relevante para a vida de cada uma delas. Por meio de um treinamento eficiente, pessoas que podem contribuir plenamente com a equipe se manifestam e, dessa forma, podemos colher resultados incríveis e não somente resultados medíocres entregues um bocado mais rápido.

Existe um ditado popular relacionado aos treinamentos que, embora banal, é a mais pura verdade: um amigo o ama exatamente do jeito que você é. Um coach o ama demais para permitir que você fique do jeito que é.

Passe a amá-los ao ponto de não permitir que eles continuem a ser do jeito que são e plante a semente de sua postura intransigente. Afetuoso, sim. Com compaixão, sim. E 100% intransigente.

Se os membros da equipe quiserem "adaptar-se à metodologia ágil" para que não tenham que enfrentar as disfuncionalidades da empresa, é a escolha deles, e você não pode fazer com que eles escolham outra coisa. Mas não se deixe levar por isso. Lembre-se do mentor que habita você — você sabe como um excelente agilista é, como fala e como age. Não exija que os membros da equipe atendam de imediato a um nível altíssimo de metodologia ágil, porém nunca permita que o comprometimento deles mude a definição do que é bom em metodologia ágil e que, agora que "atingiram o nível", possam parar de trabalhar na melhoria do desempenho.

Treinei muitas equipes cuja definição da metodologia ágil foi desvirtuada em favor das disfuncionalidades das pessoas de dentro e ao redor da equipe, e da própria organização. Como coach, eu sempre sustento a imagem nítida de uma metodologia ágil bem aplicada, e nunca mancho essa imagem. Caso as pessoas não queiram seguir em frente, sem problemas, mas em hipótese alguma elas me ouvirão dizer que, onde elas estão já é "ágil o bastante". Eu me apego a essa imagem de uma metodologia ágil bem aplicada para o bem delas — pelo bem da grandiosidade do que é ser um membro de uma equipe ágil, da equipe e até mesmo da organização.

Defender a todo custo o seu conhecimento do bom uso da metodologia ágil pode ser um belo desafio, sobretudo em conversas individuais que fazem parte do treinamento quando as histórias de sofrimento dos membros da equipe iludem você a tal ponto que até as desgraças começam a se caracterizar como desculpas justificáveis de por que eles não conseguem se tornar bons agilistas. Neste momento, não ceda à pressão. A próxima seção o prepara justamente para isso.

Treinamento Individual

Chega uma hora em que você treina as pessoas individualmente. Talvez um membro da equipe o aborde com um problema, ou talvez você decida tomar a iniciativa de conversar sobre alguma coisa que está acontecendo. Mais cedo ou mais tarde, o treinamento individual baterá à sua porta. Esta seção o prepara para abrir essa porta. Primeiro, estabelecemos os quatro alicerces para o treinamento individual e, depois, diferenciamos a sucessão de conversas do treinamento para que possa saber o que analisar quando treinar as pessoas individualmente.

Estabeleça os Alicerces para o Treinamento Individual

Os quatros alicerces a serem consolidados antes do início do treinamento individual são:

- Esteja preparado ao conhecê-los.
- Passe segurança.
- Faça parceria com os gerentes.
- Adote a aceitação positiva.

Juntos, esses quatro alicerces constituem a base para treinar as pessoas, seu ponto de partida.

Esteja Preparado ao Conhecê-los

Um dos princípios básicos no treinamento profissional afirma que conhecemos nossos clientes de coach "onde eles estão", não onde *estamos* ou onde achamos que eles *deveriam* estar, ou até mesmo onde *sabemos* até que ponto eles podem chegar, e sim onde eles *estão* — neste exato momento. Como o treinamento ágil anda de mãos dadas com a mentoria ágil, remodelamos um pouco esta regra para afirmar que, primeiro identificamos onde nossos coachees individuais estão e, em seguida, *basta estar preparado* para conhecê-los. Contando que estamos os orientando utilizando o conjunto de ferramentas ágil — práticas, princípios, valores e mindsets — como coaches, já estamos preparados e um passo à frente deles na jornada ágil.

Não é porque sabemos o bom uso de uma metodologia ágil que devemos estar pouco envolvidos ao treinarmos. Por isso nos preparamos para conhecê-los, meio passo à frente, não um, não dez passos à frente de onde eles estão, tampouco dois. Não pediremos a eles que corram 1,5km em quatro minutos se são sedentários, por exemplo.

Meio passo à frente é um ótimo lugar para se começar. A partir desse lugar, oferecemos conhecimento e experiência ágeis que podem ajudá-los a dar o próximo passo. Ainda que nos preocupemos com o indivíduo como um coach de trabalho/life coach, não os estamos treinando como um todo. Nosso objetivo permanece o mesmo ao lembrarmos que estamos treinando-os conforme os princípios ágeis. Em razão disso, treinamos toda e qualquer pessoa que aparece diante de nós, não somente no quesito trabalho e na vida, mas seja lá em qual for a combinação desses dois que nos seja apresentada. Fazemos isso porque o trabalho bem feito não é algo isolado da própria pessoa. E o bom uso da metodologia ágil não pode ser isolado dos valores vividos bem aplicados.

Com o intuito de identificar em que lugar *estão*, procure ouvi-los. Ouça suas convicções sobre como o mundo do trabalho funciona e deve funcionar. Deixe-os falar sobre os pontos altos e baixos do passado. Deixe-os lhe contar a respeito de suas dificuldades atuais. Pergunte-lhes o que acham da metodologia ágil e se eles acham que isso mudará o que já sabem e como aprenderam a se comportar no local de trabalho.

Então, imagine um caminho de "jornada ágil" e isole um ponto nesse caminho em que você acha que eles estão. Talvez eles sejam muito novos para entender a metodologia ágil, mas são abertos, logo eles estão a apenas alguns passos de você no caminho da jornada ágil. Talvez eles tenham tido contato com a metodologia ágil por um tempo e se recusaram terminantemente a mudar, portanto eles estão no início da jornada. Ou quem sabe eles conheçam os princípios básicos e queiram entender mais a fundo a metodologia ágil, assim imagine que eles estejam em algum ponto no meio do caminho.

Não se preocupe. Você não fará isso direito na primeira vez ou sempre. Imagine o coachee em um caminho da jornada ágil, treine-o como se estivesse meio passo à frente dessa jornada. Depois, observe o que acontece à medida que você treina. Talvez a pessoa esteja mais à frente do que você pensou e esteja preparada para caminhar mais; quem sabe eles sejam muito confiantes e bons de papo e, em dado momento, você perceba que eles estão muito atrás de onde pensou que estariam e precisa reduzir o nível de ambição deles. Sem problemas. Apenas se adapte. Você se lembra do inspecionar e adaptar? Vale também para os coaches.

Passe Segurança

Os agile coaches promovem um ambiente de experimentação e risco, pois sabemos que somente em um lugar como esse a genialidade pode aflorar. As equipes ágeis precisam se sentir livres para fazer besteiras, se atrapalhar, resmungar a torto e a direito — sem o fantasma da análise de desempenho pairando sobre a maneira como trabalham.

Os membros da equipe não precisam de um coach que fique fazendo fofoca a respeito de algum comentário amável dito na sala da equipe ou que esbarre com uma gerente no café e solte: "Cruzes, Judy tem um mau humor daqueles." Esses tipos de comentários não podem escapar da boca de um coach, nem informalmente, tampouco em tom de brincadeira. O que acontece em equipe fica na equipe.

Mesmo que a equipe ainda não desfrute de um ambiente aberto e criativo, as pessoas ainda precisam de espaço para serem humanas, cometerem erros e aprenderem seus erros juntos, como uma equipe. Caso contrário, elas nunca aprenderão.

Ao treinar as pessoas individualmente ou em equipe, elas precisam saber que têm espaço para serem humanas e que você mantém tudo o que acontece entre vocês dois e com a equipe em sigilo. Para tal, basta declarar confidencialidade e passar segurança, e adotar essa postura.

E, claro, não deixe o bom senso de fora dessa jornada. Algumas situações, felizmente raras, não devem ser restringidas aos limites da equipe. Situações como assédio, discriminação e violência de qualquer tipo são motivos o bastante para ignorar a regra do sigilo. Como coach, você deve defender a segurança física e emocional deles, priorizando isso antes de seus direitos de cometerem estupidezes.

> **VEJA TAMBÉM** O conflito é inevitável em qualquer equipe, ainda mais em uma equipe ágil, já que se espera que elas prezem pela colaboração, ou seja, as equipes ficam vulneráveis. A fim de ler como treinar as equipes para trabalhar de modo construtivo com os conflitos, veja o Capítulo 9 "Coach como Mediador de Conflitos".

Com exceção dessas situações ocasionais, confie que a equipe consegue e conseguirá — com seu treinamento — lidar com o que acontecer. Treine-os a fim de que trabalhem em estreita colaboração para solucionar os problemas dentro da equipe. Treine-os para reconhecer quando os problemas ultrapassam os limites da equipe e eles precisam pedir ajuda. Procure orientá-los por meio de algumas situações e observe o que acontece com a habilidade deles de serem autoconfiantes e autocorretivos. Aposto que todos se desenvolverão cada vez mais.

Faça Parceria com os Gerentes

Se respeitarmos "O que acontece na equipe fica na equipe", a parceria com o gerente dos membros da equipe aparentemente é uma violação dessa máxima. Caso você tenha segundas, terceiras ou até quartas intenções, isso é, sim, uma violação. Boas intenções giram em torno do desejo de ajudar cada pessoa a atingir seu potencial da metodologia ágil. Desde que suas boas intenções sejam a premissa da parceria com o gerente de projeto, você poderá garantir o sigilo e passar segurança.

Os gerentes funcionais dos membros da equipe são aquelas pessoas a quem eles "respondem" e quem faz a gestão da análise de desempenho deles. No mínimo, eles influenciam a habilidade participativa de cada membro da equipe. Na pior das hipóteses, botam freio ao trabalho de equipe por incentivarem o comportamento individualista. Por isso, é necessário que você treine também os gerentes.

O gerente de cada membro da equipe afeta visivelmente ou de forma velada toda a equipe. As expectativas da análise de desempenho do gerente visivelmente ocasionam determinados comportamentos. O apoio ou menosprezo do gerente pela metodologia ágil se manifesta de forma velada nas conversas com os membros da equipe. Se o gerente não estimular a metodologia, será difícil para o membro da equipe se envolver por completo.

Faça uma parceria com o gerente a fim de saber os seus "planos" para o membro da equipe que você está treinando. Quais indicadores de desempenho o membro da equipe espera atingir este ano? Até que ponto o membro da equipe precisa ser capaz de identificar com clareza a sua contribuição individual para atingir esses indicadores de desempenho? Basicamente, é necessário saber como o membro da equipe será recompensado para que você consiga analisar se sua avaliação apoia ou atrapalha um ambiente de compromisso compartilhado. Talvez você também descubra que precisa ensinar o gerente sobre como a abordagem de um gerente agile funciona, e orientar o membro da equipe a adotar uma postura que contribua para um ambiente de saudável compromisso compartilhado.

FAÇA PARCERIA COM OS GERENTES PARA DESVENDAR OS PROBLEMAS DA EQUIPE

O clima tenso era tão pesado que a equipe estava sufocando, mas ninguém conseguia saber o porquê. Estava afetando todo mundo, sobretudo um pequeno grupo de membros da equipe que trabalhavam juntos em uma área nova do produto. Caso prestasse atenção em uma típica conversa, você acharia que esses três membros da equipe se odiavam. Eles levantavam a voz, atropelavam as palavras uns dos outros em uma conversa, faziam as coisas "do meu jeito", independentemente do que os outros estivessem fazendo — era comum. Estavam correndo (vertiginosamente!) em três direções diferentes ao mesmo tempo. Não era apenas o jeito que estavam trabalhando juntos; o que produziam também era um problema. O Product Owner achava que faltava inspiração; o trabalho deles se aprofundava em algumas áreas e deixava a desejar em outras. Pior, essa atitude estava contaminando o resto da equipe.

Ao identificarmos o cerne do problema, descobrimos que cada um deles havia acabado de receber sua análise anual de desempenho, e cada um ouviu uma explicação mais ou menos assim do gerente funcional: "Se quiser atingir o máximo de classificação de desempenho no próximo ano, você tem que se dedicar a alguma coisa e fazer do seu jeito. Queremos ver os resultados e você no controle desses resultados." Cada um deles levou isso a sério demais. Eles disputavam trabalho, disputavam atenção e estavam disputando o pescoço um do outro.

Isso só foi revelado por meio de conversas que faziam parte do treinamento individual dos membros da equipe. Todos queriam saber por que era tão difícil se dar bem com os outros dois membros. Na segunda vez, sobre o recado da última avaliação de desempenho, comecei a juntar as peças do quebra-cabeça.

Não raro, uma simples ação do gerente funcional de alguém pode acarretar consequências indesejáveis para toda a equipe. Neste caso, isso

> atrapalhou o trabalho em equipe e impossibilitou a ideia de um comprometimento compartilhado.
> Mas os três membros se saíram muito bem. Depois de percebemos o que estava acontecendo, cada um compartilhou o plano de avaliação de desempenho para o ano seguinte, e eles se deram conta de por que estavam trabalhando em direções opostas. Falei com os gerentes funcionais para que soubessem do impacto disso nos três membros e na equipe. Fui bem transparente a respeito da situação. Fiz com que soubessem que a equipe não cumpriria os compromissos se cada um dos membros fosse incentivado a revindicar o próprio espaço no grito.
> Os gerentes estavam inflexíveis porque a mensagem "revindicar seu próprio espaço no grito" partia do gerente deles. Desse modo, fui falar com esse gerente. Ao conversarmos, ele percebeu como a mensagem era negativa para atender às suas metas, que era a equipe ágil produzir mais e melhores produtos. As ordens foram flexibilizadas, a equipe passou a se entender melhor, os pecados do passado foram perdoados, e a equipe voltou aos trilhos.
> A parceria com os gerentes pode ser fundamental e, neste caso, essencial. Sem as conversas entre o coach e o gerente, o problema viraria uma bola de neve.

Você também precisa informar ao gerente que estará treinando alguém que reporta diretamente a ele. Vocês dois podem trabalhar juntos para auxiliar no próximo passo do membro da equipe, seja uma mudança desejada de comportamento, seja uma oportunidade em outra área. Para fazer isso, você não precisa violar a regra "O que acontece na equipe fica na equipe". Você não precisa especificar os detalhes ao gerente para trabalhar em parceria com ele.

Se você sentir que será necessário um treinamento intenso com algum membro da equipe, permita que o gerente dele participe do treinamento também. No mínimo, o gerente precisa saber que o membro da equipe pode estar vivenciando algumas mudanças e, sabe-se lá, situações nada divertidas. É uma boa hora para reforçar a garantia do sigilo e da segurança, ainda mais se o gerente considerar a situação como uma oportunidade de obter sua ajuda para a mudança de comportamento necessária. Deixe claro para o gerente que você compartilhará as atividades da pessoa e os impactos, porém não entrará em detalhes ou assumirá a postura do "fulano disse isso, beltrano disse aquilo".

Muitas vezes, o comportamento que atrapalha uma equipe ágil é o próprio comportamento do gerente, exigindo melhorias de seu funcionário sem ter a menor ideia de como fazer as melhorias. Neste sentido, a metodologia ágil auxilia e muito os gerentes. Como a metodologia ágil requer a participação integral, o que significa muitas vezes encarar as falhas, as equipes ágeis são um terreno fértil para o crescimento e para a mudança.

Adote a Aceitação Positiva

Você não precisa gostar das pessoas que treina, mas precisa ajudá-las. Quando treina alguém de quem não gosta, seus sentimentos podem ser percebidos com facilidade. A antipatia transparece. As pessoas sabem quando estão sendo "aturadas". Elas sabem quando você as enxerga como um problema a ser solucionado, e não como um ser humano, com esperanças e desejos.

O livro *Saia da Sua Caixa — Liderança e Autoengano* descreve a situação desse modo: imagine uma caixa. Imagine que, quando você enxerga as pessoas como objetos, como problemas a serem solucionados, você está dentro da caixa. A caixa é um lugar para acusações, justificativas e percepções tão deturpadas que a verdadeira situação não pode mais ser vista. Na caixa, exageramos nos defeitos alheios e exaltamos nossas próprias virtudes (Arbinger Institute, 2002), de modo que passamos a enxergar os outros como o problema. Quando estamos na caixa, todas as ferramentas e técnicas de gerenciamento, treinamento, facilitação e tentativas frustradas de controle não adiantam de nada:

> As habilidades e técnicas relevantes perdem a relevância quando usadas dentro da caixa. Elas apenas viabilizam às pessoas [você, o coach] maneiras mais sofisticadas de colocar a culpa em alguém (Arbinger Institute, 2002).

Como coaches, nossa tarefa é ficar fora da caixa. Para tal, devemos enxergar as pessoas "diretamente como elas são — como pessoas [como nós mesmos] que têm necessidades e desejos tão justificáveis quanto [os nossos]" (Arbinger Institute, 2002).

Um jeito de colocar isso em prática é acreditar que todos estão fazendo o melhor que podem com as habilidades que têm e com o que têm em mãos, apesar das circunstâncias. Isso o ajuda a preservar o contato com a humanidade que as pessoas compartilham, de modo que você consiga enxergá-las honestamente e, ao fazê-lo, ver a situação com clareza.

VEJA TAMBÉM Para ler a respeito de soluções práticas de como ficar fora da caixa e enxergar as pessoas como pessoas, e não como problemas, confira o Capítulo 3, "Tenha Domínio de Si".

Ao se preparar para treinar alguém, considere o seguinte. Se você enxergar o coachee como um problema a ser resolvido, o papel de coach não lhe renderá nenhum fruto. Todas as habilidades de treinamento e experiência do mundo cairão por terra se você fizer coach a partir dessa perspectiva.

Isso é ainda mais desafiador quando você não gosta de alguém ou simplesmente não gosta do impacto das atitudes desse alguém sobre ele mesmo ou outras pessoas. Mesmo nessas situações, sua função como agile coach o impele a internalizar uma aceitação positiva por essa pessoa. Faça isso ao mudar seu ponto de vista sobre ela. Parta do princípio que é um ser humano com esperanças, sonhos e desejos (como os seus) para que você possa abordá-la de modo afetivo e ter compaixão, dois ingredientes essenciais para um bom treinamento. O Dalai Lama dizia o seguinte sobre a compaixão:

> A verdadeira compaixão não é apenas uma resposta emocional, mas um compromisso sólido alicerçado na razão. Em virtude desse alicerce sólido, uma atitude verdadeiramente compassiva em relação aos outros não muda mesmo se eles se comportarem de modo negativo. A genuína compaixão não se baseia em nossas próprias projeções e expectativas, mas nas necessidades do outro: independentemente de a outra pessoa ser um amigo próximo ou um inimigo, se essa pessoa deseja paz e felicidade e deseja superar o sofrimento, com base nisso, passamos a nos preocupar genuinamente com o problema dela. Esta é a compaixão genuína (O Dalai Lama, 2003).

Seguindo os passos dessa orientação, procure sentir a genuína compaixão em relação ao posicionamento dessa pessoa tanto na vida como no trabalho. Sinta uma compaixão genuína pelo impacto que causa em si mesmo e nos outros por meio de suas atitudes. Posteriormente, reafirme sua convicção de que ninguém conscientemente impactaria negativamente a si próprio e acredite, mais uma vez, que todos estão fazendo o melhor que podem.

Agora, com amor e compaixão em mente, você está pronto para ter uma postura intransigente em relação ao seu conhecimento do que é ser um bom membro de uma equipe ágil a fim de ajudar essa pessoa a progredir rumo a essa perspectiva, conforme ela estiver disposta e for capaz de tal atitude.

Como Treinar as Pessoas Individualmente

Você estabeleceu os alicerces para o treinamento ao identificar onde o coachee está em sua jornada ágil e conhecê-lo meio passo à frente, assegurando o sigilo e passando segurança, fazendo parcerias com gerentes e gerindo a si próprio de modo a adotar uma aceitação positiva em relação à pessoa a ser treinada. Agora chegou o momento de treinar.

As próximas coisas a se aprender é conversar e saber o que se pode fazer. Uma vez que você adquiriu experiências como essas, o trabalho passa a ser saber quando você está fora de sua área de conforto enquanto coach. Daremos um passo de cada vez.

Iniciando a Conversa de Treinamento

Talvez começar uma conversa de treinamento seja uma das partes mais difíceis. A conversa pode ser desconfortável tanto para o coach quanto para o coachee, principalmente se o coach está começando a interpelar a respeito da vida das pessoas e "ser verdadeiro" com elas. É quase certo que o coachee não estará acostumado a conversar sinceramente no local de trabalho, de modo que, a princípio, é bem provável que eles fiquem pouco à vontade. As conversas reais são impetuosas.

> Pode uma conversa ser "impetuosa"? A palavra impetuosa não sugere algo ameaçador, cruel, bárbaro ou perigoso? Parece-me mais com vozes abafadas, olhar franzido, caos, pânico, terror e destruição, nada divertido. No dicionário *Thesaurus de Roget*, no entanto, a palavra impetuosa apresenta estes sinônimos: vigorosa, intensa, forte, poderosa, apaixonada, ávida, desenfreada, sem perturbação, indomável. Em sua forma mais simples, uma conversa impetuosa é aquela em que nos revelamos sem amarras e nos expressamos de modo real (Scott, 2007).

As conversas reais são impetuosas. As conversas impetuosas são reais. Você não observa isso com frequência na maioria dos ambientes de negócios, mas...

> Ao mesmo tempo em que muitos têm receios do "real", é da conversa irreal que devemos fugir a todo custo. Conversas irreais têm um preço alto para as pessoas e para as organizações. Ninguém tem que mudar, mas todo mundo tem que conversar. Quando a conversa é real, a mudança acontece antes mesmo de a conversa terminar (Scott, 2007).

Ao iniciar uma conversa no treinamento, esteja preparado para ser verdadeiro e convide o coachee para sê-lo também. Caso vocês dois possam dialogar verdadeiramente, talvez você veja a mudança acontecer antes mesmo de a conversa terminar. A transformação no coachee sinaliza a mudança — talvez uma mudança de atitudes, talvez uma mudança de ponto de vista ou talvez uma mudança no ponto de vista emocional. É esse comportamento que você tem que estimular.

É fácil começar quando quem inicia a conversa é o coachee. Simplesmente acontece! Quando a conversa começar, relaxe e acompanhe. Faça o seu melhor para se controlar e tenha em mente os quatro alicerces ao começar. Diga a si: "Estou identificando em que ponto a coachee está em sua jornada, para que eu possa encontrá-la meio passo à frente. Garantirei que ela tenha espaço para se expressar de modo real, sabendo que tenho seu gerente como aliado a fim de que possamos ajudá-la a dar o próximo passo, seja lá qual for a sua decisão. Eu a enxergo de forma positiva, tenho compaixão ao conversar de modo que ela possa se sentir apoiada a dar o próximo passo."

Outras vezes, cabe ao coach começar a conversa. Quando for o caso, converse informalmente. Esbarre "por acaso" em seu alvo no refeitório ou ao se levantar da cadeira para se alongar. Faça um comentário ou um convite à conversa.

Abrir a conversa com um comentário indica seu ponto de vista: "Reparei que você parecia chateado hoje na reunião em pé. Foi impressão minha?" Já abrir a conversa com um convite ocasiona um vasto campo de possibilidade: "O que você observou na reunião em pé esta manhã?" Independentemente de qual abordagem escolher, depois de dar a chance para a conversa, fique em silêncio e espere por uma resposta. Espere o tempo que for preciso. Se você fizer isso, o coachee falará, e provavelmente falará sem parar, e falará mais um pouco.

A Tabela 5.1 mostra alguns exemplos da diferença entre um comentário e um convite.

TABELA 5.1 Oportunidade de comentários e convites

Oportunidade de comentário	Oportunidade de convite
"Parece que você tem andado distraído ultimamente. Quando as pessoas conversam com você, você parece estar bem distante. O que está realmente acontecendo?"	"Com o que estamos nos distraindo ultimamente?"
"Nossa! Do nada, muitos conflitos acontecem. O que você acha disso?"	"O que você achou que a equipe sentiu na conversa de equipe esta manhã?"
"Algo está errado. Você não é assim. O que está acontecendo?"	"Posso lhe dar um milhão de motivos sobre o que eu acho que está acontecendo com você. Quero apenas que saiba que estou aqui."

> **TENTE ISTO**
>
> Na próxima semana, comece quatro conversas de treinamento. Preste atenção em qualquer coisa que pareça estranha à equipe ou a uma determinada pessoa. Em seguida, planeje sua oportunidade. Será uma oportunidade de comentário ou um convite? Você ficará em silêncio (o tempo que for necessário) para o coachee falar?
> Em seguida, observe o impacto. O que se transformou na pessoa? Na equipe? Muitas vezes, é difícil detectar as mudanças reais; elas estão muito enraizadas, então preste atenção nos detalhes.

Logo que você começar a treinar uma equipe, deixe de imediato espaço para as conversas individuais, quando não houver nada de errado e houver muitas possibilidades para um diálogo amplo ocorrer. Lembre-se do seu trabalho: ajudar cada membro da equipe a dar o próximo passo em sua jornada ágil. Para fazer isso, você precisa saber onde eles estão hoje. Caso ainda não tenha feito isso, hoje é um bom dia para começar.

Com uma equipe nova, converse individualmente com cada pessoa para conhecê-la e veja o que pode fazer para ajudar cada uma delas. Sinta-se à vontade para perguntar diretamente: "O que posso fazer para ajudá-lo a dar o próximo passo no uso da metodologia ágil a fim de fazer as entregas para a empresa (e para você mesmo)?" Você estará fazendo o bem para a equipe como um todo e, quando precisar solucionar um problema, já terá o histórico desses diálogos que podem ser utilizados como ponto de partida.

Tome Cuidado com o Rumo da Conversa

Ao ministrar o treinamento individualmente, preste atenção ao rumo da conversa. Você perceberá que uma conversa passa por alguns estágios à medida que você ouve e responde. Prestar atenção à narrativa e aos movimentos do coachee durante as conversas gera mais resultados do que meses de bate-papo.

Conforme mostra a Figura 5.2, a conversa do treinamento tem início, meio e fim — é uma sucessão de atividades. A sucessão da conversa não precisa ser muito longa. Na verdade, uma conversa de treinamento produtivo pode ocorrer em um período de tempo de dez minutos, uma vez que você pega o jeito da coisa.

> *Enquanto o coachee está à flor da pele, lembre-se: o contrário de falar não é ouvir. É esperar.*
>
> —Fran Lebowitz

Início da Conversa Se o coach ou o coachee tem uma oportunidade para conversar, o início é praticamente igual para os dois. No início, as emoções estão à flor da pele. O coachee precisa desabafar e ser ouvido. Durante essas emoções, o coach pratica a escuta ativa e está totalmente presente.

[Figura 5.2: Arco mostrando o rumo e sucessão da conversa durante um treinamento, com as seguintes etapas:]

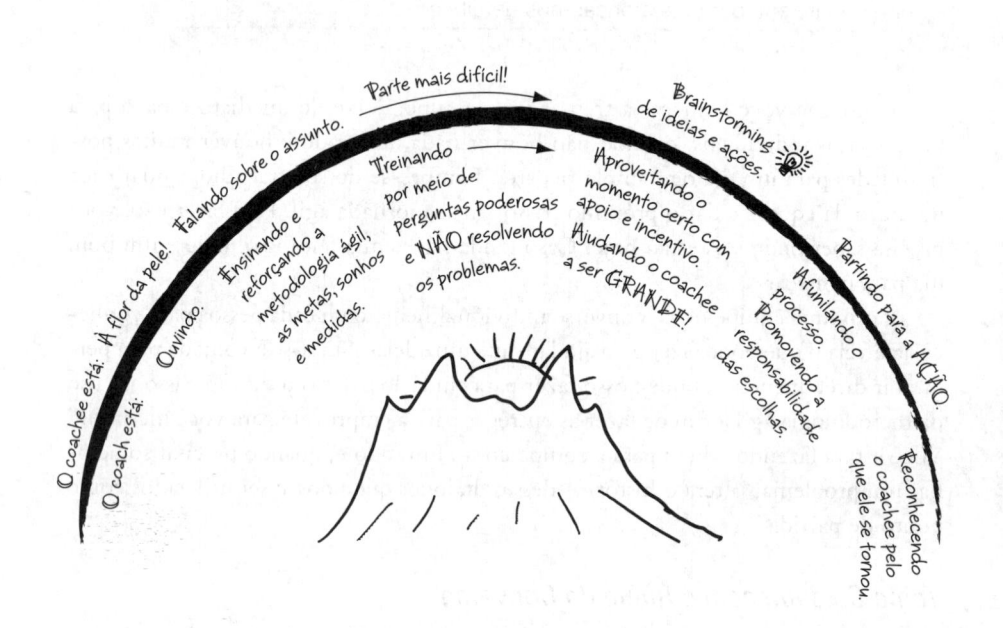

- O coachee está: À flor da pele! / O coach está: Ouvindo.
- Falando sobre o assunto.
- Ensinando e reforçando a metodologia ágil, as metas, sonhos e medidas.
- Parte mais difícil! Treinando por meio de perguntas poderosas e NÃO resolvendo os problemas.
- Aproveitando o momento certo com apoio e incentivo. Ajudando o coachee a ser GRANDE!
- Brainstorming de ideias e ações.
- Partindo para a AÇÃO. Afunilando o processo. Promovendo a responsabilidade das escolhas.
- Reconhecendo o coachee pelo que ele se tornou.

FIGURA 5.2 Rumo e sucessão da conversa durante um treinamento

As emoções se exaurem (ou o coach oferece mais tempo para que elas estanquem, caso passem a impressão de que durarão para sempre). Depois, a verdadeira razão pela qual o coachee começou a falar vem à tona. O coach repassa com o coachee o tópico ("Penso que isso tem a ver com se sentir ignorado pela equipe. Era isso mesmo?") à medida que a conversa se desenrola. Neste momento, pode ser útil reforçar algum conceito ágil. Talvez recordar uma prática, valor ou característica de um papel ajudará a abordar o assunto. Se ajudar, toque no assunto. Você também pode ajudar o coachee a se lembrar de um objetivo ou iniciativa pessoal que ele tenha definido anteriormente em relação ao assunto.

No Meio da Conversa   Você está chegando quase na metade da conversa e já passou pela parte mais difícil — quando o coachee começa a deixar o beco sem saída.

Isso acontece porque o coach faz perguntas intensas que convidam à reflexão. Talvez o coach tenha levado o coachee a uma viagem imaginária para o futuro, em que o assunto já foi totalmente resolvido. A partir desse lugar de possibilidades, o coachee pode descortinar suas próprias soluções. Na metade da conversa, ele solta um enfático "Não é de todo impossível, afinal!".

VEJA TAMBÉM	No Capítulo 6, "Coach como Facilitador", são abordadas o que são e como usar essas perguntas intensas.

Talvez ele enxergue novas maneiras de abordar o assunto, talvez veja algo dentro de si próprio que o faça recuar ou quem sabe ele se sinta renovado apenas por ter compartilhado algo profundo e incômodo.

Em seguida, o coachee começa a procurar soluções específicas. O coach e o coachee podem fazer um brainstorming, ao passo que o coach incentiva e apoia o processo. Muitas vezes, apoiar o processo significa viabilizar ao coachee um espaço em que ele possa se sentir importante, à vontade e não coloque freio às suas possíveis contribuições em um brainstorming. Isso significa que o coach também precisa se sentir importante, à vontade e não colocar freio à conversa. Repare o que o coach evita propositalmente durante a conversa: a resolução de problemas. Caso você ofereça opções de solução, é somente para manter a chama da conversa. Não importa se o coachee escolhe a "sua" opção, pois você sabe que, para que isso seja significativo, ele deve escolher livremente.

Término da Conversa   Você pode sentir que a conversa está terminando quando o coachee se limita a falar de algumas medidas específicas a serem tomadas. Deixe que a conversa termine. Ainda que se levante um assunto novo, não insista. Deixe o coachee seguir em frente com o que ele decidiu fazer. Tenha certeza, se o outro assunto for importante o bastante, vocês voltarão a conversar a respeito. Vocês podem lidar com isso depois.

Uma vez que o coachee tenha escolhido a medida a ser tomada, o coach o apoia a assumir a responsabilidade por essa ação (Whitworth *et al.*, 2007). A responsabilidade pode ser explícita ou implícita. Uma responsabilidade explícita é um acordo que o coachee faz a respeito do que fará e como ele informará ao coach. O trabalho do coachee é prosseguir com as coisas — não é trabalho do coach "obrigá-lo" a isso; desse modo, o coachee não deve ser pressionado a prestar esclarecimentos explicitamente. Coloque toda a responsabilidade em seu devido lugar, sobre os ombros do coachee.

Pode-se também prestar esclarecimentos de forma implícita, quando o coach pergunta: "Posso voltar em cinco dias para conferir o que aconteceu?" Geralmente, isso deixa as pessoas mais à vontade em um contexto de negócios, pois elas não estão acostumadas a se sentirem "encurraladas". (Esse é um comentário bem importante acerca da falta de responsabilização pessoal no ambiente de trabalho, não acha?)

Ao treinar sistematicamente alguém, sem forçar a barra, passe das responsabilidades implícitas para as responsabilidades explícitas. Isso potencializa a habilidade do coachee de se responsabilizar, uma habilidade ágil primordial.

A conversa finaliza com o coach reconhecendo o coachee por suas ações. Por exemplo: "Quero que você saiba que, neste momento, vejo uma coragem brotar de dentro de você." Um reconhecimento não é "Obrigado por ser corajoso na maneira como está lidando com essa questão". O "obrigado", ainda que educado, eleva o coach acima do coachee e consome toda a energia do coachee. Por outro lado, um reconhecimento sincero respeita a essência da pessoa, por meio da qual você enxergou a coragem. Ser reconhecido potencializa a energia do coachee.

Durante toda a conversa, o coach e o coachee permanecem no mesmo patamar. Claro que o coach tem algumas habilidades, como todas as outras coisas que você está aprendendo neste livro, mas esse fato não o torna melhor do que os outros. A fim de que esse processo funcione bem, é necessário que o coachee seja reconhecido como o especialista que é.

Estar ciente da progressão de uma conversa de treinamento ágil pode ajudá-lo a se manter otimista e a seguir em frente. Ler os sinais à medida que você se desloca em todos os estágios ajudará a conversa a fluir sem percalços. Lembre-se, porém, de que a pessoa é mais importante que a fórmula. Logo, se o coachee precisar de alguma coisa diferente, dê a ele o que precisa. Você pode tentar fazer isso, como todas as coisas, ao seu modo.

Expertise e Treinamento em Foco

Na busca de uma equipe ágil promissora, você treinará todos os tipos de pessoas individualmente, como membros da equipe, Product Owners, gerentes e outros coaches. Todas essas pessoas podem ter muito mais conhecimento em determinada área do que você. Não tem problema. Na verdade, em muitos casos, é até uma vantagem. Você não precisa ser um expert nas áreas de domínio deles para treiná-los bem, contanto que se dedique ao treinamento e evite tentar solucionar os problemas deles. Claro que aprender sobre a última técnica de refatoração de software ou estudar as tendências mais interessantes dos dados para o mercado-alvo do produto é bom, se for de seu interesse, mas não permita que isso o leve para o modo de solução. Em vez disso, ofereça insights como mentor agile deles e ensine-os a elaborar as próprias soluções.

Caso você tenha a tendência de assumir os problemas de outras pessoas como se fossem seus, procure se controlar a fim de garantir que você não assuma sem querer a responsabilidade por problemas do coachee. O problema e as iniciativas dependem do coachee. Você simplesmente não pode fazer com que o problema desapareça, resolvendo as coisas para eles. Na melhor das hipóteses, sua solução pode ser somente um paliativo, portanto não solucione nada. Em vez disso, treine.

Treinamento a Distância

Uma vez estabelecida a relação de coach, você pode desenvolvê-la via telefone ou videoconferência. No entanto, quando se ministra treinamento a distância, você não presencia os eventos em primeira mão à medida que eles se desdobram. Você só tem uma pequena amostra do que está acontecendo por meio da narração dos eventos, pois diversos membros recontam os trechos das conversas de acordo com suas próprias perspectivas. Para evitar armadilhas do tipo "disse me disse", concentre-se apenas no coachee e no próximo passo em sua jornada ágil. Você ainda pode oferecer sua sólida combinação de treinamento com mentoria ágil, entretanto essa relação muda mais no momento do treinamento individual do que no treinamento da equipe como um todo. Se deixar passar o momento, perderá o treinamento.

Conheça Seus Limites

Sua principal tarefa como agile coach gira em torno de possibilitar que as pessoas façam o bom uso da metodologia ágil. Às vezes, isso significa reforçar uma prática ou ajudar alguém a enxergar como a metodologia ágil soluciona algo que eles estão tendo dificuldade. Outras, isso significa compreender como as pessoas se sentem em relação ao trabalho ou ao papel delas na equipe. Dito de outro modo, isso significa levar em consideração o ser humano à sua frente por completo.

A metodologia ágil distorce a linha entre o trabalho e a vida pessoal porque, para se fazer o bom uso dela, pedimos às pessoas que se esforcem ao máximo nessa empreitada. Não pedimos às pessoas que abandonem a coragem na porta de entrada. Na verdade, os coaches promovem um ambiente que convida as pessoas a serem corajosas. Não dizemos às pessoas para ficaram caladas e aceitarem tudo, porque precisamos da diversidade de ideias manifestada por cada voz.

Um conjunto de declarações de valores sólidos no Manifesto Ágil e uma crença inabalável de que, dado um simples framework, grupos pequenos de pessoas podem conquistar grandes coisas juntas são os alicerces da metodologia ágil. As relações humanas são, em sua forma mais simples, os alicerces do Manifesto Ágil. À medida que treina as pessoas, pode esperar que elas comecem a se abrir e lhe contar a respeito delas mesmas — sobre o trabalho e a vida delas.

Coaches de trabalho/life coaches sabem quando estão fora de sua área de conforto, e você deveria saber também. Quando o coachee menciona um acontecimento ou um problema doloroso em sua vida familiar, você pode se sentir despreparado para abordá-lo. Caso se sinta, não aborde. Sugira que ele procure um coach de trabalho/life coach. Indique o site da International Coach Federation (coachfederation.org) ou o site da International Coach Federation Brasil (icfbrasil.org), onde eles podem conhecer mais coaches profissionais e encontrar um. Ou você pode se tornar um deles.

Você também pode se pegar agindo como um "expert" na conversa — a pessoa que sabe o próximo passo que o coachee dará e como ele deve dar esse passo e, talvez, até mesmo como o coachee deve se sentir a respeito.

Quando se pegar agindo dessa forma, saiba que infringiu uma regra de coach, especificamente a regra de que o coachee é um expert da própria vida. Sinta-se à vontade para transmitir seus conhecimentos sobre a metodologia ágil (afinal, você é o mentor agile), porém não dê ao coachee sua opinião a respeito do que acha que é certo para a vida dele. Só o coachee sabe disso.

Se você cruzar esse limite em alguma situação, reconheça o deslize e peça desculpas. Depois volte a pisar no terreno em que você está acostumado e faça uma pausa. Você acabou de transpor uma barreira importante. Depois de encontrá-la, você não a atravessará de novo, pois sabe que não é exagero afirmar que a vida das pessoas está em jogo.

Treinamento de Product Owners

Trabalhar com os Product Owners é lhes ensinar a desempenhar o próprio papel e, em seguida, demonstrar como eles podem trabalhar e aproveitar ao máximo a metodologia ágil. Esta é a parte de mentoria do trabalho do agile coach. A parte do treinamento pressupõe ajudá-los a realizar a transição para se tornarem bons Product Owners. A jornada deles rumo à metodologia ágil pode ser parecida com a sua, caso tenham vindo de uma posição de gerenciamento, em que o comportamento de centralizar e controlar tudo era valorizado e talvez até mesmo indispensável para se chegar ao topo.

Como você, eles precisarão se recuperar da síndrome de querer centralizar e controlar tudo. Como você, eles precisarão se concentrar em agregar valor ao negócio, e não em microgerenciar o próximo passo de cada membro da equipe. E, como você, eles aprenderão a confiar na equipe. Todos podem ajudar uns aos outros, conforme aprendem a metodologia ágil juntos.

À medida que você descobre novas formas de reconhecer a satisfação e o poder do bom uso da metodologia ágil, compartilhe suas descobertas com os Product Owners para ajudá-los a enxergar novas maneiras de beneficiar a empresa e a própria carreira.

Para treinar os Product Owners, você precisa falar a mesma língua que eles. Falar a mesma língua significa que a equipe precisa que o Product Owner compartilhe da seguinte lista de características: seja direcionador do valor de negócio, responsável pela visão, tomador de decisões diárias, protetor contra pressões externas e responsável final.

Depois que o Product Owner entender seu papel, você poderá começar o treinamento. Isso significa dar-lhe feedback no momento em que algo que acabou de fazer desestabilizou ou deu certo para a equipe de forma notável. Assim como dizemos às nossas equipes que elas são capacitadas, nós, os coaches, também devemos partir do princípio que somos capacitados para dar feedback ao Product Owner. Afinal de contas, nosso objetivo é melhorar o desempenho da equipe, e o trabalho e o comportamento do Product Owner influenciam profundamente o desempenho da equipe. Claro que precisamos treiná-los!

A ideia de conversar abertamente com o Product Owner e dar feedback direto, e às vezes desagradável, aparentemente é uma tarefa difícil, sobretudo se o Product Owner estiver alguns degraus organizacionais acima do coach. Isso pode colocar o coach em uma posição desconfortável.

Para aliviar o desconforto, reafirme a autoridade e a influência vindas do papel do agile coach e use-as a fim de iniciar conversas diretas com o Product Owner, seja lá qual for a posição organizacional dele. Como pessoa coercitiva, guia, líder servidor e defensor da qualidade e desempenho, você deve abordar qualquer coisa que afete a capacidade da equipe de entregar e de melhorar continuamente. Ao incorporar o papel de agile coach, você deve focar o aprimoramento da equipe, deixando bem claro que a conversa com o coach/Product Owner tem a ver com o bem-estar da equipe, e não com opiniões pessoais ou políticas. Deixar bem claro seu papel e suas intenções reafirma sua posição de autoridade. Use isso em seu favor.

> **VEJA TAMBÉM** Com o intuito de elucidar as particularidades do papel do Product Owner como direcionador de valor de negócio, responsável pela visão, tomador de decisões diárias, protetor contra pressões externas e responsável final ou as características do papel de coach como pessoa coercitiva, guia, líder servidor e defensor da qualidade e do desempenho, veja o Capítulo 7, "Coach como Professor".

Para treinar o Product Owner, primeiro, procure enxergá-lo como você enxerga qualquer outro membro da equipe. Todas as coisas que você faz para treinar os membros da equipe também estão relacionadas com o treinamento do Product Owner. Isso inclui estabelecer um relacionamento de coaching desde o início, identificar onde o Product Owner está em sua jornada ágil e fazer uma parceria com o gerente do Product Owner. Tudo isso é válido.

O treinamento dos Product Owners se enquadra em três áreas principais: administrar seus negócios, ser Product Owner de uma equipe e desempenhar bem o papel de Product Owner. O treinamento em algumas ou em todas essas áreas terá como base a maturidade, a expertise em negócios e a experiência do Product Owner com a metodologia ágil.

O Treinamento dos Product Owners para Administração de Negócios

Os frameworks ágeis não cansam de bater na mesma tecla: valor de negócio agregado; o valor de negócio agregado é a única medida de progresso e valor. Pedimos aos Product Owners que classifiquem o backlog do produto com base no valor de negócio e que nada além do valor de negócio guie sua tomada de decisão. Mas o que é valor do negócio?

Essa pergunta crítica deve ter uma resposta melhor do que simplesmente o retorno sobre o investimento (ROI) ou o lucro. Sim, uma (ou ambas) dessas medidas faz parte da equação que integra o valor do negócio, mas elas vêm acompanhadas de outras considerações não numéricas, como risco e conhecimento a serem obtidos (Cohn, 2006).

Enquanto conciliam os aspectos do valor de negócio e avançam rumo à visão final completa, que talvez esteja a meses de distância, os Product Owners precisam de metas de curto prazo que funcionem como degraus de sucesso em direção ao valor total de negócio. Chamaremos esses degraus de sucesso de *microedefinições de valor de negócio*. Eles são os objetivos de nível básico que determinam para que lugar o Product Owner orienta a equipe, sprint após sprint.

Microdefinições do Valor de Negócio

No auge da construção do produto, o Product Owner tomará muitas decisões de trade-off, inúmeras vezes por dia. As decisões do Product Owner são baseadas em quê? Eles tomam decisões de acordo com a microdefinição do valor do negócio, que deixa claro o próximo objetivo crítico de negócio.

Talvez aumentar o volume de usuários no produto atual seja algo inevitável a fim de potencializar o lucro agora, ao passo que a equipe também realiza o trabalho necessário para preparar novos parceiros de canal. Neste caso, esses dois objetivos são a microdefinição atual. Pense assim: a microdefinição mostra o próximo objetivo de negócios crítico que devemos alcançar no caminho a fim de criar o produto por completo.

Levando isso em consideração, todas as decisões do Product Owner são filtradas por meio da microdefinição: o que estamos considerando potencializa os usuários ou prepara os parceiros de canal?

Por exemplo, ao priorizar o backlog do produto, os itens que são compatíveis com a microdefinição sobem para o topo da lista. Mesmo decisões como aceitar uma solicitação de reunião ou não são filtradas desta maneira: essa reunião nos ajudará a potencializar os usuários ou a preparar os parceiros de canal? Caso contrário, deve-se postergar a reunião.

Exija que os Product Owners conheçam a microdefinição do valor de negócio em qualquer ocasião. Caso seja necessário, ajude-os a descobrir o valor da microdefinição por meio do treinamento. Ao usar perguntas poderosas e insights, ajude-os a descobrir a próxima microdefinição. Uma vez descoberta, ajude o Product Owner a percorrer a linha tênue entre conquistar as metas de curto e longo prazo para o produto. Ajude-os a reconhecer quando estão prestes a tomar uma decisão de trade-off de curto prazo que comprometa sua habilidade de conseguir o que desejam em longo prazo e vice-versa.

Talvez você se depare com Product Owners que claramente não têm a visão de negócios para realizar o trabalho de conduzir o produto (e a equipe). Eles podem não saber como estruturar os lançamentos, como identificar o que os clientes reais precisam ou como trabalhar com a política corporativa. Ainda que tenham essas habilidades, talvez eles não sejam experts no produto.

ESQUEMA PARKING LOT

O expert em metodologia ágil, Rich Sheridan, narra esta história exemplificando a influência incrível que os Product Owners têm à disposição com as equipes ágeis (Sheridan, 2010).

As pessoas que visitam a Menlo Innovations ou frequentam nossas aulas ficam impressionadas com a influência e a simplicidade do nosso processo de jogo de planejamento. Ao introduzirmos esse processo de jogo de planejamento pela primeira vez na empresa em que eu trabalhava anteriormente, a Interface Systems, meu chefe/CEO Bob Nero ficou entusiasmado em nos ver planejando e revisando nosso plano a cada duas semanas. Ele viu um nível de interação produtiva entre as equipes de negócios e de tecnologia que ele sonhava há muito tempo. Isso se arrastou por vários meses, quando, um dia, Bob chegou e manifestou grande preocupação com esse processo. Creio que Bob tenha dito palavras que nenhum executivo de negócios jamais usaria com o responsável pela equipe técnica:

(continua)

(continuação)

> "Rich, estou muito preocupado com o sistema que você criou. É muito flexível."
> "O que você quer dizer com isso, Bob?", perguntei.
> Ele disse: "Rich, a cada duas semanas nos reunimos para essa atividade de planejamento, apresentamos as histórias nas quais queremos que você trabalhe, e você segue exatamente o plano que traçamos".
> Eu disse: "Sim. É assim que as coisas funcionam."
> Ele disse: "Poderíamos voltar duas semanas depois e mudar completamente o plano, e, ainda assim, você seguiria o plano."
> Afirmei que aquilo era verdade.
> Ele disse: "Rich, poderíamos usar essa ferramenta para realizar um planejamento como o 'esquema de parking lot' e sua equipe seguiria nossa liderança." Percebi aonde Bob queria chegar.
> Tentei usar uma metáfora para treiná-lo. Eu disse: "Bob, esta noite, quando estiver dirigindo para sua casa com seu Lexus pela rodovia I-94 e estiver em sua faixa, você sabe que, caso quisesse, poderia virar à direita ou à esquerda, perdendo o controle do carro, e provavelmente se matando e matando muitas outras pessoas?" Ele respondeu: "Sim, mas eu nunca faria isso!"
> Eu disse: "Exatamente! Não faça isso com esse processo. Esse processo exige um motorista responsável ao volante. Caso sejam necessárias grandes mudanças no negócio, nós acataremos. Agora, se forem necessários somente ajustes, esta deve ser a prioridade".
> O jogo de planejamento é uma ferramenta poderosa e, ao mesmo tempo, perigosa. Caso a empresa escolha fazer o "esquema parking lot" e negligencie a visão e a direção do projeto, nada será realizado. No entanto, ao ter uma ferramenta simples que possibilite que a empresa conduza, combinada com um processo que a equipe adotará, criamos uma oportunidade rica de colaboração entre duas equipes que, não raro, nunca aprenderam a se comunicar efetivamente.
> Ferramentas simples podem proporcionar resultados significativos.

Ao se deparar com um Product Owner desses, peça ajuda. Assim como cultivamos relacionamentos com o gerente de cada membro da equipe, faça isso com o gerente e com o patrocinador do Product Owner (se não forem a mesma pessoa). Confie neles para preencher as lacunas do tino para os negócios do Product Owner ou para substituí-lo, caso essas lacunas sejam grandes demais para serem preenchidas.

Isso pode funcionar apenas se você utilizar as práticas ágeis para identificar impedimentos e enfrentá-los diretamente. Lembre-se de que você não precisa fazer o trabalho do Product Owner ou pôr panos quentes em suas limitações; basta colocar em prática sua responsabilidade de resolução de impedimento para obter a ajuda de que o Product Owner precisa.

Apostando no Sistema de Valor de Negócio

Se pedir a um Product Owner que priorize o backlog do produto, talvez ele fique confuso. Isso porque o Product Owner examina cuidadosamente muitas coisas a fim de identificar a prioridade, e apenas uma delas é o valor de negócio para a empresa (uma combinação de valor, custo, risco e conhecimento adquirido).

Caso não acredite nisso, basta conversar com o Product Owner depois que o backlog do produto tiver sido classificado. Procure saber por que uma determinada história de usuário foi considerada mais prioritária do que a outra. Faça perguntas abertas (e poderosas) a respeito do que está por trás da classificação de uma coisa versus outra. Ao direcionar sua atenção para as perguntas, é bem provável que você descubra que o backlog foi priorizado com base em coisas estranhas. Entre elas, podem estar:

- A quem o Product Owner prometeu uma determinada funcionalidade e se ele ficaria sem graça de voltar atrás e mudar a entrega esperada.
- Os critérios de avaliação de desempenho pessoal do Product Owner.
- A quais funcionalidades o Product Owner se apegou.
- Quais grupos externos estão "dispostos" a colaborar em equipe.
- Quais grupos externos são resistentes a trabalhar com a equipe.
- As dependências "rígidas" que o Product Owner toma como definitivas.

Em algum lugar, à espreita, na base dessa definição (se tivermos sorte) está a noção de qual funcionalidade retorna o valor de negócio mais alto. Ao treinar os Product Owners, sua tarefa é ajudá-los a entender que o critério combinado — o valor de negócios — esteja no topo da definição de *prioridade*.

Para esse efeito, na próxima vez que o Product Owner classificar o backlog do produto, peça que isso seja feito em duas fases. Instrua o Product Owner para que ele deixe que a primeira fase seja baseada unicamente no valor de negócio. Treine o Product Owner para que ele não seja sensato nesta primeira fase. Diga-lhe para assumir a posição de que este produto é o empreendimento mais importante de toda a empresa. Peça-lhe para imaginar que ele acabou de entrar em um mundo em que pode conquistar qualquer coisa que precise a fim de oportunizar o maior impacto para a empresa no *presente momento*.

Em seguida, com o backlog do produto classificado "insensatamente", o que tiver maior valor de negócio fica em primeiro lugar. Quaisquer coisas que se intrometam no caminho para entregá-lo, a começar com a mais valiosa, são impedimentos. Trate-as desse jeito.

Na segunda fase, o Product Owner permite que os impedimentos entrem, um de cada vez. Nesta fase, convide a equipe para participar. Juntos, talvez eles calculem que alguns impedimentos são efetivamente dependências técnicas rígidas e não podem ser removidas. Se for o caso, talvez algo com um valor menor precise ser feito antes daquilo com valor maior. Embora praticamente qualquer outra coisa se enquadre na categoria de "Gostaríamos de ajudá-lo, mas...", o que indica que a empresa simplesmente não valoriza o produto o suficiente para remover um impedimento ou que o custo de remover o impedimento é maior que o benefício. Em ambos os casos, não varra a sujeira para debaixo do tapete. Tome decisões transparentes e faça com que o impacto na equipe seja conhecido. Caso seja verdade que a empresa opte por permitir que a equipe ofereça menos valor do que pode, então deixe que a realidade venha à tona, sem rodeios.

Quando confrontado com um impedimento de restrição de valor, treine o Product Owner para assumir a seguinte postura: "A equipe pode criar a peça final de que precisamos a fim de abocanharmos a fatia de mercado teen. Para tal, é necessário um especialista em relações com clientes que trabalhe em tempo integral com nossa equipe por duas semanas, a partir da próxima semana. Sabemos que a equipe de relações com clientes tem um prazo de duas semanas para conseguir alocar alguém à nossa equipe. É muito tempo. Senhor Vice-presidente de Relações com o Cliente, você removerá esse impedimento para nós?" Do contrário, o Product Owner pode supor que a empresa não removerá o impedimento, logo acaba decidindo aceitar o *status quo* como resposta final. Neste caso, sua postura pode ser: "Vejam, acho que temos apenas que priorizar a conquista da fatia do mercado teen, porque o grupo de relacionamento com o cliente está muito ocupado para nos ajudar a conquistar novas parcerias." Se você fosse o CEO da empresa do Product Owner, qual postura você preferiria que ele tivesse?

Treinamento para Product Owners Serem Bons Product Owners para a Equipe

Quando me pedem para ajudar as equipes ágeis a descobrir o que há de errado com elas, muitas vezes percebo que os papéis de agile coach e do Product Owner estão meio confusos. Vejo essas duas pessoas se destratando mutuamente ou não desempenhando bem o papel delas.

Isso ocorre com mais frequência quando o agile coach preenche o vazio deixado por um Product Owner ausente. Talvez o coach aceite a justificativa de que o Product Owner está ocupado demais para estar com a equipe, ocupado demais para preparar o backlog do produto ou ocupado demais para ser o Product Owner!

Como seres humanos, temos tendência a fazer o trabalho uns dos outros e tentar fazer as coisas funcionarem ainda que sob circunstâncias desagradáveis. Escute bem: um agile coach não pode fazer o trabalho de um Product Owner ausente ou que deixe a desejar, preenchendo as lacunas. Isso pode afetar a equipe de uma forma desagradável.

Caso o agile coach esteja em uma "saia justa" no que se refere ao cronograma e às informações de orçamento, você já sabe que a tendência do coach de querer compensar pelo Product Owner já virou um problema. É fácil cair em uma armadilha dessas, principalmente se o papel anterior do agile coach era gerente de projeto. Muitos gerentes de projeto se acostumam com as saias justas. Caso isso o descreva, nem pense em levar essas situações desagradáveis com você para o mundo ágil. Se agir desse modo, todas as pessoas de fora do projeto — gerentes, outras equipes, partes interessadas — vão querer esclarecimentos de por que a equipe não entrega determinada funcionalidade, o que virá a seguir e onde o dinheiro será gasto. Não são perguntas para um agile coach. Estas são perguntas para o Product Owner.

Tudo relacionado à direção, cronograma e orçamento do produto são pertinentes ao trabalho do Product Owner, porque ele toma as decisões de negócio que impactam os aspectos do produto. Em um relacionamento harmonioso, com um coach e um Product Owner totalmente funcionais, quando se questiona a respeito da direção, do cronograma e do orçamento, o agile coach simplesmente responde: "Esta é uma boa pergunta para a Product Owner. Ela sabe de todos os detalhes."

Uma série de problemas pode ser normalmente solucionada com o ensino (ou a reeducação) dos papéis do agile coach e do Product Owner. Ao fazer isso, inclua a equipe solicitando que eles mantenham o agile coach e o Product Owner atualizados sobre essas definições de papel e espere que eles desempenhem os papéis que lhe competem. Considerar qualquer outra coisa é um impedimento.

Uma vez que o Product Owner tenha sido instruído a respeito de seu papel e você o tenha treinado conforme necessário, sua responsabilidade chega ao fim. Usaremos o backlog do produto como exemplo. Como agile coach, tenha a certeza de que o Product Owner saiba como e quando priorizar o backlog. Ofereça-se para treiná-lo na aplicação na lógica necessária a fim de priorizar o backlog, porém, se ele recusar sua oferta e aparecer despreparado no planejamento do sprint com o backlog, deixe-o arcar com as consequências. Em outras palavras, deixe o Product Owner errar.

Ninguém na equipe costuma errar por muito tempo ou apresentar resultados extraordinariamente ruins, pois as breves iterações mantêm a extensão dos erros sob controle. Se você deixar que os erros se materializem, os resultados ruins devem aparecer na retrospectiva ou resumir-se à causa-raiz — o Product Owner não estava preparado para o planejamento do sprint. A equipe e o Product Owner podem seguir em frente e, juntos, resolver a situação, porque já têm uma noção clara das coisas.

Caso interfira e "faça o trabalho" do Product Owner preparando o backlog, provavelmente os resultados serão catastróficos. Ao interferir, você assume o papel de representante, e não lhe resta outra alternativa a não ser adivinhar como priorizar o backlog do produto. Isso não está certo. E pior: a aprendizagem será perdida. A equipe não conseguirá enxergar a situação claramente porque você a confundiu com suas boas intenções de ajudar. A equipe não enfrentará o Product Owner com suas necessidades. O Product Owner não aprenderá, e você terá estabelecido seu papel como representante.

Ao treinar os Product Owners para desempenharem bem o papel em equipe, não se esqueça: ensine-os e treine-os para que desempenhem o papel e informe à equipe que espere que o Product Owner assuma o seu lugar. Além disso, deixe que desempenhem mal o papel. Em seguida, ajude a equipe e o Product Owner a aprenderem com os erros, superarem juntos e ficarem mais fortes.

Treinamento de Product Owners para Desempenharem Bem Seus Papéis

Ser um bom Product Owner significa mais do que desempenhar a definição da função, preparar o backlog, trabalhar com a equipe e com todas as outras pessoas para criar uma visão convincente e lucrativa do produto. Isso é bastante coisa, mas não é o suficiente. Os Product Owners competentes prestam atenção ao *modo* como eles fazem cada uma dessas coisas. O estilo é importante. As intenções são importantes.

Talvez os Product Owners estejam sendo pressionados pela sua organização para fazer algo (rápido!). Na melhor das hipóteses, o Product Owner colaborará com a equipe e com o agile coach a fim de definir como lidar com a pressão e entregar as coisas certas no momento adequado. Quando a pressão aumenta e as expectativas se tornam pouco realistas, a equipe deve reconhecer isso e abordar a situação como um impedimento. Juntos, o agile coach e o Product Owner devem identificar a origem da pressão e, pelo menos, neutralizá-la, ou mitigá-la.

Caso o Product Owner aceite implicitamente a pressão, de qualquer modo, você poderá reconhecer os comportamentos induzidos pelo estresse se manifestarem. Um dos comportamentos mais comuns são a coação da equipe para que assuma mais trabalho do que deveria ou distorcer a noção de complexidade das funcionalidades e, em seguida, despejar toda a pressão na equipe quando a complexidade fica evidente. Ao serem pressionados, alguns Product Owners ficam simplesmente paralisados e evitam tomar decisões. Outros, ainda, ficam "muito ocupados" para trabalhar com a equipe. Confie que os Product Owners não são inescrupulosos e não têm intenções obscuras em relação à equipe. Saiba que, ao contrário, a pressão que eles sofrem gera estresse, e muitas vezes provoca um comportamento negativo.

Como coach, esteja preparado para entrar em conflito com um Product Owner quando seu comportamento de estresse se manifestar. Faça isso somente quando necessário e peque mais pelo excesso da aprendizagem do que pelo do confronto à medida que o ajuda a conhecer novas respostas à pressão:

- **Procure se deslocar do raciocínio voltado ao cronograma para o valor de negócios:** Grande parte dos Product Owners foi condicionada a exigir datas e funcionalidades e, depois, a manipular tudo e todos em uma tentativa infrutífera de cumprir os prazos e as funcionalidades. Essa abordagem nunca foi realista. A fim de se adaptar à realidade, o Product Owner deve realizar a transição do raciocínio voltado ao cronograma para o raciocínio orientado ao valor de negócio. Ensine o Product Owner a dividir as funcionalidades do produto em fatias finas de valor que possam ser entregues com frequência, cada qual com retorno de resultados reais para a empresa. Isso exige que o Product Owner se torne capacitado no gerenciamento do negócio, aquele tipo de gerenciamento em que o produto deve causar impacto, e nas mudanças que ocorrem de forma contínua nos negócios. Trabalhe em colaboração com o Product Owner para enxergar a mudança como um catalisador que, por sua vez, faz com que o produto se torne melhor em vez de ser uma força neutralizada e ignorada. Ajude o Product Owner a abraçar a mudança e a domesticá-la por meio de uma mentalidade voltada para os negócios, em vez de seguir cegamente as ideias e o cronograma dele.
- **Cultive o raciocínio voltado para os negócios em todas as interações:** A mentalidade voltada para os negócios não funciona apenas para priorizar o backlog do produto e dividi-lo em lançamentos lucrativos. Ela influencia tudo: decidir quais reuniões realizar no momento ou postergar, deixar de lado as demandas do cronograma que não adicionam valor ao negócio e até definir a ordem na qual o Product Owner aborda determinados tópicos durante uma conversa. Todas elas são práticas úteis de raciocínio voltadas para o negócio para o Product Owner. A última, a ordem do valor de negócios conduzida em uma conversa, pode ser bem proveitosa para trabalhar dentro da equipe. Os frameworks ágeis pressionam substancialmente a equipe para construir algo de valor e com qualidade em questão de semanas. Para uma equipe ágil estável, o tempo é valioso. Um jeito de o Product Owner respeitar isso é, primeiro, conversar com a equipe a respeito dos tópicos mais importantes e deixar de lado as coisas de menor valor (no momento).
- **Leve em consideração o patrocinador:** O Product Owner e o patrocinador do produto devem estar tão alinhados em relação ao direcionamento atual e futuro do projeto que, se estivessem posicionados lado a lado, nem a luz do dia passaria entre eles. Sinta-se à vontade para perguntar ao Product Owner a última vez em que ele e o patrocinador conversaram sobre o produto e quais foram os resultados. Contate o patrocinador de quando em quando para avaliar o nível de conexão com o Product

Owner. Quando os dois não estão alinhados, a equipe e o produto final são afetados.

- **Exija mais (ou menos) em vez de microgerenciar:** Fique atento ao menor ruído de o Product Owner achar que precisa entrar em detalhes de como os membros da equipe estão fazendo o trabalho. Isso geralmente ocorre quando o Product Owner não estimula a equipe com trabalho o bastante ou a pressiona a aceitar mais trabalho do que deveria. O melhor controle de um Product Owner vem do *quanto* ele pede que a equipe faça, e não de como a equipe está fazendo. Treine-o para utilizar isso como alavanca ao mesmo tempo que prepara os itens do backlog do produto para o próximo sprint. Insista para que ele não fique entrando em detalhes irrelevantes nesse meio-tempo.

- **Faça com que a equipe se mantenha firme em suas responsabilidades:** Ninguém nunca disse que você não pode chamar a atenção de uma equipe ágil. Ninguém nunca disse que o Product Owner deveria "bancar o bonzinho" o tempo todo. Na realidade, é justamente o contrário. Quando os membros da equipe não cumprirem os compromissos estabelecidos para a equipe e o Product Owner se sentir desapontado, informe ao Product Owner que demonstrar o desapontamento é normal. Além do mais, peça ao Product Owner que esteja disposto a ouvir os motivos. Motivos não são desculpas; são circunstâncias que podem mudar para que não dificultem os compromissos futuros. Nunca se deve demonstrar as emoções de uma forma encenada ou exagerada. Ao contrário, ensine o Product Owner a demonstrar o desapontamento quando, de fato, ele estiver decepcionado e que evite usá-lo como tática de manipulação. Porém explique ao Product Owner que está tudo bem se sentir desapontado.

- **Influenciar os momentos críticos:** A influência do Product Owner pode ocorrer entre os sprints a fim de estabelecer o direcionamento e pode se dar durante o sprint na dinâmica do momento. Ter uma visão do produto e um backlog bem preparado ajuda o Product Owner a deixar claro o direcionamento. O segredo para manter a dinâmica da equipe é simplesmente estar presente. Treine o Product Owner para estar presente com a equipe a fim de responder a perguntas ou tomar decisões de trade-off na ocasião. Isso faz com que a dinâmica de avanço da equipe se fortaleça. Sempre que uma conversa ou decisão fica esperando pelo Product Owner, cria-se uma barragem, e as conversas se represam como a água atrás da barragem, como um redemoinho esperando para desembocar rio abaixo. Pergunte ao Product Owner: "Como está a dinâmica da equipe hoje?", e então deixe que isso leve a uma conversa sobre a influência considerável do Product Owner que promove ou desestimula o fluxo de trabalho da equipe.

Para colocar tudo isso em prática, passe um tempo com o Product Owner, conversando a respeito do andamento do produto, como a equipe está se saindo, como cada um está desempenhando seus papéis e como vocês podem ajudar uns aos outros. Estabeleça uma comunicação objetiva e valorize a sinceridade. Abrace a causa de ajudar a equipe a gerar resultados incríveis.

Treinamento para Agile Coaches

Com o passar do tempo, você pode ser presenteado com a oportunidade de treinar um agile coach. Talvez você esteja se mudando para um lugar novo ou para uma nova equipe. Ou talvez seu trabalho seja treinar novos agile coaches. Seja qual for a situação, uma vez que você se sinta confiante o bastante com suas habilidades (ou, pelo menos, um pouco confiante), lidar com um aprendiz de agile coach pode ser uma oportunidade maravilhosa para seu próprio crescimento. Não existe nada melhor para aprofundar suas habilidades de treinamento do que ensinar outra pessoa. Você pode até se espantar com as ideias geniais que saem da sua cabeça à medida que explica como treinar as equipes ágeis. Não raro, me peguei pensando: "Caramba, isso foi bom. Preciso escrever isso." De certa forma, foi assim que este livro nasceu.

Um framework conveniente para treinar coaches e Scrum Masters com o intuito de aprofundar suas habilidades é composto de três funções: explorador, aprendiz e coach. Se alguém quer ser um agile coach, deixe-o primeiro explorar o papel observando. Talvez seja exatamente o que a pessoa achou que era ou ela pode se apaixonar pela ideia mais uma vez. Ou, quem sabe, as pessoas veem que aquilo não combina com a sua carreira ou com as suas aspirações pessoais. Deixar que o acompanhem de perto durante um curto espaço de tempo os ajudará a decidir por conta própria e garantirá que ninguém desperdice tempo precioso, tampouco energia.

Caso eles queiram ser um agile coach após o período exploratório, convide-os para serem seus aprendizes. Penso que três meses é um período de tempo bom para que os aprendizes aprendam a ser independentes. No primeiro mês, você desempenha o papel e questiona detalhadamente suas ações (ou falta delas) com o aprendiz. Faça com que o aprendiz fique bom em observar e escolher, prestando atenção em como você faz o seu trabalho. Assista ao que eles observam dos acontecimentos com a equipe e pergunte qual seria a escolha deles em determinada situação. Explique a escolha que fez e o que você tinha como objetivo quando interagia com a equipe ou com um membro dela. Viabilize que eles aprendam o trabalho inteiro observando o que você faz: treinando toda a equipe, treinando indivíduos; ensinando a metodologia ágil; facilitando as reuniões ágeis e tendo o domínio de si; escolhendo metodicamente suas intervenções.

Você pode achar inusitado ter uma pessoa "aleatória" em uma conversa de treinamento presencial. De fato é um pouco, todavia você pode realizar seu trabalho explicando que o aprendiz está participando da conversa para que possa aprender o trabalho de treinamento individual. Além do mais, talvez em alguns meses, ele possa ser o agile coach daquela pessoa, logo as conversas presenciais facilitam essa transição, mais tarde.

Conforme você se aproxima do segundo mês, comece a passar os eventos ágeis para o aprendiz de coach. Talvez você se relegue ao segundo plano durante o planejamento do sprint e o aprendiz progrida rumo ao primeiro plano, por exemplo. Logo que esta transição começar, avise à equipe que o aprendiz de coach evoluiu ao papel de coach, e você está se retirando. Antes de o aprendiz assumir cada evento como líder, trabalhe com ele para planejá-lo. Contudo, não se esqueça que o aprendiz assume a responsabilidade pelo planejamento; você está lá para ajudar. Após cada evento, dê um feedback ao aprendiz. Você provavelmente reparou em coisas que o aprendiz poderia ter feito de modo diferente. Talvez existam coisas que o deixaram curioso. Onde você viu que eles acertaram em cheio em sua representação da metodologia ágil, e onde eles meteram os pés pelas mãos? Ofereça esses feedbacks importantes. Neste momento, você é o coach pessoal do aprendiz.

Conforme passa o mês, o mesmo acontece com a transição de eventos ágeis. No final do segundo mês, o aprendiz se tornou o principal coach da equipe, e você passou a desempenhar o papel de consultor.

No terceiro mês, você é coach do novo coach. Você não interfere mais diretamente na equipe. Seu aprendiz recentemente "formado" é quem faz isso. Em contrapartida, você trabalha com o novo coach viabilizando dicas úteis ou insights a fim de que sua voz única como coach se manifeste. A voz única, aquela que parece natural aos ouvidos do novo coach e poderosa para aqueles que estão sendo treinados, aflora, muitas vezes, neste último mês. Preste atenção e escute.

Nesta altura do seu relacionamento, a interação entre vocês fica em pé de igualdade. Durante dois meses, o novo coach conheceu em primeira mão seus conselhos e tem experiência o suficiente para realizar bem o trabalho, mesmo para um novato. Por exemplo, à medida que você examina um evento ágil, talvez você lhe apresente uma forma de lidar com alguma coisa, porém tenha em mente que o caminho do novo coach também é válido. A interação de vocês passa a ser de comparar os feedbacks em vez de fornecer feedbacks. À medida que o terceiro mês avança, você aos poucos vai deixando a equipe, e no final do mês, não está presente com a equipe. O novo coach assumiu o seu lugar.

Treinando Gerentes Agile

Existem tantas pessoas que você pode levar com você durante a sua jornada ágil! Algumas dessas pessoas são gerentes de todos os tipos: gerentes dos membros da equipe, gerentes responsáveis por um programa ou uma plataforma dentro da qual a equipe é organizada, gerentes de equipes que trabalham bem juntas (ou não tão bem assim) ou partes interessadas (que são gerentes) de toda a empresa.

Todos eles são gerentes agile, mas é bem provável que não saibam disso ainda.

Eles naturalmente trabalham de acordo com os velhos métodos: dizendo aos membros da equipe o que fazer; realocando pessoas, grupos e empresas inteiras sem equipes de consultoria; tomando decisões determinantes por conta própria. Quando as equipes "abaixo deles" são auto-organizadas e geram resultados reais, com frequência, muitas das coisas que os gerentes costumam fazer não adiantam de nada e podem atrapalhar. Eles precisam de uma nova função, que trabalhe com as potencialidades da equipe (e com a metodologia ágil) para beneficiar a empresa. No momento em que comecei a acompanhá-lo, o agile coach e especialista de mudanças organizacionais Michael Spayd já havia pensado muito a respeito do papel de gerente agile. Ele havia se convencido de que ensinar aos gerentes suas responsabilidades no mundo ágil seria fundamental para uma transição ágil bem-sucedida. Tive que concordar. Já vi mais de uma tentativa de implementação da metodologia ágil ir por água abaixo quando os gerentes colocavam em prática técnicas tradicionais a equipes ágeis poderosas, auto-organizadas e comprometidas.

A fim de destacar bem isso, treinamos gerentes agile para realizar mudanças em três áreas fundamentais com o intuito de que eles adotem mindsets e comportamentos ágeis:

- Agora, o **gerenciamento de equipes** acontece na confluência entre a auto-organização de uma equipe e a inteligência de liderança do gerente. Para o gerente agile, as equipes se transformam em um objeto fundamental de estudo, incluindo como elas funcionam e se desenvolvem com o passar do tempo; como estruturá-las e promover seu crescimento; e como medir, recompensar e sustentá-las em longo prazo. O domínio do gerente agile está mais para a "pessoa próxima" e defensora da equipe do que o microgerente ou "camarada".

- O **gerenciamento de investimentos** se torna menos focado em cronogramas e no "próximo prazo final" e mais focado no que é o melhor investimento no *momento*. Em busca de agregar o maior valor de negócios possível a fim de se alcançar vantagem competitiva, o mindset ágil em relação ao gerenciamento de investimentos é "Qual é o melhor investimento *agora*?" em vez de "Estamos dentro do cronograma e do orçamento?". Tirar o máximo de proveito da metodologia ágil significa passar do modelo "conforme o plano" para o pensamento "conforme o valor".

- **Gerenciar o ambiente** é ajudar a organização a pensar "Lean". As equipes ágeis operam dentro de um ambiente organizacional integral que engloba processos de suporte e fornecedores. Quando equipes ágeis começam a trabalhar a todo vapor em razão da velocidade e da metodologia ágil recém-descobertas, o restante da organização tende a retardá-los. O gerente agile está na posição de implementar uma perspectiva Lean para se concentrar no fluxo e na eliminação do desperdício (Spayd e Adkins, 2008).

Essas três áreas são velhas conhecidas. Os gerentes sempre trabalharam nas áreas de gerenciamento de equipes, de investimentos e de meio ambiente. Contudo, um gerente agile lida com uma dessas três áreas segundo o mindset ágil. Os agile coaches treinam os gerentes agile para adotar essas novas formas ágeis.

Um conjunto de habilidades abrangente ajuda o gerente agile a conquistar o mindset ágil e aprimora sua capacidade de gerir as mudanças organizacionais. É necessário destreza e inteligência — arte de verdade — para ajudar a organização a adotar a metodologia ágil (e readotá-la). Como um artista de mudança organizacional, os gerentes agile são convidados a influenciar uma série de situações e circunstâncias; entre elas, as principais são:

> Influenciar os sistemas de gerenciamento de desempenho existentes, trabalhando com o emparelhamento de gerentes em processos de negócio Lean, dizer "não" para novos trabalhos — são típicos exemplos de impedimentos organizacionais complicados que provavelmente um gerente agile enfrentará. Quando a metodologia ágil é implementada em uma organização, uma quantidade imensa de mudanças organizacionais deve ocorrer para capacitar e qualificar as equipes ágeis em sua busca de agregar valor de negócio. Um gerente agile precisa desenvolver habilidades apuradas em mudança organizacional e uma habilidade para direcionar uma organização ao longo da curva de adoção de mudança (Spayd e Adkins, 2008).

Como Treinar os Gerentes Agile?

A ação de treinar os gerentes agile se assemelha muito com o treinamento individual de qualquer pessoa. Primeiro, ensine-os a respeito de seus papéis e deixe que saibam quais comportamentos serão proveitosos e nocivos para a equipe. Em seguida, surpreenda-os quando estiverem trabalhando bem e ajude-os a enxergar quando suas ações provocam um impacto positivo. Surpreenda-os também quando, sem querer, prejudicarem a equipe e procure discutir esse comportamento específico a fim de que fique claro para eles. Sempre os treine em sua trajetória ágil. Descubra de que eles precisam em suas carreiras e vidas, e auxilie-os a enxergar como a metodologia ágil ajuda a conquistar tudo isso.

> **VEJA TAMBÉM** — O ensino do papel do gerente agile é abordado no Capítulo 7, "Coach como Professor".

As oportunidades de treinamento surgem naturalmente quando você vê os gerentes "metidos a sabichão" na equipe. A maioria dos gerentes chegou aonde está porque é boa em solucionar problemas, o que geralmente significa fazer coisas *para* a equipe ou *em prol* da equipe. Por meio de suas interações com os membros da equipe ou mediante ao que eles veem em revisões de sprint ou nas reuniões em pé, talvez cheguem a conclusões sobre o que está acontecendo com a equipe. Não raro, essas conclusões são equivocadas e, se depender deles, os gerentes já partem para a ação com o intuito de "resolver as coisas".

Imagine que um gerente o aborde no corredor e diga: "Acho que a equipe está ficando exausta. Notei que todos estavam desanimados na reunião em pé ontem. Deveríamos fazer alguma coisa a respeito. Talvez um happy hour divertido para ajudá-los a recarregar as energias?" Como agile coach da equipe, você aceita a ideia, mas não faz nada, exceto dizer que levará isso para a equipe. Destaque o fato de que a metodologia ágil institui um ciclo natural no qual a equipe planeja, trabalha com afinco, desenvolve um produto real e, em seguida, olha para trás a fim de melhorar o modo como trabalha. Na metodologia ágil, os problemas surgem e se resolvem a tempo com naturalidade. Não é necessário que pessoas de fora intercedam para que algo aconteça.

Talvez o gerente tenha chegado a uma conclusão correta. Talvez a equipe esteja ficando esgotada. Se for o caso, o coach pode falar com a equipe. O coach pode salientar o ritmo sustentável, a ideia de que cada pessoa precisa trabalhar em um ritmo sustentável para a equipe e para a sua situação atual de vida. O coach pode elaborar uma lista de questões que possibilite que o tópico burnout venha à tona, seja discutido e resolvido. Um gerente não precisa convidar a equipe para um happy hour divertido a fim de ajudar a aliviar o estresse.

A sabedoria que você passa para os gerentes agile, porque você aprendeu isso por conta própria, é "leve isso para a equipe". Qualquer que seja o problema percebido, leve para a equipe. Eles sabem o que está realmente acontecendo e o que fazer a respeito. Todos podem confiar no ritmo da metodologia ágil que os leva a analisar tais problemas. Isso se chama retrospectiva.

Antes de tudo, não permita que os gerentes se metam a "solucionar" os problemas da equipe. Os pontos de vista e as observações deles são bem-vindos, valorizados e essenciais. Suas ações individuais, não.

Às vezes você os pegará no flagra, e outras vezes, não. Quando um gerente interfere e prejudica as coisas ou provoca confusão, deixe que ele arque com as consequências. Se um membro da equipe estiver furioso porque o gerente agile "solucionou" algo em seu nome, encoraje o membro da equipe a falar com o gerente sobre isso. Se toda a equipe estiver em pé de guerra porque se sente manipulada pelas ações de um gerente, ajude-os a ter uma conversa entre eles. Não proteja ninguém das consequências naturais da situação, porque é nelas que reside o aprendizado. Treine o gerente individualmente para aprender com essas lições. Dessa forma, você coloca em prática o controle de danos que enfrenta a situação atual e talvez induza o gerente agile a dar o próximo passo importante em sua jornada ágil.

Muitas vezes, um tipo especial de pessoa próxima desempenha um papel mais específico e tem um impacto maior na equipe. Essa pessoa é o patrocinador da equipe, também chamado de **cliente** em algumas organizações (não deve ser confundido com os clientes reais, os que usarão os produtos da equipe). Não importa o nome pelo qual o papel dessa pessoa é conhecido, você sabe que o patrocinador é importante, porque é ele quem paga as contas da equipe.

O Patrocinador É um Tipo Especial de Gerente

O patrocinador tem o mesmo papel que qualquer outro gerente agile e pode ser treinado como qualquer outro gerente. O patrocinador também tem um poder especial — o poder de controlar todo o dinheiro. Em geral, informe ao patrocinador que ele pode obter os resultados desejados trabalhando em colaboração com o Product Owner em qualquer coisa e estando alinhado com ele em todos os momentos.

Oriente o patrocinador a servir a equipe para que a equipe possa realizar o trabalho perfeitamente:

- **Deixe bem claro o ponto de vista:** Embora o Product Owner receba o melhor salário por ser o guardião da visão, a mágica acontece quando um patrocinador expressa essa mesma visão para a equipe. Quando o patrocinador diz à equipe por que o produto é importante para a empresa e para o mundo lá fora, a mágica realmente acontece. Uma mágica ainda maior acontece quando o patrocinador diz à equipe por que o produto é importante para eles pessoalmente. Conhecer esses "porquês" pode ser um fator de motivação poderoso para a equipe.

- **Estar presente e prestar atenção às revisões de sprint:** Com certeza, o patrocinador deve estar presente e atento à revisão do sprint. A equipe quer saber o quão bem eles se saíram (ou não). Ouvir isso de seu "superior" de vez em quando a ajuda a saber que seus esforços valeram a pena e que são importantes para a empresa. Isso pode ser particularmente impactante se o Product Owner estiver em uma posição baixa na hierarquia corporativa. Neste caso, os patrocinadores em especial podem falar em nome da empresa de uma forma que o Product Owner não pode. Ouvir um feedback diretamente do patrocinador responde a estas perguntas: Será que somos importantes para a empresa? O produto que estamos construindo é importante? Recebido esse feedback, a equipe pode passar para o próximo sprint sem dificuldades.

- **Falar a respeito das trade-offs de negócios e administrar as expectativas**: Oriente o patrocinador para saber que quase tudo que é trazido para a equipe se encaixa em uma das duas categorias: trade-offs de negócios ou gerenciamento de expectativas. Durante uma revisão de sprint, por exemplo, admite-se que um patrocinador informe à equipe e ao Product Owner quanto esforço a empresa está disposta a investir em determinada direção, tecnologia ou ideia. Isso é um trade-off de negócios e é uma restrição importante e útil para a equipe quando ela se preparar para planejar seu próximo sprint. Da mesma forma, grande parte da conversa do patrocinador com a equipe gira em torno de como ele e o Product Owner, juntos, estão gerenciando as expectativas das pessoas de fora da equipe. A equipe precisa saber que os dois têm isso sob controle e estão "protegendo-a" para que possa se concentrar em sua parte da tarefa — construir produtos ótimos. O patrocinador deve providenciar informações suficientes para que a equipe saiba o que está acontecendo, mas não tanto a ponto de a equipe ficar sempre preocupada com a política estruturada neste nível.

- **Responsabilize a equipe:** Com o Product Owner, o patrocinador deve responsabilizar a equipe pelo que disse que faria. Treine o patrocinador a esperar um alto desempenho e espere (e acredite piamente) que a equipe possa alcançá-lo.

O melhor momento para treinar os patrocinadores ocorre antes de uma revisão de sprint. Revise todos os tópicos com eles. Fale com eles sobre os comportamentos que você está ensinando ao Product Owner e a outros gerentes agile, pois são os mesmos comportamentos que você espera deles. Lembre-se de que você está ensinando o papel deles no mundo ágil, desse modo, prepará-los para a revisão do sprint é uma parte normal do seu trabalho. Não importa que eles estejam "no nível do alto escalão". Você também é o coach deles, e o bom uso da metodologia ágil significa que todos aprendem novas maneiras de se comportar — até mesmo eles.

Deixe no ar a expectativa de que você terá outra conversa com eles após a revisão do sprint. Nesta conversa, dê o feedback ao patrocinador como faria com um aprendiz de coach. Mostre-lhes o que especificamente fizeram de favorável ou de agressivo para a equipe. Faça isso para que o patrocinador aprenda a interagir de maneiras que ajudem a equipe à medida que ela se esforça para realizar suas tarefas de suma importância. Com isso, a equipe pode produzir os resultados esperados pelo patrocinador. O patrocinador aprende a dar apoio à equipe; a equipe produz mais e melhor, e o patrocinador ganha mais. Todo mundo sai ganhando.

Recapitulação

Vamos fechar este capítulo com chave de ouro:

- O treinamento acontece no nível individual e no nível de toda a equipe, a todo momento. Um bom agile coach presta atenção a onde a equipe está no sprint e no ciclo de lançamento, a fim de fazer com que o treinamento de toda a equipe e individual seja proveitoso, poderoso e não disruptivo.
- Treinamento no contexto ágil = treinamento + mentoria ágil. Estamos interessados na vida das pessoas enquanto fazemos coach, a fim de que elas se tornem excelentes agilistas.
- Inicie as conversas do treinamento com as pessoas imediatamente. Assim, quando um problema aparece, você já solidificou um relacionamento de coach e já sabe onde a pessoa está em sua jornada ágil.
- Um bom Product Owner contribui para uma equipe ágil saudável. Treine bem essa pessoa.
- Ensine mais alguém a fazer coach, a fim de fortalecer suas próprias habilidades e conhecimentos. Tenha um agile coach aprendiz assim que possível.
- Os gerentes causam impacto no desempenho da equipe. Isso faz parte da alçada dos agile coaches.
- Os patrocinadores são um tipo especial de gerente e exigem treinamento para que aprendam como obter mais do que imaginavam que poderiam das equipes auto-organizadas.

Leituras e Recursos Adicionais

Hackman, J. R. 2002. *Leading Teams: Setting the Stage for Great Performances.* Boston: Harvard Business School. Leia esse livro do início ao fim, especialmente a sessão "Expert Coaching".

Scott, S. 2007. *Fierce Conversations: Achieving Success at Work and in Life One Conversation at a Time.* Nova York: Berkley. Esse livro não é apenas uma boa leitura, como apresenta exercícios para indivíduos e grupos em cada capítulo. Muitos deles são apropriados para atividades em retrospectivas.

Whitworth, L., Kimsey-House, K., Kimsey-House, H. and Sandahl, P. 2007. *Co-Active Coaching: New Skills for Coaching People Toward Success in Work and Life*, segunda edição. Mountain View, CA: Davies-Black. Esse livro profissionalizou o mundo do coach e continua a ser o trabalho de referência na área.

Referências

The Arbinger Institute. 2002. *Leadership and Self-Deception.* São Francisco: Berrett--Koehler.

Cohn, M. 2006. *Agile Estimating and Planning.* Upper Saddle River, NJ: Prentice Hall.

O Dalai Lama. 2003. *The Compassionate Life.* Somerville, MA: Wisdom Publications.

Hackman, J. R. 2002. *Leading Teams: Setting the Stage for Great Performances.* Boston: Harvard Business School.

Scott, S. 2007. *Fierce Conversations: Achieving Success at Work and in Life One Conversation at a Time.* Nova York: Berkley.

Sheridan, R. 2010. Doing Donuts in the Parking Lot. http://menloinnovations.com/blog/?p=449.

Spayd, M. K, and L. Adkins. 2008. The Manager's Role in Agile. www.scrumalliance.org/articles/103-the-managers-role-in-agile.

Whitworth, L., Kimsey-House, K., Kimsey-House, H. and Sandahl, P. 2007. *Co-Active Coaching: New Skills for Coaching People Toward Success in Work and Life*, segunda edição. Mountain View, CA: Davies-Black.

Capítulo 6

Coach como Facilitador

Consigo empreender conversas inteligentes sobre os mais diversos assuntos, prestação de atendimento médico, distribuição de gás natural, sistemas de abastecimento de água, reembolsos de cartões de crédito, produção de poços de petróleo, gerenciamento de conteúdo de site e otimização dos sistemas de defesa nacional. Sei um pouco (na verdade, bastante) a respeito de tudo isso, diga-se de passagem. Apesar de ser curiosa por natureza, não adquiri essa mistura eclética de expertise para saciar minha sede de conhecimento. Adquiri porque era necessário. Tornar-se uma expert em diversos assuntos foi a chave para o sucesso e, não raro, para a sobrevivência, quando eu era gerente de projeto.

Como gerente de projeto, eu compreendia o raciocínio por trás de cada decisão e geralmente falava em nome da equipe até a respeito de assuntos técnicos complicados. Como peça central entre os membros da equipe que não trabalhavam juntos presencialmente, eu levava o conhecimento de um membro da equipe para outro, de modo que as "partes do todo" pudessem em algum momento se completar. Eu tinha todas as peças do projeto em minha cabeça (ou em meu cronograma de projeto) e assegurava que fossem encaixadas. Muitas vezes, eu era a única que enxergava o "panorama completo" do projeto, logo desenvolver a expertise na área era indispensável.

> **Quando terminar este capítulo, você poderá responder a estas perguntas:**
>
> - Quais são os objetivos das reuniões ágeis padrão? Como treino a equipe para ajudá-la a conquistar esses objetivos?
> - Quando devo intervir na conversa da equipe e quando devo recuar?
> - O que mais posso fazer se não estou participando dos detalhes da conversa?
> - Como posso usar os desafios, observações e perguntas poderosas para ajudar a equipe a aprimorar seus processos de conversas formais e informais?

Eu sentia orgulho de minhas contribuições para a equipe e usava minha expertise como uma espécie de medalha de honra. Uma vez, há muito tempo, lembro-me de uma colega de trabalho dizer: "Do jeito que ela fala sobre proteção catódica, você acha que ela trabalhou com gasodutos a vida inteira!" Eu me deleitava com a glória de ser considerada uma pessoa entendida.

Porém tive uma surpresa desagradável quando treinei minha primeira equipe ágil. Além de não precisarem de mim para lhes dizer o que fazer, eles tampouco precisavam que eu participasse das conversas. Uma equipe ágil equilibrada trabalha em conjunto e preza pela comunicação rápida e de boa qualidade. Eles conhecem "o plano" em uma base diária e de lançamento a lançamento. Era completamente o oposto da minha experiência anterior como gerente de projeto, e vi de forma bem clara que a equipe não precisava que eu coordenasse o trabalho dela, falasse em nome dela ou servisse como o centro de comunicação. Eu me dei conta de que as razões para ser uma expert no assunto deixaram de existir. Isso deixou um vazio existencial que me fez duvidar do meu valor.

Para mim, foi difícil deixar de ser uma gerente de projeto que era expert no assunto para ser uma agile coach, até que me dei conta de uma coisa: posso ser somente mais uma voz da equipe discutindo o problema de hoje ou posso vestir a camisa do papel de agile coach, ajudando a equipe a ficar cada vez melhor. Isso é de suma importância e o tipo de coisa que ninguém está fazendo ainda.

Ajudar a equipe a melhorar cada vez mais indicava que eu deveria aprimorar significativamente minhas habilidades de mediação. Aprendi bem rápido que ajudar a equipe a alcançar ótimos resultados em reuniões ágeis padrão e em suas conversas cotidianas era importante para os membros.

O agile coach facilita a criação de um "contêiner" para a equipe completar com suas ideias e inovações surpreendentes. O contêiner, muitas vezes uma série de questões prioritárias ou outra estrutura leve (e flexível), fornece à equipe apenas o suficiente de um sistema com o intuito de focar o seu propósito e promover um ambiente mais rico para interação, um lugar onde se pode ouvir ideias fantásticas. O coach cria o contêiner; a equipe cria o conteúdo.

Neste capítulo, exploramos o trabalho do agile coach como um facilitador servindo a equipe em reuniões padrão e em conversas informais. Vamos fazer um tour de reunião em reunião: as reuniões em pé, o planejamento de sprint, a revisão de sprint e a retrospectiva. Lembre-se da pergunta: "Por que fazemos essa reunião, afinal?", pois exploraremos os métodos que o coach emprega para ensinar à equipe como fazer as reuniões e depois deixar que se encarregue do ofício.

Por meio de conversas informais, o coach permanece focado em trabalhar dentro da equipe a fim de aumentar a qualidade de suas interações, de modo que todos consigam maximizar a qualidade de seus produtos. Isso é muito mais abrangente e valioso do que ser só mais uma expert!

Use uma Abordagem Leve

Por meio das reuniões padrão e conversas informais, o objetivo básico de facilitação perdura: incentive a auto-organização da equipe e potencialize a capacidade de agregar valor de negócio real o tempo todo. Você saberá quando isso ocorrer, pois os produtos que eles criam o surpreenderão e deixarão os clientes de queixo caído.

A surpresa e a satisfação despontam a partir de um grupo auto-organizado que desenvolve produtos que os enchem de orgulho. Por isso, recomendo uma abordagem leve a servir a equipe. A abordagem leve de facilitação significa que o coach nunca se esquece de que "Esta é a reunião deles, e não a minha". Repita isso para si mesmo quantas vezes por dia forem necessárias. Absorva isso.

A intensidade e o tipo de facilitação variam segundo a especificidade da reunião, mas o coach permanece firme no objetivo de que a equipe, mais cedo ou mais tarde, conduzirá a reunião. A autossuficiência não acontece da noite para o dia, e pode nunca acontecer para algumas equipes, porém, se o coach permanecer firme nesse objetivo, isso garantirá que ele não se torne o papel principal, coisa que prejudica a auto-organização da equipe.

Facilite as Reuniões em Pé

Com o intuito de se organizarem para o dia de trabalho que está por vir, os membros da equipe respondem a três perguntas diretas:

O que eu fiz desde a última reunião em pé?
O que farei antes da próxima reunião em pé?
Quais são os impedimentos que me atrapalham ou me atrasam?

Essa fórmula simples e poderosa convida cada membro da equipe a elaborar um plano de trabalho diário, obter ajuda para superar as barreiras e comprometer-se com a equipe. Veja a seguir algumas coisas que a equipe conquista quando se sai bem nas reuniões em pé:

Pressão dos colegas: Equipes ágeis produtivas vivenciam a pressão dos colegas. Nessas equipes, todos os membros se comprometeram em concluir o trabalho do sprint juntos. Isso faz com que o trabalho (e as pessoas) seja interdependente e responsabilidade da equipe. Caso um membro da equipe afirme que fará a mesma coisa três dias seguidos, sua dinâmica deixará a desejar, e, por fim, será evidente e impossível de ser ignorada. Seu trabalho incompleto se torna um impedimento para outra pessoa.

Coordenação meticulosa: Os membros da equipe devem ter trocas rápidas e focadas durante a reunião em pé. "Nossa, eu não sabia que você estava planejando fazer isso esta tarde. Ou seja, preciso mudar a ordem das coisas que eu faria para conseguir o que você precisa. Tudo bem, eu posso fazer isso. Estou feliz que você tenha informado." Essa coordenação meticulosa possibilita que os membros da equipe saibam como e quando contar uns com os outros. Uma equipe ágil não deve ficar esperando, porque esperar se traduz em tempo perdido. Alcançar tamanho nível de coordenação maximiza suas chances de ter um tempo de espera nulo.

EQUIPES DUAS PIZZAS

Em seu livro *Desenvolvimento de Software com Scrum: Aplicando métodos ágeis com sucesso*, Mike Cohn oferece uma maneira fácil de saber se você tem uma equipe com o tamanho perfeito. Se sua equipe inteira se alimenta com duas pizzas, ela tem o tamanho perfeito.

O objetivo das reuniões em pé pode ser facilmente conquistado com uma equipe de duas pizzas, porque essas equipes são do tamanho de uma família. Nós, humanos, somos programados para facilmente acompanhar, em nossas cabeças, o que está acontecendo em um grupo que é do tamanho de uma família. Lembramos sem demora o compromisso diário de cada pessoa e podemos nos responsabilizar melhor pelos resultados individuais e da equipe.

Focar o pouco: Por meio do uso do quadro de tarefas/storyboard durante a reunião, todo mundo enxerga de imediato o que está acontecendo e o que realmente está sendo feito. Equipes ágeis produtivas se concentram em fazer as coisas, ou seja, as tarefas não ficam em andamento por muito tempo no sprint. Todos os dias, durante a reunião, a equipe confirma quais *poucas* tarefas focar para que possam ser concluídas rapidamente. Trinta tarefas concluídas rendem mais valor do que 50 em andamento.

Compromisso diário: Cada membro assume um compromisso diário com a equipe. Isso possibilita que todos saibam o que esperar uns dos outros e como se responsabilizar em equipe.

Levantar impedimentos: Os impedimentos podem surgir para a equipe a qualquer momento, mas a reunião oferece um momento de ouro de se parar e reconsiderar: "Há algo me impedindo ou me atrasando?"

Facilitação durante as Reuniões em Pé

Com uma equipe nova, ou a qualquer momento em que você usar o estilo Ensinar em seu treinamento, reforce o ritmo geral da reunião: 15 minutos, 3 perguntas, sem conversas longas, além de quaisquer regras que sua equipe tenha criado. Ensine isso e depois se afaste. A equipe não precisa que você esteja na reunião com ela ou que seja uma espécie de apresentador que sugere que cada membro fale. Eles podem fazer isso muito bem sozinhos. Desse modo, afaste-se e fique em algum lugar, de preferência fora da visão direta da equipe.

> **VEJA TAMBÉM** Encontre dicas sobre quando e como usar o estilo Ensinar no Capítulo 4, "Mude Seu Estilo".

Como premissa diretiva, não interfira durante a reunião, a menos que esteja ensinando ou reafirmando como funciona uma reunião em pé. Você intervirá mais em uma equipe nova, no começo, à medida que eles estão aprendendo a adotar as regras da reunião. No entanto, pouco depois, pare de fazê-lo. Em vez disso, ofereça as observações posteriormente. Pergunte à equipe: "Posso oferecer algumas observações sobre a reunião em pé?" Se eles disserem "não", deixe as observações de lado. Se disserem "sim", ofereça suas observações de modo sintético, sem julgamento e com um senso de curiosidade, a fim de convidá-los à reflexão. Caso a conversa aconteça e eles descubram como realizar melhor a reunião da próxima vez, ótimo. Se a conversa não acontecer, não tem problema.

Durante o sprint, o trabalho da equipe é acelerar as coisas. Portanto, se eles não incorporarem a mudança após ouvir sua observação, não insista. Isso pode gerar ciclos adicionais de inspeção e adaptação. Tais ciclos podem ser positivos se concluídos em pouco tempo, mas também podem ser prejudiciais caso se arrastem ou levantem tanta poeira que a equipe não consiga enxergar o rumo certo a fim de continuar o trabalho do sprint; portanto, deixe as infrações pequenas a cargo da retrospectiva.

> **TENTE ISTO**
> Deixe a equipe começar a reunião em pé sozinha. Quando o "momento mágico" chegar, não banque o relógio, gritando "Hora da reunião!". Em vez disso, fique em pé.
> Ao perceberem que já está na hora da reunião (ou que ela já passou e eles a perderam), eles ficarão em pé, meio encabulados. Permaneça em silêncio e deixe alguém (qualquer um) começar a reunião. Caso você não anuncie nem comece a reunião, os membros da equipe farão isso.
> Não importa quando eles começarem, preste atenção ao tempo. Quando se passarem 15 minutos após o início da reunião, anuncie: "Já se passaram 15 minutos, a reunião acabou." Você só terá que fazer isso algumas vezes. Eles rapidamente pegarão o jeito e começarão a reunião em pé por conta própria, encerrando em 15 minutos.

Solucionando os Problemas em uma Reunião em Pé

Às vezes, comportamentos desagradáveis em uma reunião em pé podem ser mais bem abordados naquele exato momento. Talvez alguns membros da equipe tenham o costume de não ir às reuniões. Talvez os membros da equipe conversem uns com os outros, troquem e-mails ou ignorem uns aos outros durante as reuniões. Essas situações não são infrações leves e exigem intervenção imediata.

Pode ser difícil decidir quando "solucionar um problema" e quando deixá-lo de lado. Em uma equipe nova, ao ensinar como funciona a reunião em pé, peque pelo excesso ao tentar solucionar o problema. Procure interferir para modelar o comportamento de uma reunião positiva e já corte um comportamento negativo pela raiz. Em uma equipe madura, escolha conscientemente se deve abordar os conflitos ou não. Caso a lição que talvez eles aprendam com reuniões improdutivas seja mais instrutiva do que eles conseguirem realizar a reunião "perfeita", não interfira no comportamento, ainda que você o ache horrível. Seu julgamento deve ser baseado no valor em potencial da intervenção versus sua interrupção e a chance de minar sutilmente a auto-organização da equipe. Na verdade, é uma linha tênue a ser percorrida.

Digamos que você tenha considerado com muito cuidado se deveria intervir ou não, e decidiu, de fato, intervir. Veja duas coisas que funcionam bem como intervenções e abordam uma série de problemas da reunião em pé:

Reforce o propósito da reunião: Ensine a equipe o que estamos tentando alcançar a partir dela: criar pressão dos colegas, empregar a coordenação meticulosa, focar o pouco, assumir compromissos diários e levantar impedimentos. Em seguida, pergunte: "De que forma a reunião em pé está funcionando para vocês? Vocês estão conseguindo fazer as coisas?" Por meio da conversa que se segue, a equipe pode optar por usar as declarações de propósito como uma métrica diária e, depois da reunião, avaliar quão bem eles se saíram. Isso pode ser uma ferramenta poderosa de autogerenciamento para eles.

Peça ajuda e apoio: Isso pode ser um jogo para a equipe. O jogo funciona assim: quando uma pessoa falar em uma reunião, todo mundo olha para aquela pessoa e faz contato visual. Não deixe que a pessoa que está falando o flagre olhando em outra direção! Normalmente, essa técnica ajuda a pessoa que fala a ser breve e contribui para o entendimento geral do que cada pessoa está dizendo. Isso, por sua vez, ajuda a agilizar a equipe rumo a um plano diário mais sólido (adaptado de Devin).

Lembre-se de que o treinamento individual é sempre uma opção disponível. Caso o comportamento seja localizado e toda a equipe não se beneficie com a abordagem aberta, tente a abordagem individual.

VEJA TAMBÉM	Ainda que o comportamento de uma reunião mais prejudicial possa ser abordado em grupo, o treinamento dos membros individuais da equipe também é uma opção. O Capítulo 5, "Coach como Mentor Coach", oferece orientação sobre quando e como realizar o treinamento individual.

Mas o que acontece se você intervir e eles ainda não solucionarem os problemas da reunião? Lembre-se, as conquistas e os choques são deles, não seus. A metodologia ágil funciona quando eles aprendem como confiar uns nos outros. Não tem nada a ver com o seu desempenho como coach. Logo, se eles não apresentarem melhora, aceite por ora e esteja preparado para criar o espaço a fim de que eles toquem nesse assunto na retrospectiva.

Nesse meio-tempo, com certeza a equipe arcará com as consequências de reuniões improdutivas. Não deixe esses momentos passarem em branco. As pessoas geralmente não conseguem enxergar a relação entre causa e efeito, portanto chame a atenção delas para isso. Aproveite os momentos em que eles sentem na pele as consequências para ajudá-los a enxergar essa conexão. Você pode reforçar o propósito da reunião e perguntar de novo, sem animosidade: "Você acha que isso poderia ter sido evitado se a reunião fosse diferente?"

As mudanças de comportamento acontecem, porém acontecem aos poucos. Talvez a equipe faça diversas tentativas a partir de perspectivas diferentes antes de mudar o comportamento na reunião. Seja paciente. Continue tentando. Eles mudarão quando precisarem, mas apenas se você não os proteger contra as consequências naturais oriundas de reuniões que deixam, e muito, a desejar.

Facilitação do Planejamento do Sprint

O planejamento do sprint exige uma facilitação meticulosa e ao mesmo tempo leve, mesmo no começo. Se você disponibilizar às equipes uma estrutura que elas possam usar para administrar o funcionamento do planejamento de sprints, elas normalmente conseguem fazer isso sozinhas. Um conjunto de questões prioritárias ou uma lista de coisas que estamos tentando alcançar com o planejamento de sprint funciona bem como uma estrutura.

Seja lá a estrutura que você utilizar para orientar a equipe, tenha certeza de que ela está de acordo com o propósito do planejamento do sprint:

> **Conheça o trabalho**: Para que a equipe continue o trabalho, eles devem entender, escolher, executar tarefas e colocar-se à disposição. Em primeiro lugar, eles devem *entender* o escopo e o tamanho dos itens de backlog de produtos com o maior valor de negócios, aqueles que o Product Owner pede para eles incluírem no sprint. Com esse entendimento, eles *escolhem* qual deles pode se encaixar no sprint. Eles criam *tarefas* para os itens do backlog do produto escolhido. Por meio desse entendimento completo, os membros da equipe podem se *voluntariar* para realizar as tarefas à medida que o sprint progride.
>
> **Comece de novo:** Não importa como o último sprint terminou, esse sprint é novo. A equipe entra em cena para executar o planejamento com um senso de comprometimento renovado proveniente dos acordos que fizeram uns com os outros durante a retrospectiva. O passado ficou para trás. O futuro é incerto. Esse sprint é a única coisa que a equipe pode controlar.
>
> **Comprometa-se com objetivos compartilhados:** Todos os membros da equipe compreendem *todo* o trabalho no sprint e concordam em conquistar juntos o objetivo do sprint. Eles se comprometem a concluir os itens do backlog do produto que escolheram para o sprint.
>
> **Promova o foco e a abundância:** Ao escolher a quantidade adequada de trabalho para o sprint, tendo como base as conquistas anteriores da equipe, a equipe promove o foco. Eles são capazes de trabalhar focados porque estão isentos de se preocuparem com tudo. Eles não carregam nos ombros essa carga mental. Em vez disso, eles se preocupam somente com o que se comprometeram a fazer. Isso passa um senso de abundância: "Olha só, há o bastante." Tempo o bastante, pessoas o bastante, criatividade o bastante. Eles têm o que precisam para trabalhar no sprint.

ESTRUTURA DO PLANEJAMENTO DO SPRINT

Crie um flip chart com estas palavras e deixe que ele seja a estrutura que a equipe usa para se orientar por meio do planejamento de sprint:

O planejamento do sprint é feito quando podemos responder às seguintes perguntas:

- Se o objetivo desse sprint fosse uma manchete de jornal, qual seria?
- Qual é a estrutura da equipe para esse sprint?
- Qual é a capacidade total da equipe para esse sprint?
- Quais são os itens do backlog do produto com o maior valor de negócio?
- Quais são as preocupações (técnicas, políticas, culturais) sobre esses itens do backlog do produto?
- Quais outras preocupações a equipe tem?
- Considerando tudo isso, quais são as histórias, critérios de satisfação, tarefas e estimativas para os itens que formarão o backlog do sprint?
- À vista disso, há alguma mudança nas histórias ou nos critérios de satisfação
para esse sprint? Os itens precisam ser transferidos do backlog do sprint para
o backlog do produto?
- Qual é o compromisso final da equipe para esse sprint?

(Adaptado de Tabaka, 2006.)

O planejamento do sprint é feito quando alcançarmos esses objetivos. Será que entendemos tudo?

- Conheça o trabalho — entenda, escolha, faça a tarefa, esteja à disposição para tal.
- Comece de novo.
- Comprometa-se com objetivos compartilhados.
- Promova foco e abundância.

Prepare-se para o Planejamento do Sprint

O coach tem duas funções na preparação para o planejamento dos sprints: obter uma estrutura (o "contêiner" da reunião) e garantir que o Product Owner tenha preparado o backlog do produto. A estrutura pode ser qualquer lista de questões prioritárias ou itens prioritários que ajudem a equipe a alcançar o propósito do planejamento do sprint, como aqueles que acabamos de discutir.

A segunda função exige o comprometimento e o trabalho duro do Product Owner. O coach garante que o Product Owner saiba da importância de se ter o backlog do produto preparado e pronto para o planejamento do sprint. Você saberá que o backlog do produto foi preparado porque os itens do backlog do produto de maior valor estão caracterizados como tal, o Product Owner realizou o trabalho necessário a fim de apresentar para a equipe os aspectos de negócio dos itens que eles foram solicitados a criar, e tais itens estão divididos em fatias finas a partir do "tamanho do sprint".

VEJA TAMBÉM Você pode acompanhar como treinar os Product Owners no Capítulo 5, "Coach como Mentor Coach". Por enquanto, reconheça que se leva um tempo para ensinar ao Product Owner as expectativas de seu papel, demora um tempo para treinar o Product Owner a incorporar totalmente esse papel e ainda se leva um tempo para que o Product Owner falhe (ou tenha êxito) ao desempenhar esse papel.

Muitas vezes, o Product Owner trabalha com a equipe com o intuito de preparar o backlog, o que engloba a estimativa de esforço da equipe para cada item. Isso pode acontecer durante o sprint ou em uma reunião, poucos dias antes do planejamento do sprint. Em seu livro *Gestão de Produtos com Scrum — Implementando métodos ágeis na criação e desenvolvimento de produtos*, Roman Pichler oferece conselhos diretos aos Product Owners sobre como e quando prepararem o backlog do produto e se aprontarem para o planejamento de sprint, bem como meios de fazer o trabalho acontecer em colaboração com a equipe. O acrônimo DEEP serve como um lembrete de que um "backlog de produto bem preparado tem quatro qualidades: detalhado apropriadamente, estimado, emergente e priorizado, ou seja, o DEEP" (Pichler, 2010).

Facilitação durante o Planejamento do Sprint

Com o intuito de facilitar o planejamento do sprint, apresente a estrutura e assegure que todos os membros da equipe a compreendam e concordem em usá-la (ou a mude com eles em algum momento). Com isso feito, deixe-os saber que você controlará o timebox e que o resto depende deles.

Para controlar o timebox, primeiro pergunte à equipe quanto tempo o timebox deve ter a fim de concluir o planejamento do sprint. Quando acabar o tempo, o planejamento do sprint termina. A pressão de um timebox fornece à equipe o foco e a permissão para pensar somente no trabalho imediato que está por vir — o planejamento. Observe que o timebox deve ser calculado em horas, não em dias, e que, com o passar do tempo, a equipe deve se tornar mais eficiente e eficaz com essa reunião.

Uma vez iniciado o timebox, afaste-se um pouco e deixe-os preencher as lacunas com as próprias iniciativas. Isso não quer dizer que você irá para o corredor ficar conversando com o seu amigo. Fique com eles, ouça a conversa deles e preste atenção ao progresso deles. Alguém de fora pode ter a impressão de que você está sentado ali, sem fazer nada. Na realidade, você está trabalhando de forma ativa. Você ouve atentamente as situações de aprendizagem — aqueles momentos em que uma palavra ou outra bem colocada fazem com que lâmpadas de compreensão se acendam em nossas cabeças. As lâmpadas se acendem porque o ensino acontece no momento mais oportuno, propício ao esforço da equipe.

À medida que a equipe passa pelo planejamento do sprint, confira o andamento algumas vezes. Pergunte: "Para qual dessas questões prioritárias você tem a solução no momento?" Essa pergunta os auxilia a acompanhar o próprio progresso, enquanto reforça claramente que a responsabilidade pelo planejamento do sprint é deles. Durante todo o processo, controle o timebox. Proporcione-lhes uma estimativa de tempo: "Restam duas horas... vocês ainda têm uma hora sobrando... vocês têm 15 minutos... OK, o planejamento do sprint acabou. Vamos lá."

Momentos de Aprendizado durante o Planejamento do Sprint

No planejamento do sprint, os momentos de aprendizado são, muitas vezes, a respeito dos itens do backlog do produto que a equipe acabou de contemplar no sprint. Desse modo, os momentos de aprendizado sobre as histórias de usuários com certeza surgirão: O que faz com que uma história de usuário seja boa? Como elaboramos histórias de usuário? Por que elas são tão prolixas? Quem é o usuário real? Essas perguntas, e tantas outras parecidas, são comuns. Mike Cohn escreveu dois livros imprescindíveis sobre o assunto: *User Stories Applied: For agile software development* ["Usos de Histórias de Usuário: Para desenvolvimento de software ágil", em tradução livre — Cohn, 2004] e *Agile Estimating and Planning* ["Estimativa e Planejamento Ágil", em tradução livre — Cohn, 2005]. Os dois são de grande utilidade e vão além dos projetos de software, portanto não se deixe intimidar pelo título *User Stories* do livro.

Outros momentos oportunos de aprendizado durante o planejamento do sprint proporcionam ao coach oportunidades para:

> **Reiterar e repetir o valor de negócio agregado:** Desafie a equipe a manter a meta de entregar valor de negócio agregado real em primeiro lugar. Você pode dizer: "Que história do usuário ótima, mas e daí? Qual é o valor real agregado dessa história?" Ou: "Por que faríamos isso? Qual usuário real se beneficiaria disso?" Observe o uso repetido da palavra *real*. É intencional.

Promova um forte engajamento em relação ao produto: Reforce o papel do Product Owner como o direcionador da visão da equipe que ajuda a manter o nível do produto. Como direcionador da visão, o Product Owner informa "o que" precisa ser feito e não se mete nos assuntos da equipe, ou seja, "como" e "quanto" será feito. Quando a equipe lhe perguntar sobre o produto, peça-lhe que procure o Product Owner. Reforce o papel do Product Owner, permitindo que ele seja a única voz para a visão e as decisões do produto.

> **VEJA TAMBÉM** Você pode ver uma descrição completa do papel do Product Owner, também como esse papel se entrelaça com os outros papéis de liderança ágil, no Capítulo 7, "Coach como Professor".

Defenda os limites de papéis equilibrados: Mais cedo ou mais tarde, os papéis ficarão meio que indefinidos. O Product Owner pode amedrontar a equipe ou ser maltratado pela equipe. O agile coach (você) pode se envolver demais nos detalhes da tarefa do planejamento de sprints e se esquecer de treinar. Quando isso acontecer, defina limites equilibrados entre o Product Owner e a equipe, bem como entre seu papel de agile coach e o papel do Product Owner. Dê liberdade para a equipe ajudá-lo a se manter em seu papel também. Não fazemos isso para sustentar as regras. Defendemos os limites equilibrados a fim de possibilitar que os três papéis — Product Owner, agile coach e membros da equipe — trabalhem em estreita colaboração para atingir o desempenho máximo.

Melhore a atribuição de tarefas: Em geral, as equipes ficam empacadas quando passam de uma tarefa à outra, então qualquer método que maximize o dinamismo das tarefas será bem-vindo. Na ânsia de impulsionar esse dinamismo, no entanto, garanta que a equipe não sacrifique a compreensão. Como a equipe inteira se compromete com todo o trabalho no sprint, cada membro da equipe deve entender todas as histórias. Utilize o mapeamento mental e as atividades silenciosas para aumentar o dinamismo e o entendimento compartilhado. "Um mapa mental é um diagrama usado com o intuito de representar palavras, ideias, tarefas ou outros itens conectados e organizados em torno de uma palavra-chave ou ideia central", segundo a Wikipedia. Com o mapeamento mental, os membros da equipe desenham simultaneamente um gráfico de todas as tarefas necessárias para concluir uma história. A história em si ocupa o centro do mapa mental. Todos fazem isso sem conversar muito, cada qual acrescentando o que os outros membros desenharam no mapa mental. O outro método, atividade silenciosa, faz jus ao nome — silêncio. Cada membro da equipe cria tarefas para todas as histórias do usuário, trabalhando silenciosamente em conjunto, e insere essas tarefas no storyboard. No final, todos passam pelas tarefas, assegurando sua compreensão. As repetições naturalmente surgem e são eliminadas. As tarefas que faltam também ficam evidentes e são adicionadas.

Facilitação da Revisão do Sprint

O agile coach desempenha um papel secundário quando se trata da revisão do sprint. Levando em consideração a revisão do sprint, lembre à equipe que eles precisam "organizar tudo" a fim de mostrar os produtos reais desenvolvidos durante o sprint. Organizar não significa elaborar apresentações que não têm fim ou aperfeiçoar as habilidades de oratória para falar em público. Significa fazer o mínimo necessário para mostrar às partes interessadas os produtos que a equipe, de fato, criou. O tempo dedicado a aprimorar a apresentação é igual a tempo perdido no desenvolvimento de produtos, portanto lembre-se disso à medida que ajuda a equipe a se sentir confortável com o trade-off: você quer mais tempo para o trabalho real, e menos tempo para fazer as coisas parecerem melhores do que realmente são.

Conforme o momento da revisão do sprint se aproxima, lembre-se do seu propósito:

Estimativa versus realidade: A equipe assumiu um compromisso no início do sprint. Agora, eles naturalmente solicitam o que foi e o que não foi realizado durante o sprint e formalmente pedem a aceitação do trabalho para o Product Owner.

Mostre e conte: Mostre o que foi realizado, não por meio de slides sofisticados ou oratória polida, mas por meio do produto real.

Obtenha feedback direto: Ouça as partes interessadas, os clientes e os usuários dos produtos recém-criados. Quão úteis são os produtos? Eles atendem ao fim a que se destinam? Quais outras ideias geniais esses produtos despertam?

Disponibilize perspectivas: Ofereça às partes interessadas perspectivas de entendimento claras sobre como a equipe anda trabalhando em conjunto e no contexto abrangente de sua organização. Caso a equipe tenha realizado a retrospectiva antes da revisão do sprint, talvez tenha outras perspectivas para compartilhar, se elas forem proveitosas para as pessoas envolvidas na revisão do sprint ou para a própria equipe, e se ela se sentir à vontade em compartilhá-las.

Peça ajuda: A equipe levanta os impedimentos maiores para os quais eles precisam de ajuda para eliminar. São aqueles impedimentos que nem eles nem o agile coach deles e muito menos o Product Owner podem resolver. Utilize a revisão do sprint para fazer com que esses impedimentos desagradáveis sejam de conhecimento de todos e peça ajuda específica das partes interessadas externas para eliminá-los.

Com esse objetivo em mente, você pode treinar a equipe para falar primeiro de valor. Imagine isso: Ray concordou em demonstrar a nova funcionalidade "lembre-se de mim" do site na revisão do sprint. Em vez de informar aos participantes tudo o que ele fez para desenvolver tal funcionalidade, incluindo todos os becos sem saída que ele entrou e os obstáculos que teve que enfrentar, Ray simplesmente declara: "Vejam a nova funcionalidade 'lembre-se de mim' que salvará o contato de nossos clientes em três minutos ao preenchermos os formulários de inscrição online." Ele começa com o valor primeiro, o "por que eu me importo" que incorpora todo o esforço que teve para criar o produto. Isso possibilita que os participantes da revisão do sprint vejam o que querem ver: produtos reais que geram valor real. Ou, quem sabe, Ray compartilhe somente a essência do que aprendeu com os becos sem saída e com os obstáculos que enfrentou, caso ache que isso seja esclarecedor para os participantes.

Durante a revisão do sprint, o coach é irrelevante (ou pelo menos parece ser, do ponto de vista de uma pessoa de fora). O coach fica longe de vista e das ações principais. Não é uma coisa fácil de se aceitar, sobretudo quando a equipe está se formando ou acabou de se formar e não consegue lidar com as dificuldades. Talvez não seja uma coisa fácil de se aceitar mesmo quando a equipe está indo bem. Você pode sentir um impulso forte de intervir e desempenhar o papel de apresentador durante a revisão do sprint. Você tem boas intenções. Ao agir desse modo, você tenta assegurar que a revisão do sprint flua bem, que a equipe consiga demonstrar o quão excelentes os membros são (e você também), e que ninguém fique constrangido diante das partes interessadas. Saiba que a equipe não precisa que você banque o apresentador ou vá ao resgate dela. Se você lhes der o espaço para lidar com a revisão do sprint sozinhos, eles o farão. Você tem outras coisas para fazer que agregam mais valor, então fique longe de vista, em silêncio e observe.

Contudo, não é porque você está em um papel coadjuvante que está alheio ao que acontece. Durante toda a revisão do sprint, você direciona sua atenção para o que está acontecendo *e para* a equipe. Faça observações e tome notas.

Enquanto estiver observando a equipe, lembre-se do propósito da revisão do sprint: estimativa versus realidade; mostre e conte; obtenha feedback direto; disponibilize perspectivas; e peça ajuda. Com o objetivo em mente, fique atento, à medida que você leva em consideração as seguintes questões:

- Como os membros da equipe estão interagindo uns com os outros? Quando alguém está falando, os outros membros da equipe prestam atenção, estão dispostos e oferecem apoio a essa pessoa? Eles olham para o locutor? Qual é o efeito? Eles estão prestando atenção ao locutor e a outra coisa ao mesmo tempo? Qual é o efeito?
- Qual é a natureza da interação dos membros da equipe e do Product Owner? Cliente? Outras partes interessadas? Alguma dessas pessoas fez solicitações à equipe e eles, por sua vez, aceitaram ou ignoraram implicitamente?
- O Product Owner usou o backlog do produto para gerenciar as solicitações que surgiram? A solicitação nova foi claramente aceita e reafirmou-se a compreensão do valor de negócio, bem como se levou em consideração esse valor em comparação com outras solicitações do backlog?
- Alguém foi intimidado ou tranquilizado?
- Os membros da equipe deram atenção uns aos outros sem problemas? Todos os membros da equipe que queriam falar conseguiram?
- Quais conceitos errados ou distorções da metodologia ágil vieram à tona durante a conversa?

Tome nota de qualquer coisa que chame a sua atenção. Os agile coaches Rachel Davies e Liz Sedley recomendam a imagem de uma "minicitação — tomar nota das palavras exatas usadas", ainda mais quando você já ouviu alguém confundir ou usar de forma errada a metodologia ágil (Davies e Sedley, 2009).

Após a revisão do sprint, ofereça-se para compartilhar suas anotações com a equipe. Seja lá o que você tiver escrito, não há problema nenhum com suas anotações; elas não precisam ser polidas ou até mesmo definitivas. Elas podem ser coisas sobre as quais você está curioso, coisas que não fazem o menor sentido ou coisas que você ainda não entendeu. Acredite, ao falar sobre isso, a equipe pode aproveitar suas anotações. Eles sabem o que está acontecendo. O maior benefício é ajudá-los a enxergar o que eles sabem.

Espere que a equipe tenha uma conversa aberta no que diz respeito a essas observações. Espere também que eles ouçam em vez de responderem. Eles podem estar muito cansados ou muito tensos para dar mais de si. Os dois resultados são aceitáveis. Basta oferecer observações que já é o suficiente.

Tipos de Observações

À medida que observa a revisão do sprint dessa forma, pode ser que você perceba que suas observações tendem a se dividir em duas classes: reforço e aprofundamento.

Os reforços sustentam a metodologia ágil. Eles evocam alguma coisa sobre a metodologia ágil, talvez uma prática, princípio, papel ou valor. São declarações do tipo "muito bom" ou "oops, deixou passar isso". Por exemplo:

Muito bom: "Bom uso do backlog do produto como uma forma de lidar com solicitações novas."

Oops, deixou passar isso: "A cliente apontou para o gráfico de burndown e deu uma surra em vocês por conta daquela oscilação. Vocês perderam a chance de dizer a ela como o gráfico de burndown funciona e que aquela oscilação grande não significava nada."

As observações de aprofundamento tendem a ser aquelas que revelam o funcionamento interno do grupo para os próprios membros. Ao serem colocadas em prática, elas seguem esse padrão: "Veja o que observei. O que você viu?"

Como coach, saiba que suas observações de aprofundamento podem ser certeiras ou inexatas. O que você acha que observou pode não ser o que realmente está acontecendo. A precisão dessas observações não importa, desde que você as ofereça de uma forma que leve a equipe a perguntar — essa é a finalidade real de tais observações. Portanto, ofereça suas observações sem ficar apegado se estão "certas" ou "erradas". Em seguida, faça uma pergunta que convide os membros da equipe a adotar suas observações como matéria-prima à reflexão.

Se a equipe não tiver frequência mental ou emocional para responder às suas observações logo após a revisão do sprint, respeite e não exija uma conversa imediata. Talvez você fale sobre as observações e deixe por conta deles. Talvez você as escreva em um flip chart e as pendure em algum lugar da sala do escritório. É bem provável que tais observações desencadeiem uma conversa mais tarde.

Exemplos de Observações

Veja esta lista de observações que alguém pode fazer durante uma revisão de sprint. Veja se você consegue dizer quais são as observações de reforço e quais são as observações de aprofundamento.

- "A patrocinadora está envolvida! Ela está aqui e é engajada e recíproca. Isso é fantástico!"
- "Percebi que todo mundo ficou em silêncio depois que a patrocinadora perguntou: 'Como a metodologia ágil está funcionando?' Então, pensem de novo e lembrem-se... o que estava acontecendo com cada um de vocês naquele momento?"

- "Enfrentamos dificuldades na obtenção de mais informações de uma parte interessada. O que você acha que seria a raiz desse problema? Essa parte interessada está preocupada com o que?"
- "Alguém acha que outra pessoa falou em seu nome?"
- "Percebi que ninguém estava enviando mensagens de texto ou e-mails durante a revisão do sprint. Muito bem! Aposto que essa atitude ajudou as partes interessadas a enxergarem o quando a equipe se apoia mutuamente."
- "Vi o gerenciamento proativo das solicitações! Isso é muito bom para você, Product Owner, pois pode identificar as solicitações novas e reafirmar como usamos o backlog para gerenciá-las com base no maior valor de negócio."
- "Alguém ficou alheio durante a reunião? Vocês acharam que suas mentes divagaram por aí quando alguém estava falando? O que vocês fizeram quando perceberam que estavam distraídos?"
- "Há uma proposta de alguém entrar para a equipe. Quero ter certeza de que vocês sabem que a equipe decide sobre quem faz parte dela. Decidir sobre algo exige que você diga alguma coisa. Caso contrário, alguém tomará a decisão por você."
- "Parece que o dinamismo se perdeu um bocado quando começamos a falar sobre as etapas para o próximo lançamento. Ou foi impressão minha?"
- "Algumas partes interessadas pareciam falar sem parar a respeito do mesmo assunto. Achei estranho. O que vocês acharam disso?"
- "Reparei que seu patrocinador estava enviando mensagens para nós hoje. Acho que ouvi coisas como 'Aproxime-se do seu cliente' e 'Use o tempo que precisar para fazer o que achar correto'. O que você ouviu?"

Facilitação da Retrospectiva

O agile coach desempenha um papel de destaque (facilitador) na retrospectiva, principalmente com uma equipe nova. Como o coach se concentra em ser o depositário da qualidade e do desempenho da equipe, presta muita atenção durante todo o sprint. Enquanto observa, o coach não se esquece do objetivo da retrospectiva:

> **Inspecione e adapte**: A retrospectiva é um convite à interrupção, permitindo que a equipe faça uma pausa e se inteire sobre o que aconteceu durante o sprint.

Leve em consideração o como, e não o quê: A equipe considera como o trabalho foi feito — não somente o que eles produziram e em que medida o produto é bom, mas como eles trabalharam juntos a fim de desenvolvê-lo.

Faça (ainda) melhor da próxima vez: A equipe se compromete com uma série de atividades que fará diferente no próximo sprint, com o intuito de ficarem cada vez melhores. Melhorar em qualquer coisa que seja relevante para a equipe: ficar mais rápido, desenvolver produtos com uma qualidade maior ou assumir verdadeiramente um compromisso em equipe. O fortalecimento de qualquer uma dessas coisas ajuda os membros da equipe a potencializar a velocidade ou a aperfeiçoar algo que seja tão importante quanto a velocidade, como a qualidade.

Prepare-se para a Retrospectiva

Conforme o andamento do sprint, o agile coach registra as observações sobre como a equipe trabalha em conjunto — o que funciona bem, o que é complicado ou o que é meio estranho. O coach pode optar por revelar qualquer uma das observações à medida que surgem, porém, a menos que sejam problemas ameaçadores, o coach espera, pois sabe que a retrospectiva oferece o melhor momento para a equipe refletir sobre elas. No momento do sprint, a equipe se concentra no compromisso. Portanto, o coach respeita isso, permitindo que a equipe trabalhe no sprint sem se preocupar com a forma como estão trabalhando. Contudo, lembre-se de que as equipes novas podem precisar de um pouco mais de ajuda conforme aprendem os fundamentos da metodologia ágil; logo, você pode optar por revelar um pouco mais de suas observações, neste caso.

Enquanto a equipe trabalha no sprint, o coach presta atenção ao observar o andamento das coisas. Veja a seguir algumas ponderações que o coach pode fazer ao observar:

- A equipe está utilizando as estruturas da metodologia ágil para se coordenar?
- O que a equipe aguenta?
- Quão bem o trabalho flui?
- Onde estão os insucessos de comunicação, coordenação, participação, atenção mútua e colaboração?
- Onde estão os momentos geniais?
- Onde as coisas estão caminhando a passos de tartaruga, vagarosamente?
- Como o nível de ansiedade da equipe muda durante o sprint?
- As pessoas estão presentes física, mental e emocionalmente?
- Quando e como o nível de entusiasmo muda?

À medida que a retrospectiva se aproxima, analise atentamente sua lista de observações. Talvez você tenha deixado escapar um assunto ou dois. Você pode escolher um deles para ser o principal assunto da retrospectiva. Além do mais, converse com os membros da equipe e com o Product Owner para saber o ponto de vista deles. O que eles observaram nesse sprint? O que eles têm curiosidade de saber? O que os incomoda? Uma advertência: tome cuidado para não começar uma minirretrospectiva durante essa conversa. Permita que a conversa aporte à superfície da mente da pessoa e sirva como porta de entrada à retrospectiva, sem interromper o progresso do sprint que tem nas mãos.

Com essas observações e entradas, prepare a pauta da retrospectiva. O melhor livro que encontrei para ajudar os agile coaches é o *Agile Retrospectives: Making good teams great* ["Retrospectivas Ágeis: Transformando boas equipes em equipes ótimas", em tradução livre], em virtude de disponibilizar atividades que as equipes usam para obter uma nova visão do sprint anterior, a fim de que possam enxergar formas novas de melhorar e, assim, todas as vozes — até as mais quietas — sejam ouvidas (Larsen e Derby, 2006). Isso é muito mais produtivo do que se reunir em volta de uma mesa.

Elabore a pauta da retrospectiva para abordar o tema com a "maior relação custo-benefício" que vier à tona durante o sprint. Ou permita que seja uma pauta de aprendizado em que você apresenta um novo framework ou um modo de pensar sobre algo, e então pergunte: "Como isso se aplica a nós?"

Ao combinar essas duas coisas, você também pode elaborar uma pauta de aprendizagem específica para algum assunto que surgir. Isso permite abordar qualquer assunto sem pôr a culpa em ninguém e sem impedir que as pessoas façam as coisas. Por exemplo, se um conflito improdutivo ou superficial ocorrer com frequência durante o sprint, você pode optar por ensinar a equipe sobre um framework útil de conflito e, em seguida, fazer perguntas reflexivas: Onde vimos conflitos no sprint anterior? Usamos o conflito em nosso favor? Como esse framework pode nos ajudar?

> **VEJA TAMBÉM** Um framework de conflitos usado com equipes ágeis é apresentado no Capítulo 9, "Coach como Mediador de Conflitos".

Seja qual for a pauta que você cria, as coisas que incomodam as pessoas tendem a aparecer. Portanto, não se preocupe muito com o fato de a pauta os retrair. Caso estejam incomodados o bastante, eles arrumarão um jeito de manifestar isso, tenha você planejado ou não.

Facilitação durante a Retrospectiva

Um agile coach sempre deixa bem clara a convicção de que a equipe sabe fazer a coisa certa. Isso também vale para a retrospectiva. Ao modelar essa crença, apresente a pauta, diga à equipe quais atividades foram projetadas a fim de acompanhar os itens da pauta e peça permissão (Tabaka, 2006). Pergunte: "Será que essa pauta nos levará às principais coisas que esta retrospectiva deve focar hoje?"

Quando fizer essa pergunta, esteja pronto para "mudar tudo", caso a equipe decida levar a reunião para um rumo diferente. Se eles disserem: "A pauta é boa, mas o que, de fato, precisamos investigar é o que a mudança do Product Owner nos custou." Nesse caso, você mantém a pauta e altera o assunto. Talvez eles digam: "O tópico geral é exatamente o que precisamos falar, ainda que não queiramos. Então, talvez uma pauta menos elaborada funcionasse. Será que não podemos apenas conversar?" E você acaba concordando. No pior dos casos, eles bagunçam tudo e não tiram proveito da retrospectiva. Acredite, isso também leva ao aprendizado. Corra o risco, pois, na melhor das hipóteses, vale a pena, e eles obtêm exatamente o que precisam.

Independentemente do que é ou não feito durante a retrospectiva, o coach controla o timebox. Caso a duração esperada da retrospectiva seja de uma hora, o coach controla o tempo para a equipe. Faltando 15 minutos para o final, ele diz: "A retrospectiva finaliza em 15 minutos. Devemos resumir as coisas com que todos concordam e tratá-las na próxima retrospectiva?" Ao passar uma hora, o coach afirma: "A retrospectiva acabou." Se os membros da equipe quiserem continuar, eles podem, desde que todos concordem e contanto que isso ocorra dentro de um curto espaço de tempo. Isso impede que as pessoas fiquem como se fossem reféns de uma reunião que não termina nunca. À medida que o tempo extra passa, qualquer um pode pedir que a reunião termine. Durante a retrospectiva, o coach trabalha visando um resultado positivo, utilizando a pauta com o intuito de lembrar a equipe do seu propósito, caso seja necessário.

Uma vez que a equipe tenha chegado a alguns acordos, ela assume o compromisso de colocá-los em prática; o coach a convida a registrar tais compromissos e a divulgá-los em um lugar visível. Os acordos têm muito mais peso quando documentados por um membro da equipe, portanto, sempre que possível, peça a alguém da equipe para fazer isso.

Facilitação após a Retrospectiva

Ao longo do próximo sprint, observe e reúna ideias para a próxima retrospectiva. Além disso, preste atenção se os atuais compromissos da retrospectiva são incluídos ou deixados de lado. Em ambos os casos, chame a atenção da equipe muitas vezes no decorrer do sprint. Quem sabe você pode dar um exemplo fantástico de alguém que mudou o comportamento para cumprir com um compromisso da retrospectiva. Reconheça essa pessoa publicamente. Talvez os compromissos assumidos nas retrospectivas estejam soterrados em outros flip charts e tornaram-se uma memória distante. Muito em breve, alguém violará um dos acordos, e a equipe sentirá (porém talvez não reconheça) o impacto. Não perca essa oportunidade. É um convite ao desafio. "Ei, pessoal, o que aconteceu com os compromissos que todos assumiram quando disseram que não fariam mais isso uns com os outros?" É bem provável que isso faça com que alguém da equipe desenterre o flip chart com todos os compromissos listados e eles ganhem vida novamente.

Durante todo o sprint, identifique situações que lhe permitam mostrar à equipe os compromissos a serem lidados. Caso modele esse comportamento, eles provavelmente começarão a lidar com os compromissos. Ao agirem dessa forma, você pode recuar.

À medida que o tempo passa, a equipe pode viabilizar a retrospectiva. Talvez um membro da equipe venha e diga: "Deixe que eu elaboro a próxima pauta da retrospectiva." Você pode ajudar essa pessoa ou não, contando que ela se sinta bem com sua ajuda. Talvez haja um rodízio para facilitação da retrospectiva entre os membros da equipe. Desde que a equipe alcance o objetivo da retrospectiva, deixe acontecer. Quando eles estiverem prontos, recue novamente. Eles pedirão ajuda, quando precisarem. Você não irá a nenhum lugar mesmo. Você ainda participará e observará a retrospectiva, intervindo caso o objetivo da retrospectiva seja distorcido ou esquecido.

Facilitação durante as Conversas da Equipe

Na maior parte do tempo, a equipe se envolve em conversas formais e informais. Você os observará conversando em grupos pequenos, em grupo como um todo e individualmente. Todas essas conversas ocasionam oportunidades para observar e treinar. Qual seu objetivo ao treinar e para quem? Você está analisando a qualidade da conversa, não o conteúdo. O assunto da conversa não é relevante. A qualidade é.

Quando a equipe conversar, não participe e não aja como se fosse um membro da equipe. Já existem membros suficientes na equipe. Seja um coach. Ajude-os a melhorar suas conversas a fim de que eles possam alimentar ideias de altíssima qualidade que sejam traduzidas diretamente em produtos desenvolvidos.

Você reconhecerá uma conversa de qualidade porque a equipe estará em um debate interessantíssimo, em que muitas ideias virão à tona e serão sistematizadas para criar algo novo, algo que nenhum deles sozinho poderia ter criado. Eles idealizam ideias e visualizam um produto incrível — o produto que construirão. Eles discordam entre si ao mesmo tempo em que se esforçam para lidar com os problemas difíceis. Eles fazem tudo o que estiver ao alcance enquanto administram a arte da conversa, garantindo que todos possam falar, ouvindo, de fato, uns aos outros, visualizando cada ideia nova como um benefício, e avançando... sempre seguindo em frente.

As três principais ferramentas que você pode usar agora para ajudar a equipe a ter conversas de qualidade residem nas observações, perguntas e desafios poderosos.

Observações Poderosas

Tenha uma lista de verificação em mente enquanto você observa uma equipe conversando. Você pode empregar essas perguntas quando toda a equipe estiver conversando, quando somente alguns estiverem conversando ou quando apenas dois membros da equipe estiverem conversando. Perguntas como essas possibilitam que você refine a qualidade da conversa:

- Todos estão conseguindo espaço de fala? Na sala, há pessoas que dominam a conversa e que precisam ouvir mais? Existem aqueles que querem ser ouvidos?
- As ideias são de alta qualidade?
- A equipe está caminhando em direção à coisa mais simples possível?
- A equipe está ficando cansada?
- Está tensa? Eles precisam de uma dose de humor?
- A equipe é ousada o bastante? Eles têm grandes ideias ou rompem as barreiras?
- Eles estão assumindo o máximo que podem ou estão deixando as barreiras "aceitáveis" interferir?
- A equipe está conseguindo traduzir tudo em termos de valor para o cliente?
- Estão empacados? Precisam de uma perspectiva nova, que lhes descortine mais possibilidades?

Em todos os casos, ao fazer uma observação sobre a qualidade da conversa, primeiro faça uma pausa com o intuito de ponderar se você deve compartilhá-la. Via de regra, espere para ver se um dos membros da equipe tem a mesma observação que você e a promova a fim de que a equipe caminhe rumo a um terreno mais fértil, o que faz com que sua observação seja irrelevante.

> ### TENTE ISTO
> Tenha essa lista de perguntas de observação à mão, em algum lugar que você possa acessá-la rapidamente quando uma conversa acontecer à sua volta.
> Com o tempo, você provavelmente fará suas próprias perguntas de observação. Elas despontarão naturalmente à medida que você observa (foi desse jeito que essa lista foi elaborada). Adicione suas perguntas à lista e compartilhe-as com outros agile coaches. Veja se consegue ajudar a arquitetar um repositório ágil com grandes perguntas de observação.

Se você decidir compartilhar a observação, escolha com cuidado suas palavras. Lembre-se de que a equipe realmente sabe o que é melhor, logo, sabe a direção do rumo que tem que tomar. Você oferece outro ponto de vista sobre a situação, abrindo eventualmente algumas portas novas de investigação para eles ou incitando-os a agir. Ao compartilhar suas observações, considere o uso de perguntas poderosas.

Perguntas Poderosas

As perguntas poderosas funcionam bem porque são verdadeiras e transparentes. Não são perguntas que têm uma resposta "correta". Por causa disso, elas são um convite à reflexão. Estas perguntas podem apresentar soluções adicionais ou ocasionar uma maior criatividade e discernimento. Uma pergunta poderosa faz com que as pessoas viajem para o reino da descoberta (Whitworth *et al.*, 2007).

Com o intuito de ver o efeito das perguntas poderosas, vamos analisar alguns cenários típicos de equipe na Tabela 6.1 e comparar uma pergunta não poderosa (uma pergunta comum) com algumas alternativas de perguntas poderosas.

TABELA 6.1 Perguntas poderosas para equipes ágeis (adaptado de Whitworth *et al.*, 2007).

Cenário	Em vez de perguntar...	Faça perguntas poderosas...
A equipe está conversando há algum tempo, e você acha que eles precisam ouvir a opinião de um membro específico da equipe.	O que você acha?	O que você conclui disso? O que é possível? Qual é a parte que ainda não está clara? Mais alguma coisa?
A equipe está mergulhando nos detalhes da solução, e você acha que eles devem permanecer no estado de "visão" por mais tempo.	Quais são as outras opções?	O que você quer explorar aqui? Em que outros ângulos você pode pensar? Há mais uma possibilidade?

Cenário	Em vez de perguntar...	Faça perguntas poderosas...
A equipe chegou a uma solução, mas não está entrando em ação.	O que precisamos fazer para começar?	É o momento certo para agir? Se sua vida dependesse disso, o que você faria? Se você tivesse livre escolha no assunto, o que faria?
Um membro da equipe está revendo uma história de algo que aconteceu no passado.	Por que fazer isso?	Qual o intuito disso? Em que isso pode contribuir?
Um membro da equipe não tem certeza de um plano de ação.	Do que você precisa para ter certeza disso?	Aonde isso o levará? Qual sua previsão? Qual sua melhor experiência em casos parecidos? Como você conseguiu na época?
A equipe continua voltando para a mesma conversa.	Por que estamos falando sobre isso de novo?	Qual parece ser o principal obstáculo? O que mais o preocupa acerca de...?
A equipe está avaliando as opções.	Esta é uma opção viável?	Qual é a oportunidade aqui? Qual é o desafio? Qual é a sua avaliação?
A equipe empacou.	Como podemos superar isso?	De que outra maneira alguém poderia lidar com isso? Se você pudesse fazer o que quisesse, o que faria?

Quando você faz uma pergunta poderosa, ela é acompanhada geralmente por um silêncio mortal, ainda mais se a equipe nunca ouviu esse tipo de pergunta antes. O silêncio é normal. Todos estão refletindo. Durante o silêncio, olhe em volta para os membros da equipe, não exija que falem, mas silenciosamente os convide para conversar. Quando estiverem prontos, eles falarão.

As perguntas poderosas reforçam o seu papel como coach, porque não alimentam nenhum julgamento. Elas são verdadeiras e transparentes. Ao fazer uma pergunta poderosa, você oferece um exemplo vivo de sua convicção de que eles são os únicos com as respostas.

> ## POR QUE VOCÊ FAZ PERGUNTAS ESTRANHAS?
> Depois de fazer a seguinte pergunta poderosa: "O que sua história lhe diz?" e ouvir a conversa animada que resultou da pergunta, eu poderia oferecer também um pouco de aprendizado: "Eu não fiz essa pergunta para satisfazer minha própria curiosidade, mas para abrir novos horizontes de pesquisa para vocês. Talvez agora vocês possam enxergar outra possibilidade, algo que não estava aqui antes. Talvez uma ligeira mudança tenha acontecido e algo esteja por vir. Ou apenas gastamos cinco minutos, mas agora vocês estão com a mente renovada."
> Um membro da equipe pode responder dizendo algo como: "Ah, sim. Foi bom subirmos um nível e reconsiderarmos onde estávamos na situação como um todo. Entendo por que você pergunta essas coisas."

Durante um espaço curto de tempo, os membros da equipe usam as perguntas poderosas que um coach faz e, muitas vezes, passam a incorporar esse tipo de pergunta também. É uma outra forma de eles absorverem o treinamento para se tornar autogeridos.

Desafios Poderosos

Desafiar os clientes tem sido uma ferramenta usada pelos coaches profissionais (Whitworth *et al.*, 2007). Com um desafio, o coach leva a equipe para o lugar em que normalmente os membros estacionariam. Não necessariamente a equipe aceitará o desafio poderoso (porque é muito audacioso), porém conseguirá ir além do que teria ido sem o desafio.

É incrível as coisas que fazem as equipes recuarem. Eles aceitam limitações colocadas em seus ombros por sua organização, por experiências anteriores (cachorro picado por cobra tem medo até de linguiça), e muitas vezes por eles próprios. Às vezes, eles precisam de um desafio "desproposidado" para tirá-los de sua *via crucis*.

Digamos que você tenha observado a equipe em uma conversa a respeito de algum design e perceba que os membros não estão apostando muito alto. Eles têm algumas ideias, mas não são muito interessantes, tampouco surpreendentes. Você sente um gostinho de desafio no ar.

Primeiro, fique a par do conteúdo da conversa. (Sim! Preste muita atenção ao conteúdo agora.) Para desafiá-los, você precisa fazer uso do material que eles lhe fornecem, então escute com atenção. Seja lá o que eles disserem, sugira algo ainda melhor. Amplie os horizontes ou encaminhe as ideias deles rumo a uma direção totalmente nova (e indômita). Pense grande, seja ousado.

Se eles decidiram que o novo processo pode resultar em até 200 novas ligações por dia, você introduzirá: "O que seria necessário para maximizar o processo em até 2 mil novas chamadas por dia?" A questão não é eles aceitarem 2 mil chamadas, mas fazê-los romper as suposições e limitações que os restringem a 200 chamadas por dia. Incentive-os a sonhar um bocado, e, ao fazer isso, observe-os alcançando algo ainda melhor, quem sabe até surpreendente.

Quando Se Aproximar, Quando Recuar

O posicionamento físico do coach no espaço da equipe é de suma importância para viabilizar as conversas em equipe. Quando a equipe for nova, sente-se com eles. Aproxime-se fisicamente, porém em silêncio. Ao decidir compartilhar sua observação ou oferecer uma pergunta ou desafio poderoso, você estará bem próximo a eles. Isso os ajuda a se acostumar com os tipos de coisas que você oferece, e eles percebem que você contribui em um nível diferente do que qualquer outra pessoa. Eles veem claramente que você presta atenção ao nível de toda a equipe para ajudá-los a empreender conversas de alta qualidade.

Uma vez que a equipe administre os elementos básicos de conversas de qualidade, e você se encontre compartilhando observações, perguntas e desafios poderosos com menos frequência, recue. Física e energeticamente, sente-se na área de maior visibilidade da sala da equipe. Ainda esteja com eles e preste atenção. Saia de sua posição à margem e interfira quando perceber a necessidade. Contribua com suas observações, perguntas e desafios cuidadosamente ponderados a partir de seu ponto de vista imparcial e não assuma uma posição central. A equipe não precisa mais de você em tal posição.

Ao não se envolver de forma ativa com o conteúdo de uma conversa, é fácil divagar. Isso acontece se você está sentado com a equipe ou longe deles.

Sua mente pode passear, divagando por aí, em algum lugar. Talvez você esteja mentalmente fazendo o cardápio do jantar, remoendo uma briga com seu filho ou se preocupando com a forma como a equipe será vista no final do sprint. Isso é normal. A pesquisa reunida na Wikipedia sobre este assunto afirma que:

> As estimativas para a duração da capacidade de concentração humana são extremamente variáveis e oscilam de 3 a 5 minutos, dependendo da idade, em crianças, até um máximo de cerca de 20

minutos em adultos. A capacidade de concentração contínua ou a quantidade de tempo que um ser humano pode se concentrar em um objeto sem se distrair é curtíssima e pode ser tão transitória quanto 8 segundos. Após esse espaço de tempo, é provável que os olhos de um indivíduo mudem de foco ou que um pensamento disperso se assimile rapidamente na consciência. Felizmente, esses lapsos breves de atenção distraem muito pouco e não costumam interferir no desempenho da tarefa.

A maioria das conversas que observei dura mais de 20 minutos, colocando o agile coach em uma posição de risco para a divagação. Seja lá qual for a duração da conversa, a capacidade de concentração contínua de menos de 8 segundos também pode ser uma armadilha. Caso você seja como eu, um breve lapso de concentração basta para mandar sua mente para um mundo totalmente novo que não tem nada a ver com o trabalho em questão. Para mim, esses breves lapsos afetam e muito o desempenho da tarefa quando estou observando as conversas de outras pessoas.

Quer você seja como eu, quer consiga se concentrar ininterruptamente por longos períodos, mais cedo ou mais tarde sua mente sairá vagando por aí. Cabe a você trazê-la de volta. Concentração, divagação, atenção. Essa deve ser sua prática. Concentre-se na conversa. Oops! Minha mente saiu divagando por aí. Procure se concentrar novamente. De novo e de novo (Devin).

A fim de potencializar sua capacidade de prestar atenção, talvez ajude manter as mãos ou a mente ocupadas em uma atividade em segundo plano. As minhas duas atividades preferidas são rabiscar e fazer esculturas com clipes de papel. Outros leem blogs sobre a metodologia ágil ou ficam vendo imagens fractais online. São meios ótimos de ajudá-lo a manter sua atenção na equipe. Claro que você precisa estar ciente de quando a atividade de segundo plano passou a ser a atividade de primeiro plano e assumiu o papel principal. Quando isso ocorrer, deixe de lado a atividade de segundo plano e lembre-se: concentração, divagação, atenção. Volte para a equipe. É por eles que você está aqui.

Quase sempre você ficará longe da ação principal. Você ajudou a equipe a direcionar conversas de qualidade e, mais do que isso, transmitiu as habilidades necessárias a fim de gerenciar a qualidade das próprias conversas. Certamente chegará o momento de retornar à ação principal.

Quando o clima ficar sobrecarregado ou você perceber a preocupação no ar, você pode decidir se aproximar e sentar-se novamente com a equipe. Às vezes, apenas sua presença física e atenção total afugentam a tensão. Talvez isso aconteça porque cada pessoa sabe que foi ouvida, pelo menos por você. Outras vezes, um desafio, observação ou pergunta poderosa os ajuda a romper o padrão de espera.

Ou talvez seja a hora de a equipe buscar uma nova habilidade. Talvez você perceba que eles precisam desenvolver mais força no que tange à colaboração ou adquirir a habilidade de navegar em conflito. O melhor momento para promover novas habilidades como essas ocorre no instante em que ela pode ser usada imediatamente. Portanto, fique alerta para tirar partido das situações que se apresentam.

> **VEJA TAMBÉM** Tudo o que um agile coach faz com uma equipe é realizado com o objetivo de transferir habilidades para a equipe. Duas das habilidades essenciais para as equipes são trabalhar em grupo e navegar pelas águas da colaboração e do conflito. Construir uma força de colaboração em equipe é assunto do Capítulo 10, "Coach como Direcionador Colaborativo". O Capítulo 9, "Coach como Mediador de Conflitos", oferece modelos e ferramentas que ajudam as equipes a enfrentar bem os conflitos.

Facilitação Profissional e Agile Coach

Há muitas habilidades do mundo da facilitação profissional que um agile coach pode pôr em prática com grande eficácia. Incentivo todos a realizarem a própria pesquisa e encontrarem as ferramentas que mais os ajudarão. Neste livro, especificamente, fugi às muitas técnicas de facilitação formal porque já existe uma profusão de bons materiais sobre esse assunto.

À medida que você conquista mais habilidades de facilitação, lembre-se de aplicá-las de acordo com o propósito de treinar as equipes ágeis. A facilitação para as equipes ágeis não se trata do uso de técnicas para direcioná-las por uma conversa formal após a outra, como se faria em um projeto, feito por meio de uma série de reuniões. O contexto de uma equipe ágil significa que os membros da equipe conversam regularmente entre si, tanto formal (como em uma reunião) quanto informalmente (o tempo todo). A facilitação para as equipes ágeis permanece focada em ensinar-lhes como realizar reuniões formais e, em seguida, empregar as noções do treinamento para observá-los em ação e ajudá-los a melhorar suas interações, ao mesmo tempo em que você confia neles para saber aonde ir.

Recapitulação

Vamos fechar este capítulo com chave de ouro:

- Cada reunião ágil tem um propósito específico que responde à pergunta: "Por que fazemos essa reunião, afinal de contas?" Treine as equipes para conquistar o objetivo, usando-o como uma garantia para assegurar que eles estejam aproveitando ao máximo as muitas reuniões ágeis possíveis.
- Interaja com a equipe mais no começo, quando estiver ensinando a metodologia ágil, e recue o mais rápido possível, a fim de promover a auto-organização contínua.
- Tome uma decisão consciente antes de oferecer qualquer coisa a uma equipe e ofereça somente as coisas que tragam benefício, que sejam muito superiores e cuja interrupção valha a pena.
- Fique bom em ser um observador excelente.
- Ajude com os conteúdos das conversas e promova a facilitação para ajudar a equipe a melhorar a qualidade de suas interações.
- Especialize-se em fornecer desafios, observações e perguntas poderosos. Isso exige prática, mãos à obra.

Leituras e Recursos Adicionais

Tabaka, J. 2006. *Collaboration Explained: Facilitation skills for software project leaders* ["Colaboração em Cena: Habilidades de facilitação para líderes de projetos de software", em tradução livre]. Boston: Addison-Wesley. Esse livro é uma peça-chave em minha estante e é usado toda vez que eu treino novos coaches. Não deixe que a palavra *software* no subtítulo o faça pensar que a obra só vale para as equipes de desenvolvimento de software.

Davies, R. and Sedley, L. 2009. *Agile Coaching* ["Treinamento Ágil", em tradução livre]. Raleigh: Pragmatic Bookshelf. Esse livro apresenta dicas práticas página após página para o treinamento durante as reuniões ágeis padrão e se aprofunda nas práticas técnicas de coaching.

Derby, E. and Larsen, D. 2006. *Agile Retrospectives: Making good teams great* ["Transformando Boas Equipes em Equipes Ótimas", em tradução livre]. Raleigh: Pragmatic Bookshelf. Esse livro contém a "fórmula" de retrospectiva em cinco etapas que sigo até hoje. A obra está repleta de atividades que ajudam a equipe a enxergar seus métodos de trabalho sob uma luz diferente e a apresentar ideias que causarão um impacto significativo na maneira como trabalham juntas.

Referências

Cohn, M. 2005. *Agile Estimating and Planning.* Boston: Addison-Wesley.

———. 2004. *User Stories Applied: For Agile Software Development.* Boston: Addison--Wesley.

Davies, R. and Sedley, L. 2009. *Agile Coaching.* Raleigh: Pragmatic Bookshelf.

Devin, L. Uma série aleatória dos meus exercícios favoritos. Manuscrito não publicado.

Pichler, R. 2010. *Agile Product Management: Creating products that customers love.* Boston: Addison-Wesley.

Tabaka, J. 2006. *Collaboration Explained: Facilitation Skills for Software Project Leaders.* Boston: Addison-Wesley.

Whitworth, L., Kimsey-House, K., Kimsey-House, H. and Sandahl, P. 2007. *Co-Active Coaching: New Skills for coaching people toward success in work and life,* segunda edição. Mountain View, CA: Davies-Black.

Capítulo 7

Coach como Professor

Um agile coach desempenha a função de professor muitas vezes ao longo da vida de uma equipe. Há muita coisa para a equipe aprender. Desde o início, os agile coaches ensinam a metodologia ágil em sua forma mais simples e poderosa. Depois eles treinam sistematicamente as equipes para regressar ao simples e ao poderoso, lugar em que a metodologia ágil floresce.

Este capítulo detalha as principais ocasiões e tópicos de ensino: o ensino da metodologia ágil durante o pontapé inicial da equipe, durante os recomeços e durante os momentos inesperados; o ensino dos papéis na metodologia ágil; e como as pessoas podem continuamente desempenhar e expressar com maestria esses papéis.

A primeira oportunidade para ensinar surge rapidamente — logo no pontapé inicial da equipe. Quando aplicado bem, o ensino da metodologia ágil logo no início pode ser o combustível para uma equipe, ajudando-a a ir além e mais rápido do que poderia imaginar.

Assim sendo, quando as coisas saem errado, o coach ensina de novo, oferecendo à equipe um pouco de reforço ou se aprofundando em uma área em que ela foi além dos princípios básicos ou dificultou sem necessidade a metodologia ágil e perdeu o rumo.

> **Quando terminar este capítulo, você será capaz de responder a estas perguntas:**
>
> - O que ensino à equipe durante o pontapé inicial? O que ela precisa saber antes de começar o trabalho?
> - Qual o tempo esperado para preparar a reunião inicial?
> - Como faço para integrar novos membros à equipe?
> - Como posso garantir que os papéis ágeis de "liderança" — Product Owner, agile coach e gerente ágil — sejam bem compreendidos e saudáveis?
> - Quais ferramentas posso usar a fim de ajudar as equipes quando elas estão operando em papéis pouco claros?

Ensine durante o Pontapé Inicial da Equipe

Quando uma empresa quer "passar a ser ágil", eles se voltam para você, o coach, e perguntam: "Como podemos montar as equipes?" Isso ocasiona uma enxurrada de perguntas em sua mente. O que eu preciso saber antes de começar uma equipe? Em que medida as equipes precisam saber a respeito da metodologia ágil antes de "serem ágeis"? O que eles precisam saber um do outro? E quanto ao produto a ser desenvolvido? E quanto ao que eles se tornarão como equipe? Você sente alguma coisa importante e efêmera no ar a respeito, e você tem razão. Embora reforce constantemente os princípios ágeis à medida que a equipe trabalha em conjunto, o pontapé inicial de uma equipe lhe permite ensinar a metodologia ágil em sua forma mais básica e sólida. É uma ocasião que não acontece duas vezes.

O pontapé inicial de equipes poderosas ocorre em um ou dois dias; é o tipo de coisa que não demora muitos dias ou uma semana. Aqueles que contribuem se aprofundam mais do que o necessário na formação da equipe ou no trabalho, mas o ideal seria se aprofundar no sprint enquanto a equipe busca alcançar os objetivos compartilhados. A organização das equipes, precisamente, harmoniza-se melhor com pessoas no contexto do trabalho do que com um "evento" propriamente dito. Portanto, o pontapé inicial tem que ser breve e específico.

Ao concluir o pontapé inicial da equipe, inicia-se o primeiro sprint. Você terá direcionado os membros da equipe de um conjunto de indivíduos para uma equipe nova em seu primeiro sprint, sem intervalo entre os dois. Para fazer isso, aborde essas áreas principais durante o pontapé inicial (Vizdos, 2005):

Aprender sobre o processo a ser usado.

Aprender sobre a equipe.

Aprender sobre o trabalho que está por vir.

Vamos lá!

Ao projetar esse início, você tem como alocar mais tempo para aprender sobre o processo e o trabalho a ser feito e tem menos tempo para saber mais a respeito da equipe. Os três são igualmente importantes em algum momento da vida da equipe, porém, no pontapé inicial, focar a equipe na orientação da tarefa, em vez de focar a orientação do relacionamento, os prepara para o êxito (Gratton et al., 2007). Mais tarde, quando os conflitos começarem a vir à tona, você pode buscar apoio na orientação de relacionamento, mas, por ora, inteire-se (e preste atenção) ao trabalho que tem em mãos.

> **VEJA TAMBÉM** — O gerenciamento de conflito com sua equipe é o assunto do Capítulo 9, "Coach como Mediador de Conflitos".

Investigaremos a fundo a primeira das três áreas do pontapé inicial das equipes, aprendendo mais a respeito do processo.

Aprendendo sobre o Processo

A aprendizagem do processo a ser utilizado certamente inclui o framework ágil escolhido. Por isso, você é o professor deles. A aprendizagem pode incluir disciplinas ou ferramentas do Seis Sigma, Lean, design centrado no usuário ou Extreme Programming, ou pode ser até mesmo um campo de treinamento relacionado aos padrões ou aos procedimentos da empresa. Caso algumas dessas opções ou outras forem usadas, peça para que especialistas ensinem a equipe a respeito (isso se você não for especialista). Em seguida, você entra em cena novamente a fim de ajudar a equipe a decidir como as ferramentas e as ideias de outras disciplinas podem se encaixar no framework ágil. Para tal, eles precisam aprender primeiro a respeito do framework ágil.

Se os membros da equipe já tiverem tido contato com equipes ágeis antes, o seu ensino assume a forma de um treinamento leve camuflado de "vamos falar a mesma língua". Com uma equipe nova na metodologia ágil, você tem a oportunidade de um novo começo. Ensine a metodologia ágil para eles na íntegra e de forma completa e irresistível.

As pessoas que já trabalharam antes em equipes ágeis acham que "conhecem a metodologia ágil" e que não precisam de treinamento em relação às práticas, aos princípios, aos valores e aos papéis ágeis. Conforme ilustrado na Figura 7.1, elas não raro adotaram inconscientemente os rituais e as limitações de suas equipes anteriores e se desviaram da essência ágil. Elas ainda não reconhecem isso, mas a "minha metodologia ágil" não é a "sua metodologia ágil" e não se parece em nada com "esta metodologia ágil". Mais grave ainda, todas essas supostas versões podem estar longe de um bom uso da metodologia ágil.

A premissa de ensinar os princípios ágeis para agilistas experientes começa com o coach afirmando: "Sei que vocês têm experiência em metodologia ágil. Me deem dez minutos para mostrar a minha versão dos princípios ágeis para podermos ter certeza de que nosso entendimento está em sintonia. Eu faço coach a partir desta versão da metodologia ágil, logo é importante vocês saberem de onde eu venho."

Em seguida, usando um quadro branco, apresente de modo breve o framework ágil a ser empregado no treinamento. Os frameworks ágeis utilizados com mais frequência são leves e simples — fáceis de demonstrar em dez minutos, se você pegar o jeito de apresentá-lo com o quadro branco. Portanto, pratique essa apresentação no quadro branco e seja capaz de demonstrá-la de maneira simples e confiável a qualquer hora, em qualquer lugar.

> **VEJA TAMBÉM** Com uma equipe de agilistas experientes, em particular, defina sua expectativa de que eles terão um desempenho alto logo no início, usando as ferramentas oferecidas no Capítulo 2, "Espere um Alto Desempenho".

Essência Ágil
Primeiro, temos a essência ágil. É a metodologia ágil bem aplicada por completo. É a metodologia em sua forma mais sólida e útil.

1ª Equipe — Essência Ágil
Então, vem a primeira equipe. Ela usa bem a metodologia ágil e coloca cerca de 80% em prática. Ela cria seus próprios rituais.

2ª leva / 3ª leva — Essência Ágil
Depois, vem a segunda leva de equipes, geradas a partir de membros da primeira equipe e alguns novatos na metodologia. Elas até aplicam bem a metodologia, colocando 60% em prática. Adotam os rituais da primeira equipe e criam outros.

Essência Ágil
E assim por diante... e sucessivamente... Cada nova equipe adotando as práticas e os rituais que aprenderam em equipes anteriores, ficando cada vez mais longe da essência ágil.

Essência Ágil
Até que o coach puxa os agilistas experientes de volta à essência ágil. Eles nem sabem que se desviaram, porque a sua versão de ágil é simplesmente normal para eles.

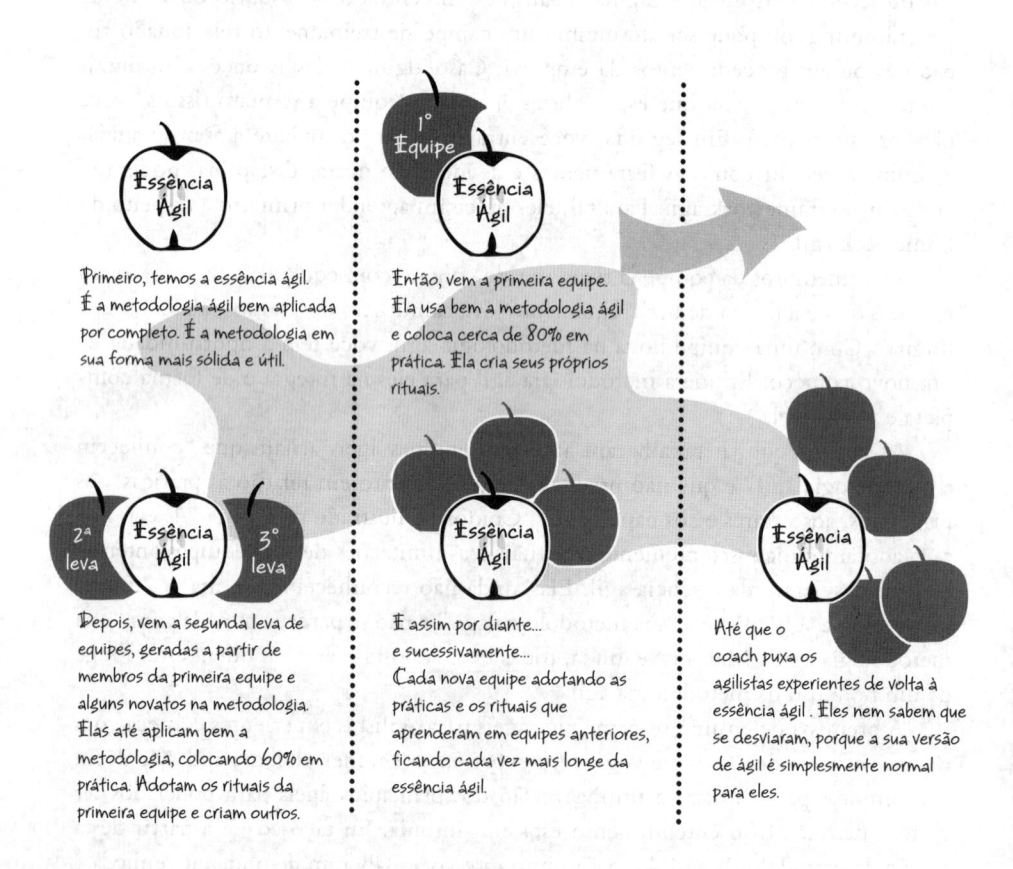

FIGURA 7.1 O desenvolvimento das equipes ágeis cria a necessidade de treinar os membros da equipe para retornarem à essência ágil

Esses breves dez minutos fazem com que diferentes experiências da metodologia ágil despontem. As pessoas reconhecem o ponto em que a metodologia ágil foi adaptada antes de se juntarem à equipe e agora entendem que nunca usaram algumas partes do framework. Elas enxergam como as equipes anteriores condicionaram as práticas ágeis com rituais que não funcionam mais. Com essas revelações vindo à tona, o coach inicia uma discussão sobre a essência ágil e como ela foi (talvez indevidamente) utilizada.

CARTÃO DE TAREFAS TECNOLÓGICO

A cada equipe nova, herdamos os fardos de gerações de equipes anteriores sem ao menos sabermos. Até mesmo uma coisa simples, como imprimir cartões de tarefas, pode se tornar um fardo desnecessário. Uma equipe parou de fazer as coisas durante o planejamento do sprint porque a rotina de impressão em série usada para imprimir os cartões de tarefas não funcionava.

Eles estavam convencidos de que não poderiam continuar o planejamento; desse modo, o coach pegou algumas canetas e demonstrou que escrever os cartões à mão também funcionava. À medida que escreviam os cartões de tarefas à mão, descobriram algo incrível: eles conversaram mais uns com os outros. Conversaram a respeito de como as tarefas funcionariam e quem estava mais bem preparado para realizar o quê. Exploraram abordagens alternativas com o intuito de realizar o trabalho. Identificaram uma nova dimensão para o planejamento. E ficaram surpresos ao descobrir que demorou cerca de metade do tempo que costumava levar.

A impressão dos cartões de tarefas pode não ser uma ideia ruim, porém não faz parte da essência ágil. Sem sombra de dúvidas, imprimir os cartões de tarefas solucionava um problema sobretudo difícil para algumas equipes no passado (seja lá qual fosse o problema); todavia não era mais relevante e era até prejudicial para essa equipe.

Durante essa discussão, assuma veementemente a posição de professor. Traga essa equipe de agilistas experientes de volta à essência ágil. No decorrer do caminho, não os deprecie pelos rituais e mudanças de suas equipes anteriores (e eles) para a metodologia ágil. Uma vez que pedimos às pessoas para inspecionar e adaptar, o "desvio" da essência é esperado e talvez seja um amadurecimento perfeitamente saudável do uso dos princípios ágeis. Como coach da equipe, ajude as pessoas a se conscientizarem das adaptações que elas trazem para essa equipe nova e faça a distinção no ponto em que elas podem ter usado o "copiar e seguir" em vez do "inspecionar e adaptar". Ao fazer isso, toda a equipe decide se deve utilizar as adaptações. Nessa discussão, assuma a postura de quem conhece solidamente a essência ágil e ajude a equipe a enxergar esse novo começo como iniciantes, cheio de possibilidades de fazer o bom uso da metodologia.

Com novos agilistas, você tem o prazer de começar tudo de novo! Ensine mais do que uma conversa em um quadro branco de dez minutos para ajudá-los a incorporar os valores e princípios ágeis desde o início. Use as atividades de seu próprio treinamento enquanto agile coach. Escolha aqueles que enxergam a metodologia ágil como algo profundo e relevante.

Aconteça o que acontecer, um treinamento mais leve ou mais abrangente, atenha-se à essência dos princípios ágeis. Controle-se e escolha conscientemente quais rituais de equipes passadas você demonstrará para eles. Alguma coisa universalmente aceita, mas que porventura não seja vista como parte da essência ágil, como as histórias de usuários, pode ser um exemplo muito bom. Talvez o layout do storyboard da equipe e em quais cores os cartões de histórias e tarefas devem ser escritos não sejam uma boa ideia, ainda que pareçam um ritual inocente. Essa é uma equipe diferente. Talvez eles não se deparem com os mesmos obstáculos que as equipes anteriores, logo você não precisa empregar os mesmos métodos.

Simplifique as coisas, sabendo que a metodologia ágil dispõe de tudo o que eles precisam para enfrentar seja lá o que vier pela frente.

Saiba Mais sobre a Equipe

Saber mais sobre a equipe começa com o aprendizado a respeito de cada indivíduo e, a partir dele, a criação de uma identidade compartilhada em equipe. No pontapé inicial de uma equipe, seus ensinamentos assumem o caráter de um guia turístico, auxiliando-os a descobrir coisas novas sobre eles próprios e sobre os outros membros.

> *A arte de ensinar é a arte de auxiliar a descoberta.*
>
> — Mark Van Doren

Os indivíduos se definem como equipe quando aprendem um sobre o outro enquanto seres humanos e, então, evoluem a partir desse entendimento para um senso de quem eles podem se tornar juntos. No pontapé inicial, planeje atividades que possibilitem aos membros da equipe se relacionarem uns com os outros em um nível humano, em que descobrirão as habilidades, talentos e qualquer outra bagagem que os ajudarão a alcançar os objetivos do trabalho que está por vir. Isso define o cenário para a auto-organização e o comportamento multidisciplinar.

A partir das lições aprendidas um sobre o outro como fonte de insight, guie o grupo a estabelecer uma identidade como uma equipe. Deixe-os idealizarem uma visão compartilhada de si mesmos juntos, como uma equipe, e imagine como tomarão as rédeas a fim de conquistarem essa visão. Por meio disso, você instaura, desde o início, que montar a equipe é um produto em si, tão importante quanto os outros produtos que farão juntos.

Aprendendo sobre o Outro Enquanto Pessoa

Inúmeras atividades excelentes ajudam as pessoas a quebrar a barreira da timidez para que possam compartilhar suas esperanças, sonhos, habilidades, perspectivas e objetivos umas com as outras quando estão em um grupo novo. Você as encontrará pesquisando pelo termo "team building" na internet. Um aviso: à medida que você pesquisa essas atividades, evite levar para a equipe aquelas que tenham como propósito fazer com que todos se sintam bem um com o outro e cantar a música "Kumbaya" em coro. Usamos atividades classificadas como "team building" para ajudar as pessoas a aprender umas sobre as outras, de modo que possam depender umas das outras à medida que buscam objetivos compartilhados. Não tem nada de piegas.

Algumas atividades que se tornaram minha referência na construção desse tipo de entendimento são as Linhas de Jornada (Journey Lines), o Mercado de Habilidades (Market of Skills), a Constelação (Constellation) e os Valores (Values). As Linhas de Jornada relacionam uma profunda compreensão do passado de cada pessoa — suas realizações e decepções, suas habilidades e talentos, e um pouco sobre suas vidas que não se conhece. O Mercado de Habilidades, uma alternativa às Linhas de Jornada, ressalta sobretudo as habilidades e os talentos das pessoas. A Constelação proporciona uma chance de enxergar como os membros da equipe gostam e não gostam de trabalhar, o que os motiva e o que mina essa motivação, o que eles desejam ser e o que preferem evitar. A atividade Valores convida cada pessoa a descobrir e a expressar as coisas fundamentais a respeito delas próprias que as tornam quem são.

Linhas de Jornada Uma linha de jornada (Tichy, 2002) representa graficamente a jornada profissional de uma pessoa. Ao começar do ponto que elas querem, cada pessoa desenha os altos e baixos de sua jornada em um flip chart. Conforme você pode observar na Figura 7.2, a linha de jornada muitas vezes parece uma montanha-russa com observações em cada ponto alto e baixo para lembrar a pessoa daquele episódio em particular. Algumas observações abrangem detalhes da vida familiar, bem como da vida profissional. Algumas se limitam aos acontecimentos profissionais. Isso pouco importa. Não existem observações iguais, e todas cumprem o seu papel.

Depois que todos terminarem de desenhar suas Linhas de Jornada (cerca de dez minutos), cada pessoa apresentará as próprias linhas à equipe. Quando uma pessoa fala, o resto do grupo toma nota de tudo o que lhes saltar aos olhos: as habilidades que a pessoa tem que contribuirão para o projeto ao qual estão prestes a iniciar; os talentos que são interessantes e podem ajudar mais tarde; ou as experiências e os valores que tornam essa pessoa quem ela é. Cada pessoa lê em voz alta as anotações e coloca as observações na Linha de Jornada. Veja a seguir alguns exemplos de observações das Linhas de Jornada:

- "Experiência contábil — pode ser útil quando abordarmos as interfaces com os contadores pães-duros."
- "Atendimento a doentes mentais em um hospital — sei que você pode fazer qualquer coisa se conseguiu fazer isso."
- "Você realmente respeitou a si mesmo em cada decisão de carreira. Você nunca colocou à prova quem você é."

Ensine durante o Pontapé Inicial da Equipe | **157**

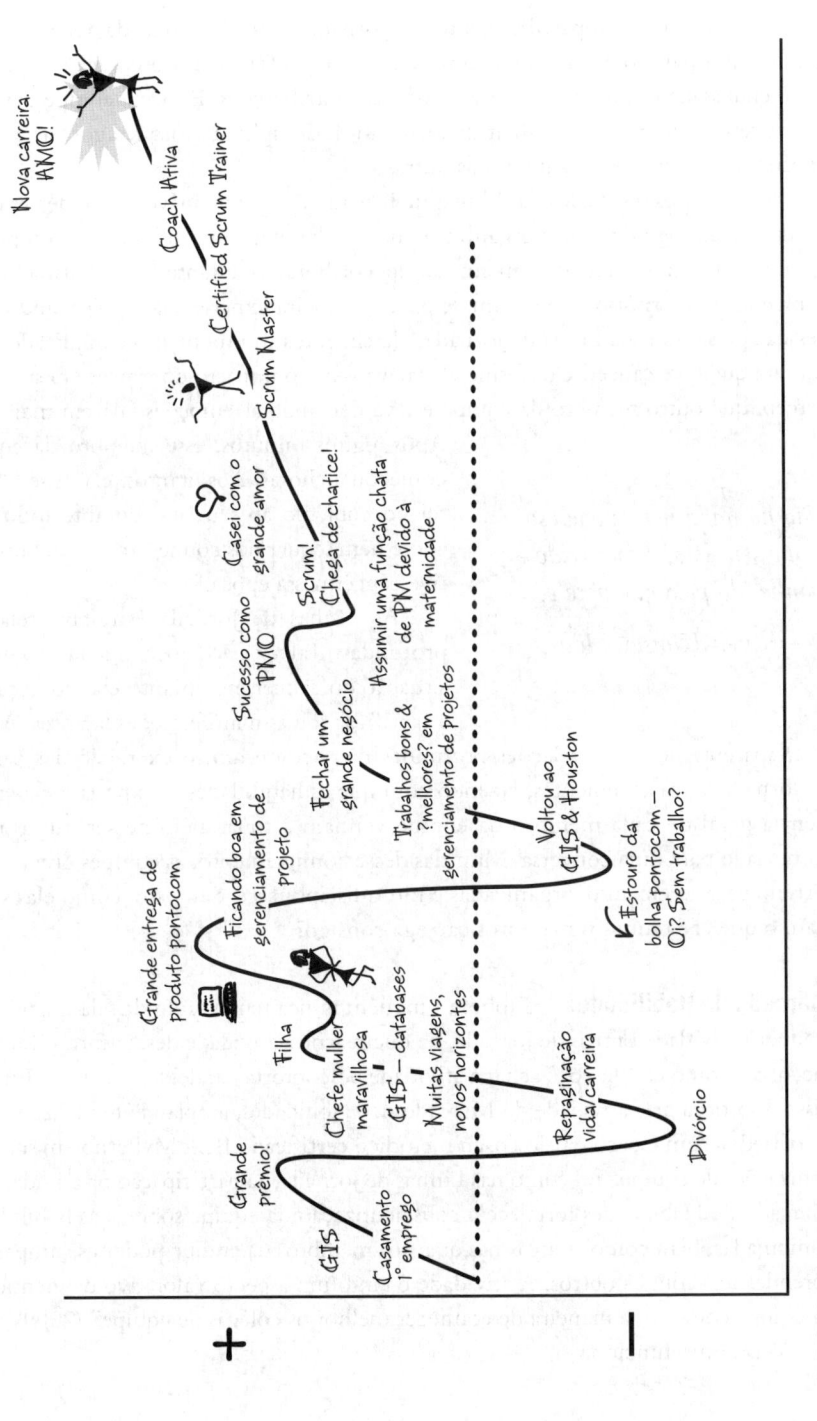

FIGURA 7.2 Amostra de Linha de Jornada

Por meio do compartilhamento da jornada de cada um e da receptividade genuína por parte dos outros membros da equipe na forma de observação, cada pessoa é endossada por quem é e pelas possíveis contribuições. E toda a equipe constrói um alicerce sólido para trabalhar de forma multidisciplinar, porque agora as pessoas conhecem as experiências umas das outras.

Não raro, os resultados das Linhas de Jornada são inimagináveis. Um desses casos aconteceu comigo durante a organização de um "pontapé inicial" de uma equipe. Os membros da equipe trabalharam em estreita colaboração durante anos confinados nos cubículos do escritório e reuniram-se para a primeira experiência ágil. Quando uma pessoa apresentou sua Linha de Jornada, ela chegou a um momento complicado — o ano em que teve câncer. Conforme ela falava sobre o impacto do câncer em sua vida, percebi que outro membro da equipe estava deixando as emoções falarem mais alto.

Após alguns minutos, esse membro da equipe começou a chorar. Aos prantos, ela disse: "Sentei no cubículo ao seu lado durante todo esse ano e nem sequer nos conhecíamos. Eu também tive câncer nessa época."

> *Não há nada mais poderoso do que ser visto, reconhecido e conhecido pelo que você é.*
> — Karen Kimsey House

As Linhas de Jornada estreitam relações profundas. Talvez não tão explícitas como na situação do câncer, no entanto elas começaram a frutificar sob as manifestações latentes. Ainda que, aparentemente, as relações profundas não aconteçam, o exercício das Linhas de Jornada lança as sementes, fazendo com que as habilidades, a expertise e a experiência geral de cada membro da equipe venham à tona, além de ser um assunto apropriado para uma conversa. Munidas desse conhecimento, as equipes preparam o terreno para serem auto-organizadas e multidisciplinares. Sem isso, como elas saberiam o que cada um dos membros carrega consigo?

Mercado de Habilidades Embora ninguém nunca tenha saído da sala quando introduzi a atividade Linhas de Jornada, há quem ache a atividade desconfortável no começo. Se, como coach, você achar a atividade desconfortável, deixe-a de lado. Em vez disso, substitua pela atividade do Mercado de Habilidades, amplamente utilizada pelo Certified Scrum Coach e pelo coach metódico certificado Bent Myllerup em suas organizações de equipe. Tal como nas Linhas de Jornada, "a participação na atividade de Mercado de Habilidades fortalece a conscientização da equipe sobre suas habilidades combinadas, bem como as áreas nas quais os membros da equipe podem se amparar e aprender uns com os outros. A atividade é tanto um aspecto valorativo da identidade da equipe como uma maneira de conhecer melhor os colegas de equipe" (2009).

Veja como funciona:

Imagine que cada membro da equipe tenha uma pequena loja em um mercado. Em 20 minutos, cada pessoa faz um cartaz que responda às seguintes perguntas:

- Quais competências, habilidades e aptidões relacionadas à equipe estão disponíveis em sua loja?
- O que está disponível para comprar no balcão de sua loja? (Grosso modo, quais competências, habilidades e aptidões você tem que podem não ser substanciais para o objetivo da equipe?)
- Quais competências, habilidades e aptidões você gostaria de adquirir ou aprender com alguns dos outros membros da equipe?

Em seguida, cada pessoa apresenta seu cartaz. Durante a apresentação, todo mundo toma nota do seguinte (uma observação em cada post-it):

- As competências e outras coisas que essa pessoa oferece e que o deixam animadíssimo (podem ser registradas em post-it verde).
- Outras competências, habilidades e aptidões relevantes que você sabe que essa pessoa tem, mas não mencionou (podem ser registradas em post-it vermelho).
- Como você pode ajudar a pessoa a adquirir as competências, habilidades ou aptidões que ela deseja (podem ser registradas em post-it amarelo).

Após a apresentação, os outros membros da equipe fornecem feedback individualmente e colam os post-its perto do cartaz da pessoa (Myllerup, 2009).

Myllerup afirma ser específico com os membros da equipe sobre que tipo de feedback é construtivo, especialmente para o feedback "como posso ajudá-lo". Essa atividade não deve ser utilizada como plataforma de lançamento para oferecer conselhos ou críticas não solicitadas à pessoa que apresenta o seu cartaz de Mercado de Habilidades.

Tanto as Linhas de Jornada quanto o Mercado de Habilidades lhe conferem a mesma posição — os colegas de equipe compreendem as habilidades uns dos outros a fim de que possam descobrir como compartilhar o trabalho. Tendo isso como alicerce, siga adiante para orientar a equipe em uma atividade que os ajude a aprender sobre os estilos e as preferências de trabalho.

> ## LIDANDO COM A RESISTÊNCIA DO TIPO PIEGAS
>
> As pessoas me perguntam com frequência se eu enfrento muita resistência quando trabalho com uma equipe por meio de uma atividade de aprendizado, como as Linhas de Jornada, o Mercado de Habilidades ou a Constelação. Não enfrento. Talvez seja a forma como convido os membros da equipe a participar, quem sabe seja o fato de que eu somente parto do princípio que eles participarão, ou talvez seja porque acredito no método e nos resultados, logo não hesito quando abordo as pessoas. Todo mundo participa, e eu nunca (ainda) vi ninguém indo embora ou até mesmo armando um estardalhaço. Você pode partir do princípio que tudo correrá bem e ver no que dá.
>
> Mas e se a equipe resolver não continuar e afirmar: "Não faremos nada piegas aqui"? Uma coisa que outros coaches acham que funciona é ser aberto com a equipe sobre os motivos e possíveis resultados da atividade. Caso uma atividade corra bem, pode gerar muitos resultados, alguns nunca vistos pelo coach, por isso seja aberto ao mencionar um resultado.
>
> Ao empregar esse método, quando for apresentar as Linhas de Jornada, por exemplo, você poderia dizer: "As Linhas de Jornada são um meio de conhecermos as habilidades, talentos e experiência uns dos outros, para que todos possam descobrir como confiar um no outro quando estivermos trabalhando no sprint. Muitas coisas podem acontecer, então estejam abertos à experiência, porém este é um resultado comum e o objetivo básico à medida que trabalhamos nas Linhas de Jornada."
>
> Essa abordagem também funciona para pessoas com flexibilidade limitada ou outras circunstâncias que exigem que elas alterem a atividade para participar plenamente. Caso saibam o resultado potencial de uma atividade, podem descobrir maneiras alternativas de alcançá-lo.

Constelação   A Constelação (Adkins e Blake, 2009) começa em um local aberto, com espaço suficiente para as pessoas caminharem. Escolha qualquer objeto e coloque-o no chão. O objeto representa o centro da constelação. Peça aos membros da equipe que fiquem ao redor do objeto-centro e informe que você lerá algumas declarações para eles. Explique que, para cada declaração, eles devem ir em direção ao objeto-centro ou afastar-se como se estivessem em uma escala. Quanto mais próximo do objeto-centro, mais verídica é a declaração para eles, e, quanto mais longe, menos ela vale. Comece com algumas declarações, como as que seguem, para animar a equipe:

- Gosto de ficar sozinho.
- Meus momentos mais felizes são quando estou na natureza.
- Gosto de fazer coisas utilizando minhas mãos.

- Eu prospero quando estou perto das pessoas.

Depois de ler a declaração, cada membro da equipe se aproxima ou se afasta do objeto-centro para marcar o quanto a afirmação lhe parece verdadeira ou falsa em sua vida. Eles se movimentam ao mesmo tempo, sem ninguém prestar muita atenção para onde as pessoas se deslocam. Uma vez no local escolhido, convide-os a dar uma olhada ao redor e ver em que lugares seus colegas de equipe estão. Incentive-os a dar uma boa olhada na "constelação de pessoas" gerada pela declaração. Assegure que eles compreendam o objetivo da atividade — aprender uns sobre os outros.

Após o treino das declarações, passe para declarações mais seletivas, elaboradas para maximizar as preferências e necessidades de trabalho:

- Gosto de falar na frente das pessoas.
- Evito entrar em conflito com pessoas que estão hierarquicamente acima de mim.
- Gosto de surpresas.
- Eu não gosto de silêncio desconfortável e tento preenchê-lo.
- Gosto de reconhecimento público.
- Fico calado em situações desagradáveis.
- Sou perfeccionista.
- Aprecio debates.
- Gosto de facilitar as reuniões.

Mais uma vez, convide-os a observar a reação de toda a equipe perante as declarações na forma de cada constelação.

Depois de ler suas declarações pré-elaboradas, peça à equipe para elaborar as próprias declarações. Convide-os a escrever declarações em pedaços de papel para que você as leia para o grupo. Às vezes, as pessoas apresentam declarações pontuais que sinalizam possíveis áreas de preocupação. As declarações também podem sinalizar que alguém com uma necessidade quer ver quem mais tem a mesma necessidade. Outras vezes, as declarações são pequenos "testes" que um membro da equipe faz para outro colega, apenas para ver como as pessoas reagem em determinadas circunstâncias, mesmo aquelas que todos querem que a equipe evite explicitamente.

Veja a seguir alguns exemplos de declarações elaboradas por membros da equipe:

- Eu prospero em ambientes microgerenciados.
- Eu me sinto melhor trabalhando sozinho do que em equipe.
- Eu me sinto à vontade em fornecer feedback direto.
- Preciso de um tempo para pensar em algo antes de trabalhar nele.
- Fico desapontado com a falta de ordem.
- Acho que a metodologia ágil vai funcionar com a gente.

- Não me importo de infringir as regras para fazer as coisas.
- Eu me sinto à vontade usando a metodologia ágil, mesmo que isso restrinja minha influência ou controle pessoal.

A observação das constelações provenientes dessas declarações mostra à equipe o que seus colegas de equipe farão ou não, em que eles acreditam ou não e o que eles tolerarão ou não. Isso estabelece uma base mais sólida a partir da qual a equipe se auto-organiza, porque ocasiona uma compreensão melhor das pessoas em uma equipe. Talvez, um ou dois meses depois, alguém diga: "Ah, já sei por que você está tão calado. Não é que você não se importe ou não tenha opinião; você apenas fica desconfortável quando as pessoas levantam a voz. Lembro-me de que você quase saiu da reunião quando fizemos a constelação e o coach leu a declaração: "Fico à vontade com gritaria." Compreensão instaurada. Um resultado estelar, de fato.

> *O que eu ouço, esqueço.*
> *O que eu vejo, lembro.*
> *O que eu faço, compreendo.*
>
> — *Kung Fu Tzu (Confúcio)*

O sucesso com a Constelação ocorre quando você faz essa pergunta e depois os deixa conversar entre eles: "Que forma da constelação foi surpreendente para você?"

Valores A atividade de Valores (Kouzes e Posner, 2007) permite que as pessoas explorem seu mundo interior de outra maneira — por meio da valorização das palavras. Cada pessoa recebe um baralho de cartas com os mesmos valores. Nas cartas estão escritas palavras como:

Capacidade de decisão	Felicidade	Paciência	Trabalho em equipe
Disposição	Independência	Desafios	Diversidade
Prosperidade	Espiritualidade	Produtividade	Crescimento

Uma carta do baralho é deixada em branco no caso de alguém ter uma palavra de valor que deseje registrar na carta. O ideal seria ter muitas cartas de valores, talvez 50 ou até mais, o bastante para que as pessoas possam trocar entre os valores que prezam por outros que lhes são caros.

Veja como funciona: cada pessoa ordena os cartões de valores, colocando-os em duas pilhas: valores importantes para mim e valores que não importam. Em seguida, as pessoas pegam as cartas na pilha "importantes para mim" e as classificam em duas pilhas como antes. Elas repetem o procedimento, classificando a pilha "importantes para mim", que fica cada vez menor, até que restem apenas cinco cartas de valores: as mais importantes.

Depois, cada pessoa escreve seus cinco valores em um grande flip chart ou quadro branco com seu nome na parte superior, de modo que todos os valores de todos os membros da equipe sejam vistos de uma só vez. Em seguida, analisam as listas. Enquanto os membros as analisam, faça algumas perguntas instigantes e aguarde as respostas: O que essas listas nos dizem? O que lhe surpreende? Qual valor você gostaria de entender mais a fundo? Onde entramos em desacordo? Onde estamos em sintonia?

Na conversa decorrente, guie o grupo para que cada pessoa aumente a compreensão de seus companheiros de equipe e de si próprios. Para tal, incentive a curiosidade em vez do julgamento. Ninguém está errado (Coaches Training Institute, 2008).

Com o intuito de ajudar todos a aprender sobre as pessoas de sua equipe, conduza uma ou duas atividades, como as Linhas de Jornada, o Mercado de Habilidades, a Constelação ou os Valores, ou outra que tenha descoberto ou elaborado. Cada uma delas inaugura uma compreensão profunda um do outro como seres humanos, extremamente fundamental à medida que trabalham em prol de compromissos compartilhados nos sprints que estão por vir. Elas também preparam o terreno para o que acontece a seguir — saber mais sobre a equipe.

Saiba Mais sobre a Equipe

Com base na consciência mútua criada a partir das atividades anteriores, dê início ao aprendizado sobre a equipe. "A equipe" ainda precisa aflorar. E aflorará seja lá qual for o conjunto de pessoas talentosas, complexas, interessantes, teimosas e influentes. A equipe será o primeiro produto que elas construirão juntas.

As coordenadas diretivas para esse produto — a equipe — são uma visão compartilhada e regras da equipe.

Crie uma Visão Compartilhada As equipes precisam de objetivos em diversos níveis: O que eu ganho com isso? O que nós ganhamos como equipe? Qual é o benefício para a minha empresa? O que o mundo ganha com isso? Uma visão compartilhada que abrange essas dimensões diversificadas e ricas sobreviverá aos ventos inconstantes do conflito e da mudança, que certamente soprarão enquanto a equipe trabalha em conjunto nos próximos meses.

A criação dessa visão começa no íntimo do indivíduo e depois se exterioriza. Peça a cada membro da equipe para escrever seu nome em um pedaço de papel e completar esta frase: "Quando este projeto terminar, quero dizer que tenho..." Pode-se escrever habilidades que alguns esperam somar aos seus conjuntos de ferramentas; para outros ainda pode ser uma qualidade, como ter mais paciência ou aceitação. O que quer que sejam, peça aos membros da equipe que as registre em um pedaço de papel. Em seguida, exiba os pedaços de papéis em um flip chat, formando um círculo ao redor. Peça que cada pessoa leia seus pedaços de papel em voz alta. Depois, pergunte à equipe: "Você concorda em apoiar isso?" Na maioria das vezes, a resposta é um óbvio "sim", porque o objetivo da pessoa não é competir para fazer o trabalho ou até mesmo competir com os desejos dos colegas.

Às vezes, porém, os objetivos individuais entram em conflito. É melhor que eles venham à tona agora e reconhecer a existência deles, todavia não tente resolvê-los. O conflito não pode ser resolvido agora porque ainda não aconteceu. Acontecerá mais tarde, à medida que a equipe trabalha junta. Talvez a equipe não possa apoiar duas pessoas Black Belt concluindo seus projetos Seis Sigma no mesmo sprint. É um conflito. Lide com ele quando você tiver informações e opções para esse conflito específico.

Seu foco permanece aqui: essa atividade concede expressamente às pessoas a permissão para falar sobre suas esperanças pessoais no contexto dessa equipe nova. Isso abre as portas para uma conversa contínua a respeito dos objetivos e da melhor forma de os membros apoiarem uns aos outros.

Quando parte da pergunta "Mas o que ganho com isso?" já foi feita, direcione sua atenção para a equipe como um todo. Lembre-se de alguns dos insights que surgiram durante as atividades anteriores, em que os membros da equipe se conheceram melhor. Oriente-os a fim de elaborar uma declaração sucinta e significativa sobre o que desejam se tornar como equipe. Coloque essa declaração na parte superior do flip chart, em letras grandes e em negrito. Veja alguns exemplos:

- Somos um grupo criativo, trazendo o que há de melhor um do outro a fim de desenvolver produtos importantes.
- Entregamos produtos excelentes e úteis e ouvimos nossos clientes e a nós próprios para que possamos ser ótimos, não somente bons.
- Nós não brincamos em serviço. Enfrentamos a realidade e a usamos em nosso favor, recorremos aos pontos fortes e aos desejos de cada membro da equipe a fim de vencer as adversidades e sermos melhores.

Com uma declaração de quem a equipe se tornará em vigor, passe para o terceiro nível de objetivos: qual é o benefício para a minha empresa? Muitas vezes, a declaração de visão do projeto ou o produto da equipe, ou até mesmo o impacto esperado nos clientes ou usuários serve como base para esse objetivo. Comece por aí e oriente a equipe para que esse objetivo assuma um significado para ela. Muitas vezes isso significa cortar pela raiz atitudes pouco assertivas e "falar corporativamente" para que os objetivos fiquem bem claros. Peça a um membro da equipe que escreva a declaração reformulada no centro do flip chart, delimitada pelos rascunhos em que a equipe registrou os objetivos individuais. Seguem alguns exemplos de objetivos no nível da empresa:

- Estamos repaginando nosso site para que possamos atrair mais pacientes e fidelizá-los, facilitando a compra dos serviços que oferecemos.
- Fazemos com que seja agradável para nossos clientes resolverem seus problemas de modo que possamos fidelizá-los e ter a classificação máxima no quesito atendimento ao cliente no setor.
- Estamos nos preparando para abocanhar uma fatia do mercado de software fiscal com nosso software fiscal novo e totalmente revolucionário.

O nível final dos objetivos é: "O que o mundo ganha com isso?" Se o empenho da equipe não beneficiar o mundo de uma forma marcante, convide-os a enxergar as coisas em uma escala mundial menor: "Nosso produto ajuda as pessoas de baixa renda a garantir o pagamento do próximo mês" ou "Nosso projeto assegura o emprego de mil pessoas em nossa área". Ignore completamente se pensar na contribuição para o mundo for deprimente. Às vezes, o trabalho solicitado às equipes simplesmente não contribui com nada para o mundo.

Caso você tenha a sorte de trabalhar com uma equipe cujo produto terá um grande impacto mundial, guie-a para ter um grande impacto também: "Nosso produto muda o curso da assistência médica para que o indivíduo se torne a parte mais poderosa de todo o sistema" ou "Nosso projeto salva a vida de 100 mil crianças em risco".

> *Nunca ensino meus alunos; apenas tento fornecer as condições para que possam aprender.*
> *— Albert Einstein*

Uma vez elaborada, escreva a declaração "O que o mundo ganha com isso?" dentro do círculo de objetivos individuais. Deixe lá com a declaração de objetivos da empresa. A Figura 7.3 mostra um flip chart completo da visão compartilhada em equipe.

Escreva essas declarações de objetivos em linguagem clara e direta, e use o tempo presente — como se elas já fossem reais. Isso cria a visão. O encerramento dessa atividade reúne todos os objetivos em um todo unificado, o que também cria a visão.

Ao finalizar essa atividade, lembre-se de enfatizar que não é por acaso que os objetivos da empresa e do mundo estão dentro dos objetivos individuais; quando viabilizamos o crescimento pessoal, criamos o ambiente que nos possibilita alcançar os objetivos de negócios. Em seguida, chame a atenção deles para a declaração de visão da equipe escrita em letras grandes na parte superior do flip chart.

> Somos a "Equipe A" — dando o melhor que temos para viabilizar resultados importantes e duradouros.
>
> **EMPRESA:** Estamos desenvolvendo o nosso site para atrair mais clientes e fidelizá-los, facilitando a obtenção dos serviços que oferecemos.
>
> **MUNDO:** Continuaremos a ser um fornecedor de assistência médica forte e vital, consolidando nossos serviços, clientes e nossa comunidade.

FIGURA 7.3   Visão compartilhada em equipe

A visão da equipe e os objetivos individuais servem como farol, a prioridade máxima deles. Tal prioridade ultrapassa os projetos iniciados e concluídos, os objetivos de negócios almejados e conquistados, e os produtos lançados e descontinuados. Por esse motivo, os objetivos da empresa e do mundo, por maiores que sejam, são as prioridades pequenas. Elas representam a busca da equipe nesse momento específico no tempo.

Tanto as prioridades grandes quanto as pequenas têm lá sua serventia (Whitworth *et al.*, 2007), e são as prioridades de maior peso que ditam o rumo a se navegar quando as águas ficam turbulentas. Quando isso ocorrer, leia a declaração de visão da equipe em voz alta e, talvez, lembre às pessoas os compromissos que assumiram de apoiar umas às outras. Muitas vezes, a conversa decorrente faz com que a equipe volte a dar o seu melhor e a se expressar melhor como equipe.

> **VEJA TAMBÉM** Você pode encontrar mais exemplos de declarações de visão compartilhada em equipe no Capítulo 9, "Coach como Mediador de Conflitos", em que as declarações são apresentadas como uma ferramenta que as equipes empregam a fim de lidar com conflitos.

Todos esses objetivos juntos englobam a visão compartilhada dessa equipe nova. Essa visão fornece um destino para começar a caminhar.

Elaborar Regras de Equipe Com a visão compartilhada a todo vapor, a equipe pode mergulhar facilmente de cabeça na criação de regras de equipe. As melhores regras de equipe representam mais do que o tempo das reuniões em pé, as horas críticas ou se as pessoas podem ou não comer na sala da equipe. Elas também podem figurar na lista, porém as regras de equipe que mais ajudam nos momentos difíceis são aquelas que expressam o seguinte (Adkins e Blake, 2009):

- **Valores compartilhados:** Caso tenha feito o exercício Valores proposto anteriormente, você tira de letra. Preparados com o que aprenderam uns sobre os outros, os membros pensam em coisas que os valorizem como equipe. Se esta for a primeira vez que levam em consideração os valores como uma equipe, pergunte-lhes a respeito das qualidades das melhores equipes que já viram. Use isso como um meio de fomentar a criatividade. Veja a seguir alguns exemplos de valores compartilhados:

    - Ser ousado não é ruim.
    - Compartilhe o trabalho = compartilhe o crédito.
    - Perceba quando alguém precisa de ajuda e se ofereça.
    - Preserve a comunicação aberta, mesmo quando não se sentir à vontade.
    - O sucesso da equipe é mais importante que o sucesso individual.
    - Não complique as coisas.
    - Não perca mais de 30 minutos se esforçando sem pedir ajuda.
    - Seja verdadeiramente aberto para podermos promover as soluções mais criativas.

- **Regras de convivência:** A frase "os peixes e as visitas começam a feder depois de três dias" se enquadra nesta regra. Normalmente, é fácil elaborar esta regra quando todos compartilham um espaço ou lembram-se de como era compartilhar um espaço com a equipe anterior.
- **Logística:** Estas regras também são importantes, mas são as mais fáceis de serem elaboradas. As horas críticas (se não o dia inteiro), a duração do sprint e o tempo da reunião em pé são típicas regras de logística.
- **Permanecer junto em um conflito:** Você também pode fazer o trabalho desagradável de se preparar para enfrentar um conflito agora. Isso lhe poupa muita dor de cabeça depois. Faça perguntas que levem a equipe a pensar em como querem se comportar uns com os outros em um conflito:
  - De que maneiras abordaremos o conflito no momento?
  - Como vamos voltar ao "sonho" de nossa visão compartilhada quando enfrentarmos um grave conflito?
  - Em que circunstâncias estaríamos dispostos a deixar a equipe?

Permita que os membros recuperem o fôlego durante essa conversa — são perguntas difíceis.

Deixe que os membros da equipe elaborem a lista de regras da equipe à medida que levam em conta cada uma dessas categorias. Incentive-os a encontrar um lugar na sala da equipe onde a lista será posicionada de forma que fique exposta e visível a fim de que possa ser facilmente usada como um lembrete.

Saiba Mais sobre o Trabalho que Tem pela Frente

A última parte do pontapé inicial da equipe chegou! Saber mais sobre o trabalho que você tem pela frente envolve essas três atividades: idealizar, revisar o backlog do produto e mãos à obra. O Product Owner passa a ser o centro das atenções à medida que a equipe aprende sobre a visão do produto e o trabalho que tem pela frente. Reitero, você se comporta como guia da equipe, garantindo que todos tenham acesso ao aprendizado necessário. O pontapé inicial da equipe termina com os objetivos acordados para o primeiro sprint, o que faz com que a equipe entre em ação imediatamente.

Idealizar

Convide a pessoa com o grau hierárquico mais alto que você conhece para descrever à equipe uma visão do produto a ser criado por eles. A opinião dessa pessoa é fundamental para a equipe. É alguém que eles querem impressionar e que tem grande interesse no produto porque a empresa conferiu uma autorização formal a essa pessoa para alcançar os objetivos da empresa. E o que é mais provável: essa pessoa patrocina ou banca o projeto. Quem controla as finanças é uma influência enorme. Use isso em seu favor.

Prepare-a para falar sobre a importância do projeto em dois níveis: empresarial e pessoal. É vantajoso saber a expectativa desse gerente do alto escalão em relação ao impacto do produto na empresa. Melhor ainda é saber por que o produto e o impacto nos negócios são imprescindíveis para essa pessoa. Isso dá à equipe algo mais real do que uma simples lista fria e inerte.

O gerente de alto escalão corrobora a visão e deixa a equipe. O Product Owner assume essa visão e, se necessário, apura os detalhes dos objetivos de alto nível, transformando-os em objetivos concretos para a equipe.

Neste ponto, revisite as declarações de objetivos "Qual é o benefício para a minha empresa?" e "O que o mundo ganha com isso?". Caso necessário, atualize-as agora que a equipe tem mais informações em primeira mão. Ou evite a atualização e espere para completar essas declarações de objetivos em questão na primeira reunião da equipe.

Às vezes, só de ouvir a visão a equipe já vislumbra o trabalho a ser realizado. Outras vezes, eles precisam de mais para concretizá-lo. Nesse caso, use um exercício de visão a fim de conferir mais detalhes à equipe. Um exemplo de tal exercício é o Manchete de Jornal (Newspaper Projection).

Manchete de Jornal   Diga à equipe: "Imaginem que daqui a um ano o produto será um verdadeiro sucesso. Ele excedeu todas as expectativas, sendo divulgado em todos os meios como uma inovação revolucionária. O *Wall Street Journal* (ou o jornal que você preferir) escreveu um artigo sobre o produto e o modo como foi desenvolvido, citando-o como um modelo para os outros que virão. Escreva tal artigo. Nele, você pode entrevistar clientes e membros da equipe, detalhar os impactos positivos do produto ou explicar a maneira especial como o produto foi criado."

Em seguida, deixe a equipe escrever. Dê a eles cerca de 20 minutos para redigir o artigo. Incentive-os a usar um tom brincalhão; o artigo não precisa ser o vencedor do Prêmio Pulitzer. Basta ter um significado para a equipe, então encoraje-os a escrevê-lo.

Depois, cada pessoa lê seu artigo. Conforme o fazem, outro membro da equipe registra palavras ou frases que chamarem a atenção em um flip chart. Esse processo continua até que todos tenham compartilhado suas histórias e tenham tomado notas. Durante o compartilhamento, os risos e o entusiasmo tomarão conta, talvez até um pouco de bobeira. Não interfira em nada, deixe acontecer. Quando todas as histórias forem compartilhadas, chame a atenção da equipe para a lista de palavras e frases nos flip charts e pergunte se eles acham que algumas delas contribuem para as declarações de objetivos "Qual é o benefício para a minha empresa?" e "O que o mundo ganha com isso?". Em caso afirmativo, atualize-as.

Revise o Backlog do Produto

Neste ponto, os indivíduos começaram a se reunir em equipe e sabem o que devem realizar juntos. Agora, eles podem entrar nos detalhes do trabalho que têm pela frente.

O Product Owner descreve passo a passo o backlog do produto, respondendo a perguntas sobre os itens no backlog e solicitando que a equipe identifique os itens que faltam. Neste momento, o backlog do produto não precisa ser consistente ou mesmo bem escrito. Contudo, o Product Owner precisa estar abastecido com itens suficientes para começar o primeiro sprint. Como coach, certifique-se de que o Product Owner tenha feito isso e de que ele também possa representar com precisão os objetivos de negócios de cada item. À medida que o Product Owner analisa o backlog, ensine o grupo a se engajar em conversas de alta qualidade que promovam um entendimento compartilhado do que estão prestes a fazer juntos.

> **VEJA TAMBÉM** A facilitação para que a qualidade das conversas em equipe melhore é abordada no Capítulo 6, "Coach como Facilitador".

Mãos à Obra

Assim que o Product Owner concluir a análise do backlog do produto, questione: "Product Owner, com uma frase curta, igual uma manchete de jornal, você poderia abarcar o objetivo desse primeiro sprint?" O objetivo do sprint ajuda em dois níveis: serve como "norte verdadeiro" de uma bússola, a fim de que a equipe saiba que está no percurso certo à medida que o sprint progride e para "minimizar a variação, limitando o tipo de requisitos trabalhados em um determinado sprint, por exemplo, agrupando os itens com o mesmo tema, o que facilita o trabalho em equipe e pode ajudar a potencializar a velocidade". Um objetivo de sprint também pode servir como um atalho útil a fim de divulgar o que a equipe está fazendo (Pichler, 2010).

Uma vez criado o objetivo do sprint, você iniciou oficialmente a primeira reunião de planejamento de sprint da equipe. Vale se atentar ao fato de que isso aconteceu e que, no futuro, as coisas seguirão as mesmas duas etapas para planejar cada sprint: concordar com itens específicos de backlog do produto para o sprint e elaborar histórias de usuário com tarefas. Neste momento, vire-se para eles e diga: "Vamos! Vocês já estão no sprint 1."

Prepare-se para o Pontapé Inicial

Agora que você conhece o conjunto básico de atividades e objetivos para uma equipe na fase do pontapé inicial, vamos analisar as atividades prévias. Há três níveis de preparação para o pontapé inicial de uma equipe, desde o nível bom o suficiente até o direcionamento, cada um deles exigindo uma preparação maior que o anterior.

- **Bom o suficiente:** Ao seguir as diretrizes deste capítulo, elabore sua própria "fórmula" para uma equipe em fase inicial. Escolha as atividades que fazem mais sentido para você e elabore uma pauta padrão, que pode ser um conjunto de perguntas que eles respondem à medida que passam pelo pontapé inicial ou uma lista de tópicos. Enquanto estiver no pontapé inicial, siga sua pauta e adapte-se às necessidades da equipe imediatamente, assim como você fará enquanto a treinar. Bom o suficiente é devidamente aceitável, porque a mágica acontece nas conversas e insights que as atividades geram, logo você não precisa se preocupar em elaborar uma pauta perfeita para o pontapé inicial.
- **Elucidativo:** Um início elucidativo procura satisfazer os objetivos dos principais participantes, como o Product Owner, os membros seniores da equipe e os gerentes. Pergunte a eles: "Imaginem que estamos deixando a reunião de pontapé inicial da equipe e você se vira para mim e diz (Tabaka, 2006): 'Isso foi perfeito! O início não poderia ter sido melhor.' O que aconteceu para que essa reunião tenha sido tão perfeita?" Usando essas respostas, agrupe as atividades que alcançam os objetivos de aprendizado do pontapé inicial, além de quaisquer resultados específicos desejados pelas pessoas. Isso requer preparação moderada, geralmente algumas horas para conversar com os principais participantes e planejar uma pauta elucidativa.
- **Direcionamento**: A fim de projetar um pontapé inicial direcionado, passe um tempo conversando com o maior número possível de membros da equipe. Além do mais, passe um tempo observando os membros da equipe trabalhando, outras equipes ágeis e a organização ao entorno. Observe a capacidade das pessoas de interagir umas com as outras de forma positiva e colaborativa. Observe se os impedimentos surgem e se são tratados ou ignorados. Observe os problemas comuns que aparentemente afetam muitas pessoas ou muitas equipes. Observe se os valores ágeis e o Manifesto Ágil estão presentes e são importantes para as equipes e para os gerentes. Em seguida, planeje um pontapé inicial de equipe que aborde quaisquer "males" que você tenha observado. Acrescente atividades que ensinem a parte da metodologia ágil que, quando bem empregada, cura os males ou previne que a equipe sofra tais males.

O TRABALHO INICIAL TAMBÉM É DIFÍCIL

Pensei que com certeza essa equipe seria um fracasso. Os gerentes já começaram dizendo: "Use a metodologia ágil, o Lean e o design centrado no usuário. Use o que vocês quiserem e o que acharem que funcionará melhor." Na realidade, o que estava acontecendo era que os ventos da política estavam soprando e os gerentes não conseguiam chegar a um acordo em relação à abordagem, por isso eles disseram às equipes auto-organizadas que poderiam escolher o que utilizar. Assim, a não tomada de decisão por parte dos gerentes desceu ladeira abaixo.

Como agile coach da equipe, grande parte de mim queria designar o Scrum e dizer que eles poderiam arquitetar um design centrado no usuário e empregar o Lean em processos secundários. Outra parte de mim ouvia uma voz persistente na minha cabeça que dizia: "Confie na equipe."

Dei ouvidos à voz persistente e decidi organizar um pontapé inicial direcionado, em vez de forçar o uso do Scrum. Devido à situação política, entrevistei todas as pessoas da equipe, bem como os gerentes, cujas opiniões apontavam em direções diferentes. Elaborei atividades que lhes permitiram escolher sua abordagem. Ensinei-lhes os propósitos de cada prática do Scrum para que eles pudessem decidir por si próprios se as adotariam ou não. Especialistas em Lean e design centrado no usuário ensinaram os métodos e processos. A equipe, então, escolheu, a partir desse leque de opções, as partes específicas que adotaria.

A equipe decidiu que faria a reunião diária e teria um storyboard, porém não adicionaria as estimativas de esforço às tarefas. Eles decidiram que se concentrariam primeiro nos artefatos produzidos pelo design centrado no usuário e usariam uma referência de prazo final, em vez de se limitarem ao ritmo dos sprints com timebox. Eles decidiram também que a retrospectiva era um desperdício de tempo. Eles chegaram à conclusão de que eram todos profissionais e não precisavam ser tratados "como crianças". O Lean foi deixado completamente de lado, e ninguém percebeu.

Foi, conforme eu tinha previsto, um caos. O Product Owner não sabia do progresso da equipe, porque as tarefas não eram detalhadas o bastante para enxergar o dinamismo de forma diária. Desse modo, ele solicitou relatórios assíduos de status de cada membro da equipe. Acabei retomando o uso do storyboard, tarefas e estimativas de tarefas. A equipe educadamente ouviu e continuou como antes.

Os membros da equipe trabalharam separadamente até pouco antes de um grande prazo bater à porta. Então, eles trabalharam juntos em um ritmo frenético, para a decepção e indignação de todos. Ressaltei que as coisas não teriam que ser assim. A equipe educadamente ouviu e continuou como antes.

O Product Owner perdia a mão constantemente com "coisas pequenas", pois algumas histórias de usuários levavam muito tempo sem o limite do sprint para pará-las. A equipe gerou resultados porque as "superestrelas" passaram horas a fio trabalhando. Nessa época, eles estavam sentindo na pele as consequências de suas decisões, e eu permaneci calada.

> Ninguém estava feliz — nem os membros da equipe e tampouco o Product Owner, porque, apesar de a equipe ter entregado os produtos exigidos, ele estava frustrado com a falta de previsibilidade. Eu nem sequer fui ao resgate deles, logo eles continuaram infelizes. E ficaram ainda mais infelizes até que, um dia, um deles disse: "Já chega, vamos fazer uma retrospectiva."
>
> Na retrospectiva, eles relataram como se sentiam — como se sentiam a respeito de seus produtos (bem), como se sentiam sobre a qualidade de seus produtos (não tão bem), como se sentiam em relação aos prazos (muito bem), como se sentiam a respeito do que custou a cada um deles a fim de cumprir os prazos (não tão bem assim), como se sentiam em relação um ao outro (muito mal) e se queriam continuar trabalhando daquela maneira (certamente não!). Então, eles mudaram. Analisamos os propósitos das práticas do Scrum novamente, e eles adotaram mais de uma. Eles falaram sobre os valores fundamentais dessas práticas e por que esses valores eram de suma importância para eles. Por meio dessa conversa, dois meses após começarem a trabalhar juntos, eles completaram a primeira parte do pontapé inicial da equipe: aprender sobre o processo a ser usado. O restante das atividades iniciais assumiu um caráter significativo para eles, pois perceberam que era necessário se conhecerem mais para compartilhar o trabalho e que queriam saber mais sobre o motivo de trabalharem em um projeto, além da lista de resultados esperados.
>
> Se uma equipe tem um começo difícil, tudo bem, desde que você não os resgate deles próprios. Instrua-os, treine-os e respeite suas escolhas. Permita que arquem com as consequências naturais de suas decisões e, quando estiverem prontos, conduza-os de volta à essência ágil.

Digamos que você perceba que outras equipes "sofrem os males" de papéis desempenhados de forma indesejada. Evite que esse mal se propague para a equipe nova, ao ensiná-la as definições dos papéis ágeis desde o começo. Nos pontos para os quais você pode ter fornecido uma visão geral dos papéis como parte de sua pauta padrão, desta vez, decida ir mais a fundo. Você pode pedir ao Product Owner para falar sobre as mudanças que ele pretende fazer a fim de desempenhar bem o seu papel. Você pode falar a respeito das mudanças que fará para atingir o próximo nível de proficiência em fazer coach. Você pode perguntar aos membros da equipe como eles saberão quando os papéis estão sendo executados e, em seguida, convidá-los a utilizar essas respostas como uma medida a fim de avaliar o desempenho das pessoas nesses papéis com o passar do tempo. Abordar um mal durante o pontapé inicial da equipe isenta tal mal da culpa se você simplesmente ensinar esse tópico mais a fundo.

Agora, elaborar um pontapé inicial direcionado leva mais tempo, geralmente horas ao longo de muitos dias. Mas todo esse tempo pode valer a pena, porque o aumento do impacto é muitas vezes maior do que o esforço inicial.

Recomeços em Equipe

Os recomeços em equipe acontecem quando os objetivos de todos ou da equipe mudam de forma drástica. Você não precisa fazer tudo o que fez no começo, somente as partes que mudaram ou precisam de reforço. Caso os membros da equipe mudem, faça questão de ensinar a metodologia ágil novamente. A conversa de dez minutos no quadro branco resolve o problema. Seja lá qual for o motivo do recomeço, aproveite esse tempo para abordar os males persistentes sofridos pela equipe com um pouco de retreinamento e reforço positivo.

Ensine Novos Membros da Equipe

Por mais que tentemos evitá-lo, os membros da equipe vêm e vão. As pessoas aproveitam outras oportunidades ou a equipe percebe que precisa alocar alguém com um conjunto de habilidades especiais.

Mantenha a participação em equipe o mais estável possível e treine a equipe para apresentar ou afastar os membros da equipe somente entre os sprints. Lembre-se da regra: as pessoas que assumiram um compromisso entregam o compromisso.

Quando um membro sair, assegure que a equipe reconheça a pessoa e suas contribuições. Na maior parte dos casos, isso ocorre naturalmente, logo é bem provável que eles não precisem de muito treinamento nesse quesito.

Quando um membro se juntar a ela, faça um pequeno tour pela sala da equipe. Ressalte a lista de regras, pendurada na parede. Posicione-se à frente do storyboard e explique como a equipe o usa a fim de entrar em sintonia durante o sprint. Fale a respeito da visão compartilhada da equipe e qualquer outra coisa pendurada nas paredes que sinalize as regras, a natureza e a identidade da equipe. Deixe a pessoa conhecer a personalidade da equipe: as piadas internas, os brinquedos da sala, as pegadinhas. Faça esse tour quando os outros membros estiverem presentes, a fim de que possam contar uma ou duas histórias curtas de modo que todos deem as boas-vindas.

Então, ensine o novo membro da equipe ágil. Para tal, o quadro branco de dez minutos funciona bem. Nessa palestra, você interpreta a metodologia ágil em sua forma mais poderosa, conservando a essência. Se a equipe ficar aquém em uma determinada prática, destaque isso como a área em crescimento da equipe. Caso algumas práticas desapareçam por completo da operação da equipe, ensine a prática ao novo membro e indique em que lugar elas deixam a desejar. Primeiro, ensine ao novato como usar a metodologia ágil corretamente; depois, como a equipe a utiliza. Dessa forma, você ajuda a evitar que o membro da equipe acredite piamente que a metodologia ágil dessa equipe = metodologia ágil.

Assim, seu trabalho de ensino se encerra (por ora). Deixe os outros membros da equipe assumirem a partir daqui. Eles provavelmente estão ansiosos para dizer ao novo membro muitas coisas sobre o produto e sobre eles.

À medida que cada prática ágil se desenrola, volte ao novato e confira as coisas. Você pode dizer: "Você acabou de passar pela reunião de planejamento do sprint. Agora, estamos no sprint e cumprindo os compromissos que a equipe — incluindo você — assumiu." Ajude essa pessoa a vincular cada prática ágil que eles experimentam com a conversa no quadro branco que você forneceu a princípio.

> **VEJA TAMBÉM** A definição de expectativa e o acompanhamento do treinamento individual são abordados no Capítulo 5, "Coach como Mentor Coach".

Além de tudo, dentro de alguns dias, sente-se com o novo membro da equipe e apenas converse. Conheça essa pessoa — onde esteve, o que deseja e em que ponto ela está em sua jornada ágil. Defina a expectativa de que as conversas de treinamento ocorram de vez em quando, às vezes sem motivo algum, e, outras vezes, para que você possa ser o guia a fim de ajudá-la a usar bem a metodologia ágil.

Use os Momentos de Aprendizagem

Os momentos de aprendizagem ocorrem com frequência e são imprevisíveis à medida que a equipe trabalha e conversa junta. Eles vêm à tona naturalmente e instauram um contexto para o aprendizado certo no momento adequado. Faça o bom uso dos momentos de aprendizagem de modo leve. Não os utilize para iniciar um treinamento novo ou para introduzir uma área totalmente nova. Lembre-se, o trabalho da equipe no sprint é acelerar! Ao aproveitar esses momentos de aprendizagem, ensine apenas o suficiente para transmitir a lição sem impactar o dinamismo da equipe.

Ensine os Papéis Ágeis o Tempo Todo

Tantos são os problemas provenientes de papéis mal desempenhados que merecem uma atenção especial quando ensinados.

O papel da equipe é intuitivo e, em geral, as equipes maiores internalizam completamente os princípios ágeis e o papel que desempenham — realizar o trabalho e não permitir que nada as detenha.

Os maiores problemas de papéis se originam de pessoas em torno da equipe — o agile coach, o Product Owner e uma série de gerentes ágeis. Com o intuito de remover os obstáculos para a equipe caminhar, esses papéis devem ser definidos sem nenhuma margem de dúvidas para que possam funcionar bem juntos. Aqui reside o terreno fértil para o ensino e as oportunidades de treinamento.

Primeiro, ensine às pessoas seus papéis. Qualquer momento é uma boa hora para fazê-lo. Ensine-os durante a reunião de pontapé inicial, na hipótese de a organização em geral não ter uma compreensão clara. Via de regra, se os papéis funcionam, não os ensine como uma lição explícita; basta ajudar as pessoas a desempenhá-los melhor à medida que surgem os momentos de aprendizagem.

Uma vez ensinados os papéis, quando todos entendem o que deveriam estar fazendo, peça à equipe que espere que as pessoas desempenhem seus papéis por completo. Considerar qualquer outra coisa menos que isso é um impedimento e deve ser tratado como tal.

Ensine o Papel do Product Owner

O papel do Product Owner tem um impacto enorme em uma equipe em virtude de a definição das diretrizes e a tomada de decisões estratégicas constantes serem provenientes diretamente da pessoa nesse papel. Um Product Owner inábil cria uma equipe que definha, meio morta e que se arrasta. Um bom Product Owner ajuda a manter a equipe nos trilhos, rumo à direção certa. Agora, um Product Owner excelente potencializa os resultados e permanece aberto visando resultados ainda melhores.

Um bom Product Owner pode ajudar a montar uma equipe. Um Product Owner que deixa a desejar, com certeza, prejudicará a equipe. Nenhum deles é bom o bastante; o objetivo do seu treinamento é ajudá-los a se tornarem excelentes Product Owners.

Com o intuito de ajudar um Product Owner excelente a despontar, primeiramente, ensine-o a ser:

- **Direcionador do valor de negócio:** *Agora*, todas as decisões e trade-offs, incluindo quando paralisar o projeto, são feitas levando-se em conta a alternativa que agregará mais valor.
- **Tomador de decisões diárias:** Esteja totalmente presente com a equipe para conversar e tomar decisões à medida que elas surgirem, a fim de que a equipe possa avançar sem impedimentos.
- **Direcionador da visão:** Mantenha o panorama geral do produto à vista da equipe e direcione-a rumo ao produto a cada sprint.
- **Defensor ferrenho:** Proteja a equipe de todo o barulho e pressão externos, permitindo que ela se concentre.
- **O responsável em última instância:** Invista completamente no produto. O trabalho da equipe não é somente mais uma atribuição de trabalho — é

importante para a sua carreira —, então você aceita afavelmente o fardo de ser a pessoa responsável em última instância pelos resultados do produto.

Permita que essas frases promovam uma visão de participação ativa do produto nos Product Owners que você treina. Convide-os a explorar o significado disso e em que áreas eles se sentem à vontade e desconfortáveis. O desconforto sinaliza uma área em crescimento e um terreno fértil para treinamento.

Para ajudá-los a fundamentar a visão em detalhes, ofereça os exemplos da Tabela 7.1 a fim de ilustrar os comportamentos desejáveis e indesejáveis.

TABELA 7.1   Comportamento do Product Owner

Faça	Nem pense em fazer
Dizer "o que" precisa ser feito.	Dizer "como" o trabalho será realizado ou "quanto" esforço será necessário.
Desafiar a equipe.	Intimidar a equipe.
Demonstrar um compromisso a fim de promover uma equipe de alto desempenho.	Focar as entregas em curto prazo.
Praticar a mentalidade voltada ao negócio.	Pensar só no escopo original e na abordagem "aconteça o que acontecer".
Proteger a equipe das pressões externas.	Preocupar a equipe com mudanças antes de elas se concretizarem.
Incorporar a mudança entre os sprints.	Permitir que as mudanças se incorporem aos sprints.

Com essa definição de participação ativa do produto em mente, inicie uma discussão com o Product Owner usando as seguintes perguntas:

"Quais aspectos do papel lhe parecem mais versáteis?"

"Quais partes do papel você acha que dominou?"

"Quais aspectos você acha que será obrigado a desempenhar?"

"E quanto à equipe e à organização? Em que você deve confiar a fim de se impedir de fazer coisas da lista 'Nem pense em fazer isso'?"

"O que eu, enquanto agile coach, devo observar para ajudá-lo a manter as crenças essenciais em jogo?"

Por meio dessa conversa, ajude-os a solidificar a compreensão do papel e a criar uma visão futura de si próprios como um Product Owner excelente. Identifiquem juntos onde está a área de crescimento deles e definam uma expectativa de que você os treinará para ajudá-los em suas jornadas. Deixe claro os riscos: uma equipe saudável precisa de um Product Owner excelente.

A Escolha do Product Owner

Como agile coach, podem solicitar que você ajude a selecionar um Product Owner para uma equipe. Os gerentes que estão iniciando o trabalho afirmarão: "Algumas pessoas nessa área de negócios podem ser bons Product Owners para essa equipe. Como escolhemos uma?"

Para ajudá-los, não se esqueça do lembrete: CRACC (CRACK, em inglês). Um Product Owner competente é Comprometido, Responsável, Autorizado, Colaborativo e Capacitado para Discernir (Boehm e Turner, 2003):

Comprometido e envolvido completamente com o trabalho, como qualquer outro membro da equipe.

Responsável pelo resultado para que o "assumir os riscos" seja uma realidade.

Autorizado pela pessoa que financia o projeto para tomar decisões sobre o produto em desenvolvimento e saber quais decisões ele pode tomar sozinho e quais exigem que se recorra a outras pessoas.

Colaborativo como um modo normal de interagir com as pessoas.

Capacitado para discernir os objetivos de negócios da empreitada e do próprio campo de negócios.

Primeiro, avalie os Product Owners em potencial usando os requisitos da sigla CRACC.

Depois, se necessário, recorra ao modo ensino novamente. Empreenda uma conversa com cada Product Owner em potencial na qual você ensina a eles o papel de Product Owner. Deixe-os saber o que você e a equipe esperam deles. Discuta o que pensam sobre o papel deles. Será difícil trabalhar lado a lado com os membros da equipe com tanta frequência? Ou será que é uma sensação mais que bem-vinda de recomeço por estar tão envolvido em um trabalho? À medida que você lhes fala a respeito do papel, preste atenção às suas palavras e ao tom. Você ouve uma série de possibilidades no modo como eles falam sobre ser um Product Owner ou ouve muitos "Sim, mas..."?

Com o CRACC e as conversas a respeito do papel do Product Owner em mãos, você tem duas ferramentas úteis a fim de ajudar a selecionar um Product Owner para a equipe. Selecione a pessoa que tem os ingredientes para incorporar a excelência.

Ensine o Papel de Gerente Ágil

Há um grupo de gerentes ágeis orbitando o mundo das equipes ágeis: gerentes funcionais dos membros da equipe, partes interessadas e gerentes de outras equipes, apenas para citar alguns.

O gerente ágil não é um papel oficial do Scrum ou de qualquer outro framework ágil, embora exista na maioria das organizações. Michael Spayd, agile coach e especialista em mudança organizacional, já havia formalizado muito do pensamento sobre os gerentes ágeis quando eu e ele começamos a trabalhar juntos nesse papel. Percebemos que esses gerentes — situados no meio de suas organizações — também estavam sendo encurralados. Eles eram encurralados por suas equipes quando estas desabrochavam em potências auto-organizadas que resistem a todas as tentativas de serem administradas. Eles eram encurralados pelos mandachuvas que querem colher os frutos da metodologia ágil, mas ainda anseiam pela ilusão da certeza que os cronogramas, os relatórios de status e as reuniões do comitê diretor representam. Uma nova realidade se desenrola para os gerentes ágeis: quando as equipes entregam, eles deixam um pouco de ser encurralados e voltam a respirar.

Para ajudar as equipes a entregar, os gerentes impulsionam os princípios ágeis. Para impulsionar os princípios ágeis, eles precisam ter uma visão de seu novo papel como:

> **Artista de mudança organizacional**: Orienta a organização por meio da adesão à metodologia ágil (e readesão).
>
> **Guardião dos limites:** Reforça os limites saudáveis do papel dentro da equipe, e entre a equipe e a organização.
>
> **Pessoa que maximiza valor**: Gerencia o portfólio de projetos, como o Product Owner gerencia um portfólio de histórias de usuários, sempre perguntando qual é o projeto com o maior valor de negócio no *momento*.
>
> **Gerente Lean**: Usa o pensamento Lean a fim de melhorar o fluxo organizacional, para que o valor entregue pela equipe possa ocorrer sem atrasos.
>
> **Pessoa que remove os impedimentos organizacionais**: Encontra a coragem necessária para remover impedimentos arraigados.
>
> **Defensor da equipe**: Oferece observações à equipe e a libera para alcançar seu potencial máximo, realmente acreditando que ela consegue.

O gerente ágil é como a água — esculpe pacientemente a superfície mais dura e sempre encontrará um meio de fluir. Fazer as coisas fluírem para que a equipe entregue de novo e de novo é um trabalho honrado (e desafiador). Ao fazê-lo, os gerentes ágeis oferecem seu maior serviço à equipe.

UMA GERENTE ÁGIL RESGATA SUA EQUIPE DAS GARRAS ADMINISTRATIVAS

Uma das melhores gerentes ágeis que vi em ação enfrentou o desafio de transformar o relatório de status de maneira simples e poderosa.

Com os coaches das equipes que "gerenciou", ela criou um quadro branco de status no corredor, perto de onde os diretores e vice-presidentes estavam sentados. Ela e os Product Owners (com os coaches) se reuniam em frente ao quadro regularmente para conferir as coisas. Eles usaram cores em alguns indicadores-chave saudáveis para cada equipe: vermelho = ruim; amarelo = ficando ruim; e verde = pode prosseguir. Alguns dos indicadores-chave saudáveis eram:

- Sprint atual dentro do objetivo?
- Próximo lançamento dentro do objetivo?
- Direção do Product Owner clara?
- Patrocinador satisfeito até agora?
- Patrocinador confiante em entrega futura?
- Equipe ativamente caminhando rumo ao alto desempenho?

Com esses indicadores em vermelho, amarelo e verde, e os impedimentos claramente enumerados, o quadro se tornou um relatório de status impossível de ignorar.

Líderes seniores assimilaram o status dos projetos em menos tempo do que o tempo gasto para ir até o quadro branco. Ele estava bem ali, em frente a eles.

Além da disponibilidade da visualização do status, essa gerente ágil perspicaz utilizou o quadro para exibir um alerta "o que temos feito por você ultimamente?", listando as partes recentes de valor entregues e as partes novas planejadas, as métricas reais de negócios melhoradas por essas entregas e o que cada equipe faria a seguir.

Ela poderia ter pedido a cada equipe que elaborasse um relatório de status personalizado, mas eles interromperiam o trabalho e elas ainda ficariam sobrecarregadas. Em vez disso, ela preservou o foco da equipe e trabalhou com os ritmos naturais da metodologia ágil. A verificação regular se tornou uma ferramenta útil para cada uma das equipes. Era o momento de analisar os impedimentos comuns, compartilhar as soluções, elogiar as realizações e conscientizar todos do que cada equipe estava fazendo agora e do que fariam a seguir. Era o momento também de fazer uma pausa e se perguntar: "Precisamos de ajuda para isso?" Dessa forma, os impedimentos de nível gerencial foram levantados com antecedência, a tempo de serem eliminados antes que paralisassem a equipe.

Sempre que um executivo tinha uma pergunta sobre um projeto em particular, essa gerente ágil simplesmente apontava para a placa de status no corredor. Em pouco tempo, as solicitações extras de status desapareceram, e ela estava livre para se concentrar em agregar um valor ainda maior: garantir equipes saudáveis e eliminar os impedimentos. Em suma, impulsionar os princípios ágeis.

Esta visão descreve muitas coisas para fazer, tudo sem gerenciar as equipes ágeis diretamente. Com o intuito de disponibilizar uma maneira tão simples de orientar as equipes, Mike Cohn oferece este modelo: Espaços, Diferenças e Metamorfoses EDM (CDE, em inglês). Grosso modo, os gerentes ágeis exercem controle sobre o seguinte:

- Os espaços em que as equipes trabalham; especificamente sua localização física, posição organizacional e designação da equipe.
- As diferenças entre os conhecimentos dos membros da equipe, uma mistura de pessoas que renderá um alto nível de interação em equipe.
- As metamorfoses transformacionais em que os membros da equipe mudam ou são influenciados por suas diferenças e interações (Cohn, 2009).

Ao usar o EDM, os gerentes podem influenciar adequadamente as equipes de fora, sem prejudicar a auto-organização delas.

Com a visão do papel do gerente ágil em mente e o modelo EDM à disposição, ofereça aos gerentes ágeis outro ponto de vista em relação aos seus papéis ágeis. Ensine ao gerente que as equipes autogerenciadas precisam que ele interaja de maneira diferente do que costumava fazer com as equipes. Especificamente, o gerente ágil fará o seguinte:

- Adicionar os itens ao backlog do produto somente com a participação do Product Owner.
- Questões diretas ou observações para o agile coach ou para o Product Owner.
- Ficar em silêncio nas reuniões em pé.
- Participar das revisões de sprint e dar feedback direto.
- Remover os impedimentos quando solicitado. Caso contrário, o gerente ágil deixará a equipe em paz para realizar o trabalho.
- Atender aos pedidos por meios simples, que funcionem de acordo com o ritmo das equipes ágeis em vez de sobrecarregá-las com um monte de burocracia que possa distraí-las.

Tal como você fez com o Product Owner, inicie uma discussão com o gerente ágil sobre a natureza de seu papel. O que o deixa entusiasmado com relação ao papel? Assustado? Ansioso?

Deixe claro que desempenhar bem esse papel gera entregas maiores por parte da equipe. Entregas maiores geram sucesso para todo mundo. Todo mundo sai ganhando.

Ensine o Papel de Agile Coach

Finalmente, chegamos ao papel do agile coach. Você estudou com cuidado o papel de agile coach e provavelmente já concluiu que as responsabilidades e a riqueza desse papel não podem ser descritas em poucas palavras ou frases curtas. Isso é verdade. No entanto, as frases servem o propósito de refrescar nossas memórias e fazer com que algo poderoso e emergente seja de fácil compreensão. Conheça estas frases, entenda o significado delas em sua própria vida e use-as bem ao ensinar aos outros o que significa ser um agile coach. Diga às pessoas o que ensina: "Um agile coach é um…"

Indivíduo coercitivo: Ajuda a equipe a eliminar os impedimentos para tirá-los do caminho (Cohn, 2005).

Guia: Direciona a equipe de volta às práticas e princípios ágeis quando eles se perderem (adaptado de Schwaber, 2004).

Líder servidor: Serve a equipe ao invés de a equipe servi-lo (Cohn e Schwaber, 2003).

Defensor da qualidade e do desempenho: Examina o que e como a equipe produz, a fim de oferecer observações que a ajudem a aperfeiçoar o sistema humano que é (Douglas, 2007).

> **VEJA TAMBÉM** Para aprofundar seus conhecimentos em ser um líder servidor, veja o Capítulo 3, "Tenha Domínio de Si".

O agile coach ajuda a equipe a navegar em águas imprevisíveis e a se adaptar à medida que as coisas acontecem com eles, prestando atenção ao mundo externo da equipe e ao mundo interior dos pensamentos e impulsos, agindo com cuidado apenas nos impulsos que promovem a auto-organização da equipe. Para ajudá-lo a discernir em quais impulsos agir, a Tabela 7.2 fornece uma pequena lista de comportamentos ágeis desejáveis e indesejáveis do coach.

Ensine esta definição de papel à equipe e às pessoas que gravitam em torno dela. Em seguida, peça à equipe para responsabilizá-lo por avançar para a melhor representação deste papel — e melhorar sua condição de agile coach o tempo todo.

TABELA 7.2 Comportamentos do agile coach

Faça	Nem pense em fazer
Guiar e facilitar.	Direcionar e impor.
Manter todos focados no fornecimento de valor de negócio.	Valorizar prazos e abordagens que não funcionam mais.

Faça	Nem pense em fazer
Ter um grande interesse no desempenho geral da equipe.	Esperar resultados específicos da equipe.
Treinar a equipe para alto desempenho.	Envolver-se na direção do nível da tarefa.
Promover as habilidades e o crescimento de todos os membros da equipe.	Ser a única voz da equipe.

Os Papéis São Entrelaçados

Esses papéis, cada qual completo e sólido por si só, não são isolados. Conforme mostra a Figura 7.4, é preciso que todos os três, funcionando de modo satisfatório, possibilitem às equipes a chance de criar resultados surpreendentes e catalisar a metodologia ágil como uma arma de vantagem competitiva à sua empresa.

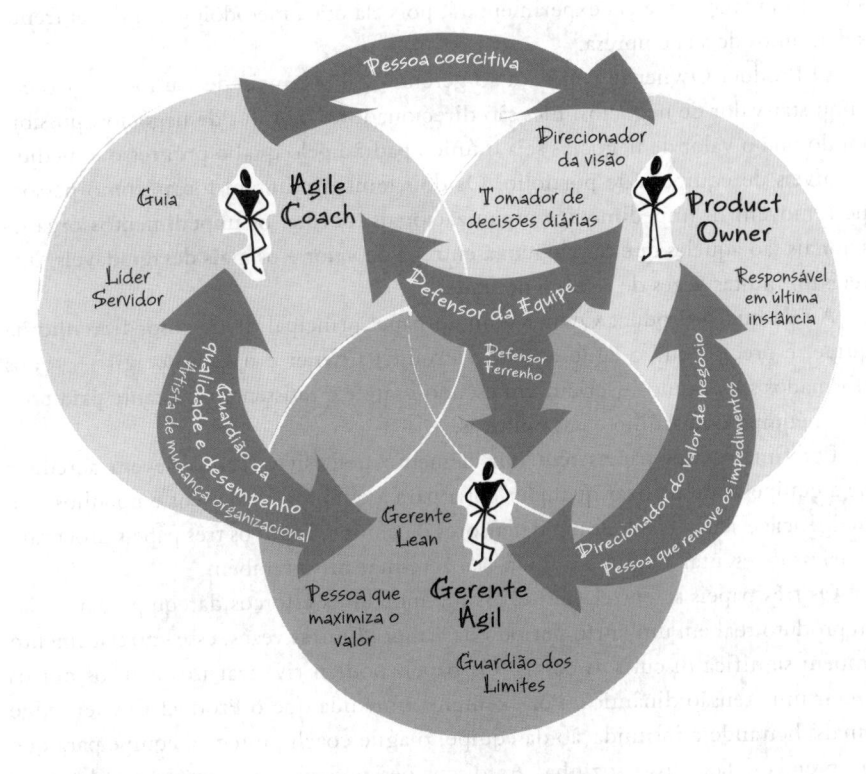

FIGURA 7.4 Papéis entrelaçados na metodologia ágil

Vamos prestar atenção especial aos lugares em que os papéis ajudam uns aos outros. Não raro, a atividade de remover os impedimentos do caminho leva os dois — o coach e o Product Owner — a trabalharem solidamente em conjunto. Contudo, não é porque o coach e o Product Owner removem os impedimentos juntos que significa que a responsabilidade seja diluída entre eles. Os limites de papel não são vagos ou penetráveis, então a responsabilidade ainda depende do agile coach.

Todas as "sobreposições" são assim. Um papel recebe apoio, força, vitalidade e ajuda dos outros. No entanto, esse papel permanece responsável. É o papel que deixa as coisas claras em meio a situações complexas em que alguém pode ser tentado a fugir da própria responsabilidade. Não é permitido fugir.

Vejamos as sobreposições entre o agile coach e o gerente ágil. O agile coach é totalmente focado em ser o depositário da qualidade e do desempenho dentro do limite da equipe. O gerente ágil traz uma perspectiva diferente, a um passo do limite da equipe. Ambos têm observações para oferecer à equipe a fim de ajudá-la a melhorar cada vez mais. E, embora a posição do gerente ágil faculte credibilidade ao seu papel de artista de mudanças organizacionais, o apoio do agile coach é imprescindível. Eles trabalham em estreita colaboração a fim de direcionar a organização por todas as mudanças que ela experimentará, pois ela usa a metodologia ágil e enfrenta os demônios de sua empresa.

O Product Owner se entrelaça ao gerente ágil por meio de seu foco único em conquistar valor de negócios. Eles são direcionadores de valor de negócios, possibilitando que o valor de negócios seja o único padrão pelo qual o progresso é medido nos níveis de equipe e de portfólio. Os dois também juntam forças como pessoas que removem os impedimentos organizacionais, porque os impedimentos organizacionais são aqueles que restringem a entrega de valor e os mais desagradáveis, que precisam muitas vezes de reforço dobrado.

Ainda que o Product Owner tenha o papel principal de defensor ferrenho da equipe, é preciso que o agile coach, o Product Owner e o gerente ágil — todos informados sobre tudo — criem um escudo grande e resistente o bastante para proteger a equipe do barulho e das políticas.

Por fim, os três papéis têm um elemento defensivo. Todos devem acreditar que a equipe pode realizar qualquer coisa para a qual direciona seus empenhos, sua inteligência e sua paixão. Como defensores da equipe, todos os três papéis procuram maneiras de escutar a equipe e ajudá-la a acreditar nisso também.

Os três papéis se entrelaçam e, assim, apoiam os esforços da equipe para criar um produto real em um curto período de tempo. Outras vezes, esse entrelaçamento também significa discutir as coisas. Os papéis podem rivalizar uns com os outros e gerar uma tensão dinâmica. Por exemplo, à medida que o Product Owner exige demais, beirando a intimidação da equipe, o agile coach protege a equipe para que ela aprenda a fazer isso sozinha. As discussões podem nem sempre ser das mais educadas, pois os papéis entram em conflito uns com os outros. Isso é normal e esperado. Os papéis são feitos para ser assim. Essa tensão fornece a vantagem necessária para a criatividade e a verdade. Tudo em prol da entrega de valor.

Papel Claro

Os papéis ágeis não são títulos, portanto podem ser aceitos por qualquer um que tenha a capacidade e o desejo de desempenhá-los bem. Eles não têm nada a ver com a estrutura organizacional ao redor da equipe. Contudo, tanto os papéis informais quanto os títulos formais existem e podem entrar em conflito. O agile coach fica atento a esses conflitos e ajuda as pessoas a estabelecer limites saudáveis entre os papéis de sua equipe e seus títulos organizacionais.

Não é saudável, por exemplo, quando o Product Owner também atua como gerente direto dos membros da equipe. É conflito na certa. É ainda menos saudável se o Product Owner também atuar como o gerente direto do agile coach. Mais conflito ainda. Essa equipe sofre limites não muito claros em relação à duplicidade de papéis. Veja outros limites de papel nada saudáveis:

Product Owner como gerente de projeto (escravo do cronograma) e agile coach;
Agile coach como especialista técnico e membro da equipe;
Gerente ágil como agile coach.

Nas empresas pequenas, em que as relações humanas já são saudáveis, as equipes podem trabalhar (principalmente) com pessoas combinando papéis com títulos, desde que a combinação não misture o agile coach com o Product Owner. Em todos os outros casos isso desgasta a confiança, porque os membros da equipe não sabem "qual parte" da pessoa interage com eles em dado momento. Eles podem se preocupar: "Esta pessoa está falando como o Product Owner, como meu chefe (aquele que escreve minha avaliação de desempenho) ou como meu coach?"

A fim de ajudar a expor papéis pouco claros, a agile coach e coautora do *Agile Coaching*, Rachel Davies, ajuda os membros da equipe a trabalhar juntos para analisar as responsabilidades de cada papel. Ela começa pedindo que cada pessoa enumere em rascunhos separados o que elas fazem e o que os outros papéis fazem. Os membros da equipe comparam tais rascunhos e, na conversa que se segue, frequentemente descobrem a duplicação entre os papéis e as responsabilidades que não estão a cargo de ninguém (2009).

Confira outro modo de fazer isso. Para evitar o pandemônio de papéis e títulos, use esta regra quando algo precisa ser feito, mas não está claro quem deve fazê-lo: pondere com cuidado se você é a pessoa certa para fazer isso. Pergunte-se: "Eu sou a fonte? Serei o único a sofrer se der errado? Isso faz parte da minha área de responsabilidade? Isso faz parte do *meu* compromisso?" Caso a resposta para um desses itens seja "sim", provavelmente você assumirá essa responsabilidade. Se as respostas forem "não", deixe a cargo da pessoa com o papel apropriado.

Empregue essa regra a si próprio para que não fique sobrecarregado com o papel de agile coach e outras responsabilidades que não têm a ver com coach. Ensine isso por toda a parte, de modo que os outros façam o mesmo.

Recapitulação

Vamos fechar este capítulo com chave de ouro:

- Os pontapés iniciais das equipes são combustíveis potentes para uma equipe ágil. Fique bom em conduzi-los.
- Ensine a metodologia ágil durante o pontapé inicial da equipe e leve de volta todos os membros da equipe à essência dos princípios ágeis.
- Concentre a equipe no trabalho que está por vir e ajude os membros a se relacionarem melhor como seres humanos, para que possam determinar a melhor forma de se auto-organizar.
- Ensine a metodologia ágil quando pessoas novas entrarem na equipe e quando momentos de aprendizado surgirem, mas faça isso de modo leve.
- Ensine a todos sobre os papéis ágeis e peça-lhes que esperem que as pessoas ao seu redor desempenhem completamente seu papel. Considerar qualquer outra coisa é um impedimento.
- Espere que o agile coach, o Product Owner e os papéis de gerente ágil se entrelacem tanto de modo harmônico quanto de modo conflituoso.
- Busque constantemente a clareza de papéis por si e treine os outros a fazer o mesmo.

Leituras e Recursos Adicionais

Adkins, L. 2008. Interlocking Roles in Agile. YouTube [conteúdo em inglês]. Use esse vídeo para praticar o bom desempenho no ensino de papéis ágeis. Além disso, mostre-o como um auxílio de treinamento ao ensinar equipes.

Cohn, M. 2009. *Succeeding with Agile: Software development using Scrum* ["Aplicando Métodos Ágeis com Sucesso: Desenvolvimento de software com Scrum", em tradução livre]. Boston: Addison-Wesley. Esse livro apresenta toneladas de conselhos úteis, modelos para usar e histórias que ajudarão no uso da metodologia ágil. Ele inclui um capítulo sobre as principais equipes auto-organizadas, leitura essencial para os agile coaches, Product Owners e gerentes ágeis.

Pichler, R. 2010. *Agile Product Management: Creating products that customers love* ["Gerenciamento de Produtos Ágeis: Criando produtos que os clientes amam"]. Boston: Addison-Wesley. Leia esse livro para detalhes de como funciona o papel de Product Owner.

Referências

Adkins, L. and Blake, K. 2009. Coaching Agile Teams to Constructively Navigate Conflict. Orlando: 2009 PMI Global Conference Proceedings. Atividade de Constelação adaptada do Center for Right Relationship, Organization e do Relationship Systems Coaching training curriculum.

Boehm. B., and R. Turner. 2003. *Balancing Agility and Discipline: A Guide for the Perplexed*. Boston: Addison-Wesley.

Cohn, M. 2009. *Succeeding with Agile: Software Development Using Scrum*. Boston: Addison-Wesley.

———. 2005. Certified Scrum Master Workshop.

Cohn, M and Schwaber, K. 2003. The Need for Agile Project Management. *Agile Times Newsletter*. Ambos os autores usam o termo *Scrum Master* em vez de coach. O uso da definição Scrum Master no treinamento ágil é mudança da Lyssa Adkins.

Coaches Training Institute. 2008. Co-active coaching training course curriculum. San Rafael, CA: Coaches Training Institute.

Davies, R. 2009. Correspondência pessoal com Rachel Davies.

Gratton, L., Voigt, A. and Erickson, T. 2007. Bridging Faultlines on Diverse Teams. *MIT Sloan Management Review*. Vol. 48, No. 4: Massachusetts Institute of Technology.

Kouzes, J. and Posner, B. 2007. Leadership Challenge Workshop.

Myllerup, B. 2009. Building Scrum and Agile Teams for Efficient and High-Performance Development. Executive brief. www.executivebrief.com/article/building-scrum-agile-teams-efficient-performance-development/P2/.

Pichler, R. 2010. *Agile Product Management: Creating Products that Customers Love*. Boston: Addison-Wesley.

Schwaber, K. 2004. *Agile Project Management with Scrum*. Bellevue, WA: Microsoft Press.

Tabaka, J. 2006. *Collaboration Explained: Facilitation Skills for Software Project Leaders*. Boston: Addison-Wesley.

Tichy, N. 2002. *The Cycle of Leadership: How Great Leaders Teach Their Companies to Win*. Nova York: HarperCollinsBusiness.

Whitworth, L., Kimsey-House, K., Kimsey-House, H. and Sandahl, P. 2007. *Co-Active Coaching: New skills for coaching people toward success in work and life*, segunda edição. Mountain View, CA: Davies-Black.

Capítulo 8

Coach como Pessoa que Resolve Problemas

Eu costumava resolver problemas para as equipes. O tempo todo. Fui bastante recompensada por isso. Na realidade, fui recompensada não apenas por solucionar os problemas do dia, mas pela análise prospectiva e por resolver problemas que eu achava que estavam por vir, embora eles ainda não tivessem se concretizado. Chamamos isso de *gerenciamento de problemas e riscos*. As pessoas me diziam que eu era uma ótima gerente de projeto porque podia solucionar todos os tipos de problemas, e, em um mundo orientado a planejamentos, ter uma gerente de projeto que também fosse uma pessoa que resolvia problemas se mostrou indispensável. Quando alguém se segura com todas as forças em um plano, é necessário se distanciar da realidade, ou pelo menos "resolver as coisas".

Algumas situações comuns que passei exemplificam isso. Minha gestora de programa me informa que acabou de aceitar uma solicitação de mudança gigantesca, sem alteração correspondente na expectativa de entrega ao cliente. "Resolva isso", diz ela. Por sua vez, meu cliente afirma que minha equipe não entendeu direito a especificação, e deveríamos saber mais a respeito, ainda que entender melhor a especificação signifique mais trabalho e que não tenhamos as habilidades para realizá-lo. Quando peço ajuda à minha chefe, ela simplesmente diz: "Resolva isso." Dois membros da equipe não concordam sobre a ordem em que planejamos construir o sistema. Eles reclamam a respeito comigo e depois esperam que eu "resolva isso". Após um tempo, quando dei por mim, eu estava tomando decisões pela equipe e resolvendo cada vez mais problemas que eles deveriam conseguir solucionar. De algum modo, eu era o papel principal. As pessoas não podiam trabalhar a menos que eu "resolvesse alguma coisa".

> **Quando terminar este capítulo, você poderá responder a estas perguntas:**
> - De quem é o trabalho de resolver os problemas? Onde reside a responsabilidade do agile coach comparada à responsabilidade da equipe?
> - Quais ferramentas um agile coach pode usar para detectar problemas?
> - Como um agile coach pode enxergar os problemas com clareza e decidir o que fazer com eles?

Capítulo 8 Coach como Pessoa que Resolve Problemas

Ao começar a trabalhar com metodologia ágil, eu carreguei minhas habilidades de solução de problemas comigo. Continuei a "resolver as coisas" em nome dos membros da equipe. Não raro, solucionava um problema antes mesmo que a equipe percebesse que ele existia. Estava impondo minha ajuda à equipe.

Durante esse tempo, tive a sorte de ter ao meu lado um agile coach obstinado, Mike Vizdos. Mike trabalha com a metodologia ágil e já orientou dezenas de equipes ágeis, mas você nem saberia disso por conta da forma como ele escolhe interagir com seus aprendizes. Sem a menor necessidade de provar alguma coisa a ninguém, Mike desempenha seu trabalho sem fazer barulho, às vezes em completo silêncio. Quando escolhe falar, ele vai direto ao ponto, sem frescuras, e muitas vezes pode impressionar. Se Mike me pegasse resolvendo um problema para uma equipe, ele simplesmente me olharia do outro lado da sala meio que dizendo mentalmente: "É sério que você insiste nisso?" Às vezes isso era o bastante, e outras vezes, em meio à dificuldade de solucionar o problema, eu nem reparava em "seu olhar". Pouco tempo depois, percebi que de alguma forma eu me sentia sufocada. Ao despertar da minha fixação na solução dos problemas, percebia que alguém estava muito perto de mim, bem ao meu lado. Era Mike. Quando reconhecia sua presença, ele gentilmente sorria e me dizia baixinho: "Você está fazendo isso de novo." Ao acordar do meu estado de alienação apreensiva, me dava conta de que tinha entrado no modo de resolução de problemas mais uma vez — fazendo algo para outra pessoa, o que na verdade significa *fazer* algo no lugar de outra pessoa. Não raro, Mike tinha que ficar praticamente à minha frente antes que eu entendesse a indireta. É difícil romper com esses tipos de comportamentos.

Depois de uma situação assim, Mike e eu saímos da sala da equipe para um bate-papo de mentor-aprendiz. Ele disse algo que me surpreendeu até o último fio de cabelo e me libertou da minha necessidade contínua de solucionar os problemas da equipe. À sua maneira simples, ele foi direto ao assunto: "Esse é o compromisso da equipe, não o seu." Era o mantra refletido inúmeras vezes pelos olhares expressivos de Mike e repercutido ininterruptamente em minha cabeça até que, por fim, tudo ficou claro. À medida que me libertava de minha necessidade de "resolver as coisas" no mesmo instante, reconheci que a equipe preenchia o vazio, algo que eu nunca teria acreditado que eles conseguiriam fazer tendo como base minha experiência como gerente de projeto. Todavia, esse era um mundo novo, um mundo ágil, em que as equipes não apenas se sentiam obrigadas a "resolver as coisas" por si próprias, mas faziam isso muito melhor do que eu. Eu poderia relaxar plenamente, sabendo que eles estavam bem encaminhados.

Apesar disso, comportamentos enraizados custam a desaparecer.

Alguns anos depois, como uma agile coach bem-sucedida, fui pega em flagrante resolvendo problemas em nome da equipe novamente — somente em um nível mais alto desta vez. Digo que fui pega em flagrante porque eu realmente não reconheci que estava "fazendo isso de novo" até que a equipe chamou a minha atenção. Eu estava trabalhando com alguns gerentes lidando com questões como: "Devemos montar outra equipe ou acrescentar escopo e pessoas à equipe atual?", "Devemos substituir os Product Owners para verificar se o problema na Equipe A seriam os mesmos problemas que na Equipe B?"

São questões contra as quais os gerentes agile devem lutar, sem dúvida, e eles me pediram socorro, porque eu tinha uma boa perspectiva do que estava acontecendo entre as equipes. Desse modo, acabei me envolvendo e comecei a resolver os problemas. As equipes acabaram tomando conhecimento das mudanças que estavam sendo discutidas e disseram categoricamente: "Envolva-nos nas decisões que nos impactam!" Encabulada, aprendi a lição de novo, desta vez de um grupo de pessoas corajosas, que podiam ser corajosas por causa do ambiente de trabalho que eu as ajudara a criar. Ainda que algumas decisões possam ser chamadas de gerenciamento, elas estavam cobertas de razão; ninguém deve tomar decisões sem consultar as pessoas que têm que conviver com o resultado.

Minha lição: leve o problema para a equipe.

"Levar o problema para a equipe" significa que uma agile coach fica de braços cruzados ao ver o perigo se aproximando ou quando identifica os problemas bem debaixo de seu nariz? Claro que não. Significa apenas que ela não sai em busca do perigo, identifica um problema em potencial, avalia as opções, escolhe uma solução e implementa tudo por conta própria. Ela não precisa fazer todo o trabalho sozinha. E isso é positivo. Quando os membros da equipe tomam seu lugar de direito como solucionadores de problemas, podem enxergar claramente com que frequência a agile coach deve ter solucionado indevidamente os problemas anteriores em nome da equipe.

Este capítulo ajuda os coaches a enxergar os problemas com clareza e a recorrer à ajuda da equipe. Afinal de contas, eles que se importam, e muito, com o problema.

Orientação Ágil sobre Resolução de Problemas

Ao trabalhar como agile coach, esteja disposto a levar em consideração a orientação de resolução de problemas:

Alguém lhe chama a atenção para um problema ou você detecta um problema. Pare um instante (simplesmente, faça uma pausa) e reflita sobre o problema para enxergá-lo com clareza.

Leve o problema para a equipe.
Permita que a equipe entre em ação (ou não).

Lembre-se, é o compromisso deles, não o seu. Quer eles entrem em ação ou não, isso cabe a eles, não a você. Se eles seguem ou não com as ações que planejaram, tem tudo a ver com eles e nada a ver com você. É o compromisso deles. Caso resolva tudo e carregue o fardo deles, você acaba por isentá-los de fazer todo o possível a fim de que cumpram as promessas que fizeram.

Contudo, as pessoas insistem em lhe trazer problemas, e quando você olha à sua volta enxerga mais problemas. O que você deve fazer a respeito?

Surgem os Problemas e a Busca por Eles

Ao ser confrontado com problemas, é fácil querer chegar logo às soluções, ainda mais quando se tem o portador do problema bem à sua frente. A tentação de resolver as coisas o influencia a todo custo. Resista à tentação e, em vez disso, fuja dos olhos que lhe cravam os problemas, para que você possa ter tempo de refletir sobre eles. Pouquíssimos problemas exigem ação imediata, e aqueles que o exigem, como incêndio, assédio e danos físicos, são aqueles com os quais você já sabe lidar. Violações contra a dignidade humana fundamental também exigem sua ação imediata. Em todos os outros casos, reflita por um momento.

Além do mais, permita que o seu detector de problema descanse. Ainda que você veja um problema em potencial surgir no horizonte, saiba que as coisas mudam tão rapidamente que você não precisa levar esse problema para a equipe nesse momento. Caso assuma um problema em potencial em nome deles, você materializará esse problema no presente.

Assim, na próxima vez que você identificar um problema em potencial, contenha-se para não o abordar e observe se ele se manifestará. Quando comecei a me conter, reparei que pouquíssimos dos futuros problemas que me preocupavam se tornaram realidade. Acontece tanta coisa e tão rápido que muitos problemas "por aí" simplesmente desaparecem antes que a equipe chegue até eles. Quando me dei conta dessa nova consciência, percebi quantas vezes devo ter sido a *criadora* de um problema para a equipe ao abordá-lo desnecessariamente. É desperdício de energia e de preocupação!

Controle-se e, se o problema se concretizar mais tarde, então lide com ele. Agora, se você não consegue fazer isso, leve o problema em potencial para a equipe e pergunte se eles estão preocupados a respeito. Se não estiverem, deixe isso de lado. Eles sabem mais que você.

Mas e se você estiver convencido de que entende a situação melhor que eles? Caso esteja no início de tudo, com membros novos na equipe ou pessoas novas na metodologia ágil, recorra ao estilo Ensinar do coaching e ensine o que você acha que está faltando-lhes. Se eles estiverem infringindo uma regra da metodologia ágil e você achar que devem fazer as coisas seguindo tudo à risca, então seja firme. Caso contrário, será a sua opinião versus a opinião deles, e a deles sairá ganhando. Eles são os únicos que sofrerão as consequências.

> **VEJA TAMBÉM** O momento de recorrer ao estilo Ensinar versus outros estilos de coaching é abordado no Capítulo 4, "Mude Seu Estilo".

Problemas, Problemas em Tudo Quanto É Lugar

Ter problemas não significa um problema propriamente dito; assim sendo, dê boas-vindas aos problemas, porque eles carregam a possibilidade de a equipe superar, crescer e se tornar mais forte junta. As pessoas lhe levarão problemas, e você tropeçará em problemas a torto e a direito em seu caminho. Como se isso não fosse o bastante, você também procura indícios que apontam para problemas. Como agile coach, esteja atento a diversas perspectivas a fim de detectar esses indícios:

- **No nível do processo**: Como estamos em relação à metodologia ágil?
- **No ponto de vista da qualidade e do desempenho**: Como a equipe pode produzir melhor?
- **Na natureza dinâmica da equipe**: Como a equipe pode se tornar uma equipe melhor?

> *O problema não é que existam problemas. O problema é esperar o contrário e pensar que ter problemas é um problema.*
>
> — *Theodore Rubin*

A partir dessas perspectivas, você cria determinação a fim de considerar com cuidado a seguinte questão: "Onde estamos enfraquecidos?" Essa questão repercute em todas as equipes, novas e velhas, de baixo e de alto desempenho. Cada equipe tem algo em que trabalhar em seguida.

Problemas no Nível do Processo

Com o intuito de identificar problemas no nível do processo, use as verificações de integridade. Uma verificação de integridade, muitas vezes em forma de um questionário, enumera os elementos e as qualidades necessárias que refrescam a nossa memória para ajudar a relembrar as premissas básicas da metodologia ágil. A partir disso, consideremos outra vez se a equipe de fato segue o processo ágil. Algumas verificações de integridade ótimas estão incluídas na seção "Leituras e Recursos Adicionais" deste capítulo.

Qualquer verificação de integridade ocasiona uma perspectiva nova. A maioria das que identifiquei é específica para Scrum ou Extreme Programming, orientada ao desenvolvimento de software. Ainda assim, elas servem como um bom ponto de partida, e, se você não está desenvolvendo um software, pode mentalmente substituir a palavra *software* por *produto* ou talvez usá-las como são. Se não, ou se você estiver usando algum outro modelo de metodologia ágil, utilize uma delas como base e crie sua própria versão, eliminando as partes que não se encaixam ou acrescentando as suas próprias partes.

As informações úteis e básicas de uma verificação de integridade vêm à tona quando o agile coach a utiliza para refletir sobre o processo da equipe, perguntando-se: "Como estamos em relação à metodologia ágil?" Informações mais fecundas surgem quando se realiza a verificação de integridade em duas etapas com toda a equipe: questionário e conversa. Recorrer à ajuda do sistema de peer coaching, alguém de fora, faz com que as informações sejam ainda mais fecundas. A perspectiva externa não somente traz ideias novas, mas o peer coaching pode promover um ambiente completamente aberto — em que os membros da equipe se sentem à vontade para discutir qualquer coisa, até mesmo para se queixar sobre o seu coach (você!).

Problemas do Ponto de Vista da Qualidade e do Desempenho

Para revelar problemas escondidos, inspecione os produtos que a equipe criou junta. Não se deixando levar pelas emoções, analise as coisas que eles criaram e pergunte: "A equipe produziu valor de verdade?" e "Eles deveriam se orgulhar da qualidade de seus produtos?". Como depositário da qualidade e do desempenho, o agile coach tem toda a autoridade (e responsabilidade) necessária para analisar os produtos da equipe com um olhar crítico.

Isso não significa que o agile coach se torna um expert no produto da equipe ou no assunto em questão. Já existem testadores e outras pessoas que validam os produtos da equipe. Isso já está sendo abordado. Ou seja, o coach enfrenta problemas de qualidade e desempenho diretamente, da perspectiva do senso comum. A partir dessa postura coerente, o coach considera questões como: "Se este produto fosse um lanche, eu o serviria para meu filho?" e "Se eu fosse o cliente, ficaria feliz em pagar por isso?".

A partir dessas respostas sinceras para si mesmo, o coach pode então prosseguir para a próxima reflexão: "Como a equipe pode produzir melhor?"

Problemas com a Dinâmica da Equipe

Mudanças que esmagam uma equipe podem não provocar um efeito cascata em outra. Qual é a diferença? Avaliar as reações discrepantes e levar em consideração a maturidade emocional de uma equipe pode ajudar um agile coach a identificar problemas com a dinâmica da equipe, principalmente quando se combina isso com uma reflexão atenta sobre a seguinte questão: "Como a equipe pode se tornar uma equipe melhor?"

Ellen Braun, uma gerente agile talentosa, percebeu que diferentes comportamentos se revelam ao longo do tempo como sinais indicadores da maturidade emocional de uma equipe, um elemento primordial no tocante à capacidade de se adaptar às coisas à medida que elas acontecem e chegar ao ponto crítico que "o interesse próprio de um indivíduo muda para a adaptação de comportamentos que promovam a realização da equipe" (Braun, 2010).

> *É melhor conhecer algumas das perguntas do que todas as respostas.*
>
> —*James Thurber*

Pesquisa de Dinâmica de Equipe   Ellen criou uma lista de questões de pesquisa que usou pela primeira vez como reflexão pessoal, enquanto observava as equipes na prática. Ao utilizar essas perguntas do mesmo jeito, como um caminho para a reflexão, um agile coach pode detectar informações valiosas sobre os possíveis problemas de equipe ou áreas para crescimento emocional. Usá-las com a equipe será mais elucidativo, talvez como material para uma retrospectiva em que a equipe tenha tempo e espaço para absorver as ideias que surgem. No entanto, conforme a equipe realiza os sprints, reflita e repare o que eles dizem sobre a dinâmica da equipe (Braun, 2010).

- Quanto de divertimento está presente no dia a dia da equipe?
- Quais são os primeiros comportamentos que a equipe demonstra em momentos de dificuldade e estresse?
- Com que frequência as opiniões contraditórias são levantadas pelos membros da equipe (incluindo os membros juniores)?
- Quando as opiniões contraditórias são levantadas pelos membros da equipe, com que frequência são totalmente discutidas?

Capítulo 8 Coach como Pessoa que Resolve Problemas

- Com base nas regras da equipe, com que frequência os membros da equipe se comprometem com o curso das interações de costume em equipe (quando não são impelidos pelas circunstâncias)?
- Até que ponto algum membro da equipe *pode* dar feedback a outro membro da equipe (considere o feedback negativo e o positivo)?
- Até que ponto algum membro da equipe de fato *fornece* feedback a outro membro da equipe?
- Qual seria a probabilidade de um membro da equipe discutir questões em relação ao seu desempenho ou seu comportamento com outro membro da equipe sem lhe fornecer feedback diretamente (triangulação)?
- Até que ponto você, individualmente, recebe apoio de sua equipe em suas metas pessoais de carreira (como aprender uma habilidade nova com um membro da equipe)?
- Qual seria a probabilidade de você pedir ajuda aos membros da equipe se isso implicasse em admitir que está com dificuldade com um problema de trabalho?
- Qual a probabilidade de você compartilhar informações pessoais com a equipe que o fez se sentir vulnerável?
- Até que ponto existe a chance de a equipe levar para as discussões em equipe uma questão que possa gerar conflito ou desacordo?
- Qual é a probabilidade ou o quanto *você* estaria disposto a levar para uma discussão em equipe uma questão que possivelmente teria muitos pontos de vista diferentes e conflitantes?
- Caso você levante um item em uma discussão em equipe que provavelmente terá muitos pontos de vista conflitantes, com que frequência a equipe chegará a um consenso que leve em consideração todos os pontos de vista e lhe pareça uma solução viável?
- Nos últimos dois dias de trabalho, você conseguiu identificar uma sensação de cordialidade ou inclusão no âmbito de sua equipe?
- Nos últimos dois dias de trabalho, você conseguiu identificar uma sensação de desdém ou exclusão no âmbito de sua equipe?
- Quanto a equipe faz você se sentir responsável pelo seu trabalho?

É bem provável que a ponderação dessas questões por conta própria ou a exposição delas à equipe gere muita matéria-prima a ser considerada. Quando você se distancia de muitas respostas, talvez um ou dois assuntos lhe saltem aos olhos, sinalizando as "coisas importantes" a serem tratadas.

Análise BART   Se você não gostar das perguntas da pesquisa ou quiser uma "segunda opinião", tente a análise BART, acrônimo em inglês de: limite [boundary], autoridade [authority], papel [role] e tarefa [task].

> **TENTE ISTO**
>
> Use as perguntas da pesquisa ou as perguntas da análise BART para refletir a respeito da dinâmica da equipe. Como você imagina que os membros da equipe responderiam a essas perguntas sobre eles próprios e sua equipe? Quais assuntos ou questões vêm à tona quando você reflete? Então, na próxima oportunidade, faça essas mesmas perguntas à equipe. Analise o que eles dizem. Suas respostas podem surpreendê-lo e lhe facultar um panorama ainda mais amplo da natureza da "equipe" deles (e de sua competência de estar "certo" sobre o que está acontecendo com eles).

A análise BART chega a nós, agile coaches, a partir do domínio de relações de grupo (GR) e nos leva a considerar o impacto desses quatro aspectos dinâmicos de equipe: limite, autoridade, papel e tarefa (Green e Molenkamp, 2005). Quando as equipes decepcionam, a fonte de problemas pode estar associada diretamente a um ou mais aspectos da vida em equipe.

A fim de procurar problemas, empregue a seguinte análise BART personalizada para equipes ágeis pelo agile coach Den Mezick (adaptado de Mezick, 2009):

Papéis

- Todos os papéis formalmente definidos em seu framework ágil são ocupados por indivíduos específicos? Por exemplo, existe somente um Product Owner e um agile coach (ou termos equivalentes para esses papéis)? Os membros da equipe sabem a definição do papel "membro da equipe"?
- Todos os papéis formais estão operando dentro dos limites do papel (não além) e são bem e completamente desempenhados?
- Alguma pessoa está assumindo mais de um papel formal definido em seu framework ágil? Em caso afirmativo, qual é o impacto da autoridade e dos limites na equipe?
- Caso a equipe tenha acrescentado papéis formais adicionais, esses papéis são descritos em sua totalidade? As pessoas que assumem esses papéis o desempenham dentro dos limites do papel formal e o cumprem bem e completamente?

Tarefas

- A equipe entende com toda a clareza o objetivo da equipe a partir de um modelo mental compartilhado que cada um consegue interpretar?
- Alguém consegue distinguir todas as diferentes tarefas necessárias a fim de alcançar o objetivo da equipe (como um Product Owner com um backlog priorizado)?
- Quais histórias e experiências prévias as pessoas "importam" de situações anteriores semelhantes? Como isso afeta sua habilidade de enxergar a verdadeira natureza das tarefas em curso?

Autoridade

- A autoridade para cada papel é nitidamente especificada, entendida e respeitada por todos?
- Os membros da equipe "assumem" devidamente a autoridade formal? Por exemplo, a equipe assume apropriadamente sua autoridade em relação à reunião diária em pé?

Limites

- As pessoas trabalham dentro dos limites da autoridade concedida pelo seu papel ágil? Em caso negativo, quais são os impactos desses problemas de limite de autoridade?
- Como os membros da equipe concedem um ao outro a autoridade para solicitar tarefas dentro do sprint? Como isso muda com o passar do tempo durante o sprint? Como isso muda em diversos sprints?
- Quais são os limites "territoriais" na equipe? Essas áreas territoriais são "marcadores identitários" para um ou mais membros da equipe (Green e Molenkamp, 1995)?

À medida que você reflete sobre as respostas a essas perguntas, lembre-se de que nós treinamos equipes ágeis a fim de primeiro promover a metodologia ágil e depois "inspecionar e adaptar" para melhoria contínua. No que tange ao primeiro, ao fomentar a metodologia ágil, procure lugares em que as pessoas que ocupam os papéis ágeis básicos não estejam desempenhando esses papéis em sua completude ou estejam excedendo seus limites ou sua autoridade.

Às vezes, por meio de inspeção e adaptação, as equipes alteram ou acrescentam papéis ágeis. Investigue-os com muito cuidado. Em geral, as equipes alteram os papéis ágeis sem reconhecer isso. Sem ponderar, as pessoas podem até assumir um papel e agir a partir dele. Esses papéis "inconscientes" sinalizam o perigo para uma equipe ágil. Ao detectá-los, lembre-se de que a metodologia ágil concede grande liberdade de ação em relação ao jeito como as equipes executam seu trabalho, portanto existem pouquíssimas restrições. No entanto, para ter uma equipe ágil produtiva, os membros devem estar cientes dos papéis acordados e dos limites e autoridades que acompanham cada um deles (Green e Molenkamp, 1995).

Uma vez que tenha as respostas elementares para as perguntas da pesquisa e/ou para as perguntas da análise BART, você provavelmente descobrirá que mais perguntas surgiram. Ao mesmo tempo, você pode estar andando em círculos em relação a algumas conclusões preliminares. Talvez os problemas escondidos tenham se revelado a todos ou talvez uma situação que o tenha incomodado repentinamente apresente uma "resposta". Antes de agir, você precisa se distanciar a fim de enxergar um panorama claro das coisas que vieram à tona para que possa decidir o que fazer a respeito delas.

Enxergue Claramente os Problemas

Uma vez que um problema se apresentou ou você o detectou, tenha calma. Você precisa de tempo de reflexão a fim de enxergá-lo claramente para ultrapassar a barreira dos indícios e constatar uma ou mais causas possíveis. Algumas estratégias de reflexão são esperar para a tomada de decisão no dia seguinte, questionar-se, realizar o peer coaching e ir direto à fonte.

Tomada de Decisão no Dia Seguinte

Constatei que a maioria dos problemas que vêm à tona em equipes ágeis pode ser resolvida fortalecendo ou reafirmando uma prática ágil. Embora simples, os frameworks ágeis também são extremamente completos. Desse modo, decida no dia seguinte. Deixe sua mente descansar e veja se você acorda de manhã com a resposta. Talvez uma prática ágil venha à mente. Talvez algo mais profundo, algo que reafirme a natureza da metodologia ágil em si, lhe ocorra.

Certa vez uma gerente agile pediu a mim, a agile coach, para que a equipe elaborasse um relatório de status especial para ela. Eu não entendi o pedido dela, porque estávamos fazendo revisões de sprint e isso deveria lhe fornecer todas as informações de status que ela precisava. Quando falei com ela a respeito, ela disse: "Veja bem, a revisão do sprint é coisa da equipe, não serve de muita coisa para mim." Atônita, eu a sondei um bocado mais a fim de saber por que ela, uma das principais beneficiárias da revisão do sprint, não estava conseguindo o que precisava.

Ao conversarmos sobre suas experiências de revisão de sprint, entendi seu ponto de vista. Nas revisões anteriores de sprint, quando os membros da equipe mostravam cada parte do produto finalizada, eles entravam em detalhes sobre como desenvolveram tal parte e todos os becos sem saída com os quais se depararam antes de finalmente criar o produto com sucesso. Até terminaram a história, o "por que construímos essa coisa afinal" se perdia. Com isso, o interesse da gerente agile na revisão do sprint também se perdia.

Enquanto refletia sobre revisões anteriores do sprint, eu percebi que a experiência dela poderia não ser a única. Eu relembrava claramente que, dentro de dez minutos de reunião, várias partes interessadas conferiam o e-mail pelos seus celulares. Talvez sentissem o mesmo, que estavam lá para mostrar apoio à equipe, porém não absorviam nada do que estava sendo falado na revisão de sprint.

Assim, deixei para decidir no dia seguinte. Naquela noite, fui dormir pensando: "Qual prática ou premissa ágil tem a resposta de que precisamos nestas circunstâncias?"

Na manhã seguinte, no caminho para o trabalho, algo me veio à mente. Já temos o que precisamos e já estamos fazendo isso — a revisão do sprint. Seria isso mesmo? Uma coisa tão simples como reiterar o objetivo da revisão do sprint? Eu me questionei.

Questione-se

Pode-se dizer a um médico fumante: "Médico, cura-te a ti mesmo." Isso vale também para você, o agile coach. Aquelas perguntas poderosas, do Capítulo 6, que você elabora e leva para a equipe, também lhe são válidas. Ao se deparar com um problema, reflita a respeito das seguintes questões:

- Se você pudesse fazer o que quisesse, o que faria?
- O que está em jogo?
- Se a situação já estivesse perfeitamente resolvida, como seria?

VEJA TAMBÉM   Você pode encontrar as perguntas poderosas, inclusive quais são e como colocá-las em prática, no Capítulo 6, "Coach como Facilitador".

Talvez você não entenda direito a resposta que lhe venha à mente. Na realidade, caso deixe que a pergunta poderosa siga o próprio curso em sua mente, você provavelmente está pensando em respostas ousadas e ambiciosas — coisas malucas que você realmente não faria. Não tem problema. Permita que as ideias desvairadas venham à tona. Em algum lugar, você encontrará o fio da meada e compreenderá com clareza a situação.

Ainda que possíveis medidas a serem tomadas possam vir à tona por meio do brainstorming, talvez até ideias brilhantes, você não fará nada por ora. Tomar medidas requer o envolvimento da equipe.

Faça Parceria com Outro Coach

Caso queira que as perguntas poderosas sejam efetivas, faça parceria com outro agile coach que possa lhe fazer as perguntas. E, então, permita que o coach o ajude a "se envolver" enquanto os dois fazem um brainstorming de respostas audaciosas. Conceda permissão ao coach para estimular ideias desmedidas que o ajudem a pensar em pontos de vista inesperados em relação ao problema em questão.

Via de regra, a parceria com outro coach acaba por ser boa e confiável. À medida que cultiva seu relacionamento mútuo de coaching com um colega, você cria um espaço em que pode abordar seus problemas mais complicados. Nesse espaço, com a ajuda desse relacionamento, você recebe conselhos da perspectiva de uma pessoa de fora e talvez um desafio ou dois.

Vá Direto à Fonte

Vez ou outra, uma coach que foi minha aprendiz me envia um e-mail com um problema. Dentro de dois dias, nos reunimos e conversamos. Ainda que o problema pareça urgente, como todos eles parecem, postergo a conversa por todo esse tempo.

Digo à coach: "Enquanto isso, por que você não analisa o Manifesto Ágil e os 12 Princípios Ágeis? Veja quais deles a equipe não está seguindo. Ah, e você se lembra da Árvore de Alto Desempenho? Dê uma olhada nela também e veja se existe algum aspecto do valor ou do alto desempenho que lhe pareça enfraquecido nesta equipe."

MANIFESTO ÁGIL E OS 12 PRINCÍPIOS ÁGEIS

Embora o conteúdo do Manifesto Ágil e dos 12 Princípios Ágeis seja voltado para o desenvolvimento de software, se você substituir a palavra *software* por *produto* em um contexto sem relação com TI, elas ainda funcionam perfeitamente. A tendência voltada para o software respeita as bases e o ponto de vista dos criadores.

Manifesto Ágil
Passamos a valorizar...

- Pessoas e interações, em detrimento de processos e ferramentas.
- Validação do software, em vez de uma documentação exaustiva e longa.
- Colaboração com o cliente, em detrimento da negociação de contrato.
- Resposta à mudança, em vez de seguir cegamente um plano.

Os 12 Princípios Ágeis
Nós seguimos os seguintes princípios:

1. Nossa prioridade máxima é atender ao cliente mediante entregas antecipadas e contínuas de um software satisfatório.
2. As mudanças nos requisitos são para lá de bem-vindas, mesmo no final do desenvolvimento. Os processos ágeis utilizam-se das mudanças como vantagem competitiva do cliente.
3. As entregas do software validado são recorrentes, a partir de algumas semanas ou em meses, dando preferência ao menor prazo.
4. As pessoas da área de negócios e os desenvolvedores devem trabalhar diariamente juntos, durante todo o projeto.
5. Elabore os projetos em sintonia com as pessoas motivadas. Promova o ambiente e o apoio necessários e confie no trabalho delas.
6. O método mais eficiente e prático de se compartilhar as informações dentro e fora da equipe de desenvolvimento é por meio de uma conversa franca.
7. A validação do software é a principal medida de progresso.
8. Os processos ágeis fomentam o desenvolvimento sustentável. Os responsáveis financeiros pelo projeto, os desenvolvedores e os usuários devem manter um ritmo constante a todo momento.
9. O cuidado incessante em relação à excelência técnica e ao bom design potencializa a agilidade.
10. A simplicidade — a arte de maximizar a quantidade de trabalho não realizado — é de suma importância.
11. As melhores arquiteturas, requisitos e projetos nascem de equipes auto-organizadas.
12. Em intervalos periódicos, a equipe pondera como se tornar mais eficiente e, depois, procura conciliar e sintonizar de modo conveniente o comportamento.

> **VEJA TAMBÉM** Você pode aprender como elaborar e usar a Árvore de Alto Desempenho no Capítulo 2, "Espere um Alto Desempenho".

Dentro de alguns dias, conforme o desenrolar da conversa, geralmente ouço as boas notícias que esperava. O coach exclama: "Sabe de uma coisa, a resposta estava lá! É o quarto Princípio Ágil. Não estamos envolvendo os patrocinadores em nossas atividades diárias. Era uma coisa tão simples e ao mesmo tempo tão difícil de enxergar."

O Manifesto Ágil, os 12 Princípios e a Árvore de Alto Desempenho representam mais do que as nobres declarações de propósito e excelência ágil. Eles são diagnósticos, importantes ao dia a dia. Quando se confrontar com um problema difícil de compreender, consulte essas fontes a fim de ver que sabedoria elas têm para compartilhar.

Resolver Problemas

Uma vez que tenha uma ideia do que está acontecendo ou mesmo se você pensou a respeito (pensou muito) e acabou de mãos vazias, leve o problema para a equipe.

Ao abordar o problema junto à equipe, assegure-se de equilibrar a solução de problemas com a habilidade de executar o sprint. No meio do sprint, levante somente os problemas que devem ser abordados imediatamente. Deixe os outros problemas esperarem até a retrospectiva. E deixe alguns esperarem ainda mais. Às vezes, um problema não está maduro ou ainda não pode ser entendido com clareza.

> **VEJA TAMBÉM** Sobretudo quando a metodologia ágil é algo novo, as pessoas ao seu redor podem não se sentir à vontade com essa abordagem de solução de problemas. Talvez elas achem tal abordagem muito despojada, já que se agarram com unhas e dentes à necessidade de "resolver tudo". Muitos gerentes que gravitam a equipe podem empurrá-lo para resolver os problemas da equipe ou podem tentar solucionar os problemas sozinhos. Consulte a lista de medidas de desempenho no Capítulo 12, "Quando Chegarei Lá?". Essa lista pode ajudá-lo a encontrar razões concretas para suas ações. Quando os gerentes tentam solucionar os problemas para a equipe, eles precisam que você os ensine sobre seu novo papel de gerente agile. O cenário desse trabalho novo e os conselhos sobre como dissuadi-los da solução de problemas são contemplados no Capítulo 5, "Coach como Mentor Coach".

Levar o problema para a equipe pode ser feito de inúmeras formas. Exploremos uma a uma:

- Aborde o problema diretamente.
- Reafirme a metodologia ágil.
- Revele o sistema a si próprio.
- Use a retrospectiva.
- Adicione um fator revelador.

Aborde o Problema Diretamente

De forma simples e objetiva. Abordar o problema diretamente significa que você sinaliza os indícios que vê, expõe suas hipóteses e pergunta à equipe o que ela quer fazer a respeito.

Talvez seja o método que você mais usou no passado. Embora seja familiar, se você quiser chegar às raízes mais profundas da fonte do problema e realizar uma mudança duradoura, esse método é insuficiente. Ele envolve a equipe como solucionadora de problemas somente no âmbito restritivo do que você já vê. No entanto, algumas situações exigem isso, sobretudo quando o problema de fato parece evidente ou quando a equipe admite algo novo, como conhecimento, uma prática nova ou até mesmo um membro novo da equipe.

Por exemplo, você percebe que a velocidade da equipe diminuiu nos últimos dias. A partir da imagem do storyboard, um percentual gigantesco de trabalho total parece estar em progresso. Você pode dizer: "Ei, pessoal. Vejo algumas coisas: o gráfico de burndown parece um tanto achatado e, a julgar pelo storyboard, parece que muito trabalho está acontecendo ao mesmo tempo. Hmmmm... Acho que temos muita coisa acontecendo simultaneamente. O que vocês acham?"

Quando sua hipótese estiver pairando no ar, esclareça e seja breve com as coisas. Se você a apresentar detalhadamente ou for com muita sede ao pote, eles não se sentirão tentados ao desafio e não dirão o que está de fato acontecendo. Além do mais, você está aberto e mostra que pode estar errado. Ao agir como tal, demonstra um jeito poderoso de ser em uma equipe ágil — um jeito que possibilita às pessoas mentalizarem ideias que pairam no ar, sem estarem presas a elas, um ingrediente indispensável à inovação.

Reafirme a Metodologia Ágil

Você se lembra da equipe que deixou seus participantes da revisão do sprint precisando de mais informações de status? Depois de postergar a decisão para o próximo dia, fiquei imaginando se a solução era tão simples quanto reafirmar os propósitos da revisão do sprint. Com o intuito de descobrir, eu tentei.

> **VEJA TAMBÉM** Você pode ler mais a respeito dos objetivos da revisão do sprint e de outras reuniões padrão ágeis no Capítulo 6, "Coach como Facilitador". A ordem dos valores a serem falados também está descrita no Capítulo 6.

Enquanto a equipe se preparava para a próxima revisão do sprint, aproveitei a oportunidade para ensinar novamente seus propósitos, voltando ao "porquê" dela. Em particular, enfatizei o propósito de mostrar e comentar a revisão do sprint. Compartilhei com eles a experiência gerencial e sugeri que aprendessem a falar primeiro do valor e depois entrar em detalhes técnicos, e somente quando necessário. Eles gostaram dessa ideia, pois não se tratava de acrescentar nada de novo à forma como estavam trabalhando, como um relatório de status personalizado. Tudo o que eles precisavam fazer era regressar às origens (de novo) de que a ideia da revisão do sprint existe para mostrar o que fora criado a fim de que eles pudessem obter feedback direto das partes interessadas de um modo tecnologicamente simples (low--tech) e de alto impacto. Falar primeiro de valor sustenta esse propósito porque permite que todos se concentrem na razão pela qual estamos todos juntos — agregando valor de negócio. Aprofundar o entendimento da equipe sobre a revisão do sprint fez o milagre acontecer. *Voilà*! Problema resolvido (por eles).

Revele o Sistema a Si Próprio

Uma das pedras angulares do coaching em equipe estabelece que o trabalho do coach

> ... não é remediar ou "consertar" o sistema, mas, sim, revelar sua natureza a seus membros. De posse de um novo conhecimento do sistema, os membros se tornam "capazes de responder" para realizar melhor as tarefas do sistema. Este processo de espelhamento viabiliza a função autorreguladora do sistema (Center for Right Relationship, 2008).

Ao pensar em uma equipe ágil como um sistema, talvez mais como um ecossistema do que uma máquina, você pode lançar mão desse princípio ao apresentar um problema à equipe.

Suponha que um sistema busca restabelecer sua própria integridade ou, pelo menos, continuará produzindo pelo menos uma possibilidade de mudança adicional (Center for Right Relationship, 2008). Em vista disso, o único trabalho do agile coach é revelar o sistema para si próprio por meio da observação que convida à exploração. Como coach, você simplesmente expõe o que observa e depois viabiliza o silêncio.

Em algum momento as pessoas falarão, e, quando falarem, o coach permanecerá concentrado em ajudar a equipe a revelar mais sobre o seu (eco)sistema uns aos outros. Seja lá qual for o caminho que eles trilharem, o coach os segue, fazendo perguntas e depois permanecendo em silêncio para que os membros da equipe possam descobrir mais e mais e granjear uma perspectiva mais rica do que está acontecendo. Então, ao alcançar tal perspectiva, eles naturalmente se movimentarão para corrigir o que precisa ser corrigido.

O coach não precisa chegar a uma conclusão ou ter um final feliz como nos filmes. Não raro, as coisas não estão prontas para serem endireitadas ou, após uma investigação mais profunda, fica claro que elas não precisam ser endireitadas. O coach abre mão disso, confiando que a equipe se movimentará para se restabelecer no momento oportuno.

Use a Retrospectiva

Uma vez identificados os problemas, crie uma retrospectiva que provavelmente os suscitará. Escolha atividades que convidem a equipe a pensar em maneiras diferentes de trabalhar juntos. Muitas vezes, as atividades pouco conhecidas lhes facultam novas perspectivas sobre a situação e revelam o problema que você está detectando. Isso quer dizer que você precisa empreender um tempo elaborando a retrospectiva. A fórmula "o que fizemos bem, o que queremos mudar, o que queremos acrescentar" possivelmente não será inspiradora o bastante para romper os padrões desgastados de pensamentos dos membros da equipe. Portanto, desempenhe um bom trabalho em prol da equipe, rompendo os padrões desgastados para lhes oferecer novas maneiras de inspecionar como trabalham juntos.

VEJA TAMBÉM Veja o Capítulo 6, "Coach como Facilitador", para conselhos sobre como elaborar retrospectivas que tenham um impacto.

Uma vez que você tenha criado uma boa retrospectiva, relaxe. Caso o problema tenha um grau de importância alto, ele encontrará o caminho para vir à tona. Não é necessário que você elabore uma atividade de retrospectiva perfeita; você só precisa ter algo que ajude as pessoas a explorar modos diferentes de pensar e se relacionar umas com as outras.

Se o problema não despontar na retrospectiva, você pode escolher abordá-lo diretamente ou pode optar por esperar, partindo do princípio de que ele não está maduro. Caso a equipe mostre sinais de estar se relacionando bem uns com os outros durante a retrospectiva e conversem substancialmente a ponto de terem ideias sobre as coisas, acompanhe a linha de raciocínio deles e deixe que o problema se manifeste. Eles estão progredindo.

Se a equipe se debate diante dos problemas sem progredir, sua função é ajudar os membros da equipe a se relacionarem uns com os outros, para que possam chegar a uma conversa substancial que possibilite que os problemas se manifestem. Nesse caso, continue acompanhando o rastro do problema detectado até que a equipe converse realmente a respeito ou até que a conversa a leve a outro problema mais urgente.

Adicione um Fator Revelador

Às vezes você identifica um problema e, depois de refletir, acha que compreendeu a dimensão e a profundidade dele, mas não tem certeza. Nessa circunstância, pode ser de grande ajuda incluir algo ao processo que possibilite que o problema se revele à equipe (e a você). Esse "algo" é qualquer coisa que administre um problema e simplesmente exija pouco da equipe. Por exemplo, se eu perceber que a equipe está perdendo muito tempo de trabalho com "coisas externas", como notebooks com problemas ou reuniões improvisadas, eu poderia sugerir que começássemos a usar a técnica pain snake ou snake on the wall [cobra na parede, em tradução livre] (Schlabach, 2008). Sempre que o trabalho é interrompido por algo que não tem nada a ver com o trabalho propriamente dito, eles registram a interrupção em um post-it e o fixam em uma parede. Em pouco tempo, uma trilha de post-it serpenteia por toda a parede, parecendo uma cobra. Quase sem esforço, a trilha revelou o problema (ou problemas). Em minha experiência, as pessoas não prestam muita atenção à técnica pain snake enquanto ela se desenvolve durante o sprint, e isso é pertinente, já que o trabalho envolve apenas o sprint. Desse modo, deixe acontecer. Na retrospectiva, no entanto, você pode utilizar os detalhes resultantes da técnica pain snake efetivamente para ajudar a equipe a compreender os problemas e identificar se eles estão disseminados ou controlados, se são grandes ou pequenos, fáceis ou difíceis.

E se você sugerir um fator revelador e a equipe não o usar? Basta deixá-lo de lado. Talvez se leve de duas a três tentativas com diferentes fatores reveladores antes que a equipe use um deles. Talvez mais tarde eles percebam que querem ressuscitar um fator que você apresentou há algum tempo. Uma mulher sábia me disse uma vez: "Precisamos de cem portas, porque não sabemos quais tipos de pessoas entrarão por elas." É verdade.

Recapitulação

Vamos fechar este capítulo com chave de ouro:

- Lembre-se, o compromisso é deles, não seu.
- Você se depara com problemas de outras pessoas e detecta problemas por si próprio; depois para e reflete sobre eles.
- Ser corajoso e perguntar "Onde estamos enfraquecidos?" é uma prática constante e um dever sagrado do agile coach.
- Uma vez que você enxerga claramente um problema ou ponderou bastante a respeito e não chegou a lugar nenhum, leve-o para a equipe. Veja com quais perspectivas eles contribuem para ajudar todos a entenderem. Em seguida, pergunte o que querem fazer a respeito (se houver algo a ser feito).

Leituras e Recursos Adicionais

Verificações de Integridade do Processo:

Cohn, M. 2009. *Succeeding with Agile: Software Development Using Scrum* ["Aplicando Métodos Ágeis com Sucesso: Desenvolvimento de software com Scrum", em tradução livre] Boston: Addison-Wesley. Esse livro tem um capítulo inteiro chamado "Vendo até Onde Você Chegou", que oferece alguns modelos de avaliação usados como verificações de integridade, além de bons conselhos sobre como elaborar os seus próprios.

Kniberg, H. Are You Really Doing Scrum? www.crisp.se/scrum/checklist [conteúdo em inglês]. Essa lista de verificação começa a partir do resultado: seu processo é bom se você está entregando o software testado (ou produto) a cada quatro semanas ou menos, se você está entregando o que a empresa mais precisa, e se seu processo está melhorando continuamente. Caso esses três não forem 100% verdadeiros, leia o resto da lista de verificação.

Vodde, B. and Sutherland, J. Nokia Test. http://jeffsutherland.com/scrum/2008/08/nokia-test-where-did-it-come-from.html [conteúdo em inglês]. Essa verificação de integridade passou por alterações ao longo do tempo por vários profissionais ágeis. Ela analisa seu processo em dois níveis: você está fazendo um desenvolvimento iterativo? Você está usando o Scrum?

Ou faça sua própria verificação de integridade do processo!

jlampl. 2008. What is Group Relations Conference? www.youtube.com/watch?v= N-LuFdBpCGM [conteúdo em inglês]. Veja o que as pessoas dizem sobre como as conferências de GR funcionam, e considere participar de uma delas. As conferências de GR são totalmente empíricas e projetadas para os participantes obterem insights reais sobre como as relações de grupo funcionam e como você, como pessoa, desempenha papéis, limites, autoridade e tarefas em diversas circunstâncias.

Referências

Beck *et al.* 2001. Manifesto for Agile Software Development. www.agilemanifesto.org.

———. 2001. Principles Behind the Agile Manifesto. www.agilemanifesto.org/principles.html.

Braun, E. 2010. Helping Agile Teams Tip Toward Greater Emotional Maturity. www.agilejournal.com/component/content/2648?task=view.

Center for Right Relationship. 2008. *Relationship Systems Coaching Model.* Organization & Relationship Systems Coaching core curriculum.

Green, Z. and Molenkamp, R. 2005. The BART System of Group and Organizational Analysis: Boundary, Authority, Role, and Task. www.it.uu.se/edu/course/homepage/projektDV/ht09/BART_Green_Molenkamp.pdf.

Mezick, D. 2009. BART Checkup for Teams. www.newtechusa.com/agileboston/notes/BART-checkup.htm.

Schlabach, K. 2008. Snake on the Wall! http://agile-commentary.blogspot.com/2008/12/snake-on-wall.html.

Capítulo 9

Coach como Mediador de Conflitos

Fomos avisados de que isso aconteceria. Ken Schwaber e Mike Beedle nos disseram para esperar. Eles afirmaram que a própria natureza das pessoas quando reunidas — todas com conhecimentos e perspectivas diferentes — colocaria isso em evidência (2001). Qualquer pessoa que tenha passado tempo com uma equipe ágil pode confirmar isso. Mas confirmar o quê? O conflito.

Patrick Lencioni, do livro *Os Cinco Desafios das Equipes,* denomina o medo do conflito como um dos cincos desafios, elencando-o como um dos principais motivos pelo qual as equipes, mesmo as boas, brigam (2002).

Jean Tabaka, facilitadora profissional e agile coach, revela que um dos diferenciais de equipes extremamente colaborativas (leia-se: alto desempenho) é que elas usam o conflito de forma construtiva. Elas vivem em um mundo de divergência construtiva (2006).

Esses experts nos dizem para enfrentar os conflitos e transformá-los em uma força para o bem, contudo muitos modelos de resolução de conflitos enxergam o conflito como algo a ser "resolvido", como se ele fosse um sistema mecânico que se consegue desmontar, consertar e remontar.

> **Quando terminar este capítulo, você poderá responder a estas perguntas:**
>
> - Como o agile coach da equipe, em que ponto minha responsabilidade de resolver o conflito começa e termina?
> - O que posso usar a fim de enxergar o nível de conflito na equipe de forma mais objetiva para que eu consiga ajudar a equipe a ver também?
> - Quais formas de responder ao conflito correspondem melhor ao que está acontecendo na equipe?
> - Quais métodos e ferramentas posso utilizar para lidar com conflitos?
> - O que devo fazer quando uma pessoa reclama de outra para mim? E se alguém reclamar de mim?
> - O que posso fazer em relação a conflitos que vêm à tona repetidas vezes, mesmo quando os resolvemos?

Minhas experiências de conflito em equipes ágeis nem sequer se assemelham aos modelos de máquinas, e as pessoas que entram em conflito irrefutavelmente não são engrenagens. Elas se assemelham mais a tempestades tropicais do que a máquinas — soprando com violência, lançando todos à sua volta com tamanha imprevisibilidade e, com frequência, dissipando-se tão depressa quanto surgem.

Trabalhar junto todo santo dia é uma experiência humana intensa, com todos os sucessos e insucessos que emergem da interação contínua entre os seres humanos surpreendentes, frustrantes, complicados, exasperantes, sensacionais e normais que chamamos de membros da equipe. Em uma equipe ágil, especialmente, vemos isso e, em nossa busca pela excelência, sabemos que os conflitos vêm à tona e que podemos esperar entrosamento e falta de harmonia. Driblar os conflitos é o nosso mindset, por meio do qual ajudamos as equipes a passar do conflito para a divergência construtiva que as impulsionará rumo ao alto desempenho.

O Papel do Agile Coach no Conflito

Ser coach de equipes passando por conflitos pode ser desconfortável ou fazer você se sentir pouco à vontade. Eu me senti assim, apesar dos livros, dos artigos e dos estudos sobre o assunto serem abundantes. Como uma gerente de projeto orientada ao planejamento, eu não tinha que "estar" diante do conflito com muita frequência, porque as pessoas se juntavam e deixavam a equipe conforme avançávamos em cada etapa. Caso minhas tentativas medíocres de solucionar um conflito caíssem por terra, não haveria grandes perdas. Cedo ou tarde, os membros da equipe em conflito seriam alocados para outros projetos. Entretanto, com a metodologia ágil, os membros da equipe permanecem juntos durante todo o projeto. Eles não partem para outro projeto, nem o conflito.

Nesse sentido, o agile coach enfrenta o conflito diretamente, identifica com habilidade sua gravidade, decide com cuidado se intervirá e como, ensina generosamente as equipes a manobrá-lo e recusa-se terminantemente a se contentar com uma equipe que tem receio da grandeza.

Como coach deles, você ajuda as equipes a navegar nas águas do conflito. Você lhes demonstra um método. Você não pode fornecer-lhes um mapa colorido e à prova d'água que sinalize os bancos de areia e outros perigos. Você pode dar-lhes algo mais significativo, mais poderoso. Você pode lhes dar um guia, um framework, para que eles criem seus próprios mapas, sempre que precisarem.

Os Cinco Níveis de Conflito

Uma equipe ágil trabalhando ao ritmo do constante dinamismo apresentará conflito o tempo todo — fazendo piadas uns com os outros, pessoas com cara fechada, suspiros pesados, vozes abaladas, silêncios absolutos, ambiente pesado. Você presenciará humor seco, provocações, comentários de "era só brincadeira" ou somente observações breves e falsas, todas dentro da faixa da normalidade para uma equipe ágil.

Esses comportamentos indicam a normalidade para qualquer grupo de pessoas que passam bastante tempo juntas e que acabam compartilhando uma história em comum. Isso ocorre em bairros, cafés, igrejas e equipes ágeis — ainda mais em equipes ágeis — onde os membros da equipe ficam sentados do lado um do outro por horas a fio todos os dias, enquanto criam produtos juntos, ao mesmo tempo em que respondem à pressão interna do sprint dentro do timebox.

O conflito, onipresente, pode ser do tipo normal ou destrutivo, e pode ser difícil distingui-los. Autor de muitos livros sobre conflito, Speed Leas oferece a nós, agile coaches, um framework que podemos utilizar para determinar a seriedade do conflito (1985). Esse modelo, adequado para equipes ágeis, analisa profundamente o conflito de forma humana e no que diz respeito à empatia. Conforme ilustrado na Figura 9.1, ele demonstra o agravamento da trajetória do conflito que vai do "Nível 1: Problema para resolver" até o "Nível 5: Guerra Mundial".

Nível 5: Guerra Mundial
- Destruir o inimigo!
- Ninguém conversa ou trocam-se pouquíssimas palavras

Nível 4: A Cruzada
- O foco é proteger o lado escolhido
- Linguagem ideológica

Nível 3: Disputa
- Disputa prevalece à solução de problemas
- Comunicação inclui ataque pessoal

Nível 2: Divergência
- Autoproteção prevalece à colaboração
- Uso da linguagem é cauteloso e aberto à interpretação

Nível 1: Problema para Resolver
- Compartilhamento de informações e Colaboração
- Comunicação aberta e baseada em fatos

FIGURA 9.1 Os cinco níveis de conflito

Nível 1: Problema para Resolver

Todos sabemos como é o conflito no nível 1. Fazem parte deste nível as frustrações e dissabores cotidianos, e vivenciamos os conflitos à medida que eles nascem e desaparecem, vêm e vão. Neste nível, as pessoas têm opiniões diferentes, podem ter ocorrido desentendimentos, podem existir objetivos ou valores conflitantes, e os membros da equipe provavelmente se sentem angustiados com o conflito no ar.

Quando no nível 1, a equipe permanece concentrada em averiguar o que está errado e como solucionar as coisas. A informação circula livremente e a colaboração corre à solta. Os membros da equipe usam palavras claras, específicas e objetivas. A comunicação reside no aqui e agora, não em falar sobre o que passou. Os membros da equipe consultam uns aos outros quando acham que uma falha de comunicação acabou de acontecer. É bem provável que você perceba que os membros da equipe parecem otimistas, passando pelo conflito. Não é nada agradável, mas também não é emocionalmente carregado. Pense no nível 1 como o nível de divergência construtiva que caracteriza as equipes de alto desempenho.

Nível 2: Divergência

No nível 2, a autoproteção se torna tão importante quanto a solução do problema. Os membros da equipe se distanciam uns dos outros para garantir que fique tudo bem no final ou a fim de estabelecer uma posição em relação ao comprometimento que eles acham que virá. Eles podem conversar em particular sobre o trabalho com outros membros da equipe a fim de avaliar estratégias ou procurar aconselhamento e apoio. Neste nível, as piadas bem-humoradas caminham rumo a insultos disfarçados de piadas. Procura-se amenizar a grosseria, porém o gosto ainda é amargo. No entanto, as pessoas não são inimigas, são apenas desconfiadas. O modo de conversar delas reflete isso quando as palavras partem do específico para o geral. Ao fortificar seus muros, elas não compartilham tudo o que sabem a respeito dos problemas. As informações ficam relegadas a segundo plano e ficam abertas às interpretações, gerando confusão sobre o que de fato está acontecendo.

Nível 3: Disputa

No nível 3, o objetivo é ganhar. Um efeito em cascata toma conta quando os conflitos e problemas anteriores permanecem irresolúveis. Não raro, diversos problemas se agrupam em problemas maiores ou criam uma "causa". As facções florescem neste terreno fértil, a partir do qual frutificaram os equívocos e as políticas de poder. Em uma equipe ágil, isso pode acontecer de modo sutil, porque um dos diferenciais do trabalho ágil é a sensação de que estamos todos juntos neste processo. E, apesar de tudo, o conflito acontece.

As pessoas começam a se aliar com um lado ou com o outro. As emoções se tornam instrumentos usados para "conquistar" apoiadores da causa. Problemas e pessoas passam a ser sinônimos, fazendo com que as pessoas não escondam suas investidas. À medida que os membros da equipe prestam atenção mais em elaborar suas ofensivas, a comunicação se torna deturpada. Todos fazem generalizações excessivas: "Ele *sempre* se esquece de conferir seu código" ou "Você *nunca* ouve o que tenho a dizer". Eles falam coisas sobre o outro lado sem ao menos saber a verdade: "Sei *muito bem* o que eles pensam,

> *Sempre que duas pessoas boas discutem acerca de seus princípios, ambas estão certas.*
>
> —*Marie Von Ebner-Eschenbach*

eles estão ignorando o problema." Eles se enxergam como pessoas indulgentes, porém a visão deturpada que têm dos outros se torna acentuada: "*Eu* estou sempre comprometido com o bem da equipe", ou "*Eu* tenho as melhores das intenções", ou "*Eles* estão ignorando intencionalmente o que o cliente está dizendo". A discussão gira em torno de ou isso/ou aquilo e de colocar a culpa em alguém. Nesse ambiente beligerante, a conversa sobre paz pode encontrar resistência. As pessoas podem não estar prontas para seguir em frente e deixar a culpa de lado.

Nível 4: A Cruzada

No nível 4, resolver a situação não é o bastante. Os membros da equipe acreditam que as pessoas do "outro lado" do problema não mudarão. Talvez acreditem que a única opção é tirar os outros membros da equipe de campo ou eles deixarem a equipe. As facções se tornam consolidadas e podem até se assentar em uma estrutura pseudo-organizacional dentro da equipe. Identificar-se com uma facção pode ofuscar a identificação com a equipe como um todo; desse modo, a identificação como equipe é destroçada. Pessoas e posicionamentos são vistos como uma coisa só; as pessoas atacam devido aos seus vínculos, em vez de suas ideias. Tais ataques assumem uma linguagem repleta de ideologia e princípios, que se tornam o foco da conversa, em vez de o foco ser os problemas e os fatos específicos. Em geral, a atitude é legitimada e punitiva.

Nível 5: Guerra Mundial

"Destrua o inimigo!" é o grito de guerra em alto e bom som no nível 5. Não basta ganhar; os outros devem perder. "Precisamos garantir que essa situação horrível não ocorra de novo!" Existe somente uma opção no nível 5: separar os inimigos (conhecidos também como membros da equipe) para que não se machuquem. Não há como chegar a um resultado construtivo.

Qual É o Nível do Conflito no Momento?

Para identificar o nível de conflito em uma equipe, um agile coach deve passar um bom tempo com os membros da equipe. Isso implica em observação direta durante um período de dias ou semanas a fim de enxergar o conflito em seu ambiente natural. Observar a equipe por alguns minutos aqui ou acolá não será suficiente. Faça questão de passar tempo o bastante com a equipe a fim de observar o que está acontecendo antes de tirar conclusões sobre o nível de conflito.

Determinar o nível de conflito presente em uma equipe não é nenhum bicho de sete cabeças. Na verdade, não tem nada de complicado; é observação, conversa e percepção. E todo mundo percebe as coisas de forma diferente. Embora você possa discernir um nível geral de conflito em uma equipe em um dado momento, esteja ciente de que os membros da equipe que estão enfrentando o conflito podem estar percebendo o conflito em níveis diferentes. Tudo isso deixa as coisas ainda mais fascinantes.

O framework de Speed Leas o ajudará a se tornar mais imparcial, para que você possa superar seus próprios julgamentos e preconceitos com o intuito de enxergar o que está ocorrendo em uma equipe. Por fim, simplesmente faça o seu melhor para navegar em águas inexploradas, sabendo que você pode não estar 100% certo. Seja firme o suficiente para sentir que você deu à equipe atenção plena e integral e avance a partir daí.

Enquanto observa, preste atenção a estas três coisas que ajudam a avaliar o nível de conflito: ouça as reclamações, sinta a energia e foque a linguagem usada.

Ouça as Reclamações

Os membros da equipe podem se queixar diretamente a você. Pode ser que você ouça reclamações diretas na sala da equipe. Ou pode ser que observe os membros da equipe reclamando "secretamente" um com o outro em conversas sussurradas pelos corredores. Enquanto estiver observando, lembre-se de que você não precisa tomar medidas em relação às queixas. Existe alguma coisa enraizada dentro de muitos de nós que clama por "fazer a coisa certa". Quando as pessoas se queixam conosco, achamos que precisamos "resolver as coisas", logo, partimos imediatamente para a ação. Resista. Ouça com compaixão, assimile o que a pessoa que reclama está dizendo e deixe claro que você se importa tanto que está gastando o tempo necessário para entender todo o alcance do conflito.

Sinta a Energia

Observe a reação das pessoas quando você entra pela primeira vez. Você observa um fervilhar diligente e um empenho coordenado? As pessoas estão juntas trabalhando, conversando, no quadro branco ou em frente aos seus computadores? Existe um senso de propósito e energia para seguir em frente? Ou as pessoas estão indo e vindo? As conversas são dispersas ou são realizadas mais de uma vez? Existe uma sensação de parar e começar e depois parar de novo? Ou há algo à espreita, logo abaixo da superfície?

Possivelmente você já viu o conflito espreitando as equipes: menosprezo dissimulado, olhares tortos, cara de desdém ou palavras de tirar o fôlego que põem fim à conversa, enquanto as pessoas pensam: "Teria sido isso um insulto? Ela disse isso mesmo?" Quando a energia na sala da equipe se torna pesada devido aos vestígios emocionais desses tipos de atitudes, pode apostar que a equipe está no nível 2 ou talvez em um nível mais alto.

Observe se o conflito espreita na fachada ou se faz presente para todo mundo ver. Durante todo o dia, sinta a energia da equipe. Preste atenção quando a energia parecer mais positiva ou mais negativa e questione-se: "O que aconteceu antes dessa mudança de energia? Foi uma coisa em particular ou isso está se acumulando?" Preste atenção se a equipe movimenta, na maior parte, energia positiva ou se a energia é predominantemente negativa e estagnada (turbulenta). Sentir a energia lhe fornece uma outra ideia a fim de ajudar a avaliar o nível de conflito.

Foque a Linguagem Usada

O que as pessoas falam e o modo como falam são fatores decisivos para avaliar o nível de conflito em uma equipe ágil. A equipe conversará frequentemente, então haverá muitas oportunidades de prestar atenção à linguagem. A Tabela 9.1 enumera exemplos da típica linguagem ouvida em cada nível. Utilize-a para ajudá-lo a focar completamente as palavras que as pessoas usam quando falam umas com as outras à medida que vivenciam os diversos níveis de conflito.

TABELA 9.1 O modo como as pessoas usam a linguagem pode lhe informar o nível de conflito no momento

Nível do conflito	Exemplo da linguagem usada
No nível 1, os membros da equipe se envolvem em conflito de forma aberta e construtiva. Os membros conversam sobre "autogerenciamento", e as perguntas e afirmações são abertas e sinceras, assegurando que todos sejam ouvidos, que o que foi ouvido seja compreendido e que o que é entendido seja verdadeiro, um fato verídico ou uma necessidade.	"Tudo bem, eu vou escutá-lo, mas acho que você está esquecendo o fato de que..." "Acabamos de ter um mal-entendido? Como você interpretou o que eu disse?" "Pare com isso! Já falamos sobre isso. Estou de saco cheio dessa conversa. Qual informação nova temos para conversar sobre isso de novo?" "Ah! Entendi o que você disse agora. OK... Ainda não concordo com você. Não concordo porque..." "Barb, acabei de lembrar que você adora ordem. Ela é tão importante assim aqui? Fazer o rollout dessa maneira vai contra seu senso de ordem."

Nível do conflito	Exemplo da linguagem usada
No nível 2, a conversa muda e dá espaço para a autoproteção. Nesse nível, o não dito lhe dá pistas tanto quanto o que está sendo dito. As pessoas se fecham, criam um escudo e não revelam tudo o que sabem, então fique atento a conversas que simplesmente não se acumulam.	"Você sabia que a equipe de suporte não fez o que disseram que fariam. Por que você não nos contou?" "Sim, eu fiz deploy em produção sem testar, mas acho que precisamos analisar a coisa como um todo. Existem coisas piores acontecendo em nossa equipe do que um deploy sem testar." "Você está fazendo a mesma coisa que não deu certo da outra vez."
No nível 3, a linguagem distorcida, como o excesso de generalizações, suspeitas, posicionamentos exacerbados e ou isso/ou aquilo emergem. Os problemas reais se perdem.	"Quem dera ele não estivesse na equipe." "Ela sempre fala mais que as outras pessoas nas conversas." "Ela sempre toma atalhos para fazer as coisas e temos que limpar a bagunça depois." "Não tenho ideia do porquê de ela estar sendo tão legal ultimamente. O que ela está aprontando?" "Já nem sei por que estamos brigando. Simplesmente não nos damos bem."
O nível 4 se torna mais ideológico.	"Eles nunca vão mudar, nem vale a pena falar com eles." "Eles estão errados, essa é a verdade." "Precisamos de mais pessoas do nosso lado." "Estamos certos!"
O nível 5 apresenta a guerra completa.	"Perder não é uma opção, temos que ganhar." "É a gente ou eles." "Todo mundo deve ser avisado para que isso não aconteça nunca mais."

Ao distinguir o nível de conflito que está acontecendo na equipe, o que você deve fazer? As próximas seções revelam diversas técnicas que respondem a essa pergunta a fim de que você possa ajudar as equipes a lidar com conflitos quando elas se encontrarem no meio deles.

O que Você Deve Fazer a Respeito?

O objetivo de mediar o conflito é apaziguar a intensidade dele. Desmonte um nível ou dois. Como agile coach, a primeira e mais importante pergunta a ser respondida é: "*Devo* fazer alguma coisa?"

Primeiro, Não Faça Nada

As equipes ágeis — mesmo as equipes novas e aquelas divididas — podem frequentemente atravessar um conflito por conta própria, até que o conflito atinja o nível 3. Assim, sente-se por um tempo e aguarde para testemunhar os acontecimentos. Veja se eles progridem. Ainda que não seja o trabalho perfeito ou "completo" que você poderia fazer para eles, caso os membros da equipe contornem efetivamente o conflito, deixe-os sozinhos. Com o intuito de ajudá-lo a conviver com a sensação desagradável de ver as tentativas desastrosas de uma equipe ao lidar com o conflito, lembre-se dessas palavras de Chris Corrigan no *The Tao of Holding Space* ["A Presença do Tao", em tradução livre]: "Tudo o que você faz pelo grupo é uma coisa a menos que eles deixaram de fazer para si próprios" (Corrigan, 2006).

Uma equipe atrapalhada é melhor que o seu plano perfeito. Lembre-se do objetivo de apoiar a auto-organização da equipe (e reorganização). Seu desconforto é um pequeno preço a pagar.

Mas e se você decidiu intervir? Caso ache que observou tempo o bastante (o que deve ser um tempo considerável) e decidiu intervir, existem alguns modos de resposta que você pode empregar: analisar e responder, usar abordagens e revelar. Eles estão ordenados do menos ao mais poderoso e assentam-se no objetivo de incentivar a auto-organização.

Analisar e Responder

Este pode ser o modo de resposta mais cômodo que um agile coach pode utilizar porque lhe soa familiar e, pelo menos, um pouco analítico. Para usar o analisar e responder, o agile coach considera as seguintes questões (Keip, 1997):

Qual é o nível de conflito?
Quais são os problemas?

Como eu responderia ao lado A?
Como eu responderia ao lado B?
Quais opções de resolução estão disponíveis?
O que devo fazer (se houver alguma coisa)?

Ao utilizar o modo de analisar e responder, lembre-se de que ninguém sabe de todos os lados da história. A perspectiva de cada pessoa é válida e necessária. Se houver dez membros da equipe, pode apostar que há no mínimo dez perspectivas, cada uma delas verdadeira do ponto de vista do observador.

> **VEJA TAMBÉM** Qual é a sua reação instintiva quando surge um conflito? Os agile coaches devem ser capazes de identificar essa reação e conscientemente escolhê-la ou rejeitá-la a serviço da equipe. Veja o Capítulo 3, "Tenha Domínio de Si", para encontrar maneiras de se manter solidamente firme quando coisas inesperadas acontecem com as equipes. Coisas como um conflito.

A Tabela 9.2 fornece um mapa dos modos de resposta bem-sucedidos em cada nível. Consulte-a para ajudar a responder à pergunta "Quais opções de resolução estão disponíveis?" ao abordar os conflitos no ambiente da equipe (Keip, 2006).

TABELA 9.2 Modos de respostas para mediar o conflito em cada nível

Nível de conflito	Opções efetivas de respostas
Nível 1: Problema para Resolver	Colaboração. A busca de uma situação em que todos saem ganhando. Chegar a um consenso. Saber em que página está cada membro da equipe em relação à questão e, com o tempo, chegar a uma decisão que todos possam contribuir.
Nível 2: Divergência	Apoio. Capacitar as outras pessoas para resolver o problema. Segurança. Qualquer coisa que restaure a sensação de estabilidade, como dinâmicas de colaboração ou reafirmação dos valores compartilhados da equipe.

Continua

Nível de conflito	Opções efetivas de respostas
Nível 3: Disputa	Acomodar. Ceder à opinião do outro quando o relacionamento é mais importante que o problema. Esta é uma estratégia efetiva de curto prazo e se torna um risco se usada com frequência em longo prazo. Negociação. Quando a "coisa" à qual o conflito está relacionado é divisível, como a utilização de um recurso compartilhado, a negociação pode funcionar. A negociação não funcionará quando a questão girar em torno dos valores pessoais. Não se pode dividir os valores, e uma pessoa que cede à outra em violação de seus próprios valores se sente vendida. Seja objetivo. Colete dados sobre a situação para determinar os fatos.
Nível 4: A Cruzada	Instaure abordagens seguras novamente. Recorra à diplomacia do "vaivém" [shuttle diplomacy], levando as considerações de um grupo para o outro até que eles sejam capazes de amenizar as coisas e usar as ferramentas disponíveis nos níveis mais baixos de conflito.
Nível 5: Guerra Mundial	Faça o que for necessário para impedir que as pessoas se machuquem ou partam para algo mais sério.

Quando a equipe atenua o conflito, tem mais opções para lidar com ele à medida que as ferramentas do nível abaixo se tornam disponíveis.

O modo de analisar e responder para mediar um conflito pode ser cômodo para você — fácil de se acostumar. Se esse for o caso e se for a melhor escolha para o seu nível atual de habilidade e confiança, use-o. Contudo, você deve saber que esse é o modo de resposta mais fraco para a formação de equipes de alto desempenho, porque coloca o coach no controle da situação. Depende também inteiramente do pensamento analítico, que abrange somente um modo de pensar a respeito do conflito. Assim sendo, quando se sentir pronto, tente os dois modos de resposta seguintes.

Use Abordagens

Estar um passo à frente da potencialidade dos modos de resposta exige o uso do "esqueleto" da metodologia ágil para driblar conflito. O esqueleto é composto dos princípios, valores ou papéis que ajudam a equipe a entender como tirar o melhor proveito ao usar a metodologia ágil.

Pesquisas sugerem que pode ser insensato atacar o conflito interpessoal em equipe de frente. A forma como uma equipe se comporta provavelmente influencia a percepção das pessoas sobre suas interações interpessoais, e não o contrário (Hackman, 2002). Muitas vezes pensamos que, ao abordar conflitos interpessoais, podemos melhorar o desempenho da equipe. Mas talvez isso não seja verdade, sobretudo em equipes novas, em que o agile coach pode ajudar melhor adotando uma orientação de tarefas. Uma orientação de tarefas, ao contrário da orientação interpessoal, funciona melhor com uma equipe nova porque "a equipe ainda está tentando aprender as especificidades" de seu propósito em conjunto e "esclarecer os papéis [informais] das pessoas" (Gratton, 2007). Dado o que esta pesquisa informa, um coach deve primeiro tentar solucionar o conflito abordando o desempenho.

Os agile coaches podem recorrer aos esqueletos da metodologia ágil a fim de interpelar o desempenho como a porta para mediar o conflito. Na terminologia de coaching profissional, os esqueletos da metodologia ágil são semelhantes às abordagens ou sistemas — "mecanismos que lembram as pessoas de sua visão, objetivos ou propósito, ou medida que precisam tomar imediatamente. Colagens, calendários, mensagens de correio de voz e despertadores podem servir como sistemas" (Whitworth et al., 2007).

Como auxílio da metodologia ágil, os ingredientes das abordagens são profusos: as práticas e princípios inerentes aos métodos ágeis, o Manifesto Ágil, os valores, os propósitos de eventos recorrentes, como revisões de sprint ou reuniões em pé, as definições de papéis e o foco na eliminação da perda de tempo. Todos eles servem como terreno fértil para a elaboração de abordagens que ajudam a equipe a se tornar consciente ao lidar com conflitos no que tange ao contexto de melhorar aos poucos em alguma parte da metodologia ágil. Escolha uma dessas partes para levar à equipe — ou reafirmar — quando a equipe tiver conflitos. Escolha o que você acha que atingirá o ponto nevrálgico do conflito. Escolha algo inspirador. Você pode encontrar muita inspiração e força na simplicidade dos métodos ágeis. Não é necessário procurar muito para você encontrar uma parte da metodologia ágil que a equipe possa utilizar a fim de criar uma abordagem que os atenderá.

> **VEJA TAMBÉM** Consulte o Capítulo 6, "Coach como Facilitador", para saber os objetivos de cada uma das reuniões ágeis padrão.

Vejamos um exemplo: ao lidar com um conflito aparentemente interminável sobre o quão "bom" o que já é bom precisa ser, talvez você escolha lembrar aos membros da equipe os princípios por trás do Manifesto Ágil (Beck et al., 2001). Depois de eles se familiarizarem com os princípios e se envolverem em alguma discussão animada, a equipe cria um pôster grande e arrojado que fica em um lugar de destaque na sala da equipe. É um lembrete de que eles concordam em percorrer a linha tênue entre o bom, o bom o suficiente, o excelente e o perfeito. A Figura 9.2 mostra a abordagem resultante: o pôster.

Como equilibramos as coisas

Atenção contínua aos <u>detalhes</u> aprimora a metodologia ágil

Simplicidade: A arte de maximizar o trabalho <u>não</u> <u>realizado</u> é primordial

Como estamos fazendo isso hoje?

FIGURA 9.2 Abordagem de uma equipe para lidar com os conflitos insolúveis

Todos os dias, após a reunião em pé, a equipe olha para o pôster e pergunta um ao outro: "Como está nosso equilíbrio entre esses dois hoje?"

Como neste exemplo, utilize as abordagens para lidar indiretamente com o conflito. Por meio delas, você não ataca o conflito de frente tal como um problema que deve ser solucionado. Pelo contrário, você levanta o conflito e depois o aborda no contexto de ensinar ou reafirmar a metodologia ágil — uma prática, um valor, um mindset, uma visão — com a equipe. Isso possibilita que seus ensinamentos avancem e sejam positivos em vez de punitivos.

Perceba que isso não significa ignorar o conflito ou esquivar-se. Você ainda tem que enfrentá-lo. Basta você promover determinada parte da metodologia ágil e pedir aos membros da equipe para que pensem se representam os melhores objetivos desta parte. A usar esse modo de resposta, a abordagem criada pela equipe se torna um apelo de "mãos à obra" para cada pessoa. Ao agir como tal, você efetua a mudança por meio da inspiração, e não do pânico.

Revelar

A intervenção mais poderosa diante do conflito o convida a revelar o que você sabe. Dê à equipe o benefício do conhecimento que você tem no momento. Revele todo esse modelo para eles. Compartilhe com eles a linguagem usada dos níveis de conflito e como avaliar o nível atual. Ensine os membros da equipe a reconhecer suas próprias respostas instintivas e escolher conscientemente qual opção de resposta melhor atende à equipe, levando em consideração o nível de conflito que estão vivenciando.

Dessa forma, você fornece à equipe uma ferramenta poderosa de autogerenciamento, uma abordagem para usar repetidas vezes a fim de driblar os conflitos à medida que eles vêm à tona.

Isso não significa que você recebe um "passe livre" para fazer coaching. Você ainda precisa tomar parte das discussões, especialmente no início, quando os membros da equipe aprendem primeiro sobre o framework. Seu papel muda, no entanto. Em vez de ficar absorvido no teor do conflito e do framework simultaneamente, você pode deixá-los se preocupar com o teor, coisa que o deixa livre para se tornar o guardião dos limites do framework. Nesse papel, você garante que o framework seja usado conforme o esperado, e não distorcido para se adaptar ao posicionamento de alguém ou utilizado como um modo de "rotular" e minar outras pessoas, ou fazer com que o posicionamento delas pareça errado.

> **TENTE ISTO**
>
> Da próxima vez que o conflito irromper na equipe, tente revelar em vez de "resolver". Caso a equipe tenha acabado de amenizar o conflito por conta própria, chame a atenção deles e faça algumas perguntas: Qual nível de conflito você acha que acabou de vivenciar? Como você pode saber? O que aconteceu que minimizou o conflito?
>
> Agora, se eles estão em um conflito que não se apazígua, intrometa-se na conversa e faça as mesmas perguntas, mude somente a última pergunta para algo como: "O que precisa acontecer para que o nível de conflito seja amenizado?"
>
> Não raro, o melhor momento para ensinar à equipe a respeito de um framework novo surge exatamente quando eles mais precisam — no meio do problema em si. Portanto, aproveite esses momentos de conflito para revelar o modelo e comece a fazer perguntas que levem à conscientização da equipe a fim de que todos possam se corrigir.

Afastar-se do circuito de informações continua sendo o objetivo, porém você só pode fazer isso quando a equipe for qualificada no uso e na promoção do framework. Mesmo assim, observar de vez em quando não faz mal.

Quando você observa que o framework está sendo bem utilizado, os membros da equipe levantam outros tipos de perguntas à medida que passam pelo conflito. Eles podem perguntar: "Em que nível estamos?", ou "O que está acontecendo que provoca isso?", ou "Percebo que generalizamos muito as coisas quando falamos sobre isso; precisaríamos amenizar algum conflito para voltarmos a ser construtivos?", ou "Precisamos de uma folga um do outro?".

Você também pode enxergar o framework de conflito utilizado como uma ferramenta para reconhecer e encaixar o próprio nível de conflito antes que ele se espalhe para a equipe. Talvez um membro da equipe diga ao outro: "Percebi que estava entrando no território da Cruzada e precisei recuar. Você sabe o quanto eu me importo com isso, mas acho que afirmar que todos estão sendo arrogantes não vai adiantar de nada. Então, estou pensando em outras formas de trazer isso à tona."

As equipes que lidam ativamente com um conflito e regularmente o atenuam podem aprender a ter sucesso nos conflitos de nível 1. Nesse nível, elas vivem em um mundo de divergência construtiva. Elas meio que dançam conforme a música do incômodo — apenas o suficiente para que possam ter ideias melhores e tomar como base os pensamentos uns dos outros a fim de encontrar novas possibilidades incríveis. Ao fazê-lo, usam o conflito como impulsionador para o alto desempenho.

Portador de Reclamações

Um agile coach ajuda a equipe a enxergar que o conflito é normal — e útil — se permanecer no âmbito construtivo. Quando o conflito entra em ebulição por debaixo dos panos, ele não é lá muito construtivo, e muitas vezes transborda na forma de reclamações.

Os membros da equipe sabem que uma parte do trabalho do agile coach gira em torno de eliminar os impedimentos para o trabalho, o que faz do coach um alvo popular dos queixosos. Alguns agile coaches podem até mesmo ter estudado para lidar com os queixosos caso tenham feito o curso Certified Scrum Master (CSM) e caso o instrutor tenha demonstrado alguns cenários de reclamações "típicas" que são mais ou menos assim:

> Um membro da equipe vem até você e lhe diz que a arquiteta da equipe tem um odor corporal tão desagradável que ela simplesmente não consegue trabalhar perto da colega. Como as temperaturas estão subindo, ela está preocupada com a possibilidade de todo mundo sair correndo da sala por causa da arquiteta. Como coach da equipe, o que você faz?
>
> Um desenvolvedor possesso de raiva lhe diz que Joe, outro desenvolvedor, fez o deploy do código em produção sem testar — mais uma vez. Ele está convencido de que Joe é displicente e não se importa com ninguém além de

consigo mesmo. Ele diz que o resto da equipe está pronta "para sair com ele do projeto". Como coach da equipe, o que você faz?

Um membro da equipe vem até você reclamando sobre o testador líder que fica fazendo ligações pessoais na sala da equipe. Enquanto fala, fica claro que ela está irritada com o barulho das conversas pessoais que tem que ouvir diversas vezes ao dia. Ela acha ele grosseiro e de conduta duvidosa. Ela quer que você faça isso parar. Como coach da equipe, o que você faz?

Na verdade, um desses cenários realmente aconteceu com um membro da equipe. O cenário do odor corporal. Não é brincadeira. Como agile coach, achei que era meu trabalho "solucionar" o problema, então fui até a culpada do odor e lhe contei. Foi desagradável e horrível, e me senti a mais inescrupulosa das criaturas, enquanto a observava perder o chão diante de mim. Mas foi rápido, sem sofrimento (pelo menos para mim) e terminou por aí. Ela se conscientizou do problema, seu odor melhorou e todos ficaram felizes. O método de confronto indireto funcionou ou, pelo menos, pareceu funcionar, à primeira vista. E penso que fiz o que era melhor para a equipe. Será que fiz mesmo?

Não consigo pensar em muitos outros cenários em que o método indireto funcionaria, e alguém poderia alegar com razão que ele não funcionou nesse caso. Como portadora da queixa de quem reclamou direto para o alvo da queixa, garanti que não haveria um entendimento completo da situação de ambos os "lados". Na verdade, como intermediária, ajudei a criar lados reforçando a divisão na equipe. Essa foi provavelmente uma falta pequena visto o problema do odor corporal, mas seria expressiva em muitas outras situações.

A maioria das reclamações provém de situações mais complicadas do que esta e apresenta as duas partes contribuindo para a má conduta. Em razão de não serem muito claras, essas situações denotam sentimentos que chegaram ao ponto de ebulição, em que as ideias de certo e errado originam divisões e situações nas quais as pessoas se sentem fragilizadas, magoadas e desvalorizadas. Essas situações são as mais comuns. Elas exigem algo melhor do que o coach agindo como portador da reclamação ao alvo da queixa.

Da próxima vez que alguém reclamar com você, tente o caminho de intervenção em três etapas (Keip, 2006) a seguir. Pergunte à pessoa que reclama:

1. "Você compartilhou suas preocupações e sentimentos sobre isso com _____?"

    Se a pessoa disser que não, incentive-a a fazê-lo. Talvez se você ensaiar a situação com a pessoa ajudaria a deixá-la menos nervosa. Caso esteja relutante ou não estiver disposta a fazê-lo, é hora da intervenção 2.

2. "_____ deve saber de suas preocupações. Se eu o acompanhasse, ajudaria em alguma coisa?"

Em caso afirmativo, planeje quando e onde. Deixe a pessoa que reclama ciente de que você estará lá para apoio moral, e não para ser o portador das notícias. Caso ainda esteja nervosa, ofereça um ensaio com você.
Agora, se ela não estiver disposta a expressar as preocupações diretamente, recorra à intervenção 3.

3. "Posso dizer a/ao _____ que você está preocupado?"

Sempre que possível, peça à pessoa que reclama para resolver a queixa diretamente, sozinha ou com você. Evite a triangulação, quando fulano de tal fala sobre sicrano para beltrano, a todo custo.

Recorrer à intervenção 3 o coloca no centro das atenções como "o portador" da queixa e prolonga a situação. Se a intervenção 3 é a única opção, lembre-se: nunca seja portador de reclamações anônimas. As pessoas que reclamam têm que saber que você não esconderá quem se queixou.

Caso repasse uma reclamação anônima, você se sujeita à manipulação e demonstra que não tem mal algum falar as coisas pelas costas das pessoas. Tem sim. Não era certo fazer isso no ensino médio, quem dirá agora. As equipes ágeis que são íntegras vivem em um mundo de valor e respeito. Deixe bem claro que espera isso e seja firme.

TENTE ISTO

Tente os seguintes cenários de intervenção. Peça a um amigo que simule esses cenários com você. O amigo será a pessoa queixosa, e você será o coach.

Por um acaso, um membro da equipe menciona que veio trabalhar no fim de semana para corrigir o trabalho de outro membro da equipe. Na opinião dele, era um trabalho malfeito. Ele afirma que estava disposto a fazer isso uma vez, mas, no futuro, espera que você coloque o outro membro da equipe na linha.

Um membro da equipe lhe diz que ela tirará uma folga repentina porque outro membro da equipe fez isso com ela na semana passada, o que causou um trabalho extra e gerou frustração. Esta semana, ela "dará o troco" ao outro membro da equipe, tirando um dia de folga. Ela sente que merece e quer que a outra pessoa saiba como é se sentir frustrada.

Um membro da equipe chega em você e lhe pede para conversar com dois outros membros da equipe, que falam baixo demais para serem ouvidos

> durante a reunião em pé. Ele diz que tem vergonha de falar a respeito porque tem um pequeno problema auditivo, e não tem certeza se sua incapacidade de ouvi-los é problema dele ou deles.
> Então, peça a um amigo que simule um cenário que você ache que pode estar se formando em sua própria situação de trabalho. Veja como você se sai quando "mandar bala".

Caso a pessoa que reclama recuse todas as três opções, faça algo extremamente difícil: deixe de considerar isso um problema. De verdade, desconsidere. A fim de ajudá-lo com isso, lembre-se de que, como o agile coach, você está nisso o tempo necessário para criar uma equipe de alto desempenho. A vitória em curto prazo de uma harmonia momentânea em equipe ou a sensação efêmera de um problema resolvido não é boa o suficiente para você (ou para eles). Desse ponto de vista, você pode ver que nem todas as reclamações exigem solução.

Às vezes, as pessoas só precisam desabafar. Como coach, você é a pessoa sapiente e calma que os escuta e lhes permite colocar as coisas para fora e deixá-las de lado. Isso abre a porta para a cura. Às vezes, escutar atentamente o que eles têm para desabafar pode ser o suficiente.

Outras vezes, as pessoas tentam incluí-lo à rede de fofocas delas — e você não quer isso, porque nenhuma fofoca é inofensiva. Como coach, saiba que quando alguém quer fazer fofoca, é porque não quer solucionar o problema. Seja todo ouvidos, teça seus comentários de que eles aparentemente não estão prontos para solucionar a reclamação e deixe-os cientes de que não tomará nenhuma ação.

Ou as pessoas podem estar reclamando com o intuito de convencê-lo a apoiar a guerra delas. Não se envolva nisso. Você pode perceber quando alguém tenta atraí-lo para a causa porque a pessoa não conseguirá responder com firmeza e verdadeiramente a pergunta: "Você está pronto para resolver isso sem pôr a culpa em alguém?" Na realidade, se você sentir resistência à medida que faz as três perguntas, pare e faça esta outra pergunta: "Você está pronto para resolver isso sem pôr a culpa em alguém?" Na maioria das vezes, as pessoas responderão "sim" e depois continuarão falando. Escute com muito, muito cuidado. À medida que as pessoas continuam falando depois de responderem "sim", preste muita atenção para que você possa ouvir o "mas". Vejamos um exemplo: "Sim, eu sempre quis resolver isso sem culpar ninguém, mas Jeff é tão teimoso que ele simplesmente não dá ouvidos à razão." Caso ouça um "mas", há uma boa chance de a pessoa ainda não conseguir solucionar o problema sem culpar alguém. Assim, deixe que expressem suas opiniões e, depois, desconsidere. Ao ouvir e oferecer sua nobre ajuda, você fez tudo o que podia ser feito (por enquanto).

Agora, os queixosos crônicos merecem tratamento especial. Se a mesma pessoa for reclamar diversas vezes com você, porém não considerar nenhuma das francas opções de resolução que você lhe oferece, aborde seu comportamento crônico. Peça à pessoa que reclama para refletir sobre a influência destrutiva que os ressentimentos provocam na equipe e nela. Faça com que essa pessoa saiba que apenas alguns "passes livres" podem ser fornecidos a um queixoso crônico, e que o departamento de reclamações pode ter que fechar a porta para eles se não estiverem dispostos a tomar medidas a fim de reparar, pelo menos, algumas das situações a respeito das quais reclamam.

Quando o Motivo da Reclamação É Você

Lidar com as reclamações de forma íntegra e aberta pode ser desagradável. Ninguém gosta de confronto, ainda mais quando não se consegue ninguém para fazer isso em nome da equipe. Ao lidar com as reclamações às claras, as coisas começam a pegar fogo — a tal ponto que, na verdade, *você* pode se tornar alvo das reclamações. Quando alguém lhe passar reclamações anônimas ao seu respeito, faça as seguintes perguntas para que a conversa seja construtiva:

"Posso perguntar como você se sente a respeito disso? É a sua preocupação também?"

"Eu gostaria de ter a chance de conversar com <a pessoa que reclamou>. Você estaria disposto a ajudar a nos reunirmos para conversarmos?"

Lembre-se de que, como agile coach, você modela o comportamento que ajuda a equipe a alcançar o alto desempenho. Nesse sentido, o exemplo de comportamento é indiscutivelmente a mais alta forma de elogio. Enfrente as reclamações sobre você e mantenha-se firme em sua recusa absoluta de apresentar reclamações anônimas. Então, observe o que acontece. O melhor resultado possível que você pode ouvir é um membro da equipe dizer para o outro: "Você compartilhou suas preocupações diretamente com ela?"

Conflitos Irresolúveis

Você já teve a impressão de que algum conflito não pode ser resolvido? Os membros da equipe em conflito lidam com a questão, parece que fica tudo bem, e depois o conflito vem à tona mais uma vez. Talvez ele esteja disfarçado em uma situação nova ou apresente um nível diferente de intensidade, mas o conflito é um velho conhecido que bateu à porta da equipe novamente. Caso a equipe use do bom humor para aliviar o estresse, você pode até ouvir o conflito se transformar em uma piada sarcástica: "Certo, pessoal, só para avisar. A Julie voltou a me odiar." Parece até um casamento, não?

As Equipes Ágeis São Próximas

A pesquisa do Dr. John Gottman, que durou 30 anos, sobre o que faz os casamentos darem certo ou irem ladeira abaixo afirma: 69% dos problemas dos casamentos duram eternamente e nunca mudam (1999). Eles não deixam de existir. Não existe como resolvê-los. Em casos extremos, você pode se divorciar e casar-se de novo, e o possível resultado é que terá trocado uma série de problemas eternos por outros.

Como as informações sobre conflito no casamento, um relacionamento bastante pessoal e íntimo, relacionam-se com as equipes ágeis? Para responder a isso, escute as conversas que acontecem durante um dia corriqueiro em uma equipe ágil e saudável. Você ouvirá os membros conversarem sobre coisas como resultados de mamografia, como lidar com os pais idosos, decepções ao visitar os sogros, planos para as férias, conselhos sobre como educar os filhos e muito mais. Em equipes que se relacionam bem, você ouve os membros da equipe conversando entre si em um nível ainda mais profundo de intimidade. Eles conversam sobre os receios do próximo ciclo de avaliação de desempenho, se eles se sentem valorizados na equipe e como o trabalho em equipe se harmoniza ou não com suas metas de crescimento pessoal. Os relacionamentos em equipes ágeis são íntimos. A realidade do conflito sem solução é tão verdadeira nesse contexto como em um casamento.

O mundo do coaching profissional coloca em prática a pesquisa do Dr. Gottman em grupos de todos os tipos (Center for Right Relationship, 2008). Parceiros de negócios, equipes, organizações — todos se beneficiam da perspectiva de coaching de que algum conflito simplesmente não tem solução. Parece desesperador, mas não perca a esperança. A despeito de ser verdade que existam conflitos sem solução, os coaches aprendem que nem tudo está perdido — existe uma "saída".

Em vez de se concentrar em desvendar e solucionar conflitos, a "saída" é contorná-lo aumentando a positividade no grupo. Dito de forma simples, aumentar a positividade significa promover o número de interações positivas entre os membros da equipe. Nós, na comunidade ágil, podemos trilhar esse caminho e pôr em prática as mesmas sugestões e ferramentas em nossas equipes quando vivenciam conflitos irresolúveis.

Dê o primeiro passo ensinando à equipe que o conflito sem solução existe, sim, é algo esperado e normal. Diga-lhes que a modo de viver sem problemas com conflitos irresolúveis

> *Pode-se erradicar a injustiça, mas não se pode eliminar os conflitos humanos e as limitações naturais. Os conflitos da vida social e as limitações da natureza não podem ser controlados ou transcendidos. No entanto, consegue-se suportá-los e sobreviver a eles. É possível que seja uma dança com a vida, a resposta criativa aos seus limites e desafios intrínsecos.*
>
> —*Sharon Welch*

é aumentar o número de interações positivas entre eles com o intuito de ajudá-los a driblar o conflito quando ele surgir.

Estudos científicos comprovam isso. Inúmeras iniciativas paralelas de pesquisa, que remontam há 15 anos, deduziram de forma independente a relação positividade/negatividade em indivíduos, equipes e casamentos. Em casamentos, a proporção "mágica" é de cerca de cinco interações positivas para uma interação negativa (Gottman, 1994). Em equipes, a proporção é de três interações positivas para uma negativa em relação ao alto desempenho, e de cinco para uma no que diz respeito ao altíssimo desempenho (Losada e Heaphy, 2004). É o que precisamos para ficar do lado da vida que nos possibilita navegar nas águas de um oceano turbulento de conflito. Pelo menos, a proporção de três interações positivas para uma negativa e de cinco para uma é ainda melhor. Você está tomando sua dose diária recomendada de positividade? Os membros da equipe que você treina estão?

Com o intuito de aumentar a proporção de positividade/negatividade nas equipes, ajude-as a evitar o acúmulo de desentendidos e promova uma visão compartilhada.

Evite o Acúmulo de Desentendimentos

Você já reparou que os membros da equipe às vezes falam frequentemente um com o outro? Talvez eles falem mais do que ouvem, sem compreender exatamente o que se passa. Ou, ocasionalmente, a voz de um membro da equipe ainda não tenha sido ouvida. Alguém tem algo a dizer, porém teme o risco de se manifestar. Sem saber disso, a equipe segue em frente e deixa o membro da equipe para trás.

Como coach, você percebe essas coisas porque presta atenção à qualidade da conversa, contudo a equipe — envolvida no trabalho — provavelmente nem percebe. Eles precisam de você para ajudá-los a escutar mais a fim de que possam aprender a ouvir a qualidade da conversa. À medida que colocarem isso em prática, eles evitarão o acúmulo de desentendimentos e aumentarão a positividade nos relacionamentos. Isso faz com que seja possível conviver com o conflito sem solução.

Acordo e Consenso

Utilize as duas ferramentas a seguir para ajudar a evitar os desentendimentos e, como consequência, aumentar a positividade no grupo: averiguação de acordo e averiguação de consenso. Use a averiguação de acordo quando aparentemente todas as vozes foram ouvidas e o grupo está em vias de chegar a um acordo de uma conclusão compartilhada. Por outro lado, use a averiguação de consenso quando todas as vozes não estão sendo ouvidas e não está claro se a equipe está caminhando rumo a um consenso de uma conclusão compartilhada.

Digamos que você está em uma retrospectiva e a equipe está discutindo se deve mudar ou não o horário da reunião em pé para as 13h. Com o desenrolar da conversa, você nota que a maioria das pessoas já falou e ninguém foi deixado de lado ou ignorado. A energia geral do grupo é positiva, e parece que eles estão em sintonia um com o outro. Nesse caso, você pode solicitar uma averiguação de acordo: "Alguém tem alguma objeção com relação a mudar a reunião em pé para as 13h?" Formulada negativamente e de propósito, essa pergunta concede a permissão explícita para um membro da equipe expressar qualquer objeção.

Porém a conversa sobre a mudança de horário da reunião para as 13h pode assumir um tom diferente. Digamos que alguns dos membros da equipe são a favor da mudança de horário da reunião e discorreram sobre as vantagens da mudança. Outros falaram sobre algumas preocupações, e começaram a discutir. Em determinado momento, alguém tentou expressar sua opinião e não conseguiu. Você tem a impressão de que a equipe não está progredindo nem um pouco na conversa. Você acha que pode haver algo não dito — alguma necessidade ou preocupação por dizer. Nesse caso, você pode solicitar uma averiguação de consenso. A facilitadora profissional e coach Jean Tabaka nos oferece uma boa descrição do método Punho dos Cinco de averiguação para chegar a um consenso (Tabaka, 2006). Para tal, diga algo como: "Vamos averiguar como estamos com a proposta de mudança do horário da reunião em pé para as 13h. Vamos fazer uma averiguação de consenso. Preparados? 1, 2, 3." No "3", cada membro da equipe levanta uma mão mostrando de um a cinco dedos, correspondendo ao nível de concordância mediante a afirmação. Veja o que eles significam:

Cinco dedos: Amei essa ideia. Gostaria de ter pensado nisso antes.

Quatro dedos: Gostei dessa ideia, estou feliz que tenhamos pensado nela.

Três dedos: Posso conviver com ela e contribuir. (Essa é a definição de consenso.)

Dois dedos: Tenho lá minhas reservas, eu teria dificuldade em conviver com essa ideia.

Um dedo: Tenho sérias dúvidas a respeito. Não posso concordar com isso, muito menos conviver.

Depois, todo mundo olha em volta para ver se tem alguém que levantou um ou dois dedos. Se tiver, eles são convidados a falar sobre seu ponto de vista. Como todos "votam" de acordo com a própria consciência ao mesmo tempo, os membros da equipe não são influenciados pelos votos dos outros. Dessa forma, o Punho dos Cinco muitas vezes expõe vozes não ouvidas e ajuda a neutralizar os membros que dominam a conversa.

A averiguação de acordo e a averiguação de consenso são duas maneiras de assegurar que os membros da equipe sejam convidados a falar, a equipe seja convocada a ouvir e todos se compreendem na íntegra — e, com isso, a positividade da equipe aumente.

Use a Visão Compartilhada da Equipe

Ao treinar parceiros de negócios, as atividades que ajudam a revelar "o sonho por trás do conflito" não raro são utilizadas a fim de melhorar o relacionamento de trabalho (Center for Right Relationship, 2008). Em "o sonho por trás do conflito", os parceiros são treinados por meio de uma atividade que relembre, em primeiro lugar as razões pelas quais a parceria foi firmada. Ao fazer isso, eles se lembram da emoção do "sonho" e resgatam a visão geral do propósito da parceria. Com essa visão geral, eles geralmente percebem que o conflito irresolúvel é secundário, talvez até sem importância.

Comumente, em equipes ágeis, não temos o luxo de recorrer a um relacionamento voluntário idealizado a partir do interesse mútuo em tempos conflituosos. Muitas vezes, os gerentes montam as equipes e anunciam aos membros que eles farão parte da equipe, sem nenhum "sonho" compartilhado, exceto a entrega de algum produto. Mesmo assim, não significa que a equipe não deva compartilhar de um sonho.

> **VEJA TAMBÉM** As equipes precisam de metas em muitos níveis. O Capítulo 7, "Coach como Professor", apresenta diversos níveis de metas em equipe e por que cada uma delas é fundamental, incluindo o "sonho" compartilhado de uma equipe. O pontapé inicial da equipe é um momento ótimo para definir tais metas, de modo que possam ser usadas mais tarde quando as coisas ficarem difíceis.

Um sonho compartilhado, ou visão, é um farol que os membros da equipe podem usar para iluminar o caminho de volta ao que há de melhor e a melhor expressividade da equipe como um todo, quando os conflitos sem solução os desviarem do percurso. Essa visão é muito diferente da longa lista de objetivos de negócios que a equipe deve satisfazer a fim de ser considerada bem-sucedida. Trata-se de algo bem mais que isso: trata-se da equipe. Em termos de coaching, essa visão é chamada "prioridades" (Whitworth et al., 2007) e é muitas vezes expressa como uma declaração convincente que resume o que a equipe se propôs a fazer em conjunto. Veja alguns exemplos:

> "Melhoraremos efetivamente a experiência do cliente por meio da colaboração, da dedicação pelo que é certo e da criatividade inovadora, ao

mesmo tempo em que nos fortalecemos mutuamente e minimizamos nossos pontos fracos."

"Este ano, estamos concentrados e estamos mantendo nossos clientes e parceiros externos em foco, com o qual todos concordamos. Acreditamos que o foco potencializará nossos resultados e a maneira como trabalhamos juntos."

"Entregaremos um site que despertará o interesse de novos clientes e faremos isso trabalhando como a melhor equipe multidisciplinar que a companhia já viu. Queremos que as pessoas perguntem: 'Como eles fizeram isso?'"

Quando um conflito sem solução vier à tona, aponte a declaração de visão pendurada na parede da sala da equipe a fim de chamar a equipe de volta ao sonho compartilhado. Caso isso não funcione, tente perguntar: Essa visão que temos de nós, como equipe, ainda é válida? Qual é o significado do seu conflito atual no contexto dessa visão? Revisitada a visão, o conflito ainda é importante? Às vezes, o conflito simplesmente desaparece quando os membros da equipe se olham de modo encabulado e riem do momento. Outras vezes, segue-se uma conversa, talvez aliviando o conflito em relação à visão ou alterando a visão, caso ela se torne ultrapassada ou sem sentido. Em ambos os casos, ter uma visão compartilhada possibilita à equipe enxergar que o conflito irresolúvel é normal e pode ser mediado, desde que eles usem a visão como farol a guiá-los.

Últimas Considerações acerca do Conflito

Essas técnicas não são uma solução mágica. Conhecer os frameworks de conflitos, escolher as respostas, lidar com reclamações e promover a positividade da equipe não abordam os conflitos propriamente ditos. A "mágica" acontece quando você vê as habilidades e os mindsets que você compartilhou se apoderarem das ações da equipe.

Você sabe que teve o impacto desejado quando uma declaração de visão na parede estimula uma conversa que permite à equipe enxergar que o conflito contínuo não é quase nada diante do que eles se comprometeram a realizar juntos. Ou quando um membro da equipe se encontra rumo a um conflito destrutivo e pede desculpas à equipe ao escolher um percurso melhor. Ou ainda quando os membros da equipe respondem às reclamações uns dos outros em voz alta e em tempo. Isso, sim, é magia de verdade.

Recapitulação

Vamos fechar este capítulo com chave de ouro:

- Resolver o conflito deles não é a sua função. Agora, ajudá-los a enxergar e escolher o que fazer a respeito é.
- Preste muita atenção à equipe quando estiver em conflito e decida conscientemente se deve intervir.
- Use os cinco níveis de conflito para analisar mais objetivamente o que está acontecendo. Quando estiver pronto, revele os cinco níveis para que a equipe possa usá-los também.
- Dado que grande parte do conflito que surge em equipes ágeis não tem solução alguma, ofereça à equipe maneiras de conviver com ele.

Leituras e Recursos Adicionais

Gottman, J. and Silver, N. 2004. *The Seven Principles for Making Marriage Work* ["Sete Princípios para o Casamento Dar Certo", em tradução livre]. Nova York: Three Rivers Press. Acontece que a pesquisa, o aconselhamento e as ferramentas para fazer o casamento funcionar também servem para muitos outros tipos de relacionamentos, incluindo as equipes. Como benefício secundário, você também pode melhorar seu casamento.

Leas, S. 1998. *Discover Your Conflict Management Style* ["Descubra Seu Estilo de Gerenciamento de Conflito", em tradução livre]. Herndon, VA: Alban Institute. Esse pequeno livro de exercício apresenta diversas respostas ao conflito e utiliza um questionário para você identificar sua resposta de conflito padrão.

Referências

Beck *et al.* 2001. Manifesto for Agile Software Development. www.agilemanifesto.org.

———. 2001. Principles Behind the Agile Manifesto. www.agilemanifesto.org/principles.html.

Center for Right Relationship. 2008. Organization & Relationship Systems Coaching core curriculum. Benicia, CA: Center for Right Relationship.

Corrigan, C. 2006. The Tao of Holding Space. www.archive.org/details/TheTao OfHoldingSpace.

Hackman, J. R. 2002. *Leading Teams: Setting the Stage for Great Performances.* Boston: Harvard Business School.

Keip, M. 2006. Handout from conflict class conducted at First Unitarian Universalist Church of Richmond, Virginia, 2007 (adaptado de Leas, 1998).

———. 2006. Adapted from "carrying complaints" intervention path handout from conflict class conducted at First Unitarian Universalist Church of Richmond, Virginia, 2007.

———. 1997. Handout showing the "analyze and respond" steps of conflict resolution from conflict class conducted at First Unitarian Universalist Church of Richmond, Virginia, 2007.

Leas, S. 1985. *Moving Your Church Through Conflict.* Herndon, VA: Alban Institute.

———. 1998. *Discover Your Conflict Management Style.* Herndon, VA: Alban Institute.

Lencioni, P. 2002. *The Five Dysfunctions of a Team: A leadership fable.* São Francisco: Jossey-Bass.

Losada, M. and Heaphy, E. 2004. The Role of Positivity and Connectivity in the Performance of Business Teams: A Nonlinear Dynamics Model. *American Behavioral Scientist* 47 (6): 740–765.

Schwaber, K. and Beedle, M. 2001. *Agile Software Development with Scrum.* Upper Saddle River, NJ: Prentice Hall.

Tabaka, J. 2006. *Collaboration Explained: Facilitation Skills for Software Project Leaders.* Boston: Addison-Wesley.

Gottman, J. 1994. *What Predicts Divorce: The Relationship Between Marital Processes and Marital Outcomes.* London: Lawrence Erlbaum.

Gottman, J. 1999. *The Marriage Clinic: A Scientifically Based Marital Therapy.* Nova York: WW Norton.

Whitworth, L., Kimsey-House, K., Kimsey-House, H. and Sandahl, P. 2007. *Co-Active Coaching: New Skills for Coaching People Toward Success in Work and Life,* segunda edição. Mountain View, CA: Davies-Black.

Capítulo 10

Coach como Direcionador Colaborativo

No ensino médio, eu participava de uma banda de garagem. Eu havia me esquecido disso até que alguém me lembrou em minha reunião com o pessoal do ensino médio. Ele disse: "Nós éramos tão ruins quanto eu acho que éramos?" E eu disse: "Aham. Éramos muito ruins." No entanto, éramos dedicados. Praticávamos na casa de um amigo todos os dias, mas nunca atingimos um nível master de competência. Dados os chiados, acordes errados e notas desafinadas provenientes de nossos respectivos instrumentos, não tínhamos nem mesmo uma pequena chance que fosse de parecer uma verdadeira banda de rock, embora nos convencêssemos de que estávamos com a corda toda.

Anos depois, vejo claramente por que nunca atingimos o ápice. Estávamos aprendendo a tocar juntos, e cada um de nós ainda estava concentrado em aprender como fazer nossos instrumentos soar como deveriam, cada um dos membros completamente absortos em seus próprios instrumentos. Não sobrava nenhuma atenção para sistematizar todos esses sons para se formar uma verdadeira banda. Embora tenhamos praticado muito, ainda continuávamos um grupo de adolescentes tocando instrumentos individuais lado a lado. Mesmo assim, bons tempos.

> **Quando terminar este capítulo, você poderá responder a estas perguntas:**
>
> - Qual é a diferença entre cooperação e colaboração? Por que isso é importante?
> - Como ajudo cada membro da equipe a aprender a cooperar e colaborar? Como construo a força de colaboração da equipe?
> - Por que as ideias da equipe parecem pouco inspiradoras e o que posso fazer a respeito?
> - Quais exercícios práticos ajudam a equipe a colaborar?

Apesar de não ter permanecido na banda por muitos anos, eu amo música e gosto especialmente de orquestra sinfônica. A música deleita os meus sentidos, é bem verdade, mas assisto à orquestra sinfônica para ver o maestro. Fico sentada, hipnotizada, enquanto o maestro brande a batuta no ar, conduzindo os oboés, acalmando os violinos e, com uma expressão austera, diz para as trompas soprarem em tom grave. Músicos experientes por natureza, cada pessoa na orquestra sabe como fazer seu próprio instrumento entoar, e juntos criam músicas que comovem a alma. No entanto, todos se submetem à batuta do maestro, cabendo a ele a palavra final. Os maestros são incríveis.

Porém os maestros não são nada comparados ao Shanghai Quartet. Eu os vi somente uma vez, mas essa experiência ficou comigo por anos a fio. Quando meu marido e eu chegamos ao salão para ouvir o Shanghai Quartet, notei que o palco estava vazio, exceto por quatro cadeiras dispostas em um semicírculo raso. Em pouco tempo, os músicos com seus instrumentos subiram ao palco. Eles se sentaram e, alguns segundos depois, começaram a tocar. Fiquei tão perplexa que devo ter pulado no meu assento ou feito algum tipo de barulho assustador, porque meu marido olhou para mim. Quando olhei de volta para ele, notei o olhar perplexo em seu rosto também. Seu olhar me dizia que eu nem sequer imaginara o que acabava de fazer. Esses quatro indivíduos sentaram-se e, sem ninguém olhar para ninguém, sem fazer contagem regressiva, sem ninguém sequer tomar um pouco de fôlego, eles apenas começaram a tocar.

Prestes a tocar, cada músico harpejou o respectivo arco de seu instrumento exatamente no mesmo momento, fazendo com que um som luxuriante se alastrasse pelo salão, alto o suficiente para que qualquer pessoa se sobressaltasse. À medida que tocavam, eles mesmos conduziam a música, mudando e corrigindo enquanto a peça continuava. Nenhum maestro era necessário. Ainda que a música fosse gloriosa, eu mal podia esperar que cada peça terminasse para que eu pudesse vê-los começar a próxima.

Todas as vezes, a mesma coisa acontecia. Ou seja, nada acontecia, e então, de súbito, a música irrompia de todos os quatro instrumentos de uma vez só, no tempo perfeito, mas sem ninguém conduzir ou sequer acenar para dar o pontapé inicial.

Eu nunca tinha sentido nada assim antes. Como tantas outras coisas, isso me fez refletir sobre a natureza das equipes. Uma equipe que poderia trabalhar junta em tamanha harmonia quanto o Shanghai Quartet seria invencível. Eu ponderava: "O que seria necessário para uma equipe desenvolver habilidades como essa?"

Este capítulo o guia pelas etapas necessárias a fim de promover a colaboração em suas equipes. Talvez eles se assemelhem à banda de garagem do ensino médio agora, cada pessoa se valendo em conversas aparentemente tolas e fora de ritmo. Talvez, individualmente, já sejam colaboradores experientes e se encontrem em uma sinfonia conduzida por você ou por um membro alfa da equipe. Em ambos os casos, existem diversas e melhores formas de trabalhar que vão além.

Colaboração ou Cooperação?

Antes de promover habilidades de colaboração em sua equipe, faça essa escolha com eles: a cooperação nos atenderá ou precisaremos da colaboração para atingir nossas metas? Como alguns problemas enfrentados pelas equipes são mais bem solucionados por meio da colaboração e outros por meio da cooperação, as equipes precisam encontrar o equilíbrio adequado do que funcionará com eles. A colaboração faz valer o velho ditado: o todo é *maior que* a soma das partes. A cooperação resulta na soma das partes. Vamos explorá-las com mais detalhes para que você tenha um framework que ajude a determinar quais dessas abordagens se encaixam na situação da equipe.

Caso a equipe esteja encarregada de um trabalho que não exija inovação e eles estejam satisfeitos em usar as práticas ágeis de modo automático, você pode optar por restringir-se à cooperação. Não há vergonha nisso. A cooperação caracteriza o fluxo suave do trabalho em andamento de um membro da equipe para outro, e entre a equipe e a organização como um todo. Ao cooperar, a equipe se move rumo ao compromisso compartilhado por meio da coordenação diária de todos os empenhos. As pessoas conversam entre si desarmadas e constroem um entendimento como um todo a partir de suas respectivas partes à medida que alcançam resultados tangíveis constantemente.

Empenhar-se para cooperar e escolher deixar a colaboração de lado pode ser a direção certa se a equipe que você treina não precisar ser arrojada, sobretudo se o problema em questão não exigir um pensamento criativo ou inovador. A cooperação, mais fácil de trabalhar e muito menos emocional e duradoura, vem ao nosso encontro "de graça". Ela vem incorporada à maneira como a metodologia ágil funciona.

A cooperação inaugura um passo importante à frente, especialmente em comparação à forma como a maioria das organizações trabalhava na era pré-ágil. Com a cooperação, pelo menos as pessoas não estão interagindo umas com as outras por meio de trilhas enormes de e-mail criadas mais para culpar alguém do que para solucionar o problema em questão. Pelo menos, elas elaboram juntas o seu próprio plano e o seguem de modo entusiasmado, em vez de se dedicarem à execução de uma tarefa atribuída a elas por outra pessoa. Pelo menos, elas enfrentam os problemas e os resolvem no mesmo instante, em vez de agendar reuniões daqui a uma semana para falar a respeito de algo que precisa ser abordado hoje. Interação animada, diálogos de duas vias, entendimento concreto e progresso são os diferenciais da cooperação.

A cooperação passa uma sensação tão boa e funciona tão bem que você pode se enganar pensando que a cooperação *é* a colaboração. Ela é tão melhor do que eu já havia vivenciado que me enganei até aprender a diferença. A colaboração precisa da cooperação como alicerce, entretanto ela adiciona o ingrediente essencial para gerar resultados arrojados, inovadores e incríveis: o surgimento de ideias.

Um prolífico blogueiro ágil e autor de um livro sobre gerenciamento ágil, Jurgen Appelo, sustenta a definição de surgimento de ideias (2009):

> Quando um atributo de um sistema não pode ser rastreado até alguma das partes individuais do sistema, ele é chamado de atributo emergente. Sua personalidade é atributo emergente do seu cérebro. Não pode ser rastreada até neurônios individuais.
>
> — Jurgen Appelo

É assim também com a colaboração. As ideias que surgem não vêm com um caminho predefinido para rastreá-las até suas origens. Ao colaborar, os membros da equipe constroem ideias umas sobre as outras, cada um contribuindo com seu ponto de vista estimado do que "deveria ser" de modo que algo melhor, algo que ninguém sozinho poderia conceber, emerge das cinzas das ideias destruídas e perspectivas deixadas de lado. Isso promove um ambiente de compartilhamento e vulnerabilidade intrépidos, um ambiente em que o todo realmente pode ser maior que a soma de suas partes. O agile coach define o tom que permite que esse ambiente floresça.

Da Cooperação à Colaboração

Com o intuito de começar a avançar rumo à colaboração, primeiro construa a cooperação.

Talvez você perceba que a equipe parece com uma banda de garagem do ensino médio agora. As conversas entre os membros da equipe parecem forçadas e inanimadas ou assemelham-se à cacofonia de todo mundo concorrendo para falar ao mesmo tempo, todos falam e ninguém ouve. Lembre-se de que, nesse estágio, é preciso que todos foquem total atenção para aprender a tocar o "instrumento", portanto não espere que os membros da equipe consigam pensar muito sobre o barulho em geral. No contexto de uma banda de garagem do ensino médio, seu trabalho como agile coach se concentra em ajudar cada pessoa a aprender as habilidades necessárias para cooperar.

Uma vez que os membros da equipe começaram a desenvolver as competências básicas de cooperação e assumir o controle do próprio instrumento, eles têm a chance de se parecer com uma orquestra. Logo, assuma a batuta do maestro. À medida que a equipe conversa, oriente as pessoas caladas, suprima a vantagem das pessoas barulhentas e incentive todos a se envolverem intensamente. Nesse estágio, você age como a cola que mantém a conversa unida, encorajando-os a utilizar como alicerces o que acabou de ser dito para ir além das mesmas velhas ideias. Como maestro, você constata algumas melodias ótimas emergindo da orquestra da equipe e sorri quando percebe que a equipe agora pode colaborar.

Entretanto, você sabe que ter um maestro limita o quão longe eles podem chegar, então você se concentra em ajudar a equipe a se tornar um quarteto de cordas sem maestro. Ninguém precisa conduzi-los para que comecem; eles têm prática e sabem como fazer as coisas. Ninguém tem que apresentar a melodia mais suave ou silenciar o som excessivo; eles se autogerenciam. Ninguém tem que lembrá-los de usar as ideias uns dos outros como alicerces e deixar que a conversa flua ao ritmo de uma linda peça de orquestra; agir desse modo simplesmente se tornou normal para eles.

Evoluir de uma banda de garagem do ensino médio para uma orquestra até um quarteto de cordas pode parecer uma tarefa hercúlea. Dê um passo de cada vez. Comece com os instrumentos individuais e faça com que eles sejam tocados bem. Em nosso contexto, isso significa promover colaboradores individuais.

Promova Colaboradores Individuais

Ser capaz de colaborar (e cooperar) não é um talento concedido aos poucos afortunados ao nascer. Ambos resultam da aprendizagem de um conjunto de habilidades, que podem ser praticadas até se tornarem um hábito intrínseco. Na verdade, aprendemos muito do que precisamos saber há muito tempo. Retorne às lições da sua primeira infância: seja gentil com as pessoas e compartilhe seus brinquedos. Peça desculpa ao machucar alguém, mesmo que tenha sido sem querer.

Muito do que você faz como coach desperta esse aprendizado pretérito e ajuda as pessoas a aplicá-lo em um contexto que as beneficie no agora, em suas vidas adultas. Talvez você use a linguagem dos adultos: "Assuma a responsabilidade pelo seu despertar emocional", em vez de "Peça desculpas ao magoar alguém". É a mesma regra, moldada na linguagem adulta.

Promova essas habilidades para os membros da equipe e incentive-os a praticar até que elas se tornem profundamente arraigadas. Como depositário da qualidade e do desempenho, você está na posição perfeita para ensinar (ou reavivar) essas habilidades primordiais.

Fique no nível individual para primeiro focar os membros da equipe, porque os colaboradores são necessários para a colaboração e devem cooperar primeiro. Ofereça quatro coisas para ajudá-los a se tornarem cooperadores e colaboradores incontestáveis: ensine-lhes as habilidades de cooperação, espere que todos venham preparados, incentive a individualidade da equipe e instaure um ambiente colaborativo.

Ensine-lhes as Habilidades de Cooperação

Em matéria de colaboração, cada pessoa deve partir de um lugar de responsabilidade pessoal para aprender a cooperar e contribuir em equipe. O que você precisa transmitir a eles "é um conjunto específico de atitudes e comportamentos que transformam o 'trabalho em equipe' em uma habilidade individual, não um resultado ilusório oriundo da dinâmica de grupo facultada pelo mero acaso" (Avery, 2001).

O livro *Teamwork Is an Individual Skill* ["Trabalho em Equipe é uma Habilidade Individual", em tradução livre] ensina os membros da equipe a adotar os comportamentos e atitudes essenciais de que precisam para conseguirem cooperar efetivamente com os outros. Entre elas estão (Avery, 2001):

- Estar de acordo com "capacidade de resposta", o que significa escolher responder intencionalmente a tudo o que ocorre na vida em vez de negar ou culpar alguém.
- Reparar quando o seu silêncio transmite consentimento implícito, porque os verdadeiros "membros da equipe" nunca "compactuam com isso".
- Usar seu poder de veto ao mesmo tempo que aceita a responsabilidade de direcionar o grupo para uma solução aceitável.
- Refletir sobre suas ações a fim de reconhecer a interação de suas intenções conscientes e inconscientes.
- Dizer a sua verdade com compaixão em vez de oferecer críticas "construtivas".

Essas e outras lições são elencadas como práticas no livro de Avery por meio de comportamentos para tentar colocar em prática (alguns simples, outros difíceis), com reflexões pessoais que induzem à mudança. Ambos ajudam os membros da equipe a desenvolver o repertório de habilidades de cooperação. Apresente-as à medida que você treina os membros da equipe individualmente e planeje retrospectivas que abordem a capacidade geral da equipe de cooperar.

Espere que Todos Venham Preparados

Tendo exposto os alicerces da cooperação, agora nos dedicaremos às habilidades e ao mindset da colaboração. O primeiro conceito a ser ensinado é: a colaboração nasce dentro do coração e da mente de cada pessoa da equipe. Em razão de a colaboração começar dentro de cada pessoa, cada membro da equipe tem o dever profissional de chegar ao trabalho pronto para colaborar. Uma máxima no teatro nos diz: a *hora certa já é tarde demais* (Devin, 2009). Ou seja, se chegarmos ao trabalho pontualmente, somente com nossos corpos, não tendo preparado nossas mentes para colaborar, estamos simplesmente atrasados. Despreparados.

Chegar pontualmente "no horário" significa que os membros da equipe fizeram o necessário para desanuviar suas mentes, deixando somente o fundamental e o relevante para o trabalho do dia. Isso exige que cada pessoa descubra o que ajuda a limpar os pensamentos e envolver-se com o seu dia. Em um seminário de colaboração que realizei, 30 participantes apresentaram mais de 75 ideias para fazer exatamente isso, em menos de 5 minutos. Entre as opções, alguns ouviam música clássica, faziam sons sem finalidade específica, admiravam alguma obra de arte, passeavam com o cachorro, tomavam café da manhã, liam coisas desnecessárias, contavam os degraus das escadas, tomavam café e ouviam heavy metal, olhavam para si próprios no espelho e sentavam-se em algum lugar para relaxar. Não é nada muito extremo ou difícil de fazer. São coisas pessoais e foram feitas antes pelas pessoas que as listaram (desse modo, elas sabem como fazê-las). Todos conduzem a atenção para o eu interior a fim de aquietar a mente e preparar-se para se envolver com os outros.

Como seria a reunião em pé caso todos os membros da equipe fossem pontuais e fossem além da presença física? Se todos chegassem no horário — mente e corpo — e estivessem preparados para o trabalho por vir, qual seria a diferença em suas conversas? Você acha que eles teriam mais ideias? Ideias melhores? Tente e veja.

Espere que os membros da equipe venham preparados para o dia colaborativo que está por vir e os ajude a pensar em modos de alcançar esse objetivo; então os incentive a colocá-lo em prática. Quando parecerem dispersos ou distraídos, basta perguntar: "Você precisa dedicar alguns minutos para se preparar para o dia que está por vir?"

Incentive a Individualidade da Equipe

Para ser um bom colaborador, *não se* deve se sujeitar à individualidade de ninguém. A apresentação de ideias e de sonhos que levam à colaboração e inovação exigem que os membros da equipe expressem sua individualidade. Os autores de *Artful Making: What managers need to know about how artists work* ["Criação Artística: O que os gerentes precisam saber sobre como os artistas trabalham", em tradução livre] dizem isso da seguinte forma:

> A criação artística [colaboração] requer o fortalecimento da autoestima individual nos membros do grupo, ao mesmo tempo em que se desmantela a vaidade. O primeiro passo é aprender e internalizar essa diferenciação, ressignificar o ego e a vaidade em novos termos. A vaidade é aquela necessidade interior de se apresentar diante dos outros como nos apresentamos a nós mesmos ou como gostaríamos de nos apresentar a nós mesmos. A vaidade faz você se preocupar com a opinião do outro sobre seu corte de cabelo. O ego, por outro lado, é a percepção que temos de ser uma criatura distinta no mundo, uma criatura de valor. Sua autoestima é quem você é, sua percepção de si como indivíduo, e, se for firme o bastante, você pode conviver com a opinião dos outros a respeito do seu corte de cabelo (Austin e Devin, 2003).

Seguindo essas definições, incentive os membros da equipe a manter sua percepção de autoestima estável, enquanto deixam em segundo plano a necessidade de aprovação social. À medida que os membros da equipe trabalham juntos, incentive as respectivas autoestimas, ajudando a mantê-las firmes e incentivando uns aos outros a deixar a vaidade em casa. E ajude-os a perceber a diferença entre as duas.

Instaure um Ambiente Colaborativo

Em seu livro *Radical Collaboration* ["Colaboração Extrema", em tradução livre], os autores apresentam a Zona Verde e a Zona Vermelha, uma escolha individual a fim de adotar uma atitude que "apoiará a colaboração ou a comprometerá" (Tamm e Luyet, 2004). Ao ler as atitudes da Zona Verde e da Zona Vermelha na Tabela 10.1, pondere em que medida as pessoas em suas equipes as manifestam.

TABELA 10.1 A Zona Verde e a Zona Vermelha: uma escolha pessoal para respaldar a colaboração ou comprometê-la*

Uma pessoa na Zona Verde...	Uma pessoa na Zona Vermelha...
Assume responsabilidade pelas circunstâncias em sua vida.	Culpa os outros pelas circunstâncias de sua vida.
Responde de modo não defensivo.	Sente-se ameaçado ou injustiçado.
Não se sente psicologicamente ameaçado com facilidade.	Responde na defensiva.
Tenta construir sucesso mútuo.	Desencadeia a defensividade nos outros.
Busca soluções em vez de culpados.	É inflexível, instável e acha que está sempre certa.
Procura persuadir em vez de obrigar.	Usa vergonha, culpa e acusações.
Pode ser firme, mas não inflexível, sobre seus interesses.	Não tem consciência do clima de antagonismo que ele ou ela cria.
Pensa tanto em curto como em longo prazo.	Tem pouca consciência dos pontos cegos.
Interessa-se por outros pontos de vista.	Não busca ou valoriza o feedback.
É aberto ao feedback.	Vê os outros como o problema ou inimigo.
Enxerga o conflito como uma parte natural da condição humana.	Enxerga o conflito como uma batalha e procura vencer a qualquer custo.
Fala com calma e diretamente sobre questões difíceis.	Não abre mão das coisas nem perdoa.
Aceita a responsabilidade pelas consequências de suas ações.	Comunica-se em tom de desaprovação e desprezo.
Busca continuamente por níveis mais profundos de compreensão.	Concentra-se na vantagem em curto prazo e no ganho.
Passa uma postura solidária.	Sente-se vitimado por diferentes pontos de vista.
Procura excelência em vez de vitória..	É 8 ou 80.
Sabe ouvir.	Não ouve de modo efetivo.

* Do livro *Radical Collaboration*, de James W. Tamm e Ronald Luyet. Copyright 2004 por James W. Tamm. Reproduzido com permissão da HarperCollins Publishers.

Antes de começar a acusar os membros da equipe que você treina de escolher atitudes que minam a colaboração, leia as características da Zona Verde e da Zona Vermelha mais uma vez. Desta vez, considere cuidadosamente qual delas se aplica a você. Em que medida você irradia as atitudes da Zona Verde? As pessoas diriam que esses jeitos de ser têm a ver com você? As pessoas podem afirmar isso apenas reparando em como você trabalha? Quando as atitudes da Zona Vermelha o agarram com unhas e dentes e você acaba cedendo? Como elas afetam sua capacidade de colaborar com as equipes? Pare um bocado e volte. Leia-as novamente, agora, refletindo sozinho.

Depois de sua reflexão pessoal, saiba o seguinte: você não precisa ser perfeito e viver sempre na Zona Verde. Você também é humano, e seus defeitos são tão instrutivos para as equipes quanto suas perfeições. No entanto, sirva de exemplo, esforçando-se conscientemente para viver na Zona Verde e restabelecer-se quando cair nas garras da Zona Vermelha. Escolher a Zona Verde para si manifesta categoricamente sua intenção de promover um ambiente em que as pessoas optem conscientemente por atitudes que permitam que a colaboração ocorra.

> **VEJA TAMBÉM**
>
> A fim de ensinar a equipe a permanecer na Zona Verde, você deve primeiro fazê-lo por conta própria. Isso significa encarar suas próprias deficiências e trabalhá-las. O Capítulo 3, "Tenha Domínio de Si", oferece ideias para fazer exatamente isso e a fim de chegar ao trabalho mentalmente preparado para treinar equipes.

Com o intuito de instaurar uma atmosfera de colaboração, primeiro viva pessoalmente na Zona Verde. Depois, simplesmente declare sua intenção de treinar a equipe para permanecer na Zona Verde. Para tal, faça coach a fim de criar um ambiente que esmere as atitudes da Zona Verde e desocupe as atitudes da Zona Vermelha. Assim sendo, assuma a posição de que a Zona Verde é simplesmente normal e esperada. Será defendida por meio de seu treinamento. Em contrapartida, a Zona Vermelha indica um estado para se restabelecer, portanto informe-lhes que você os orientará para perceber quando entraram na Zona Vermelha de modo que possam optar por voltar à colaborativa Zona Verde.

Quando os membros da equipe estão abertos para colaborar uns com os outros, as ideias começam a fluir. Conforme eles se envolvem e se dão bem, espere ouvir um excesso de ideias, muito mais ideias do que eles de fato usarão, e algumas que são tão exageradas que nunca seriam colocadas em prática do jeito que são. Todas essas ideias são o alimento necessário para a verdadeira inovação que está por nascer.

Em minha experiência, muitas equipes tropeçam aqui. Apesar de apresentarem mais ideias do que antes, elas não costumam atingir o objetivo de ter um saldo positivo de ideias, e elas ainda podem parecer banais para você (e para os usuários de seus produtos). Ao perceber isso, reconheça que está enfrentando os efeitos de anos de escassez da criatividade provocada pela vida acadêmica e profissional de pessoas atribuladas e que têm pensamentos tacanhos.

Necessidade de Excesso de Ideias

Quando soltamos as amarras das equipes e dizemos a elas: "Não há problema em colaborar agora — vamos ouvir todas essas grandes ideias", não é de se admirar que as ideias sumam. A necessidade de um excesso de ideias exige um ambiente criativo e uma vontade de explorar as possibilidades com receptividade e curiosidade. Quanto de receptividade e curiosidade você percebe nos membros da equipe ao seu redor?

O crânio em marketing e pensador megacriativo Seth Godin nos oferece a seguinte perspectiva:

> É fácil subestimar o quanto é difícil alguém ter curiosidade. Durante 7, 10 ou até 15 anos de escola, espera-se que você não seja curioso. Vezes e vezes sem conta, os curiosos são punidos. Não acredito que seja uma questão de dizer uma palavra mágica; e boom, repentinamente, algo acontece e você se torna curioso. Trata-se de um processo de 5, 10 ou 15 anos em que você começa a encontrar sua voz e, por fim, percebe que a coisa mais segura que pode fazer é arriscada, e a coisa mais arriscada que você pode fazer é escolher ficar em segurança. Uma vez reconhecida, a voz tácita, mas persistente, da curiosidade não desaparece. Nunca. E talvez seja essa curiosidade que nos levará a diferenciar nossa própria grandeza da mediocridade que nos encara de frente (Godin, 2009).

Ademais, os membros da equipe não apresentarão as ideias inovadoras, mesmo as que surgem da curiosidade desenfreada, quando são pressionados constantemente para produzir ou quando passam de tarefa para tarefa, de sprint para sprint ou de lançamento para lançamento sem sequer pausar para respirar. Pense no seguinte:

> Os desafios nas organizações começam com o ritmo frenético que muitas pessoas se sentem coagidas a manter. Não raro... As equipes simplesmente não sabem como parar, tampouco sabem como integrar uma pausa às formas normais de trabalhar juntas. Todavia, as inovações afloram quando as pessoas reservam um tempo para parar e analisar suas hipóteses (Senge *et al.*, 2004).

Caso exista uma ausência de curiosidade ou criatividade, chame a atenção dos membros da equipe a respeito e veja quais são as ideias que eles têm para que a criatividade flua. Peça-lhes para praticar um senso de curiosidade, analisando de novo até as coisas comuns. Surpreenda-os quando demonstrarem curiosidade e comente sobre a qualidade dos pensamentos que borbulham quando a curiosidade impera. Para ajudá-lo com isso, apresente-os o mundo estimulante do chamado serious play (jogo sério), abordado detalhadamente mais adiante neste capítulo.

Em relação ao ritmo frenético que muitas pessoas mantêm, a metodologia ágil já o aborda. A revisão de sprint e a retrospectiva incorporam as pausas, cruciais para que as inovações venham à tona.

> **VEJA TAMBÉM** Os objetivos da revisão e da retrospectiva do sprint são discutidos no Capítulo 6, "Coach como Facilitador". Avalie a eficácia desses eventos perguntando a si próprio se os objetivos foram atingidos e se a equipe conseguiu a pausa de que precisava.

Nesta pausa, principalmente na retrospectiva, peça aos membros da equipe que deixem de lado por um momento seus modos convencionais de pensar. Traga atividades que os ajudem a analisar em retrospecto o modo como trabalharam juntos a partir de perspectivas diferentes a fim de que possam analisar o sprint anterior e descobrir suas premissas desapercebidas. Muitas vezes, pressupõe-se que as premissas sejam verdadeiras até que se ouça um ponto de vista alternativo e, em seguida, perceba que o fato é somente um dos muitos modos de enxergar o sprint anterior. Esforce-se para ressaltar as perspectivas diferentes a fim de que as pessoas possam desenterrar suas premissas. Com as premissas expostas, torna-se possível enxergar meios novos de trabalhar, talvez até ideias inovadoras para criar produtos que façam a diferença.

Por meio deste trabalho, você ajuda cada pessoa a enxergar como eles podem colaborar melhor com toda a equipe e, em breve, a equipe estará pronta para que você os ajude a edificar sua força de colaboração.

Construa Sua Força de Colaboração

A força de colaboração de uma equipe possibilita que eles se engajem no trabalho caótico e alegre de colaborar. Para edificar uma força robusta, eles precisam se exercitar. E, para garantir que eles estão se exercitando com segurança e de que estão ultrapassando os limites na medida certa (nem muito nem pouco), eles precisam de um coach. Você.

Conforme você está construindo a força de colaboração da equipe, seu treinamento assume o caráter de um maestro da orquestra sinfônica. A equipe precisa de você para ajudá-la a atingir a colaboração, mas não precisa que você seja o maestro para sempre. Tome cuidado ao abandonar a batuta do maestro assim que a equipe começarem a gerenciar as conversas sobre colaboração por conta própria.

No início, no entanto, assuma firmemente a posição de maestro enquanto trabalha no âmbito da equipe. Ajude os membros a começar com a cooperação em equipe e depois avance para os seguintes comportamentos de colaboração:

- Fale sobre as coisas delicadas.
- Construa em vez de destruir.
- Escute todas as vozes.
- Cultive a colaboração com o próximo.
- Valorize o surgimento de ideias.
- Seja desprendido.
- Leve os serious games a sério.

Enquanto isso, ao ajudá-los a cooperar e adotar comportamentos colaborativos, continue a ser o espelho deles, refletindo seus comportamentos, tanto os que estimulam a colaboração quanto os que a reprimem.

Comece com a Colaboração no Âmbito da Equipe

Desde o início, ajude a equipe a desvendar o que eles precisam saber uns dos outros a fim de atingir a cooperação. Para tal, eles devem saber a contribuição de cada pessoa para a equipe: suas habilidades, talentos, desejos e preferências de trabalho. Eles devem conhecer um ao outro como seres humanos em primeiro lugar e como colegas de trabalho em segundo. Isso instaura a base a partir da qual se organizam para realizar o trabalho.

> **VEJA TAMBÉM** Você pode encontrar atividades de aprendizado que levam as equipes a conhecer as habilidades, talentos, desejos e preferências de trabalho do outro no Capítulo 7, "Coach como Professor".

Ao realizar o trabalho, os membros da equipe devem cooperar uns com os outros porque compartilham a lista de objetivos essenciais que se comprometeram a entregar juntos. Ter objetivos compartilhados faz com que eles "se envolvam nos assuntos uns dos outros", e queremos que eles sejam interdependentes dessa forma. Ser interdependente significa que eles devem conversar sobre as melhores formas de atingir seus objetivos compartilhados e criar algo que os encham de orgulho. Quando fazem isso, as ideias boas afloram.

À medida que começam a cooperar, incentive publicamente os membros da equipe a criar um comportamento multidisciplinar que convide cada um a deixar de lado sua função ou posição corporativa. Se você perceber que a redatora técnica tem habilidade e tempo livre, por exemplo, hoje ainda não tem trabalho de escrita técnica para fazer, encoraje-a verbalmente a assumir qualquer tarefa que precise ser feita, talvez uma tarefa para definir regras de negócios, por exemplo.

Ainda que isso fuja às habilidades e talentos dela, pergunte: "Que tal elaborar essas regras de negócios ou outra coisa que precise ser feita?" Deixe a conversa a respeito de por que ela pode ou não realizar essa tarefa em particular acontecer às claras, de modo que outros membros da equipe possam participar. Talvez, juntos, eles encontrem alguma outra coisa que ela possa fazer. Agora, mais trabalho será feito, e todo mundo viu um exemplo positivo de como trabalhar em outro papel.

Evidentemente que as pessoas não são partes intercambiáveis, e as habilidades multidisciplinares de cada equipe variam de acordo com as competências e talentos atuais presentes na equipe, assim como suas competências e talentos emergentes. Se essa conversa pressionar a equipe no sentido de se tornar mais multidisciplinar (sempre que possível), ela terá sido bem-sucedida. Não queremos de modo algum que os administradores de banco de dados desenvolvam a arte para um outdoor se eles não tiverem essa competência e não quiserem aprender essa habilidade. Estamos testando os limites das percepções das pessoas sobre si próprias, para que consigam ir além de suas limitações de papel e posição, conforme desejarem, e à medida que a equipe precisar que façam isso. Ser necessário é um fator de motivação importante.

TENTE ISTO

Com o intuito de incentivar a cooperação como alicerce para a colaboração, ensine a equipe a tratar suas interações diárias como um jogo chamado tit-for-tat [estratégia olho por olho]. É jogado em pares: os dois membros da equipe começam a cooperar. Neste momento em diante, cada um se iguala ao que a outra pessoa faz. Se alguém coopera, o outro continua cooperando. Caso alguém passe a não cooperar, o outro também passa a não cooperar, dando ao "desertor" um reflexo imediato de sua falta de compromisso no relacionamento. Se o "desertor" não compreender a insinuação de comportamento, então o outro membro da equipe diz que eles podem trabalhar de duas formas: cooperativa ou não cooperativa. A escolha é deles (Avery, 2001).

A estratégia tit-for-tat identifica o comportamento não cooperativo na primeira vez que ele se manifesta. O aspecto do jogo fornece a desculpa conveniente de que muitos membros da equipe precisam para "desafiar uns aos outros" porque os jogos são exploratórios, divertidos e mantêm as coisas leves. Depois de um tempo, eles não precisarão do jogo como desculpa, porque a cooperação se torna a regra.

Talvez essa conversa aberta tenha levado alguns membros da equipe a perceber que desenvolver habilidades além de sua especialidade anterior pode ser uma vantagem significativa. Talvez alguns cheguem à conclusão de que a capacidade da equipe de entregar resultados será limitada pela carência de habilidades multidisciplinares na equipe. Ao usar essas descobertas como um sinal de que eles estão prontos para mais, talvez você sugira que eles adicionem histórias de usuários com treinamento multidisciplinar ao backlog do produto ou tentem influenciar seus gerentes para oportunidades diferentes de treinamento. Seja lá o que acontecer, ao ter simplesmente promovido a conversa sobre trabalho multidisciplinar a terreno aberto, você afirmou sua posição de que trabalhar de modo multidisciplinar e interdependente é inteligente do ponto de vista de negócios, e que eles demonstram ser uma equipe saudável e marcam o início da cooperação.

Você pode dizer que a equipe começou a cooperar quando repara o seguinte:

- As conversas deles apresentaram uma troca rica e abundante de informações que — na maioria das vezes — fomentam o entendimento um do outro, e não os níveis de desentendimento que acontecem quando as mensagens são transmitidas por pessoas e por e-mails no intervalo de dias.
- Os membros da equipe conversam sobre as partes difíceis e destrincham as miudezas do trabalho, sem muros defensivos para atrapalhar.
- Os produtos em curso de desenvolvimento passam de um membro da equipe para outro sem percalços, enquanto todos trabalham juntos para aprimorá-lo.

Cada um deles, por conta própria, leva a equipe a um grande salto em sua capacidade de produzir mais e melhores resultados juntos. Elas simbolizam enormes melhorias, que nos são ofertadas pelo funcionamento básico da metodologia ágil. Por mais acolhedor e agradável que esse ambiente de equipe seja, não deixe que eles (ou você) se demorem aqui por muito tempo. Se eles manifestarem essas características de cooperação, peça-lhes que avancem rumo à colaboração. Eles têm os alicerces para isso agora.

Permita que Eles Falem sobre as Coisas Delicadas

Uma das primeiras habilidades de colaboração a ser fomentada é admitir que os membros da equipe falem sobre coisas que os fazem se sentir expostos ou desconfortáveis. Há um senso na maioria das organizações com as quais trabalhei de que nunca se deve demonstrar fraqueza ou dar o menor sinal que seja de que as pessoas poderiam ter um desempenho melhor do que estão tendo agora. Elas devem demonstrar a todos que estão 100% descaradamente ocupadas, empenhando-se 110% em todos os momentos. Uma insinuação difícil de acreditar! No entanto, a realidade desses tabus fornece a nós, os agile coaches, um ponto de entrada fácil que possibilita que os membros da equipe falem sobre coisas delicadas.

Na reunião em pé, a primeira vez que você percebe que alguém aparentemente tem uma habilidade inesperada, porém não a mencionou, ensine a toda a equipe a dizer: "Temos habilidade e tempo hoje." Deixe-os saber que devem declarar em alto e bom som sua disponibilidade para trabalhar mais, pois a habilidade inesperada é um presente para uma equipe ágil — que não queremos desperdiçar. Ao dar permissão explícita para que as pessoas transformem um "ponto fraco" (Não estou com o desempenho de 110% e receio que alguém perceba) em uma assertiva (Ei, tenho tempo disponível hoje), você as ajudou a falar sobre as coisas delicadas.

Vejamos outra situação: você percebe que alguns membros da equipe parecem estar se debatendo em dificuldades sozinhos por horas a fio. Talvez eles estejam de fato avançando com muita determinação ou talvez estejam sentados, passando a impressão que estão determinados, quando na verdade estão desperdiçando tempo sem sair do lugar. Isso aconteceu em uma das minhas equipes. Ao apresentar minha observação para a equipe, alguns membros "confessaram a verdade" e disseram que estavam perdendo muito tempo se sentindo decepcionados porque simplesmente não conseguiam entender coisas que deveriam ser fáceis e eles estavam envergonhados de mostrar o seu "ponto fraco" à equipe. Após discutir sobre o assunto, a equipe decidiu adicionar uma nova orientação às regras da equipe: ninguém passa mais de 30 minutos se debatendo com algo antes de pedir ajuda a alguém. Isso instaurou a permissão explícita de que as pessoas precisavam para solicitar ajuda. Na realidade, a sala da equipe se alvoroçou com o ânimo renovado e a energia positiva, ao passo que as pessoas apareciam várias vezes por dia para dizer: "Ei, não estou saindo do lugar. Preciso de ajuda." O resultado? Uma quantidade maior de trabalho realizada de forma melhor e com a sensação de "estamos juntos" que faltava até aquele momento.

Caso nenhuma dessas situações surja em sua equipe, então investigue mais a fundo. Procure as coisas que as pessoas têm medo de falar a respeito, mas que ocorrem o tempo todo. Ajude-os a falar sobre essas coisas desagradáveis. Ao proceder dessa forma, você os ajuda a desistir da insinuação de "ser 100%" o tempo todo". Isso permite que eles se exponham uns aos outros, uma habilidade fundamental a fim de promover as ideias de todos os membros da equipe em verdadeira colaboração.

Incentive a Equipe a Construir em vez de Destruir

Quando a equipe dialoga, observe o que acontece com cada ideia expressa. Cada uma delas será devidamente considerada pelos demais membros da equipe e usada como base para a próxima ideia? Ou será imediatamente analisada, examinada, descartada ou colocada em um pedestal?

Caso a equipe tenha o hábito de acolher cada ideia nova com uma abordagem de "destruir", em que perguntam primeiro: "O que há de errado com essa ideia?", então peça-lhes para moderar um bocado essa abordagem. Em vez disso, deixe que outra abordagem, chamada *reconsiderar*, influencie um pouco:

Os colaboradores reconsideram um problema ou processo à luz das contribuições de cada membro, usando-as como matéria a partir da qual, em conjunto com suas próprias ideias, concebem ideias novas e imprevisíveis (Austin e Devin, 2003).

Preste atenção a essa última parte novamente. Por meio da reconsideração, a equipe cria ideias novas e *imprevisíveis*. Precisamos do imprevisível para atingir resultados incríveis, aquele tipo de resultado que a metodologia ágil viabiliza, mas não garante. A fim de aumentar as chances de ver coisas incríveis, incentive a reconsideração a partir da qual construímos ideias e não as destruímos.

> **VEJA TAMBÉM** Defina a produção de resultados incríveis como expectativa básica de uma equipe ágil e saudável. Veja como fazer isso no Capítulo 2, "Espere um Alto Desempenho".

Para tal, você deve treinar a equipe para se expor um ao outro e continuar falando sobre as coisas delicadas. Promova a segurança para eles colocarem isso em prática, especificamente "demonstrando tolerância ao fracasso, abstendo-se de exercer o poder e participando dos processos de equipe em vez de impor regras" (Austin e Devin, 2003). As "contraindicações" refutam tão veementemente a definição de agile coach que quase não merecem menção, exceto pelo fato de que os agile coaches também são humanos e podem ter a propensão de usá-las. Caso isso o descreva, pare e, em vez disso, concentre-se em ajudar a equipe a apresentar o excesso de ideias — mais do que precisam.

As equipes ágeis com a maior chance de gerar um excesso de ideias são constituídas de pessoas diferentes umas das outras, provenientes de contextos distintos e com propensões diferentes no modo como pensam sobre o mundo. Precisamos de todas essas pessoas envolvidas para o processo de reconsiderar. Desse modo, os agile coaches devem ajudar a equipe a "instaurar a sinergia por meio da discussão e reconhecimento de diferentes perspectivas, pois dois tipos de comportamento matam a sinergia: as pessoas falarem mais do que sabem e as pessoas falarem menos do que sabem" (Avery, 2001). A mais pura verdade.

Com o intuito de enfrentar os assassinos da sinergia, trabalhe arduamente para garantir que todas as vozes da equipe sejam ouvidas — que todos os instrumentos da orquestra sinfônica desempenhem seu papel na música tocando ao redor deles.

Faça com que Ouvir Todas as Vozes Seja a Regra

Assim como um maestro de uma orquestra prolonga os sons das flautas e silencia os trompetes, nos diálogos em equipe o agile coach prolonga algumas conversas e silencia outras. Faça isso diretamente, assim: "Reparei que Marcel tem tentado falar por alguns minutos, e ninguém percebeu" ou "Já ouvimos algumas pessoas; por que não ouvimos o resto?". As técnicas indiretas como o Punho dos Cinco também funcionam (Tabaka, 2006). O Punho dos Cinco começa com um "voto" não verbal, em que as pessoas levantam os dedos, um ou cinco, a fim de sinalizar seu nível de concordância com um comentário que acabou de ser falado. Após a votação, a equipe explora o motivo pelo qual as pessoas votaram, e a conversa se dissemina para todos os membros da equipe.

Utilize o Punho dos Cinco nos âmbitos de produto e processo conforme a equipe promove as conversas de colaboração. Pense no produto como resultado da conversa em equipe, e no processo como consequência do que a equipe faz nas conversas para criar o produto.

Por exemplo, se a equipe tem dialogado sobre celebridades darem o ar da graça na inauguração da nova loja da empresa e apenas algumas pessoas contribuíram para a conversa até agora, você pode dizer: "Percebi algo sobre a conversa. Vamos ver o que todos acham. Vamos usar o Punho dos Cinco em relação a

> *Ninguém pode assobiar uma sinfonia. É necessário uma orquestra completa para tocá-la.*
> — *H.E. Luccock*

essa declaração: estou animado com esta conversa e estou contribuindo com minhas ideias livremente e com facilidade. Preparados? 1, 2, 3." No "3", as pessoas levantam as mãos no ar com um a cinco dedos, mostrando o nível de repercussão quanto à afirmação. Se eles se sentirem bastante empolgados com a conversa e contribuírem livre e naturalmente com suas ideias, levantam a mão demonstrando os cinco dedos. Caso a afirmação não parecer lhes convencer, eles levantam a mão com um dedo. Agora, se eles estão em uma posição intermediária, eles levantam a mão com o número apropriado de dedos para sinalizar a repercussão quanto à afirmação. Depois de votarem, peça aos membros da equipe que olhem ao redor. Convide alguém que tenha levantado um ou dois dedos no ar para falar e compartilhar o motivo de não concordar com a afirmação. Então deixe a conversa correr solta.

> **VEJA TAMBÉM** A técnica do consenso Punho dos Cinco também é descrita no Capítulo 9, "Coach como Mediador de Conflito".

Se todos os membros da equipe levantarem três ou mais dedos no ar, você poderá dizer: "Tudo bem, obrigado pela averiguação. Devo ter entendido mal todos vocês. Bola para frente." Caso tenha certeza de que alguém "votou" além do que realmente votaria, faça uma análise mais tarde, em uma conversa privada simplesmente começando com: "Eu tinha certeza de que você levantaria um ou dois dedos quando perguntei se estava animado e contribuindo livremente com suas ideias, mas talvez foi coisa da minha cabeça. O que estava acontecendo?"

Se todos os membros da equipe participaram da conversa com ideias e as pessoas que dominam a conversa estão convergindo rumo a uma ideia específica, talvez em detrimento da construção das ideias dos outros, você pode usar a mesma técnica, mas no nível do produto desta vez. Você pode dizer: "Parece que você está chegando a uma conclusão. Então, vamos ver onde estamos. Faremos o Punho dos Cinco em relação a esta declaração: Concordo plenamente com a ideia de realizar um sorteio para determinar quais clientes podem tirar fotos com as celebridades na inauguração. Preparados? 1, 2, 3." No "3" as pessoas votam, e você pede que elas olhem em volta e interajam com as pessoas que levantam um ou dois dedos no ar. Se a conversa acabar gradualmente sem muitas novidades e você ainda perceber a divisão entre os quietos e aqueles que dominam a conversa, você pode dar continuidade ao Punho dos Cinco, dessa vez no nível do processo. Algo como: "Percebi que todo mundo realmente apoia essa ideia. Vamos apenas fazer mais um Punho dos Cinco, desta vez com a afirmação: Chegamos à ideia mais inovadora possível." Após a votação, deixe a conversa começar entre uma ou duas pessoas e use-a como ponto de partida.

Caso opte por abordar os quietos e os que monopolizam a conversa diretamente, use um método de votação para dar o pontapé inicial ou faça alguma outra coisa, não importa, desde que o que você ofereça à equipe promova a receptividade e transparência. Continue fazendo algo (qualquer coisa que desperte a receptividade e transparência) para lhes chamar a atenção da desigualdade da conversa até que eles comecem a agir de igual modo. Uma vez que agiram dessa maneira, ele farão com que ouvir todas as vozes seja a regra.

Embora precisem do maestro desde o princípio, não precisarão desse auxílio para sempre. Assim que eles começarem a gerenciar a conversa, deixe de lado a posição de maestro. Rompa com a dependência da equipe na batuta do maestro de modo que você possa dar-lhes a permissão para idealizar maravilhas sinfônicas ainda melhores do que você poderia ter imaginado.

Cultive a Colaboração com o Próximo

A partir de sua experiência com equipes ágeis e sua pesquisa a respeito dos relacionamentos em grupo, o agile coach Dan Mezick afirma o seguinte:

> A verdadeira colaboração entre pessoas exige pelo menos alguma intimidade intelectual e/ou social. O estado íntimo é alcançado quando ambas as partes demonstram disposição para trabalhar em uma "zona" ou "campo" de confiança, vulnerabilidade, abertura, aceitação mútua e respeito... As equipes que são próximas têm o potencial de ser *cognitivamente íntimas*. Nesse estado, a maioria dos membros da equipe compreende os estilos cognitivos da maioria dos outros membros, e pode sentir e prever como os outros membros

tomam consciência das comunicações e das informações novas. Os membros da equipe cognitivamente íntimos podem sentir e prever desentendimentos individuais e no âmbito do grupo, no que tange à percepção de novas qualificações, e intervir rapidamente a fim de elucidar, ocasionando um entendimento mais rápido no âmbito do grupo (Mezick, 2009).

> **VEJA TAMBÉM** O Capítulo 8, "Coach como Pessoa que Resolve Problemas", disponibiliza uma ferramenta de diagnóstico baseada no modelo BART de relações de grupo, acrônimo em inglês de: Limite (boundary), autoridade (authority), papel (role) e tarefa (task). Use esse diagnóstico quando houver problemas na equipe, mas forem difíceis de identificar com precisão.

Você provavelmente já viu isso na prática, equipes colaborativas organizam as coisas e parecem compartilhar de mentes telepáticas (como o povo Vulcano do Spock) em que um começa uma frase e outro termina. Eles também percebem de imediato quando alguém "saiu dos trilhos" e trabalham abertamente para trazer essa pessoa de volta à conversa. Incentive as equipes a criar esse tipo de proximidade e não fuja ao diálogo. *Proximidade...* uma descrição totalmente apropriada para um ambiente no qual as pessoas trabalham em estreita colaboração em um esforço criativo que as incentiva a se afastar da individualidade nociva.

Modelo de Valorização do Surgimento de Ideias

A fim de prestar um serviço valioso à equipe, um agile coach deve abrir mão de suas prioridades pessoais. Ao proceder como tal, o coach apresenta um modelo poderoso que a equipe pode seguir à medida que colaboram juntos. A colaboração funciona quando alguém oferta suas próprias ideias para o grupo e permite que essa ideia seja apenas uma parte de outra ideia maior ainda por emergir. Relegar a segundo plano a prioridade de uma pessoa dessa forma pode ser complicado para aqueles que desejam que sua ideia seja escolhida, que "triunfe".

> **VEJA TAMBÉM** Abrir mão de sua prioridade, defendendo os objetivos da equipe e a busca incólume de alto desempenho é assunto do Capítulo 3, "Tenha Domínio de Si".

Se agarrar ao "ganhar" instaura uma profecia autorrealizável negativa. Se um membro da equipe se apropriar de uma ideia da equipe e recusar-se a fundi-la e a mesclá-la a outras ideias, a ideia melhor e mais importante será impossibilitada de vir à tona. Uma vez que nenhuma ideia coletiva venha à tona, o membro da equipe não presencia o surgimento de ideias na prática. "Está vendo?", diz. "Nem valeria a pena tentarmos a colaboração porque não conseguiríamos nada melhor que isso mesmo." E outras coisas a mais.

Tamanha é a emoção quando o poder e a dádiva do surgimento das ideias se concretizam que se torna algo para se valorizar e acreditar. As equipes que presenciam essa ocorrência de surgimento admitem um tipo de confiança de que algo importante emergirá, caso acreditem que isso acontecerá e compartilhem o fato de forma plena e receptiva no processo de convencer todos a acreditarem. Uma vez que uma equipe testemunhe a dádiva do surgimento de ideias colaborativas, todos estão convincentemente motivados a abrirem mão de suas prioridades pessoais em favor do poder colaborativo. O rompimento da profecia autorrealizável negativa começa de algum lugar, e esse algum lugar começa com você.

Para ajudar a equipe a abrir mão de forma que o surgimento tenha uma chance, ilumine o caminho. Relegue suas prioridades quando elas não atenderem à equipe e assuma a liderança rumo a um novo local que seja mais promissor. Faça isso de maneira transparente, com palavras e medidas que reiterem sua posição como um agente das ideias em vez de um coach que estimula as prioridades. Quando eles perderem a confiança, restaure-a, encorajando-os a estarem abertos, a compartilhar e a observar o surgimento da evolução ao redor deles.

Ajude a Equipe a Desempacar

Equipes que desempenham bem todas as habilidades de cooperação e colaboração que estamos explorando ainda podem ficar empacadas. À primeira vista, eles conversam e se dão muito bem, mas, de repente, se debatem arduamente no trabalho, atolados em um poço de piche. Ao abrir com dificuldade o caminho para entender cada coisa que foi dita, a conversa se torna exaustiva.

Ajude-os a se desprenderem, oferecendo maneiras de voltarem a se comunicar, para que as ideias possam fluir novamente. Comece percebendo e revelando: "Ei, pessoal, está meio difícil de interpretar a conversa. Vamos agitar um pouco as coisas e voltar à criatividade. O que vocês sugerem?" Uma equipe que treinei sugeriu exercícios em grupo. Ainda que exercício fosse um termo gentil para a caminhada escada abaixo até o Starbucks no local, funcionou muito bem porque mudou a perspectiva da equipe e todos respiraram um bocado de ar fresco. Durante a caminhada, as pessoas perguntavam sobre os filhos umas das outras, e as risadas circulavam nos corredores enquanto compartilhavam piadas e admiravam-se com o rumo pesado ao qual a conversa tinha chegado anteriormente. Invariavelmente, alguém teve uma ideia "louca" que serviu como ponto de partida perfeito para a próxima rodada de conversas de colaboração. Uma vez desprendidas, os poços de piche foram deixadas para trás.

Os jogos de improviso também podem ajudar a equipe a sair do poço quando o piche se apoderar das conversas. Os jogos de improviso (improvisação) geralmente apresentam a aceitação por parte do que seus colegas "atores" concedem como presente, usando isso como base para a próxima ideia. Não importa o quão estranha seja a coisa que dizem ou levam ao jogo, um jogador de improviso aceita e constrói algo sobre a coisa estranha.

TENTE ISTO

Na próxima vez que a equipe ficar empacada, abra o site de enciclopédia de improviso (http://improvencyclopedia.org/games/index.html — conteúdo em inglês) e deixe a equipe escolher um jogo para jogar aleatoriamente. Contanto que o jogo faça com que as pessoas aproveitem as ideias umas das outras, isso as ajudará a romper os muros da conversa mal interpretada e chegar a um ponto em que a colaboração possa ocorrer de novo.

Às vezes, a equipe fica empacada porque os membros perderam o contato uns com os outros. A conversa entre eles é apressada, controlada, alguns membros da equipe ficam para trás. Duas atividades ajudam nesta situação: contagem em círculo e mapeamento mental silencioso.

Quando vejo que a colaboração está sendo castigada pelo sentimento de controle, sugiro que os membros da equipe formem um círculo e contem. Este exercício, emprestado do teatro, ajuda as pessoas a entrarem em contato umas com as outras. Todos ficam de pé em círculo, fecham os olhos e começam a contar a partir de um. Eis o que se passa: as pessoas falam o próximo número aleatoriamente e não utilizam uma ordem ou padrão de conversa para "jogar" o jogo. Quando mais de uma pessoa fala ao mesmo tempo, elas precisam começar de novo. O desafio é ver até que ponto podem contar, como um grupo, sem falar ao mesmo tempo e ter que começar tudo de novo. Para fazer isso, eles devem prestar atenção uns aos outros, e cada pessoa deve entrar em contato com todo o grupo de modo que possam sentir quando é sua vez de falar o próximo número. As equipes acham isso extremamente difícil no começo, mas melhoram com o passar do tempo. Além do mais, elas anseiam pela pausa que o jogo permite e ainda pedem por isso quando atropelam as conversas colaborativas.

O mapeamento mental também ajuda as equipes a entrarem em contato umas com as outras quando perdem a coerência de sua colaboração. É simples. Todos os membros da equipe pegam uma caneta, e todos começam a desenhar suas ideias silenciosamente em forma de mapa mental em um gráfico grande ou um quadro branco. Este é o segredo — eles fazem isso silenciosamente. Quando acatam essa regra supostamente restritiva, descobrem que podem gerar muito mais ideias e que precisam prestar atenção às ideias dos outros conforme elas são acrescentadas ao mapa mental. Todos devem desenhar no mapa mental simultaneamente, sem líder. Depois de um curto período de tempo, eles possivelmente descobrirão que entrarão em contato uns com os outros novamente e estarão prontos para manter o mapeamento mental ou retomar as ideias.

Todas essas técnicas introduzem o "jogo" no ambiente de trabalho, um elemento crucial para conquistar um pensamento inovador.

Ensine a Equipe a Jogar com Seriedade

Eu falo sério. Os jogos geram resultados colaborativos que todos podem reforçar. Isso ficou claro para mim quando ensinei as equipes a jogar o Planning Poker (Estimativa Poker) para estimar o tamanho relativo dos itens no backlog do produto. De início, estávamos focados somente no produto do Planning Poker, no volume das estimativas, e as equipes conseguiam elaborá-las com facilidade e confiança. Notamos que as conversas focadas que acontecem ao jogar o Planning Poker instauraram um rico entendimento compartilhado do trabalho que estava por vir. Tal descoberta foi logo reconhecida como uma vantagem substancial do jogo. A partir desse momento, as equipes garantiram que haviam obtido ambas as vantagens. Eles se perguntaram: conseguimos sustentar a estimativa de tamanho? Podemos todos descrever de forma adequada o propósito e a abordagem geral para o item dimensionado?

O Planning Poker é somente um serious game que equipes ágeis jogam. Ele é tão popular que pode ser a primeira escolha ao apresentar à sua equipe o uso dos jogos com o intuito de realizar o trabalho na prática, mas existem outros jogos também.

A Forrester Research empreendeu um estudo a respeito. O resultado? A Forrester leva os serious games a sério. No outono de 2008, a Forrester divulgou sua pesquisa, e os títulos das descobertas publicadas resumem: "It's Time to Take Games Seriously" [É Hora de Levar os Jogos a Sério, em tradução livre] e "Serious Games Uncover Serious Requirements" [Serious Games Revelam Requisitos Seríssimos, em tradução livre]. A análise conclui que os jogos no ambiente de trabalho não somente geram resultados importantes, mas também superam muitas das limitações inerentes às conversas em reuniões (Keitt e Jackson, 2008; Keitt e Grant, 2008).

> Os serious games merecem a devida atenção. Eles conseguem contornar muitos dos problemas com os requisitos do produto, incluindo a coleta de informações suficientes entre clientes, parceiros e partes interessadas internas a fim de tomar decisões sobre produtos. Os jogos não são apenas exercícios relativamente, mas eles também usam um toque mais leve para solucionar muitas das discussões sobre as decisões de produtos (Keitt e Grant, 2008).

A Forrester prossegue com a pesquisa, descrevendo como dois gigantes da indústria, a Colgate-Palmolive e a VeriSign, usam os serious games para gerar um excesso de ideias e então simplificam essas ideias naquelas que os clientes comprarão (Keitt e Grant, 2008).

Um dos jogos que eles pesquisaram foi a versão online do jogo Buy A Feature, um dentre tantos outros jogos de inovação (JOIN) usados para explorar o que os clientes realmente querem e comprarão. O jogo Buy A Feature e outros jogos de inovação são ferramentas que os Product Owners podem usar para desempenhar bem seu papel, sobretudo a parte que exige que eles criem uma visão de produto e uma perspectiva que acerte em cheio. Faça questão de que os Product Owners que você treina conheçam esses jogos.

A fim de aprimorar a colaboração em equipes ágeis, os agile coaches também podem usar os jogos de inovação em uma variedade de eventos da equipe ágil. O agile coach Mike Griffiths usa três jogos de inovação diferentes quando promove as sessões de sprint e planejamento de lançamento. Os jogos, consecutivamente, criam uma visão compartilhada do que o sprint ou lançamento alcançará e, em seguida, voltam atrás tomando como base essa visão para preencher os detalhes e considerar as forças "soprando a favor" ou "remando contra" (Griffiths, 2007).

Eu uso os jogos de inovação quando ministro cursos ágeis. Acho o jogo Speed Boat extremamente efetivo para ajudar a descobrir todas as razões pelas quais as pessoas acreditam que a metodologia ágil não funcionará em sua companhia. A coisa fica rapidamente deprimente, porque esse jogo normalmente revela disfunções organizacionais de longa data que parecem não ter soluções, por isso não o uso durante muito tempo. Em vez disso, passamos para um terreno mais fértil, para outro jogo em que cada pessoa cria uma embalagem de produto que anuncia os benefícios de uma pessoa, equipe ou organização ágil saudável. Quando as pessoas criam a caixa do produto, elas exploram suas crenças profundas sobre o que a metodologia ágil pode fazer por elas e em seus mundos. No melhor dos cenários, a visão resultante descortina algo de ambicioso e significativo na perspectiva do aluno ágil. Mesmo nos cenários mais comuns, a visão reluz como pessoal e relevante. Por meio dessa visão, os alunos podem de repente enxergar meios úteis de abordar a miríade de razões pelas quais a metodologia ágil "não funciona". Eles enxergam maneiras que poderão, podem e deveriam funcionar, e consideram novos ângulos para convencer os outros a fazê-lo.

Os jogos, dada sua natureza, aprimoram a colaboração e ajudam as pessoas a se envolver completamente com o trabalho a fim de oferecer suas melhores ideias, algumas das quais surpreendem até mesmo elas quando simplesmente "brotam" no decorrer do jogo. Para ajudar suas equipes a colaborar, leve os jogos a sério.

Chame a Atenção da Equipe

Enquanto a equipe trabalha com essas habilidades e práticas de colaboração repetidas vezes, eles precisam que você "chame a atenção dos membros" (Avery, 2001) quando recorrerem aos modelos antigos e habituais. Quando notar algo que esmoreça a colaboração, "chame a atenção deles" de uma forma que os convide a fazer o mesmo. Para tal, "chame a atenção" na vista de todos de um jeito descontraído. Você não está punindo ninguém; você está apenas dizendo: "Viu, percebi uma coisa. Você percebeu também?"

Revele a Essência da Colaboração

Uma vez que a equipe tenha adquirido as habilidades de colaboração, ela estará pronta para se transformar de uma orquestra sinfônica maravilhosa, cujo maestro é você, em um incrível quarteto de cordas sem maestro. Eles precisarão aprofundar todas as habilidades de colaboração que você lhes ensinou, até que se tornem tão "sintonizados" uns com os outros que fluam ao ritmo da colaboração em vez de se concentrarem na habilidade de colaborar. Arnold Steinhardt, primeiro violino do Guarneri Quartet, um quarteto de cordas reverenciado por tocar sem maestro, nos diz o que significa para o seu quarteto estar "sintonizado" um com o outro:

> No calor da execução da música, emitimos uma espécie de código Morse de quatro direções — conjunto de gestos, olhares de relance significativos, até sorrisos ou sobrancelhas levantadas quando algo sai muito bem ou talvez não muito bem. Michael torce o nariz porque David não fez o movimento de arco planejado, John e Michael trocam olhares enquanto tocam a passagem do intervalo da melodia, segundo violino e viola em uníssono, ou passo os olhos da partitura de música para David, com a intenção de segui-lo, conforme ele toca um solo difícil de violoncelo, seu queixo sobressaindo com o esforço. Essas trocas visuais são, como temperos em um prato refinado, ingredientes necessários e estimulantes em nossas apresentações (Steinhardt, 1998).

Quais serão os "ingredientes necessários e estimulantes" de sua equipe em sua busca pela inovação juntos? Somente eles podem descobrir. Com o intuito de ajudá-los, primeiro pare de ajudá-los. Informe-lhes que está na hora de seguir sem maestro e que você está deixando de lado a batuta. Você não mais evidenciará as vozes silenciadas, não fará os jogos de improviso e não incentivará ninguém a criar coisas a partir das ideias dos outros. Eles farão todas essas coisas, e muito mais, sozinhos. Você ainda pode estar lá, caso surja uma emergência, todavia, na maior parte, deixe claro que você está ansioso para ouvir os sons e as habilidades de um quarteto de corda experiente.

Uma vez que a equipe atinja o ápice da colaboração, revele a essência da colaboração para eles. Já exploramos a primeira dessas máximas de colaboração neste capítulo: a hora certa já é tarde demais. Apresente o restante das máximas para a equipe e veja o que elas revelam ainda mais sobre a essência da colaboração:

- A colaboração não é o único caminho, porém é o meio mais direto se você precisa de inovação.
- A colaboração acontece no instante atual; existe somente enquanto você está envolvido com ela.
- A fim de colaborar, você deve saber com quais habilidades e competências você e seus colegas colaboradores podem contribuir.
- Ter verdadeira paixão e entusiasmo pelo seu trabalho é um pré-requisito para a colaboração, um dever profissional; a paixão e o entusiasmo é uma escolha que você faz e uma habilidade que você aprende e coloca em prática.
- Se você tem um problema e para solucioná-lo precisa que alguém mude, você ainda não entendeu o seu problema (Devin, 2009).

Recapitulação

Vamos fechar este capítulo com chave de ouro:

- Passar de uma banda de garagem do ensino médio para uma orquestra sinfônica até um quarteto de cordas exige prática. Dê espaço à equipe para fazer isso (e para tocar desafinadamente ao longo do caminho).
- Tome uma decisão consciente com a equipe sobre se precisam de colaboração para realizar o trabalho. Em caso negativo, continue com a cooperação e concentre-se em conseguir que ela funcione bem.
- Foque primeiro os indivíduos quando começar a promover a cooperação e, se necessário, a colaboração.
- Em relação às conversas colaborativas em equipe, intervenha para promover uma habilidade nova ou para ajudá-la a praticar.
- "Chame a atenção" quando as equipes retornarem aos comportamentos não colaborativos.
- Assim que possível, deixe de lado o papel principal e permita que a equipe colabore por conta própria.

- Para uma equipe de colaboradores talentosos, revele a essência da colaboração e incentive-os a descobrir o significado por trás de cada máxima de colaboração.

Leituras e Recursos Adicionais

Austin, R. and Devin, L. 2003. *Artful Making: What managers need to know about how artists work* ["Criação Artística: O que os gerentes precisam saber sobre como os artistas trabalham", em tradução livre]. Upper Saddle River, NJ: Prentice Hall. A essência da colaboração e a arte do mindset habitam esse livro.

Avery, C., with Aaron Walker, M., and O'Toole Murphy, E. 2001. *Teamwork is an Individual Skill: Getting your work done when sharing responsibility* ["Trabalho em Equipe é uma Habilidade Individual: Fazendo o seu trabalho compartilhando a responsabilidade", em tradução livre]. São Francisco: Berrett-Kohler. Essa obra não somente ajuda os membros individuais da equipe a criar sua habilidade de colaboração, como também inclui muitos "desafios de equipe" que podem ser facilmente adaptados como atividades de retrospectivas em um piscar de olhos.

Tabaka, J. 2006. *Collaboration Explained: Facilitation skills for software project leaders* ["Colaboração Explicada: Habilidade de facilitação para líderes de projetos de software", em tradução livre]. Boston: Addison-Wesley. Meu livro tem anotações na margem, manchas de café, páginas dobradas e pedaços de papel saindo por toda parte. Para vocês verem o quanto eu o uso.

Tamm, J. and Luyet, R. 2004. *Radical Collaboration: Five essential skills to overcome defensiveness and build successful relationships* ["Colaboração Extrema: Cinco habilidades cruciais para superar o modelo defensivo e construir relacionamentos de sucesso", em tradução livre]. Nova York: HarperCollins. Além da Zona Verde e da Zona Vermelha, esse livro disponibiliza inúmeras técnicas úteis para a construção de habilidades de colaboração de uma equipe.

Steinhardt, A. 1998. *Indivisible by Four: A string quartet in pursuit of harmony* ["Os Inseparáveis: Um quarteto de cordas em busca da sintonia perfeita", em tradução livre]. Nova York: Farrar, Strauss e Giroux. Essa autobiografia envolvente do Guarneri String Quartet revela a dinâmica interna de um quarteto de cordas, especificamente a natureza inovadora e emergente da prática e desempenho. Em outono de 2009, o Guarneri String Quartet anunciou sua aposentadoria depois de tocar continuamente juntos por 45 anos. Nós, agile coaches, temos muito a aprender com o exemplo deles.

Referências

Appelo, J. 2009. Self-Organization vs. Emergence. www.noop.nl/2009/10/self-organization-vs-emergence.html.

Austin, R. and Devin, L. 2003. *Artful Making: What Managers Need to Know About How Artists Work.* Upper Saddle River, NJ: Prentice Hall.

Avery, C., with Aaron Walker, M. and O'Toole Murphy, E. . 2001. *Teamwork is an Individual Skill: Getting your work done when sharing responsibility.* São Francisco: Berrett-Kohler.

Devin, L. 2009. Conversa pessoal durante uma seção de colabaração na qual Lee Devin e Lyssa Adkins criaram o seminário Build Your Team's Collaboration Muscle. Richmond, VA.

Godin, S. 2008. *Tribes: We need you to lead us.* Nova York: Portfolio Hardcover.

Griffiths, M. 2007. Release and Iteration Planning with Innovation Games. Leading Answers blog. http://leadinganswers.typepad.com/leading_answers/2007/03/release_and_ite.html

Keitt, T. J., and Grant, T. 2008. *Serious Games Uncover Serious Requirements.* Cambridge, MA: Forrester Research.

——— and P. Jackson. 2008. *It's Time to Take Games Seriously.* Cambridge, MA: Forrester Research.

Mezick, D. 2009. Collaborative Intimacy: From Good to Great Collaboration. www.newtechusa.com/resources/CollaborativeIntimacy.pdf.

Senge, P., Scharmer, C. O., Jaworski, J. and Flowers B. S. 2004. *Presence: An exploration of profound change in people, organizations, and society.* Nova York: Currency Doubleday.

Steinhardt, A. 1998. *Indivisible by Four: A string quartet in pursuit of harmony.* Nova York: Farrar, Strauss and Giroux.

Tabaka, J. 2006. *Collaboration Explained: Facilitation skills for software project leaders.* Boston: Addison-Wesley.

Tamm, J. and Luyet, R. 2004. *Radical Collaboration: Five essential skills to overcome defensiveness and build successful relationships.* Nova York: Harper-Collins.

Parte III
Dê Mais de Si

Capítulo **11**

Modos de Insucesso, Recuperação e Sucesso do Agile Coach

Conheço bem as muitas razões pelas quais os agile coaches não vingam, pois falhei ao cair em cada uma das armadilhas apresentadas neste capítulo. Sei também muito sobre os aspectos de sucesso do agile coach, porque melhorei assistindo a outros coaches bem-sucedidos e perguntei a esses mesmos coaches como proceder para ajudar as equipes a superar até mesmo suas fantasias mais loucas. (Muitas vezes não consigo enxergar isso sozinha.) Com o passar do tempo, categorizei os insucessos e sucessos comuns como formas de trabalhar, ou **modos**. Este capítulo apresenta os diversos modos de insucesso e sucesso que classifiquei, a fim de que você possa ponderar como eles funcionam em seu treinamento.

Eles provavelmente são parte da natureza humana, mas raramente reconheci modos de sucesso em mim. Foi fácil identificar os modos de insucesso. Eles são visíveis para todo mundo, como uma espinha no queixo. Em vez de ignorar a espinha ou tentar disfarçá-la, prestei muita atenção nela. Reparei em cada fraqueza, cada modo de insucesso, à medida que despontavam em meu treinamento, e, com o passar do tempo, eu era capaz de dominá-los de um jeito que pudesse escolher claramente não cair em suas garras. Em razão de eu cair cada vez menos em armadilhas, as equipes que eu treinava obtinham resultados "inexplicavelmente" melhores. Sempre que reparava e identificava um novo modo de insucesso, eu conseguia preveni-lo.

> **Quando terminar este capítulo, você poderá responder a estas perguntas:**
>
> - Quais são os modos de insucesso comuns de um agile coach?
> - De onde vêm os modos de insucesso e como posso me recuperar deles?
> - Quais são os modos de sucesso comuns do agile coach? Como posso reconhecê-los em mim?
> - Quais medidas posso tomar para me ajudar a expressar os modos de sucesso com mais frequência?

Ao cair cada vez menos em pequenas armadilhas do modo de insucesso, você tem mais tempo para perceber as coisas boas que ocorrem em seu treinamento, os modos de sucesso. Ao perceber e identificar esses modos, eles se tornam padrões regulares, fáceis de lembrar e manifestar com mais frequência.

Leia este capítulo com a mente aberta e o coração tranquilo. Os modos de insucesso e sucesso são caricatos, exageros repugnantes e personificações hiperbólicas, a fim de que possamos rir, apesar de nossa dificuldade, ao reconhecermos a verdade que eles revelam em nós.

Modos de Insucesso do Agile Coach

Minha experiência pessoal com modos de insucesso do agile coach me faz uma expert no assunto. Em um momento ou outro, uma (ou mais) dessas personas se apossou do meu ser. As figuras que acompanham oferecem um panorama irônico e jocoso delas. Veja qual delas o descreve.

O Espião passa apenas o tempo suficiente observando a equipe para ficar por dentro dos tópicos para a próxima retrospectiva e depois se esgueira furtivamente na calada da noite.

A Gaivota mergulha em reuniões, faz cocô em toda a equipe por meio de comentários ou conselhos bem-intencionados, e alça voo para longe novamente.

O Opinativo expressa opiniões frequentemente, se apega com unhas e dentes a elas, e perde a objetividade necessária para treinar a equipe a fim de promover discussões saudáveis.

O Admin mina o sentimento de participação da equipe, tornando-se um intermediário inoportuno para atender à logística, solicitações de acesso e outras burocracias administrativas.

O Centro do Universo atua como núcleo central de comunicação entre os membros da equipe e a coordenação no âmbito da tarefa.

A Borboleta voa de equipe em equipe, aterrissando apenas tempo o bastante para transmitir uma pérola de sabedoria ou fazer uma pergunta filosófica.

O Expert fica tão envolvido nos detalhes do trabalho da equipe que não consegue enxergar as partes como um todo.

O Cavalo Reclamão ajuda a "lembrar" a equipe de começar a reunião em pé, atualizar o storyboard, completar as tarefas com as quais se comprometeu e assim por diante.

Qual dessas pessoas você reconhece em seu fazer coaching? Vamos lá! Todos nós representamos esses modos ou modos parecidos. Fazemos isso com a melhor das intenções. A conversa de design da equipe parece não sair do lugar, então nos intrometemos com uma opinião de Expert. O gráfico de burndown da equipe se assemelha ao tampo de uma mesa, porque ela não atualizou o esforço restante das tarefas, por isso agimos como um Cavalo Reclamão lembrando-a de atualizar os cartões de tarefa. Não é o fim do mundo. Nenhum desses modos de insucesso gera consequências devastadoras quando feito ocasionalmente, mas, quando feitos de forma sistemática (e inconscientemente), eles podem drenar a capacidade de auto-organização da equipe. Isso sim é devastador.

Ainda que você tenha a melhor das intenções, talvez seu treinamento tenha sido persistentemente invasivo, como o Centro do Universo, por exemplo, e, como resultado, a equipe passou a depender do microgerenciamento. Ou talvez se torne regularmente evasivo, como a Borboleta, que instaura na equipe uma sensação de desamparo e a deixa sozinha para aprender a metodologia ágil à medida que caminha. Nessas circunstâncias, como em todos os modos de insucesso, quando feitos habitualmente, o comportamento do coach de alguma forma se torna primordial para o funcionamento da equipe, um indício de que os malefícios do modo de insucesso já podem ter se concretizado. Ser o centro de qualquer coisa é o lugar errado para um coach.

De Onde Vêm os Modos de Insucesso?

Os modos de insucesso emergem quando o ego de um coach ou a atenção parcial contínua (ou ambos) estão em jogo.

Julgamento, inteligência, planejamento, percepção e consciência da realidade rodopiam em uma complexa dança com o ego, permitindo que você seja seguro o bastante para se arriscar a falar suas ideias. Os egos são normais, interessantes e naturais em sua forma. Todos nós temos um, e conhecemos sua voz compenetrada "eu" quando ouvimos em nossas cabeças: O que *eu* acho disso? O que *eu* devo fazer? Com quais ideias *eu* tenho que contribuir? O que as pessoas acham de *mim*?

Quando o pensamento "eu" corre descontrolado à solta, ele facilmente se transforma em um "eu" centralizado: Por que eles não conseguem ver o que *eu* vejo? O que é que *eu farei* se eles não se saírem bem? O que as pessoas acham da *minha* equipe? O que as pessoas dirão a respeito de *mim*, como coach delas?

Por trás de todo esse pensamento "eu" espreita o medo: pavor de que a equipe não saiba o caminho certo e receio de que ela faça feio ou não seja boa o suficiente, alimentando seu medo de que isso traga repercussões negativas para você. O medo gera medo a ponto de você não viabilizar à equipe espaço suficiente a fim de ver o que aconteceria, o que os membros dela inventariam e quão bons eles poderiam ser.

O Centro do Universo, o Admin, o Opinativo, o Expert e o Cavalo Reclamão provocam estragos quando o "eu" corre por aí descontrolado pensando. Cada um desses modos de insucesso introduz o coach nas operações da equipe, na tentativa de assegurar que a equipe não se extravie demais do caminho e falhe, o que, por sua vez, faz o coach ficar mal na foto. No entanto, você paga um preço alto. O coach como figura central garante que a equipe também não alcançará resultados extraordinários.

Outro prenúncio de modos de insucesso vem na forma de multitarefa e sua parente, a atenção parcial contínua. Ambas são deveras novas, evolutivamente falando, e os cientistas afirmam claramente que o sistema nervoso humano pode não ter sido projetado para lidar com elas (Kabat-Zinn, 2006). É bem provável que você esteja bastante familiarizado com a multitarefa — fazer mais de uma coisa ao mesmo tempo, geralmente com uma das tarefas simples, que você pode fazer no piloto automático. Embora seja um termo mais recente, a atenção parcial contínua provavelmente também lhe é familiar. Você pode ter feito isso em algum momento hoje: "Vou responder a este e-mail enquanto você me conta a respeito do seu problema e enquanto confiro meu telefone celular/IM/e-mail porque está vibrando aqui. Peraí, alguém está dizendo algo em que estou interessado. Você pode repetir aquilo de novo, por favor?"

É como a multitarefa, porém com uma pequena mudança — a pressão de estar "ligado" 24 horas por dia, 7 dias por semana, constantemente examinando o ambiente para quem ou o para o que exigir sua atenção em seguida.

> **TENTE ISTO**
>
> Caso você se sinta à vontade fazendo isto e as equipes que você treinar forem boas o suficiente na metodologia ágil, vá em frente e treine duas ou três equipes ao mesmo tempo. Às vezes, treinar várias equipes pode ser positivo se você fizer isso atentamente.

> Com o intuito de assegurar que você não seja vítima dos modos de insucesso resultantes da atenção parcial contínua, utilize uma técnica em si próprio que você ensina aos Product Owners: raciocínio orientado a valor de negócios. Mantenha seu próprio backlog de melhorias de equipe e priorize-o de acordo com o valor de negócio. Quando você não souber dividir seu tempo entre as equipes, deixe o backlog lhe informar. Trabalhe com as equipes em ordem de valor de negócios. Passe mais tempo com a equipe que está no meio da maior melhoria de valor de negócios, menos tempo com a outra e talvez nenhum tempo com a terceira (por ora). Quando estiver com uma equipe, dê a essa equipe sua atenção e presença total, na íntegra.

A atenção parcial contínua vem à tona quando o coach treina várias equipes ou se distrai de alguma forma, indo de uma equipe para outra. Isso leva à persona Gaivota, ao Espião e à Borboleta. Todas elas representam alguma versão de fazer apenas o suficiente para ser percebido, então parece que você está treinando quando de fato só está lá fisicamente.

Recupere-se dos Modos de Insucesso

Uma maneira de prevenir ou, pelo menos, recuperar-se dos modos de insucesso é simples e complicada: substituir o medo pela confiança.

Confie nas pessoas da equipe. Confie que elas realmente sabem a coisa certa a fazer, ainda que seja diferente do que você quer que façam. Confie que elas podem e se recuperarão dos becos sem saída e abordagens que saem errado, desse modo você não precisa salvá-las dessas frustrações. Confie que elas estarão à altura dos desafios para surpreender e satisfazer seus clientes (e você). Confie que, se falharem, aprenderão e ficarão cada vez melhores.

Não é nada mal conseguir chegar até o ponto que você confia. Você tem ajuda, no entanto. Os frameworks ágeis têm mecanismos integrados que ajudam você a confiar na equipe, porque, ao mesmo tempo, incentivam e apresentam as falhas. O grito de guerra de uma equipe pode ser: "Se formos fracassar, que seja rápido." Eles (e você) podem adotar uma atitude petulante em relação ao fracasso, porque o sprint dentro do timebox garante que ninguém seja tão malsucedido assim ou que os erros tenham resultados muito abrangentes. E, caso a falha revele que todo o empenho teria fracassado, então é melhor saber disso agora. Esse passo rumo à confiança lhe é proporcionado pela própria metodologia ágil.

Agora, quem dá o próximo passo é você. Com o intuito de ter mais espaço para confiança, preste atenção ao que de fato está acontecendo na equipe e o que *pode ser* que ocorra.

Confiança + atenção = um bom treinamento (ou, pelo menos, a base que possibilita um bom treinamento)

Apesar de não existir um único caminho que o leve a um lugar de confiança e atenção, veja a seguir algumas coisas que você pode tentar a fim de dar os passos nessa direção: cultive o mindfulness, seja curioso, busque uma visão mais abrangente, faça parceria e pratique o sucesso.

Cultive o Mindfulness

Qualquer coisa que o ajude a cultivar o mindfulness ajuda também a prevenir os modos de insucesso. Ao praticar o mindfulness, você pode aprender a estar inteiramente presente com as equipes e descobrir que sua autoconsciência aumenta. As duas, presença e autoconsciência, possibilitam que você perceba quando um modo de insucesso se instalou.

Para mim, o mindfulness significa calar o ruído em minha cabeça a fim de que eu possa pensar e, o mais importante, observar com clareza. Com o intuito de começar a cultivar o mindfulness, não faça nada além de respirar. Sente-se em silêncio e preste atenção à respiração que entra e sai do seu corpo. Caso ajude, conte suas respirações de um a quatro e comece a contar novamente. Quando os pensamentos assumem o controle, basta observá-los e começar a contar as respirações mais uma vez. Concentre-se na respiração; quando sua mente divagar por aí, traga-a de volta por meio da respiração. Faça isso outra e outra vez. Sua mente faz o que está acostumada; você está ensinando a ela uma habilidade nova de mindfulness. Persevere e sua habilidade florescerá. Com o tempo, tudo fica mais fácil (Devin).

> **VEJA TAMBÉM** Você pode encontrar desafios estimulantes e conselhos práticos para cultivar mindfulness em seu treinamento no Capítulo 3, "Tenha Domínio de Si".

Depois de um tempo, você pode notar que abriu espaço em sua mente e, agora, consegue sintonizá-la com o que a equipe precisa, e não com o que está se passando dentro de você. Com essa habilidade complementar, você consegue enxergar a equipe e a si claramente. Seus modos de insucesso se tornaram evidentes, e você consegue se *pegar* caindo em uma armadilha cada vez mais rápido. Ou seja, você consegue *se recuperar* sempre mais rápido.

Seja Curioso

À medida que observa uma equipe trabalhando, fique curioso sobre o que está acontecendo. Pergunte-se coisas como: O que está acontecendo aqui? Em que rumo a equipe está indo? O que a equipe acha produtivo? Então, observe o que está acontecendo mais um pouco.

Aproveite o tempo para enxergar o que de fato existe, a fim de ter uma visão clara da equipe — a visão sem as nuances de seus julgamentos e suas ideias preconcebidas. Em seguida, observe o que está acontecendo com você. Qual modo de insucesso está se apossando de você? O que você está sentindo? Você está motivado pelo medo? Onde está a confiança? Onde está sua atenção?

> **VEJA TAMBÉM**
>
> Não é porque você confia que seu cérebro pode tirar férias. Repare em tudo o que está acontecendo com a equipe e ao redor da equipe. Use todas as habilidades propostas neste livro e deixe que elas venham de uma base de confiança, ainda que você tenha que construir essa base por conta própria. Um modo de construir a confiança se origina de ser curioso, o que também acaba sendo um método-chave para solucionar problemas, abordado mais a fundo no Capítulo 8, "Coach como Pessoa que Resolve Problemas".

Com a confiança e atenção de volta para ajudar, e com a curiosidade lhe fornecendo um panorama claro do que está acontecendo com a equipe e o que está se passando dentro de você, o modo de insucesso não tem a menor chance.

Busque uma Visão Mais Abrangente

Se você imaginasse a vida da equipe como uma paisagem enorme, como seria a vista hoje? Talvez você visualize colinas áridas eclipsando o horizonte, uma representação física de como você se sente em relação à equipe no momento, quando diz a si mesmo: "Eu não sei o que vou fazer. Eles simplesmente não se importam. Eles são preguiçosos e não estão dispostos a fazer nada de especial." Talvez essa visão da equipe o transforme no Cavalo Reclamão.

Agora, dê um passo para trás. Analise as circunstâncias atuais dessa equipe em uma escala temporal e em um contexto mais abrangentes. Imagine que você está sobrevoando a paisagem da vida da equipe. A partir dessa vista, você enxerga as colinas áridas lá embaixo, mas agora elas são apenas um ponto triste no que diz respeito a uma paisagem interessante e diversa. Você enxerga o que veio antes, todas aquelas pedras e depressões no solo dos primórdios de suas vidas juntos. Você vê o que está por vir, talvez um rio caudaloso fluindo vigorosamente sobre a terra. Os obstáculos ainda existem no futuro, não se deixe enganar. Todavia a paisagem é linda por si só.

Agora, regresse às declarações de visão compartilhadas da equipe. Beba da fonte do que eles disseram que queriam se tornar juntos. Avivada a memória, deixe este momento particular e as circunstâncias de hoje irem embora. Ao fazer isso, deixe o Cavalo Reclamão ou qualquer outro modo de insucesso partir também.

> **VEJA TAMBÉM** A elaboração e o uso de declarações de visão compartilhadas são abordados no Capítulo 7, "Coach como Professor".

Obter uma visão mais abrangente é uma habilidade padrão de coaching, chamada de **metavisão**, que você pode usar consigo mesmo e com os membros da equipe quando ficarem empacados nas circunstâncias atuais (Whitworth et al., 2007).

Faça Parceiras

Ensinamos os membros da equipe a fazer parceria uns com os outros ou usar a técnica de emparelhamento, porque "duas cabeças pensam melhor do que uma". Os coaches também se beneficiam da parceria. Cultive um grupo de colegas para os quais você liga quando sente que um modo de insucesso começa a afetá-lo. São pessoas que se solidarizam com sua situação. Elas sabem como você se sente porque já se sentiram assim antes. Elas também o lembram de que você está indo rumo ao alto desempenho — para uma equipe de automonitoramento e autoajuste. E, com esse objetivo renovado em mente, coloque seu pensamento "centralizado" em segundo plano, concentre sua atenção e prepare-se para treinar a partir da confiança.

Pratique o Sucesso

Na estrada para o restabelecimento dos modos de insucesso, os modos de sucesso incógnitos aparecem. Você encontrará esses modos de sucesso incorporados às coisas que você desempenha muito bem, às coisas que você percebe que melhoram a competência da equipe de se auto-organizar e realizar o trabalho. Procure por eles. Identifique-os dentro de si, designe-os e transforme-os em hábitos. Observe e alegre-se com eles. Eles são seus cartões de visitas, sua expressão única como um bom coach e como uma parte estimada e importante da equipe.

Preste atenção em outros coaches e roube sem qualquer pudor seus modos de sucesso. Pratique até que os modos de sucesso sejam mais naturais para você do que os modos de insucesso. Ao proceder dessa forma, eles se tornam sua melhor resposta automática e mais útil.

Modos de Sucesso do Agile Coach

Os modos de sucesso não fazem estardalhaço ao chegar, então busque pelos pequenos, mas poderosos modos, em si e nos outros quando observar um coaching bem-sucedido. Veja qual deles faria diferença em seu treinamento:

O Mágico faz perguntas que — voilá! — *revelam* o que está lá, mas que não pode ser visto.

A Criança sinceramente se pergunta "por quê?" e é impulsionada por uma curiosidade insaciável sobre a vida e tudo o que nela existe.

O Bom Ouvinte ouve tudo, porém dá espaço para as pessoas evoluírem, não respondendo a todas as perguntas.

O Impertinente provoca risos, perguntas e um pouco de desequilíbrio para tirar as pessoas da zona de conforto.

O Sábio Louco faz as perguntas idiotas que elucidam as coisas.

A Videira Rastejante toma pequenas medidas, imperceptíveis para a equipe, que implacavelmente leva os membros de volta à essência da metodologia ágil, pouco a pouco.

O Sonhador bravamente concede voz a possíveis futuros que esperam para se materializar.

O Megafone garante que todas as vozes sejam ouvidas, sobretudo as dos oprimidos.

Para cultivar esses e outros modos de sucesso, comece com perguntas. Volte-se para dentro de si primeiro e questione: Quando usar cada um desses modos de sucesso é natural para mim? Em seguida, volte-se para o seu exterior, perguntando para a equipe e ajudando-os a questionar o *status quo* à volta deles. A Tabela 11.1 exemplifica algumas coisas que você pode dizer à equipe, já que incorporou os vários modos de sucesso.

TABELA 11.1 Perguntas que ajudam os modos de sucesso a serem comuns em seu coaching

Este modo de sucesso...	É mais ou menos assim...
O Mágico	"Qual é a outra realidade aqui?"
A Criança	"Estou curiosa sobre..."
O Impertinente	"Ei, Joe, diga para todos o que você realmente pensa." "Vamos ficar só sentados aqui ou fazer alguma coisa?"
O Sábio Louco	"O que faz isso ser desse jeito?" "Qual é a verdade aqui?" "Hã?"
O Sonhador	"Como seriam as coisas se elas fossem exatamente como imaginamos?" "O que está acontecendo agora?" "O que está tendo dificuldade para vir à tona?"
O Megafone	"Qual ideia está esperando para ser dita?" "Quem vai falar primeiro?"

Alguns dos modos de sucesso também são silenciosos. O Bom Ouvinte e a Videira Rastejante trabalham silenciosamente. Quando se concretizam, os membros da equipe reconhecem que ocorreu uma mudança, mas não conseguem identificar a causa. Com o passar do tempo, o espaço para ser ouvido, as conversas silenciosas que levam à revelação e a comentários certeiros vindos de você que abordam diretamente o cerne da questão criam essa mudança, ainda que ninguém seja responsável por ela. Mas o coach estava trabalhando em cada um deles.

Quais desses modos de sucesso você adotará como seus? Qual deles você reconhecerá e respeitará? Qual deles você perceberá e nomeará?

Pratique, Pratique

Ficar cada vez melhor em ser um agile coach significa praticar. E errar. E levantar-se novamente para praticar um tanto mais. Você não precisa se arrastar à força de um modo de insucesso consolador do dia para a noite. Você não precisa inventar dez novos modos de sucesso para ter êxito. Basta dar o próximo passo, seja lá qual passo for, procurar melhorar o tempo todo. Você se torna o que pratica.

Talvez reparar nos modos de insucesso em seu treinamento seja uma mudança suficiente para você no momento. Talvez somente se conscientizar do que faz você tropeçar em um modo de insucesso sinalize um grande salto. Vá em frente, esteja atento. Seja gentil consigo mesmo. Confiar e prestar atenção podem ser as novas forças em ação para você — sem dúvidas elas eram para mim.

> *Para ser bem-sucedido, seu desejo de sucesso deve ser maior que seu medo do fracasso.*
>
> *— Bill Cosby*

Espere que você possa reverter os reflexos desgastados pelo tempo quando situações estressantes aparecerem. No entanto, caso preste atenção, uma nova voz pode lhe dizer uma nova verdade: o comportamento estressante não precisa se tornar seu comportamento cotidiano. Com a prática, mais dia, menos dia, ainda que em situações estressantes, você pode prevenir os modos de insucesso. Mas, por ora, saiba em que ponto você está. Apenas observe e faça uma pausa. Quando você se sentir pronto para se recuperar, pratique, pratique.

Lembre-se também de que hábitos e atitudes são contagiantes. Os membros da equipe assimilam tudo o que você transmite e propagam por toda a parte. À medida que leva em consideração os modos de insucesso e sucesso ativos em seu treinamento, reflita o seguinte: Qual deles você gostaria que a equipe assimilasse? O Sonhador ou o Cavalo Falastrão? O Mágico ou o Espião? O Megafone ou o Opinativo? A escolha é sua.

Recapitulação

Vamos fechar este capítulo com chave de ouro:

- Os modos de insucesso surgem, mas não precisam consumir seu treinamento.
- Para combater os modos de insucesso, aumente a confiança e a atenção.
- Observe e nomeie os modos de sucesso em si e também a partir de outros.
- Saiba em que ponto você está e dê o próximo passo. Basta praticar.

Leituras e Recursos Adicionais

Kabat-Zinn, J. 2005. *Wherever You Go, There You Are: Mindfulness meditation in everyday life* [Aonde Quer Que Eu Vá: Meditação mindfulness para o dia a dia, em tradução livre]. Nova York: Hyperion. Quaisquer livros ou áudios de meditação mindfulness de John Kabat-Zinn são uma ótima maneira de praticar o mindfulness. Esse livro foi a minha primeira tentativa quando foi publicado pela primeira vez em 1995. Mais de dez anos depois, ainda ocupa um lugar de fácil acesso em minha estante.

Stone, L. 2008. Continuous Partial Attention—Not the Same as Multitasking. *Business Week.* www.businessweek.com/business_at_work/time_management/archives/2008/07/continuous_part.html [conteúdo em inglês]

Referências

Devin, L. A random collection of favorite acting exercises. Manuscrito não publicado.

Kabat-Zinn, J. 2006. *Coming to Our Senses: Healing ourselves and the world through mindfulness.* Nova York: Hyperion.

Whitworth, L., Kimsey-House, K., Kimsey-House, H. and Sandahl, P. 2007. *Co-Active Coaching: New Skills for Coaching People Toward Success in Work and Life,* segunda edição. Mountain View, CA: Davies-Black.

Capítulo 12

Quando Chegarei Lá?

Uma jornada de milhares de quilômetros começa com um único passo (Tzu), mas certamente deve terminar em algum momento. Quem quer ficar eternamente praticando para se *tornar* um agile coach? Tal como acontece com boa parte das coisas que nos fazem evoluir e mudar, não existe linha de chegada que reluza a distância. Nenhuma data específica ou conjunto de habilidades proclama em voz alta que "você chegou" ao reino da Coachlândia. Nós, agile coaches, sempre estamos aprendendo e incorporando novas habilidades ao nosso treinamento, em prol do apogeu de nossas equipes. Decerto que conquistamos algumas especialidades em nossa escalada, e então podemos recuperar o fôlego, e descansar nas habilidades e comportamentos que dominamos até agora. Ao fazermos essa pausa tão merecida, olhamos à volta e enxergamos o efeito do nosso trabalho nas equipes ao nosso redor. Sim, desempenhamos bem nosso papel.

Entretanto, um novo cume nos atrai. Quanto tempo devemos ficar aqui apreciando a vista? Existem tantas coisas para aprender e tantas outras para ajudar a equipe a realizar. Logo, observamos pela última vez o bem que fizemos e depois nos motivamos a seguir em frente, rumo ao próximo nível de perícia coaching e, depois, ao próximo e próximo.

O rumo que sua trilha particular de jornada ágil tomará será inigualável para você. Não existem dois agile coaches que abordem o trabalho da mesma forma e dois agile coaches não presenciarão as mesmas alegrias e problemas no que tange ao fazer coach.

> **Quando terminar este capítulo, você poderá responder a estas perguntas:**
>
> - Quando terei experiências e ganharei habilidades suficientes para que eu possa honestamente me considerar um agile coach?
> - O que posso usar para avaliar minha eficácia como agile coach?
> - Como lidar com a forma como minha empresa avalia meu desempenho quando isso não condiz com o funcionamento da metodologia ágil ou com o que o agile coach faz?
> - Como posso reconhecer meu valor concreto como um agile coach e ajudar os outros a enxergarem isso?

Este capítulo oferece alguns sinalizadores de trilhas que o ajudam a se orientar durante a jornada de treinamento. Esses sinalizadores, as habilidades e os comportamentos do agile coach, indicam que você ainda está em uma das muitas trilhas que levam ao bom treinamento. Eles também pedem que você pare e aprecie a vista quando tiver uma pausa mais que merecida.

Habilidades do Agile Coach

Ao treinar aprendizes de coach, disponibilizo as informações que estou oferecendo agora no último instante que passamos juntos. Na realidade, abomino a ideia de um "checklist de coaching" para ser utilizada no início de um aprendizado, como algum tipo de receita para um bom treinamento. Assim sendo, por favor, não use as informações deste capítulo como tal. Não deixe que isso o limite. Em vez disso, deixe seu treinamento ser tão claro e azul como o céu de Montana. Deixe sua voz como coach emergir por meio dos sucessos e insucessos. Não permita que as ideias de ninguém a respeito do que um agile coach é, pensa e faz o levem a se tornar menos do que você consegue e menos do que as suas equipes precisam que você seja. Nem as minhas.

Tendo exposto meu forte posicionamento acerca do uso e abuso das checklists, penso que estabelecer um registro por escrito de um conjunto de habilidades básicas de treinamento ágil pode ser informativo, uma vez que você já tenha vivenciado o coaching e tenha desenvolvido sua voz exclusiva de coach. A partir desse alicerce, a lista pode ser usada como uma medida provisória para responder a esta pergunta: O que você quer fortalecer em seguida?

Você sabe que atingiu o nível básico de habilidades de um agile coach quando faz bem as seguintes coisas:

- Introdução das práticas ágeis.
- Pontapé inicial das equipes ágeis.
- Treinamento individual dos membros da equipe.
- Treinamento da equipe inteira.
- Treinamento de Product Owners.
- Treinamento de pessoas de fora.
- Treinamento das equipes em meio à mudança.
- Promoção de caminhos rumo ao alto desempenho.
- Aceitação das ideias da equipe em detrimento das suas.
- Domínio de si.
- Modelo dos valores e princípios ágeis.

- Intermediação do conflito.
- Preparação para um caminho de aprendizado e crescimento.
- Disseminação de experiência.

Ainda que cumes maiores o esperem, tendo incorporado com segurança essas experiências de treinamento e as habilidades necessárias para ministrá-los, você trilha uma caminhada mais que merecida, com uma vista incrível. Divirta-se.

Introdução das Práticas Ágeis

Considere-se um agile coach quando tiver incutido na equipe o desejo de assegurar as práticas ágeis e manter os valores do Manifesto Ágil vivos, circulando e produtivos. Você sabe que isso ocorreu quando a equipe faz o seguinte:

- Colhe os benefícios esperados das práticas ágeis.
- Não esquece o Manifesto Ágil e os 12 Princípios ao ponderar as opções sobre o produto que estão desenvolvendo ou como estão trabalhando juntos (Beck et al., 2001).
- Garante que o Manifesto Ágil e o ciclo de inspeção e adaptação permaneça incólume e primordial para eles, à medida que adaptam as práticas ágeis.

A Tabela 12.1 fornece um resumo das principais práticas ágeis e algumas das vantagens esperadas. A fim de garantir que você tenha conseguido incutir as práticas em equipes ágeis, use essa lista.

Pontapé Inicial das Equipes Ágeis

Considere-se um agile coach quando tiver realizado com sucesso o pontapé inicial das equipes ágeis. Para fazer isso, você aprendeu os objetivos da formação de equipes e tentou colocar em prática diversos planos e atividades com o intuito de alcançar esses objetivos. Você planejou e executou pontapés iniciais e adaptou sua abordagem para futuras reuniões a partir dos resultados. Você sabe como oferecer uma experiência de pontapé inicial em equipe que se mantém fiel à metodologia ágil e assume um significado para a equipe.

> **VEJA TAMBÉM** Para saber mais detalhes sobre como realizar pontapés iniciais de equipe, incluindo objetivos e atividades de ensino específicos, consulte o Capítulo 7, "Coach como Professor".

TABELA 12.1 Práticas ágeis e suas vantagens esperadas

Backlog do produto Todas as histórias estão incluídas. O Product Owner "fatiou" as pretensões de negócio, priorizando as histórias de acordo com o valor do negócio. O principal impulsionador de priorização é agregar valor de negócio o mais rápido possível, sobretudo o *primeiro* valor de negócio. O backlog tem caráter ativo, sendo alterado, atualizado com frequência e repriorizado. O Product Owner assegura que o trabalho esteja alinhado conforme as diretrizes da liderança e a visão do produto. **Planejamento de sprint** Planejado em ordem de prioridade das histórias. Todo trabalho é transparente. A equipe só trabalha no que foi acordado. **Backlog do sprint/Gráfico burndown** Todo o trabalho do sprint fica no backlog do sprint. O gráfico burndown é atualizado diariamente. O gráfico burndown é usado para estimular conversas quando as coisas saem do eixo. **História/Quadro de tarefas** Usado ativamente pela equipe para indicar o status geral e transmitir o compromisso atual de cada pessoa. Usado ativamente pela equipe para estimular a coordenação e o sequenciamento. **Reunião em pé** Pressão dos colegas efetiva, construtiva e de suporte fica evidente. Coordenação detalhada. Os membros da equipe levantam impedimentos e garantem que sejam resolvidos.	**Remoção de impedimentos** Coisas a serem solucionadas no momento. Não se espera. **Sprint com timebox** Todo começo tem um fim. Período de tempo que a equipe pode controlar. Pressão de tempo. Chance de a liderança mudar prioridades ou diretriz sem desperdiçar o tempo da equipe (isso só acontece entre sprints). **Retrospectiva** Reunião bem elaborada e viabilizada para a equipe continuar melhorando. A equipe pensa em si como um "ecossistema funcionando devidamente" que eles querem ajustar a cada vez. **Revisão de sprint** Low tech, alto impacto. "Assumem-se" os resultados com o Product Owner e todas as pessoas de fora (cliente, patrocinador, partes interessadas, gerentes e assim por diante). **Planejamento de lançamento** Todo mundo sabe o valor incremental que cada lançamento entregará. Todos podem pensar no futuro por meio do plano de lançamento. O compromisso com o cliente é feito por meio do lançamento, em vez de sprint por sprint. A interação com o cliente muda de orientada para o cronograma para orientada por valor. O plano de lançamento é atualizado com frequência para se ajustar às condições atuais, como velocidade da equipe e funcionalidades novas.

Treinamento Individual dos Membros da Equipe

Considere-se um agile coach quando tiver se tornado expert nas habilidades necessárias para conduzir conversas de coaching individuais; quando você for capaz de conduzir tais conversas de modo fácil e informal; e quando as pessoas que conversam sentem uma mudança em si próprias como resultado. Você sabe que está fazendo essa parte do trabalho quando reconhece "o ponto" que cada membro da equipe está em sua transformação pessoal ágil e instila em cada pessoa o desejo de dar o próximo passo para se tornar um agilista excelente.

Treinamento da Equipe Inteira

Considere-se um agile coach quando você estiver vivendo plenamente a visão do agile coach: pessoa coercitiva, guia, líder servidor e guardião da qualidade e do desempenho.

Isso pode se concretizar de uma forma que mantenha a equipe concentrada em um sprint de cada vez. Ou prestar muita atenção nas conversas da equipe para garantir que todos realmente colaborem e avancem para a coisa mais simples possível. Ou chamar a atenção de um comportamento destrutivo para que outros tenham coragem de fazer o mesmo na próxima vez que tal comportamento se manifestar. Ou lembrar a equipe da visão compartilhada quando a perderem de vista. Ou dezenas de outras pequenas coisas que você faz regularmente para ajudá-los a se tornarem uma equipe ágil e saudável que gera resultados incríveis que os encham de orgulho.

> **VEJA TAMBÉM**
>
> O Capítulo 5, "Coach como Mentor Coach", aborda as habilidades necessárias para treinar equipes inteiras, membros da equipe, Product Owners e pessoas de fora.
>
> A visão de um agile coach como guia, pessoa coercitiva, líder servidor e guardião da qualidade e do desempenho é definida no Capítulo 7, "Coach como Professor".

Treinamento de Product Owners

Considere-se um agile coach quando tiver treinado ativamente os Product Owners a desempenharem com maestria o papel que lhes é devido. Para tal, você provavelmente terá treinado o Product Owner sobre os seguintes tópicos:

Interagir com a equipe: o Product Owner tem que conseguir identificar a linha tênue entre desafiar e intimidar a equipe e recuar quando chegar perto de ultrapassar essa linha. Você incentivou as maneiras positivas por meio das quais o Product Owner interage com a equipe e também orientou o Product Owner a cortar pela raiz comportamentos que prejudicam a auto-organização da equipe, pois isso impacta diretamente a capacidade de entrega.

Praticar o raciocínio voltado para o negócio: o Product Owner adota o raciocínio voltado para o valor de negócios em todas as decisões, sempre perguntando: "O que agrega o maior valor de negócio agora?" Coisas que não atendem à ordem de valores de negócios, como reuniões, decisões ou detalhes desnecessários ou irrelevantes, são deixadas de lado ou eliminadas. O Product Owner se mantém compenetrado, fazendo somente o necessário para construir um ótimo produto, sempre tendo em mente o valor em longo prazo, para que as decisões em curto prazo não sejam prejudiciais e vice-versa.

Criar, cuidar e usar o backlog do produto: o backlog do produto é um organismo vivo. O Product Owner o utiliza para se adaptar a novas ideias e forças externas. Ele se torna cada vez mais fiel à necessidade tangível, para que a equipe entregue os resultados mais valiosos à medida que eles se tornam evidentes. Todas as partes interessadas sabem onde consultar o backlog do produto a fim de conferir como a funcionalidade desejada se compara às outras no tocante ao valor de negócio e, consequentemente, à probabilidade de ser desenvolvida.

Remoção de impedimentos: o Product Owner de bom grado junta forças com a equipe e com o agile coach a fim de remover qualquer impedimento que ameace o dinamismo da equipe ou a qualidade de seus resultados.

Gerenciamento das partes interessadas: o Product Owner usa um backlog de produto aberto e transparente para gerenciar os desejos de diversas partes interessadas do produto. O Product Owner trabalha constantemente com as partes interessadas a fim de compreender suas necessidades à medida que elas entendem a visão do produto. O Product Owner reúne todas as vozes das partes interessadas e as transforma em uma voz única e inequívoca para que a equipe saiba em que trabalhar e, depois, como isso se enquadra na visão geral do produto que está ganhando vida.

Você sabe que treinou bem o Product Owner quando a equipe o enxerga como uma força positiva, impulsionando todos os membros rumo a uma visão convincente e esperando deles grandes feitos, além de ter uma noção bem clara da realidade. As equipes admiram um Product Owner como esse.

Além do relacionamento entre a equipe e o Product Owner, você sabe que promoveu um relacionamento de coaching positivo e promissor com o Product Owner ao ser convidado para seu círculo íntimo. Você saberá que isso aconteceu quando o Product Owner pedir para que você participe de conversas importantes a respeito de situações de negócios e decisões que possam afetar a equipe.

Treinamento de Pessoas de Fora

Considere-se um agile coach quando tiver participado de muitas conversas de coaching com patrocinadores, gerentes e partes interessadas fora da equipe. Você "ditou as regras" sobre a interação produtiva versus a interação prejudicial com a equipe, e ajudou pessoas de fora a ver como podem apoiar melhor a dinâmica e os resultados da equipe. Você também os ensinou como utilizar a metodologia ágil para granjear vantagem competitiva, construindo apenas o mais essencial e valioso e, em seguida, passando para a próxima empreitada de maior valor.

Por meio do Product Owner, todas as pessoas de fora têm plena consciência dos planos, do progresso e da jornada da equipe em direção ao alto desempenho. Você treinou o Product Owner para representar a equipe e o produto dessa forma, e, por meio disso, as pessoas de fora esperam que o Product Owner forneça essas informações valiosas.

Treinamento das Equipes em meio à Mudança

Considere-se um agile coach quando você tiver presenciado uma equipe se afogar nas profundezas do desespero devido a uma mudança ou circunstância indesejada e ajudou-os a superar o desespero e desvencilhar-se com um novo plano a fim de restabelecer sua habilidade e energia como equipe. Certamente, assim que a equipe sacudir a poeira e se levantar, algum problema virá à tona novamente. Eles decidirão somar um novo conjunto de habilidades à equipe, uma nova diretriz "virá de cima" ou o Product Owner sairá. Se não for uma dessas coisas, com certeza será outra.

Um agile coach experiente sabe como treinar no âmbito do estágio de desenvolvimento atual da equipe, que geralmente regride durante os períodos de tumulto. Usando os princípios, as práticas e os valores ágeis, o coach mostra à equipe formas de recuperar a sua posição, tanto como um todo quanto como indivíduos.

VEJA TAMBÉM	O Capítulo 4, "Mude Seu Estilo", o ensina a identificar o nível de proficiência da equipe e combiná-lo com um estilo eficaz de coaching.
	Enveredar-se com uma equipe por um caminho para o alto desempenho começa quando você demonstra sua expectativa de que ela simplesmente será uma equipe de alto desempenho. A fim de aprender a definir essa expectativa, consulte o Capítulo 2, "Espere um Alto Desempenho".
	O Capítulo 6, "Coach como Facilitador", aborda como treinar uma equipe por meio de conversas que geram ideias e resultam em decisões (e ações).
	Problemas acontecem. Veja o Capítulo 8, "Coach como Pessoa que Resolve Problemas" para ajudá-lo a detectar e orientar a equipe por meio de problemas.

> Conflitos também acontecem. Para maneiras úteis de lidar com conflitos e ajudar a equipe a reduzi-los, consulte o Capítulo 9, "Coach como Mediador de Conflitos".

Promoção de Caminhos Rumo ao Alto Desempenho

Considere-se um agile coach quando as equipes que você treinar alcançarem efetivamente um desempenho cada vez mais alto. Quando elas trilham sua trajetória rumo ao desempenho com as próprias pernas, você sabe que lhes incutiu um caminho que trará benefícios para cada um deles, para a equipe como um todo, para o produto e para a empresa.

Aceitação das Ideias da Equipe em Detrimento das Suas

Considere-se um agile coach quando você voluntariamente abrir mão de suas ideias e decisões em detrimento das ideias e decisões da equipe. Não importa se suas ideias sejam um pouco melhores do que aquelas que a equipe decidiu levar adiante. Quando se trata de alcançar a auto-organização, é mais importante que a equipe aprenda maneiras de gerar ideias e tomar decisões, pois adotou com sinceridade apenas as decisões escolhidas espontaneamente e que a inspiram.

Domínio de Si

Considere-se um agile coach quando você agir com plena autoconsciência para oferecer à equipe o que ela precisa no momento, em vez de agir de acordo com suas próprias necessidades ou reações instintivas. Você está a serviço dela.

Modelo dos Valores e Princípios Ágeis

Considere-se um agile coach quando a equipe o vir como modelo de um agilista competente e bem-sucedido; quando conseguir enxergar os valores ágeis refletidos na forma como você aborda as situações e lida com elas; quando seus membros aprenderem a colocar em prática a metodologia ágil efetivamente se espelhando em seu exemplo e quando adquirirem habilidades novas ou mais profundas que os possibilitem colaborar integralmente a fim de gerar resultados surpreendentes. Essas situações demonstram as evidências de que você direcionou bem a metodologia ágil.

Intermediação do Conflito

Considere-se um agile coach quando tiver aprendido e usado pelo menos um modelo de intermediação de conflito para ajudar a equipe a superá-los e conviver amistosamente com os conflitos quando não forem solucionados. Você sabe que está se saindo bem ao escolher cuidadosamente quando e como intervir nos conflitos à medida que eles surgem, incluindo a escolha consciente de deixar o conflito se materializar sem intervir. Fique orgulhoso de suas realizações de coaching quando perceber que a equipe está contornando um conflito sozinha.

Preparação para um Caminho de Aprendizado e Crescimento

Considere-se um agile coach quando insuflar em si próprio uma sede insaciável de aprendizagem e um desejo inextinguível de testemunhar pessoas e empresas prosperarem além de suas imaginações. Tantos campos de atuação contribuem para a sua eficácia como coach. Escolha qualquer um deles e absorva o que eles têm para oferecer. Agregue seu conhecimento recente ao seu treinamento e observe suas habilidades evoluírem enquanto você presencia as equipes que treina melhorarem.

Você sabe que se colocou em um caminho de aprendizado e crescimento quando reserva um tempo para aprender novas habilidades e experimentar novos mindsets. Esse tempo sagrado não é relegado a "segundo plano" quando você se ocupa demais. Você sempre estará cheio de coisas para fazer! Você bem sabe disso e reserva tempo necessário para pesquisar tópicos sobre a metodologia ágil, ler blogs e deixar os resultados da pesquisa o levarem a novos domínios de conhecimento, conferir os últimos livros de princípios ágeis ou ler os resumos de apresentação de uma conferência ágil que se aproxima e aprender a respeito do assuntos que você encontra lá.

> *Viva como se você fosse morrer amanhã. Aprenda como se você fosse viver para sempre.*
>
> *Gandhi*

À medida que reflete sobre sua capacidade de coaching e ao se deparar com ideias novas, você reserva um momento para avaliar regularmente seu nível de maestria como agile coach. Você se avalia de maneira honesta e frequente, e faz a mesma coisa que ensina às equipes — alcançar um desempenho cada vez mais alto o tempo todo.

Disseminação de Experiência

Considere-se um agile coach quando tiver começado a compartilhar todas as grandes lições que aprendeu por meio de suas próprias experiências e atribulações e no decurso das novas áreas de atuação que você acabou de conhecer. Marque presença em comunidades ágeis, fisicamente, se possível, ou online. Caso não exista nenhum grupo ágil perto de você, crie um. Participe de congressos ágeis. Pelo menos, participe de um congresso e contribua para as conversas produtivas que acontecem ao seu redor. Se tiver algo para compartilhar, envie uma apresentação. Vá em frente!

Junte-se às fileiras de outros agilistas que trabalham em prol do progresso da metodologia ágil de ponta. Se fez coaching, você tem contribuições a fazer. Contribua.

Além de uma Lista de Habilidades

A lista de habilidades diz respeito ao "fazer" do agile coach. Grosso modo: as coisas concretas que um agile coach faz em seu cotidiano como coach. O "como" do coach, o estilo e a voz com os quais você treina são de suma importância e muitas vezes possuem a mesma importância que as habilidades quando as pessoas julgam o desempenho de um coach.

Avalie-se como Coach, Não como Gerente

Buscar resultados. Orientar o trabalho dos outros. Essas são algumas frases que você pode ver em uma publicação para uma vaga de gerente ou de acordo com critérios de avaliação de desempenho de uma empresa. Antes de me tornar uma agile coach, até aceitei um trabalho que incluía a seguinte frase: "Controlar todos os aspectos do trabalho e da equipe."

O desejo de controlar tudo e todos é forte e claro no modo como o valor da maioria das pessoas é avaliado pelo processo de gerenciamento de desempenho da empresa. Quando se trata de tempo de análise de desempenho, essas frases controladoras surgem novamente. Muitos agile coaches bem-sucedidos ficaram desapontados ao saber que, apesar dos resultados incríveis que suas equipes produziram, e apesar da transparência e propósito novos que permeiam o local de trabalho, a avaliação de suas contribuições ainda inclui frases como: "Controlar todos os aspectos do trabalho e da equipe."

O treinamento ágil, quando bem feito, é impossível de ser visto pelas pessoas de fora da equipe e pode ser invisível até mesmo para os membros da equipe. É difícil para as pessoas que você treina saber como o que você fez contribuiu para o sucesso delas. É difícil para uma equipe enxergar que o seu treinamento dado se traduz na capacidade da equipe de gerar resultados melhores. É praticamente impossível a gerência enxergar que seu treinamento foi fundamental para obter os resultados a partir do qual agora eles colhem os frutos das equipes ágeis.

Ou seja, talvez um agile coach ouça de seu gerente: "Sim, sei que a equipe teve um desempenho muito além de qualquer expectativa, mas o que você fez? Qual foi sua contribuição específica para o sucesso deles?"

Se o coach está desempenhando um bom trabalho, talvez seja impossível responder concretamente a esse tipo de pergunta. Na verdade, se algum membro da equipe ágil estiver desempenhando um bom trabalho, é difícil responder esse tipo de pergunta a respeito de seu próprio desempenho, ainda que se tenha inúmeros artefatos para apontar e dizer: "Viu? Fui responsável por isso." Os artefatos em si — códigos de software, novos processos e planos de marketing — são compartilhados de tal forma que os membros da equipe não podem separá-los facilmente em "meu" e "seu".

É ainda mais difícil para um agile coach porque os frutos do trabalho de um coach são invisíveis. Não se pode separá-los do sucesso geral da equipe, mas a avaliação de desempenho muitas vezes obriga os coaches a tentar fazer isso.

Embora a forma como as pessoas calculem o desempenho de gerentes e líderes de equipe não se traduza em avaliar a efetividade (boa ou ruim) de um agile coach, os modelos existem e são frequentemente usados para esse efeito. Embora lamentavelmente equivocados, eles são simplesmente a definição mais próxima de "líder" disponível.

Mudar as métricas de desempenho que a sua empresa usa para líderes e gerentes para métricas compatíveis ao coaching ágil começa com você. Quando você abraça medidas novas e úteis de um treinamento ágil efetivo e consegue expressá-las, as coisas podem mudar. Quando você se recusa a ser avaliado por "direcionar o trabalho dos outros" e, em vez disso, estipula "criar um ambiente em que ninguém precisa ser direcionado", você pode fazer uma mudança.

Pense em suas próprias habilidades, estilo e impacto como agile coach, e use as ideias da Tabela 12.2 para avaliar o quão bem você está indo rumo à essência da excelência do treinamento ágil.

TABELA 12.2 Métricas de desempenho do agile coach

Mudar DE	PARA
Conduzir a equipe para obter resultados. Direcionar o trabalho dos outros.	Liderar de modo implícito, criando um ambiente em que a equipe naturalmente entregue resultados ótimos sem que ninguém precise "conduzi-la".
Controlar o trabalho da equipe para chegar à previsibilidade.	Deixar a equipe livre para realizar o trabalho da forma que escolherem e responsabilizá-la pelos resultados prometidos.
Seguir as regras da empresa.	Enfrentar as regras da empresa sempre que restringem a entrega de valor.
Escalar imediatamente problemas para a gerência.	Trabalhar com os problemas das pessoas envolvidas a fim de solucioná-los completamente e seguir em frente.

(continua)

(continuação)

Mudar DE	PARA
Favorecer opções comprovadas e seguras.	Promover segurança para a equipe experimentar, falhar e aprender.
Entregar o produto de acordo com o planejamento.	Permitir que a equipe entregue o produto de acordo com seu plano em constante mudança e cada vez mais preciso. Permitir que o valor de negócio entregue seja a única métrica importante.
Seguir estratégias e procedimentos consagrados pelo tempo.	Cultivar a criatividade e a capacidade da equipe de enxergar cada situação como nova e potencializar a chance de um resultado que muda tudo ainda que em território familiar.
Implementar a metodologia ágil adotando cegamente as regras.	Saber diferenciar quando seguir as regras é o melhor e quando sacrificar a metodologia ágil para, pelo menos, conquistar alguma melhoria em um ambiente imperfeito.

Ao começar a se avaliar de acordo com essas métricas ágeis, outras pessoas também começarão a fazer o mesmo. No início de uma nova tarefa, utilize essas medidas para definir a expectativa do que o treinamento ágil pressupõe e, assim, o que as pessoas verão ou não quando o coaching funcionar bem. Ao proceder como tal, você ajudará as pessoas a saberem o que esperar, e a forma como as pessoas o avaliam começará a mudar.

Caso trabalhe para uma empresa com um processo de gerenciamento de desempenho profundamente enraizado, receber o reconhecimento formal de um bom treinamento ágil demora um tempo. Durante essa espera, no entanto, avalie-se e fique contente com as conquistas concretas de suas equipes (e suas contribuições concretas para elas). Ao ser confrontado com "Você não foi <insira seu adjetivo de controle favorito> o suficiente", basta reafirmar os resultados que a equipe gerou e demonstrar que ela não os teria alcançado se não fosse pelo seu trabalho.

A mudança virá, mas só se você não desistir.

Reivindique Suas Conquistas

As pessoas não enxergam seu impacto. Às vezes você também não o enxerga. Sua noção pessoal de merecimento e valor pode facilmente ir por água abaixo se você não tem o hábito de demonstrar suas conquistas.

A cada semana, sente-se e escreva uma lista do valor que você entregou — somente uma lista breve das coisas que você ajudou a trazer à tona, os sucessos que as pessoas desfrutaram por causa de seu trabalho e as ações que foram extremamente bem-sucedidas! Faça disso um diário pessoal. Suponha que ninguém mais o lerá para que você possa se dar permissão de ser completamente livre a respeito do que escreverá.

A Figura 12.1 exemplifica uma verificação de valor semanal típica de um coach.

Tendo feito isso, você pode honestamente reivindicar suas conquistas. Isso reitera o valor que você agregou pessoalmente e ajuda a preservar sua sanidade quando confrontado com expectativas de desempenho impraticáveis. Agora você também tem uma nova lista de realizações a serem lembradas quando as pessoas perguntam: "O que você fez esta semana?"

Ao elaborar essa lista, semana após semana, você demonstra o valor que o seu treinamento agregou e sinaliza áreas de crescimento e avanço. Você também aproveita algumas partes da verificação de valor para usar com seu gerente. Talvez isso ajude a mudar o rumo desse barco de gerenciamento de desempenho.

Independentemente do que acontece com a forma como os outros o avaliam, faça questão de realizar sua própria avaliação. Quando você deixar uma equipe ou um grupo, relembre todo o tempo que esteve com eles. Faça uma retrospectiva pessoal, seu próprio ciclo particular de inspeção e adaptação. Sendo honesto consigo mesmo, faça algumas listas que considerem seu impacto. A Figura 12.2 mostra um exemplo da retrospectiva pessoal de um coach, relembrando quando o compromisso de coaching chega ao fim.

> **TENTE ISTO**
>
> Para iniciar a prática de levar seu valor em consideração, divida-o em pequenos pedaços. Durante uma semana, no final de cada dia, simplesmente pergunte-se: "Qual bem fiz para alguém hoje?" E, em seguida, escreva o que vier à mente. Ao escrever, você pode descobrir o valor que agregou, mas não conseguia enxergar.

> O valor que eu agreguei esta semana:
> * Ajudei a Product Owner a entrar em sintonia com o patrocinador. Ela não viu que estava direcionando a equipe na contramão da visão!
> * Início do diagrama de espaguete no âmbito do programa de todos os impactos das operações das entregas das equipes ágeis. Todos adicionaram informações ao diagrama e em um dia tivemos uma visão completa. Estávamos tentando obter essa visão há mais de um mês.
> * Ajudei a diretora do PMO a usar planos de lançamento de equipes ágeis para criar seu "cronograma" integrado. Ela não vai mais mandar cronogramas para a equipe!
> * Ensinei a uma Product Owner e a uma aprendiz de agile coach como começar a criar um backlog do produto para uma nova empreitada. Elas estão a todo vapor agora.
> * Pontapé inicial da equipe. Eles tiveram um bom pontapé.
> * Convenci a equipe de gerenciamento de mudança no nível de programa a trabalhar com as equipes ágeis em vez de enfiar "goela abaixo" sua lista de prazos. Isso é inédito para eles!
> * A gerente ágil reconheceu (por conta própria) que ela estava sendo muito controladora.
>
> E não é que o coaching funciona mesmo!

FIGURA 12.1   Verificação semanal de valor de um agile coach

Sei que fiz a diferença porque...
* A equipe entregou grandes mudanças que foram aceitas pelos líderes em toda a empresa. Os gerentes dizem que, sem a metodologia ágil, eles provavelmente não entregariam nada.
* Três grandes agile coaches afloram em meu treinamento dado. Uma delas teria sido atropelada pela política corporativa se não tivesse descoberto seu talento para treinar equipes ágeis.
* Duas equipes resistiram bravamente à mudança de dois Product Owners.
* As equipes estão reconhecendo a perda de tempo em coisas que costumavam aceitar cegamente.
* Fui grande influenciadora ao ajudar um novo (enorme) programa a decidir ser ágil e implementar a metodologia com uma equipe de gerenciamento bem leve.
* Agora, uma equipe de operações sabe como usar a metodologia ágil para fazer com que o trabalho seja feito mais rápido e que haja mais espaço para projetos.
* Dois meses depois que saí, ouvi dizer que todos os membros de uma equipe que odiavam a metodologia ágil decidiram continuar com ela, enquanto entravam em operações. Três deles querem treinamento. Por essa, eu não esperava!

Sei que não fiz o bastante porque...
* Os líderes seniores não sabem como aproveitar a capacidade das equipes ágeis de entregar bem e mudar rápido. Eles ainda a veem como apenas um modo diferente de gerenciar projetos.
* Agile coaches recém-formados e Product Owners lutam sozinhos contra os altos escalões organizacionais, sem ninguém para lhes emprestar uma escada.
* Líderes seniores não querem saber de serem treinados ou levarem a metodologia ágil "para o próximo nível". Em vez disso, estão ocupados definindo sua versão personalizada da agilidade que esconde suas disfunções.

Sei que evoluí porque...
* Impactei positivamente a vida de pelo menos quatro pessoas (três aprendizes de agile coach e um Product Owner).
* Apresentei muitas ferramentas novas a fim de fazer retrospectivas e ajudar as equipes a colaborarem.
* Tive muitas confirmações de que sou uma boa coach.
* Agora tenho experiência para treinar as pessoas "acima" das equipes ágeis.

FIGURA 12.2 Retrospectiva de uma agile coach ao relembrar como foi a experiência de treinamento

Você não precisa esperar até uma experiência chegar ao fim para fazer uma retrospectiva pessoal. Ela pode ser feita a qualquer momento e pode ser sobretudo reveladora, caso feita com frequência.

Entregue Sua Própria Avaliação de Desempenho

Um modo infalível de saber se você "chegou" ao status de agile coach exige uma coisa simples: observe seu impacto. Quando você interage com a equipe e oferece uma visão ou uma pergunta poderosa, observe o que acontece a seguir. Eles apresentam ideias melhores ou mais simples? Eles colocam as coisas em prática de forma clara? Eles solicitam o que precisam e exigem que "o alto escalão" providencie?

Ao treinar as pessoas individualmente, observe o impacto da sua conversa na pessoa que você está treinando. Observe o impacto naquele exato momento e o efeito dias ou semanas depois. Além do mais, tome coragem para perguntar às pessoas sobre o impacto do seu treinamento nelas. Pergunte o seguinte: O que mudou na maneira como você vê o trabalho? Quais novas ideias você teve? Como sua capacidade de atuação mudou?

Faça sua própria avaliação de desempenho considerando seu impacto como um agile coach, deleitando-se com as coisas que você faz bem e enfrentando diretamente as coisas que você deixou a desejar ou decepcionou. Ninguém mais o avaliará de forma mais severa ou justa. Só você pode saber quando "chegou" ao status de agile coach.

Recapitulação

Vamos fechar este capítulo com chave de ouro:

- A lista de habilidades ágeis do coach são sinalizadores ao longo da trilha de sua própria jornada de coaching ágil. Use-a para se orientar e garantir que você está no caminho que escolheu.
- Avalie-se como coach, não como gerente. Incentive os outros a fazerem o mesmo, substituindo as métricas gerenciais de sucesso por métricas ágeis.
- Reivindique suas conquistas para que você possa reconhecer totalmente o valor considerável que agregou às equipes ágeis.
- Avalie com frequência e honestidade suas habilidades de coaching e alcance incessantemente o próximo nível de maestria.

Leituras e Recursos Adicionais

Strachan, D. 2006. *Making Questions Work: A guide to how and what to ask for facilitators, consultants, managers, coaches, and educators* ["Pergunte-se: Um guia de como e o que perguntar para facilitadores, consultores, gerentes, coaches e educadores", em tradução livre]. São Francisco: Jossey-Bass. A guia de retrospectivas pessoais Ainsley Nies afirma que seu trabalho muitas vezes resulta em pessoas descobrindo as perguntas mais pertinentes a serem feitas, levando a uma jornada de autodescoberta e melhoria. Ela recomenda esse livro para ajudar a identificar essas perguntas pertinentes.

Referências

Beck *et al.* 2001. Manifesto for Agile Software Development. www.agilemanifesto.org.

———. 2001. Principles Behind the Agile Manifesto. www.agilemanifesto.org/principles.html.

Tzu, L. *Tao te ching.*

Capítulo 13
Sua Jornada

Todo agile coach trilha sua própria jornada. Ainda que não exista muita coisa em comum entre as jornadas das pessoas além dos próprios frameworks ágeis, aparentemente existe uma característica comum. Para cada coach, chega o momento em que todo o poder e o encanto do treinamento ágil são desvendados. Para alguns, é a descoberta da inteligência emocional e a compreensão de que eles estão deixando de lado essa parte de sua inteligência ao longo de toda a sua carreira. Para outros, é um modelo que lhes permite finalmente entender o que faz as relações humanas funcionarem. Para outros ainda, é o entendimento de que eles podem iluminar e orientar sem serem controladores. E, para tantos outros, é a necessidade de compensar anos de controle e aniquilamento da inovação em nome de resultados.

> **Quando terminar este capítulo, você poderá responder a estas perguntas:**
>
> - Como têm sido as jornadas de outros coaches para se tornar um agile coach?
> - O que lhes foi "desvendado"?
> - Como faço para usar o que aprendi com as jornadas deles para me instruir sobre minha jornada?

Este capítulo apresenta seis histórias de seis agile coaches bastante diferentes. Suas bagagens profissionais, experiências e pontos de vista divergem ainda que girem em torno da mesma ideia — cada um deles gosta do treinamento ágil porque atende à sua demanda por uma forma humana de trabalhar que, apesar disso, gera os resultados concretos que as empresas exigem. À medida que cada um trilhava sua jornada, eles desenvolveram sua voz única como um coach — sua maneira individual de abordar equipes e organizações a fim de ajudá-los a estimular todo o potencial da metodologia ágil.

Acompanhe-me enquanto exploramos as muitas jornadas dos agile coaches.

Jornadas do Agile Coach

Nas histórias a seguir, talvez você encontre algo educativo ou inspirador, algo que desperte seu interesse imediato pelo treinamento ágil. Talvez você se enxergue refletido nas palavras de outra pessoa. Ou talvez você reconheça a razão pela qual sua história é diferente de todas as outras.

Caso tenha uma história de sua própria jornada como agile coach, compartilhe-a com os outros. Diga a outros agile coaches (e aspirantes a agile coaches) por que a metodologia ágil funciona para você e por que ela é importante.

A Jornada de Rachel: A Coach que Encontrou o Melhor e Lutou por Isso

Rachel Davies tem implementado as abordagens ágeis desde 2000 e é uma palestrante de renome nos congressos da área. Ao longo de muitos anos, ela serviu à comunidade ágil como diretora da organização sem fins lucrativos Agile Alliance. Ela é coautora, com Liz Sedley, do *Agile Coaching*. A Figura 13.1 demonstra a jornada de Rachel como agile coach.

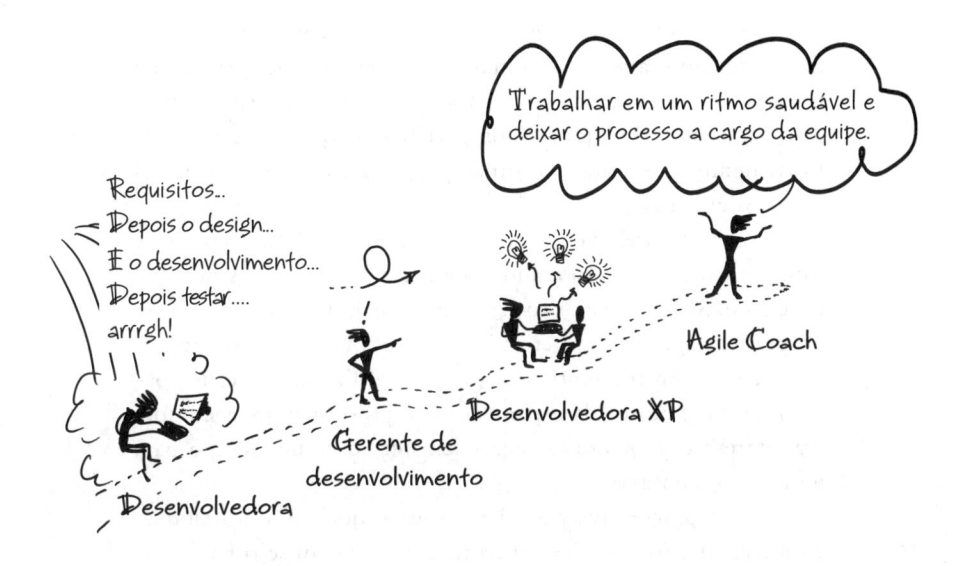

FIGURA 13.1 Jornada de Rachel Davies como agile coach

Leia a história de Rachel em suas próprias palavras:

Minha motivação para incentivar as pessoas a adotarem a metodologia ágil tem suas raízes lá nos anos 1990. Naquela época, eu observava as equipes trabalhando horas a fio para implementar o processo tradicional de cascata, mas, quando os projetos não eram entregues dentro do prazo, todo o trabalho árduo das pessoas era descartado. Então, comecei minha busca por uma abordagem que respeitasse as pessoas e possibilitasse que elas entregassem o software.

Na virada do milênio, me deparei com o Extreme Programming. Fiquei fascinada e devorei tudo o que pude encontrar sobre essa abordagem inesperada. Deixei meu trabalho como gerente de desenvolvimento bem-sucedida e entrei em uma equipe de XP como desenvolvedora para aprender Pair Programming e implementar desenvolvimento orientado a testes. Embora tivessem dias em que eu me sentia como participante de um estranho experimento social, o que eu amava era aprender todos os dias e fazer parte de um negócio que entregava software toda semana.

Fiquei extremamente interessada em como e por que as abordagens ágeis funcionavam. Participei de grupos de usuários e assisti a palestras para aprender com especialistas e profissionais. Eu queria compartilhar o que sabia e orgulhosamente apresentava minhas próprias experiências nesses mesmos eventos.

Nos bastidores da apresentação de uma palestra, consegui minha primeira missão como agile coach, em 2003. Ainda que eu dominasse a teoria e tivesse experiência na implementação de práticas ágeis, logo percebi que sabia muito pouco sobre o fazer coach. Eu me sentia um peixe fora d'água. Vi agile coaches serem expulsos da organização ao pressionarem as equipes a adotarem cegamente as regras sem ter ao menos tempo para entender o contexto.

Mas o pior estava por vir; a equipe que me foi atribuída para treinar não dava nenhuma importância em se tornar uma equipe ágil. Eles estavam sendo pressionados a adotar as práticas ágeis pelos seus gerentes, e fiquei horrorizada ao descobrir que a transição ágil estava vinculada a planos de redução e realocação de pessoal. A confiança e o moral dentro da TI estavam abaixo de zero.

Como eu poderia treinar uma equipe que não estava interessada em se tornar uma equipe ágil? Busquei auxílio na comunidade ágil para inspiração. Participei da Agile Development Conference em Salt Lake City. Foi sensacional conversar com muitos dos meus heróis ágeis: Ward Cunningham, Alistair Cockburn e Linda Rising. Mas o relato de experiência de James Shore me impressionou. Ele me ajudou a compreender que a mudança leva tempo e que o coach precisa ser paciente e trabalhar a passos de tartaruga.

Decidi me concentrar em uma abordagem mais simples baseada no Scrum. Passei um tempo com a equipe compartilhando tudo o que sabia a respeito de como escrever histórias de usuários, viabilizar retrospectivas e evidenciar o progresso. Incentivei a equipe de desenvolvimento a se reunir com as pessoas de negócios e com os usuários finais no call center, e isso os ajudou a sentir uma conexão mais forte com os resultados do próprio trabalho. Aos poucos, eles começaram a assimilar as técnicas que lhes mostrei e a assumi-las em seu próprio trabalho.

No ano seguinte, fui de equipe para equipe, ajudando cada uma a alcançar um nível básico da metodologia ágil — treinei até mesmo equipes de fornecedores externos. Ao longo do percurso, descobri que as pessoas gostavam bastante do fato de eu ter reservado um tempo para ouvir suas preocupações e ajudá-las a identificar possíveis linhas de ação, em vez de orientá-las sobre o que fazer. Eu costumava colocá-las em contato com outras equipes que tinham soluções para compartilhar. Então, começaram a brotar comunidades de práticas.

À medida que os meses foram passando, comecei a entender que essas interações individuais e retrospectivas da equipe eram os momentos em que um agile coach plantava as sementes da mudança. Eu nem espero que cada uma delas se enraíze. Entendo que cada semente demora um tempo para brotar e nutrir os brotos antes que eles frutifiquem. Para mim, essa é a essência do meu estilo de coaching — trabalhar em um ritmo saudável e deixar a equipe cuidar do processo.

— Rachel Davies

A Jornada de Dan: Um Agile Coach Reflete acerca de Sua Evolução Shuhari

Dan Mezick é um homem bastante entusiasmado a respeito do que lhe desperta seu interesse pela metodologia ágil: o espírito empreendedor ágil e o que ele aprendeu com as disciplinas aliadas das relações em grupo. Instrutor técnico e agile coach, Dan gerencia os grupos de usuários da Agile Connecticut e da Agile Boston, levando os mais recentes líderes ágeis para o público de New England. Como um verdadeiro cara de TI, Dan assimilou praticamente todas as tecnologias de programação disponíveis. A mesma curiosidade que faz com que Dan queira saber tudo e entender de programação faz ele se concentrar para compreender o Scrum a fundo, a fim de responder à pergunta imperiosa: Por que o Scrum funciona tão bem, afinal? Sem meias medidas, Dan levou a metodologia ágil para o mundo do treinamento de hóquei juvenil, em que seu framework Parent-Coach Timeout (PCT) permite que pais, treinadores e jogadores obtenham muito mais satisfação e diversão nos esportes juvenis. A Figura 13.2 retrata a jornada de Dan como agile coach.

FIGURA 13.2 A jornada de Dan Mezick como agile coach

Leia a história de Dan em suas próprias palavras:

Já que estou lhe contando a história da minha jornada ágil, você precisa saber um pouco sobre mim. Vamos lá: sou bacharel em ciências da computação com habilitação secundária em gestão de negócios. Tenho experiência com diversos papéis em desenvolvimento de software, incluindo nove anos como programador profissional. Tenho algumas patentes de software e também tenho experiência direta com gerenciamento de diversos projetos que compreendem quase 50 programadores trabalhando a partir de 5 coordenadores diretos. Tenho vasta experiência ensinando desenvolvedores profissionais a usar as ferramentas de software mais recentes. Por fim, tenho um interesse de longa data em psicologia individual e na psicologia dos grupos.

Em 2006, eu já tinha toda essa bagagem quando participei da turma Certified ScrumMaster (CSM) de Lowell Lindstrom. Como todo mundo que aprende Scrum, comecei a achar que já sabia de tudo. Assim, depois de um tempo, ganhei experiência e percebi que realmente não sabia muito sobre o Scrum. Esse ciclo se repetiu — e se repete — até hoje. Ao longo da jornada, tive alguns insights. Veja alguns deles a seguir.

Como principiante no modo Shu, durante a aula de CSM de Lowell Lindstrom, sugeri uma forma de adaptar o Scrum para solucionar um problema que estávamos discutindo. Lowell me perguntou se eu tinha alguma experiência direta (empírica) com o Scrum. Respondi que "não" e refleti a respeito do valor real da experiência direta, do "aqui e agora".

> **VEJA TAMBÉM** As descrições dos estágios de maestria do Shuhari e o que elas significam para treinar equipes ágeis são abordadas no Capítulo 4, "Mude Seu Estilo".

Posteriormente, quando ganhei mais experiência direta com o Scrum, percebi que muito do pensamento ágil é de fato o mesmo que o pensamento empreendedor. A coincidência é uma abordagem empírica do trabalho — aprendizagem por observação.

Depois de absorver essa experiência e no modo Ha, conheci Jeff Sutherland, cocriador do Scrum, em uma conferência, e eu lhe disse: "Verdadeiro ou falso: o pensamento ágil é o pensamento empreendedor." Jeff ponderou a questão, olhando para o chão por alguns segundos. Então, ele olhou para cima e respondeu: "Verdade. Em um artigo da *Harvard Business Review*, de Takeuchi e Nonaka, os autores afirmam que a equipe 'se comporta como uma startup' quando trabalha dessa maneira." Isso confirmou o que eu achava e me entusiasmou. Na conferência Agile 2007, participei de uma sessão sobre esse assunto, chamava Agile and Entrepreneurial Thinking Patterns [Padrões de Pensamento Ágeis e Empreendedorismo, em tradução livre].

Um pouco mais tarde, ainda no estágio de aprendizado do Ha, me ofereceram a oportunidade de fazer coaching em uma grande companhia de seguros. Durante esse treinamento, observei um comportamento esquisito no nível do grupo, então comecei a estudar os grupos e os processos em grupo. Conheci mais a teoria das relações de grupo, que elenca o conceito de que a tarefa principal e não declarada de um grupo é "sobreviver como um grupo". Participei de uma conferência GR, em 2009, e percebi que as definições inequívocas do Scrum para limites, autoridade, papel e tarefa (BART) são parte do que fortalece o Scrum. Mais tarde, compartilhei essas ideias sobre a relação Scrum/BART nas conferências Agile 2008 e Agile 2009.

Agora, penso que estou no modo Ri. Sei que, no exato momento que afirmar isso, vou ganhar alguma experiência nova, e então vou perceber que há mais a aprender e que não sei praticamente nada a respeito da metodologia ágil e do Scrum.

— Dan Mezick

A Jornada de Lyssa: A Redenção de uma Agile Coach

Lyssa Adkins, sou eu. Passei os últimos 5 anos da minha vida profissional treinando equipes ágeis e ensinando a metodologia ágil. Esses anos foram antecedidos por quase 15 anos como uma gerente de projeto orientada a planos. Caso já tenha lido algumas páginas deste livro, você já sabe um pouco da minha jornada como coach. A história que você está prestes a ler encerra tudo, assume uma sequência e conta mais sobre o que estava acontecendo dentro de mim a cada passo da jornada.

A Figura 13.3 mostra minha jornada como agile coach.

FIGURA 13.3 A jornada de Lyssa Adkins como agile coach

Minha jornada para tornar-me agile coach tem sido alegre, dolorosa e, acima de tudo, "reveladora". Comecei como gerente de projeto quando o mundo estava padronizando o gerenciamento de projetos e transformando-o em um processo repetitivo durante os tempos áureos do Project Management Institute. Mergulhei de cabeça nessa onda e me tornei uma grande gerente de projeto orientada a plano e, por fim, gerente de programa e diretora do escritório de gerenciamento de projetos.

Quando era uma gerente de projeto orientada a plano, minha motivação era outra — era ser vista como alguém que "tinha tudo sob controle". Ainda que eu não tenha sequelas duradouras dessas experiências, a sensação delas persiste. Estávamos sempre em desvantagem, começando no "primeiro dia do projeto" já atrasado, com as mãos atadas, nunca bem o bastante. As pessoas sempre eram pressionadas esmagadoramente, não com somente um, mas com vários projetos. Todos eram decisivos para o sucesso do negócio. Pelo menos, era o que nos diziam, e as coisas pioravam cada vez mais à medida que eu fazia todo mundo trabalhar igual condenado. Eu exigia que as pessoas trabalhassem absurdamente. Estou sendo gentil ainda, sem dúvidas, mas o jeito como as pessoas me descreviam dizia tudo. "Ela é como um cachorrinho com um osso. Nunca vai deixá-lo ir embora." E "Ela é gentil e competente. Mas tem o coração de pedra." As pessoas diziam isso na minha frente e eu considerava como elogios — ser considerada uma pessoa durona, motivada e séria era a minha medalha de honra. Nesse período da minha carreira, meu slogan era "planejar o trabalho e trabalhar o planejamento".

Agora, olho para trás e vejo os sucessos — um projeto atrás do outro entregue dentro do prazo, dentro do orçamento, de acordo com o escopo (pelo menos de acordo com a última solicitação de mudança) —, mas nenhum entregue a um cliente satisfeito (embora isso não fizesse parte dos critérios de sucesso naquele momento). E vejo uma fila enorme de pessoas que comprometeram suas vidas por causa desses projetos. Elas deixaram de jogar bola, perderam festas de aniversário e tardes ociosas de domingo, pois trabalhavam além do que qualquer um deveria racionalmente esperar. Ainda que tenham tomado as decisões de se sacrificarem "por conta própria", eu sabia, lá no fundo, que o sistema do qual eu fazia parte (e defendia) as pressionava a fazer essas escolhas. Os divórcios que aconteciam em minhas equipes (cerca de três por ano), o sentimento persistente de que talvez os momentos perdidos com as famílias se acumulavam, os clientes e gerentes da empresa que me impulsionavam com expectativas nada realistas e demandas "cada vez mais altas" — tudo isso parecia se resumir a uma coisa: trabalhe mais e ignore as consequências pessoais.

E me submeti à exaustão, colocando minha filha pequena na cama e adormecendo profundamente ao lado dela — vestida com a roupa de trabalhar, com os pratos do jantar na pia e todas as luzes da casa ainda acesas. Conseguia dormir apenas o suficiente para fazer tudo de novo no dia seguinte. Se pensarmos bem, acho que todos já nos sentimos presos em formas de trabalhar que não condiziam com o nosso melhor empenho, nem sequer se preocupavam quando nos empenhávamos. Basta implementar o próximo projeto; a máquina só se importa com isso.

Durante todo o tempo, era muito elogiada por ser uma excelente gerente de projeto, não apenas pela gerência e pelos clientes, mas também pelos membros da equipe. Ao olhar para trás, para a maneira como tratei os membros da equipe quando trabalhava orientada a planos, me pergunto por que essas mesmas pessoas gostariam de trabalhar comigo de novo como gerente de projeto. Mas elas trabalham (até hoje), logo só posso especular que, embora minhas ações fossem desumanas, elas devem ter trabalhado com gerentes de projeto muito mais desumanos do que eu. Esses gerentes de projeto e as pessoas em seus projetos provavelmente acham que a maneira como trabalham é "normal". Como nunca trabalharam de outra maneira, eles possivelmente não associam a palavra *desumana* à maneira como trabalham — mas trabalham, sim, de forma desumana.

Por um feliz acaso, fui informada de que meu próximo projeto seria gerido usando o Scrum e que eu seria uma Scrum Master. Com a ajuda do meu mentor Scrum, aprendi a abrir mão o bastante para a equipe trabalhar. Foi difícil para mim, sofrido mesmo, e por isso valeu tanto a pena. Fiquei estarrecida como as pessoas desempenhavam o trabalho com maestria, rapidez e qualidade. Eu mal conseguia acreditar no que via, mas me sentia imensamente aliviada ao descobrir que as equipes realmente sabiam fazer as coisas certas — tudo sem que eu as "conduzisse" e sem que elas se sacrificassem pessoalmente vezes sem fim.

Fiquei admirada quando os membros de duas equipes diferentes nas quais eu era a Scrum Master disseram: "Não tem problema que você tem cirurgia ocular a laser marcada para a data do lançamento. Pode ir! Temos tudo sob controle." E eles tinham. Não liguei nem fui atrás para saber o que aconteceu até que retornei ao trabalho dois dias depois, com uma nova visão (em todos os sentidos). Os dois lançamentos foram um sucesso e as equipes passaram para o próximo trabalho de maior valor — tudo sem que eu lhes dissesse o que fazer ou estivesse presente para orquestrar o movimento de cada pessoa no processo de lançamento.

Fiquei perplexa quando a pessoa mais acanhada de uma equipe Scrum começou a falar em voz alta e foi reconhecida por sua genialidade (ainda não vista), e depois se tornou uma líder do grupo, assumindo seu lugar de direito entre os outros líderes/ membros de equipe. Eu observava seu sorriso à medida que ela brindava a todos com seus talentos (não somente aqueles inerentes ao seu papel formal) e sentia a energia que ela emanava e que renovava a equipe, e eu ficava abismada.

Fiquei atônita quando uma gerente que foi controladora ao longo de sua carreira se permitiu dar um passo para trás e anular seu controle a fim de que a equipe se ajudasse. Extremamente pressionada para "conduzi-los", era uma tarefa bastante difícil para ela. Ela foi bem recompensada quando a equipe se manifestou e expressou suas ideias, direção e liderança considerável. As mesmas pessoas que ela achava tão complicadas de gerenciar e que antes geravam resultados medíocres, agora estavam criando produtos de altíssima qualidade. Ela estava maravilhada com elas. Eu estava impressionada com ela.

Todas essas experiências fantásticas me levaram a acreditar que algo mais profundo ocorre com o Scrum do que meramente um novo processo de gerenciamento de projetos. Para captar a essência disso, coloquei minha cabeça para funcionar com muitas ideias novas. Li diversos blogs de agilistas e, a partir deles, fui segmentando para os assuntos que foram alvo da inspiração e despertaram curiosidade neles. Como resultado, aprendi um bocado sobre muitas coisas: facilitação, teatro, mediação de conflitos, improvisação, ensino, ciências da decisão, física quântica, liderança, comunicação não violenta, meditação, orientação, liderança servil. Mergulhei de cabeça em tudo isso, deixando cada ideia nova amadurecer com as experiências diárias que estava vivenciando com as equipes como Scrum Master, e já estava sendo chamada de *agile coach*. Ao começar a levar essas ideias para as minhas equipes, fui paralisada por um sentimento de que lhes oferecer técnicas e mindsets das muitas áreas era somente uma nova forma de controlá-los. Caso não tomasse cuidado, poderia afogá-los em tantas ideias novas que, novamente, ficariam empacados pela direção de outra pessoa. Ao mesmo tempo, um colega me disse: "Você se considera uma coach, mas não é."

Ao reconhecer essa verdade, fiz minha primeira aula de coaching de trabalho/life coach e descortinei um novo mundo que oferecia habilidades 100% aplicáveis aos treinamentos de equipes ágeis. Que achado! E aprendi modos de responsabilizar a equipe por suas prioridades, dentro das quais eu poderia oferecer todas as ideias novas sem arrastá-los do próprio caminho. Desde então, compartilhei o que eu conheci como as profundezas da agilidade, levando formas novas de pensar a fim de ajudar a metodologia ágil a ganhar vida para eles e fazer a diferença em suas vidas. Agora, posso enxergar claramente que a equipe de fato sabe o que é melhor. Minha função como agile coach é ajudá-la a saber que ela sabe.

— Lyssa Adkins

A Jornada de Martin: Um Agile Coach Efetua uma Retrospectiva Pessoal

Martin Kearns foi um dos três primeiros coaches a conquistar a alcunha de Certified Scrum Coach e também é um Certified Scrum Trainer. Conheci Martin no Scrum Gathering, na primavera de 2009, e imediatamente soube que queria encontrar meios de trabalhar com ele. Desde então, compartilhamos nossas dicas de treinamento, fazer coaching e lições um com o outro, por meio de chats de vídeo, em diferentes lugares do mundo e fusos horários, ele na Austrália e eu nos Estados Unidos. Acho que Martin é um homem totalmente íntegro, uma característica que faz dele um exemplo e tanto, ao passo que o desafia a permanecer fiel a si mesmo enquanto treina as equipes. A Figura 13.4 ilustra a jornada de Martin como agile coach.

FIGURA 13.4 A jornada de Martin Kearns como agile coach

Leia a história de Martin em suas próprias palavras:

Minha jornada como coach tem sido um bocado emocional. Meu primeiro passo foi me elevar acima dos outros com o título de "coach", sem ao menos parar, a fim de avaliar minhas habilidades. Eu era realmente um coach?

Quando muito, me intitulei coach a fim de afagar o meu próprio ego, para ter um título que carregava um respeito implícito e afirmava que eu sabia mais do que outros no reino da agilidade. Protegido dentro da estrutura hierárquica que eu já havia vivenciado, meu papel era simplesmente convencer meus subordinados diretos da eficácia da minha solução, satisfazê-los com minha explicação e receber o apoio deles enquanto prosseguíamos. E levei esse mindset para a metodologia ágil, substituindo os subordinados diretos por membros da equipe, mas agindo da mesma forma.

Demorei dois anos para perceber que minha habilidade de influenciar os outros conforme o modo de pensar ágil era limitada pela minha própria postura. As pessoas tinham a seguinte experiência comigo: "Sei bem o que é melhor. Preste atenção. Ajoelhe-se diante de meu conhecimento superior sobre a metodologia ágil." Não é de admirar que minha habilidade de influenciá-los ficava bem aquém das minhas expectativas.

Eu precisava aprender mais. Após horas e horas pesquisando sobre comportamento humano e dinâmica organizacional, por fim, encontrei um alento para minha própria jornada de agile coach nos escritos de David Goleman sobre inteligência emocional (Goleman *et al.*, 2003).

O campo da inteligência emocional (IE) me ajudou a entender a motivação humana, a expressão e a dinâmica em um outro nível. Bem reconhecida nos dias de hoje como uma dimensão indispensável para a criação de relacionamentos interpessoais eficazes, ficou muito claro para mim que melhorar meu quociente de IE era fundamental para influenciar os outros em uma transição ágil.

Reconheci que precisava valorizar o indivíduo como a pessoa que era, respeitar sua opinião e aprender mais a respeito de suas convicções individuais e objetivos pessoais. Então, comecei a me concentrar em promover o tipo de relacionamento que precisava ter com as pessoas com o intuito de iniciar a mudança e ter a influência que eu esperava. Usei o modelo IE de Goleman em meus próprios ciclos de inspeção e adaptação, e aprendi muitas coisas.

Entre elas, aprendi que ser um coach exige ter disciplina para refletir, ter a confiança e o desejo de analisar o estado de espírito e as atitudes. Quando comecei a me analisar interiormente, não fiquei impressionado com o que vi. Eu estava ensinando a amplidão das abordagens orientadas a equipes para a área de desenvolvimento de software e o quão produtiva (e interessante) uma equipe com capacidade para determinar como solucionar problemas complexos poderia ser. Percebi que estava me comportando mais como um indivíduo motivado por desejos egocêntricos do que com o tipo de membro da equipe ágil que eu estava ensinando e promovendo as outras pessoas a ser.

Estava muito aborrecido comigo mesmo e precisava começar a praticar o que eu ensinava. Então, identifiquei o X da questão: eu estava ensinando mais do que fazendo coaching. Existe uma grande diferença entre ensinar e fazer coaching. Para fazer coaching, é necessário estar em sintonia com as emoções da equipe e estar ciente de todos os seus problemas e opiniões. A arte de ouvir é de suma importância. Eu me recordei disso e comecei a ouvir e entender o que as pessoas estavam sentindo e pensando e, depois, fazia perguntas que permitissem a todos saber o porquê.

Como agile coaches, precisamos ficar atentos de que a mudança sempre tem um impacto desconcertante. Devemos nos lembrar de que, quando entramos no domínio de uma equipe e percebemos uma resposta de resistência à mudança, isso não tem nada a ver conosco. Não devemos levar isso para o lado pessoal. Devemos respeitar as experiências passadas das pessoas da equipe e ajudá-las a explorar seus pontos fortes para instaurar um mindset de equipe ágil.

A pergunta que um agile coach deve fazer é: "Quanto tempo devo investir em uma pessoa antes de me concentrar em outra?" Minha resposta reside no fato de que não sou eu quem deve responder a essa pergunta. O coach ensina as pessoas os conceitos ágeis, como abordagens orientadas a resultados e participação compartilhada nos resultados, bons e ruins. Com isso, o coach disponibiliza as informações de que as pessoas precisam para decidir por si próprias se determinado modo ágil de trabalhar se enquadra em suas necessidades e convicções pessoais. Não é nada fácil a ideia de inspirar em alguém o desejo de mudar seus comportamentos ou mindsets, porém é isso que nós, os coaches, devemos fazer. Descobri que a melhor maneira de fazer isso é liderar pelo exemplo. Por exemplo, seja o primeiro a observar os resultados das práticas que estamos adotando, respeitando as opiniões de cada pessoa.

Conforme disse antes, ser um agile coach tem sido uma jornada emocional, mas tem valido muito a pena. Há benefícios sem fim em ser um agile coach. Você pode ajudar a instaurar um ambiente em que cada membro da equipe possa trabalhar com o melhor de suas habilidades e desenvolver soluções excepcionais que realmente atendam às necessidades de negócios. Não existe nada melhor que isso.

No entanto, ainda que comemore o sucesso de suas equipes, você sabe que seu destino é ficar nos bastidores nesses momentos e nunca reivindicar o sucesso da equipe como se fosse seu. Para de fato fazer coach, seu senso de sucesso deve residir nas habilidades crescentes da equipe e no seu impacto sobre ela. O reconhecimento por um trabalho bem feito é todo dela. Em vez disso, fique satisfeito em saber como seu sucesso reuniu seus membros em torno de uma unidade mais forte, capaz de assumir novas iniciativas melhor do que antes.

Valorizo muito o papel de um coach. Uma vez, antes de me tornar um agile coach, treinei atletas de uma equipe de atletismo para a liga nacional. Era algo de extrema importância. Durante anos e anos treinamos uns com os outros, noite após noite, impreterivelmente. Ver a felicidade estampada nos rostos dos meus colegas de equipe quando vencemos e sentir, sem sombras de dúvida, que o trabalho árduo valeu a pena foi uma experiência que eu nunca mais esquecerei. A vitória exigiu o empenho total da equipe, cada pessoa dando tudo de si, e resultou em uma conquista que compartilhamos juntos. Agora, com as equipes ágeis, existe a chance de esse tipo de coisa acontecer todos os dias em minha vida profissional. Sou profundamente grato por ter a oportunidade de trabalhar no papel de agile coach, por reviver aquele sentimento gratificante de realização concreta muitas vezes.

Meu conselho: vista a camisa do papel de agile coach, e os benefícios nunca cessarão.

— Martin Kearns

Jornada de Kathy: Uma Agile Coach Aprende a Fazer Coach

Kathy Harman era conhecida como "a analista de negócios mais maldita que você poderia conhecer" quando eu e ela nos cruzamos pela primeira vez. Alguns anos depois, após perdermos o contato, nossos caminhos se cruzaram novamente, dessa vez no contexto de coaching profissional. Durante esse período, cada uma de nós encontrou nosso caminho para o coaching e fomos "apresentadas" por um colega de trabalho em comum na cena coaching. Desde então, Kathy e eu trabalhamos juntas como master agile coaches, ajudando pessoas, equipes e organizações a descobrir como potencializar a metodologia ágil para conquistar os resultados que desejam. A Figura 13.5 retrata a jornada de Kathy como agile coach.

FIGURA 13.5 A jornada de Kathy Harman como agile coach

Leia a história de Kathy em suas próprias palavras:

> Conheci o treinamento ágil da mesma forma que muitas outras pessoas: fui gerente de projeto durante anos, fiz parte de muitas equipes ágeis bem-sucedidas, fiz o treinamento ágil e tirei a certificação de Scrum Master. Naquele momento, me sentia pronta para "liderar as equipes para o sucesso". Afinal de contas, eu era ótima em motivar equipes e manter a gerência informada e feliz, podia fazer o Microsoft Project funcionar a todo vapor e tinha experiência com métodos ágeis. Do que mais eu poderia precisar?
>
> Treinei algumas equipes e achei terrivelmente difícil gerenciá-las. Elas não eram tão submissas quanto as equipes com quem trabalhei anteriormente! Elas não queriam respeitar todas as práticas ágeis nem faziam sempre o que eu lhes dizia para fazer. Tive que constantemente importuná-las para fazer as reuniões em pé,

e elas não estavam nem um pouco interessadas em revisões ou retrospectivas. Assumi cada vez mais as responsabilidades de assegurar que o trabalho fosse realizado. Fazer treinamento ágil era um trabalho árduo!

Felizmente, me desviei do caminho de agile coach devido ao meu intenso interesse no life coaching. Inscrevi-me no programa de treinamento Success Unlimited Network e passei mais de um ano estudando a fundo para adquirir as habilidades de coaching. Participei de mentoria como coach de clientes e, lentamente, assimilei as práticas que sustentam o esqueleto do life coaching, tal como a escuta ativa, as perguntas poderosas, a conscientização, o gerenciamento do progresso e a responsabilidade. Logo percebi por que tinha tantos problemas com as equipes ágeis: eu as gerenciava, não as treinava.

Durante meu treinamento, recebi uma proposta para agile coach. Minha primeira propensão foi recusar, pois eu gostava de treinar as pessoas individualmente. Porém minha curiosidade se atiçou: Qual seria o resultado se eu implementasse os princípios tradicionais de coaching às equipes em um ambiente ágil? Aceitei a proposta e tive a sorte de encontrar um agile coach experiente lá, que plantou com sucesso as sementes do treinamento ágil usando técnicas profissionais de coaching. Pude adentrar em um ambiente maduro para o tipo de treinamento que eu queria ministrar.

Imediatamente, senti uma diferença em minhas habilidades de coaching. Agora que eu tinha sido treinada como life coach, eu compreendia melhor o ideal do treinamento ágil, de ajudar a equipe a ser autogerenciada. Consegui passar facilmente as técnicas individuais de coaching ao treinamento de minha equipe: fazer perguntas em vez de dar sugestões, aceitar que a equipe tinha o conhecimento necessário para ser bem-sucedida, e defender uma perspectiva e uma abordagem positivas. Vi como, quando a equipe descobriu isso, a lição funcionou. Ajudei as equipes a entenderem a dinâmica que as faziam ser bem-sucedidas (ou lhes traziam problemas), e essa conscientização as ajudou a descobrir como celebrar suas diferenças e criar uma identidade exclusiva como equipe rumo ao alto desempenho.

Em vez de se comportar como "um anjo ágil do mal", tagarelando regras e princípios, observei como os membros da equipe se comportavam, falavam e interagiam, e deixei que encontrassem a melhor forma de trabalhar. Uma equipe queria atividades de team-building; a outra não estava nem um pouco interessada em atividades, mas queria os processos concretos para ajudá-los a construir uma equipe melhor. Para a primeira, apresentei jogos e exercícios e ajudei os membros a entender o que aprenderam. Para a outra, eu a treinei para criar o processo que queriam, a fim de ser uma equipe de alto desempenho. Eles elaboraram o processo, não eu. Apresentei ferramentas e técnicas para ajudá-las; todavia, eu sempre perguntava se queriam usar a técnica e respeitava a decisão deles. A prioridade era deles, não minha! Essa abordagem teve como resultados equipes muito diferentes, cada uma com o próprio estilo, e ambas são equipes ágeis de alto desempenho. Elas vestiram a camisa da metodologia ágil e estavam comprometidas com o sucesso da equipe. A comunicação era clara, a confiança era alta e o foco era compenetrado.

No processo, aprendi tanto quanto as equipes. Nem tudo que tentei fazer funcionou, e as coisas que não funcionaram me ensinaram tanto quanto as que funcionaram. Existe uma determinada necessidade de treinar uma equipe rumo ao sucesso, como se você fosse o maestro de uma orquestra. Cada membro da equipe desempenha um papel importante, mas a verdadeira beleza reside no trabalho de toda a equipe como uma unidade de sucesso. Sentimos uma alegria ao abrir mão do controle, uma forte confiança de que o framework ágil funciona e uma aceitação incondicional das habilidades dos membros da equipe que se incorporam a um todo harmonioso. Descobri um mundo novo e interessante para além das fronteiras do coaching individual, de igual modo enriquecedor e satisfatório. E sabe qual é a melhor parte? Quando se é um agile coach, mal parece que você está trabalhando!

— Kathy Harman

Sua Jornada

A estrela da última das nossas seis histórias sobre jornada dos agile coaches é você. Por onde andou? O que você aprendeu? O que o incita a explorar e integrar práticas em seu treinamento? O que é importante no que diz respeito ao treinamento de equipe ágeis?

A Figura 13.6 está pronta, esperando que você a preencha com a ilustração que descreva sua jornada como agile coach. Tire um tempo para refletir em que ponto você esteve e para onde está indo, e desenhe os diversos eventos de treinamento que moldaram sua jornada até agora. Vá em frente, desenhe. Desenhe o caminho que se desenrola à sua frente também. Qual é o próximo cume a ser escalado? Qual é o seu lema sobre o agile coach?

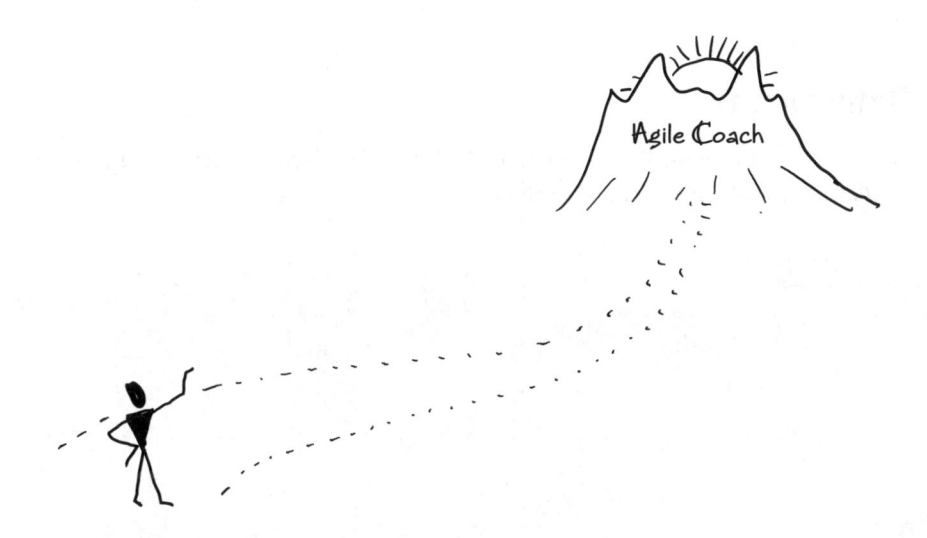

FIGURA 13.6 Sua jornada como agile coach

Em seguida, compartilhe seu desenho de sua jornada com outras pessoas para que elas possam auxiliá-lo durante o percurso. Você também pode descobrir que sua história é capaz de inspirar voos mais altos. Seria um belo de um presente!

E me deixe a par do que acontece com você ao longo do caminho também. Mal posso esperar para ouvir sobre a sua jornada.

Recapitulação

Assimile apenas uma ideia, neste exato momento:

- É a sua jornada. Faça-a valer a pena. Atreva-se a ser um excelente agile coach.

Leituras e Recursos Adicionais

Sliger, M. Light Bulb Moments. www.sligerconsulting.com/lightbulb-moments.
    Agile coach, instrutora e coautora do *The Project Manager's Bridge to Agility*

["A Ponte para a Metologia Ágil do Gerente de Projeto", em tradução livre], Michele Sliger fala sobre as coisas que despertam o interesse das pessoas pela metodologia ágil. Ela reúne histórias de pessoas em seu site.

Referências

Goleman, D., Boyatzis, R. and McKee, A. 2003. *The New Leaders: Transforming the art of leadership.* Londres: Sphere.

Índice

Símbolos
12 Princípios Ágeis, 201–203

A
abertura, 25
aceitação, 89–90
aconselhar, 66–67
afetividade, 90
agile coach
    características inatas, 17
    comportamentos, 8, 182–183
    estilos, 64–68
    habilidades, 282–289
    importância, 4–5
    ingrediente fundamental, 8
    limites, 97–98
    principiante, 4
    treinamento, 109–110
agressividade, 36–38
ajuda, 131
alcançar, 67–68
alto desempenho, 21–22
    árvore, 23–29
    definição, 22
    expectativas, 22
    fundação, 29
    metáforas, 23–30
ambiente colaborativo, 246–248
análise BART, 197–200
    autoridade, 198
    limites, 198
    papéis, 197
    tarefas, 198–199
aprendizado, 18
aprendizagem do processo, 151–154
aprimoramento, 56
área de crescimento, 35
artes marciais, 60
assertividade, 35
atividades
    atividade silenciosa, 130
    constelação, 160–162
    linha de jornada, 156–159
    manchete de jornal, 169–170
    mercado de habilidades, 158–159
    regras de equipe, 167–168
    valores, 162–163
    visão compartilhada, 163–167
autoavaliação, 290–293
autoconhecimento, 34–35
autoestima, 245
autogerenciamento, 43
auto-organização, 26, 29, 121
avaliação de desempenho, 296

B
backlog do produto, 100
    revisão, 170

C

cartões de tarefas, 153
casamentos, 231
centralizar e controlar, 40–44
ciclos de inspeção e adaptação, 43
cliente. *Consulte* patrocinador
coaching, 66
coaching coativo, escola, 48
coach XP, 15
colaboração, 29, 241
    essência, 262–263
colaboradores individuais, 243
compaixão, 90
competência, 26
comprometimento, 25
compromisso diário, 123
comunicação, 25, 36–38
    expressões faciais, 41
    não violenta, 38, 41
confiança, 26, 53
confidencialidade, 86
conflitos
    cinco níveis, 213–216
    linguagem, 218–219
    mediação, 220–226
    papel do agile coach, 212–213
    resposta, 35–36
    tendência natural, 36
conquistas, 293–295
consenso, 26
contratempos, 44
controle por lançamento, 43
conversas impetuosas, 91
cooperação, 241
cooperatividade, 35
coordenação meticulosa, 122

coragem, 25
criação artística, 245
curiosidade, 17, 248, 275

D

Dalai Lama, 90
Dan Mezick, 303–305
desafios poderosos, 143
desapego, 41
desapontamento, 108
divergência construtiva, 26, 211
domínio de si, 55

E

ego, 245
emoções, 94
empirismo, 29
ensinar, 64–65
equipe
    duas pizzas, 122
    fortalecimento, 39
    novos membros, 174–175
    recomeços, 173–174
equipes ágeis
    estágios, 60–64
    evolução, 62
    pontapé inicial, 283–284
era do conhecimento, 22
erros, 105–106
escolas de pensamento, 6
espaço aberto, 44
esquema parking lot, 101–102
essência ágil, 153
estimativa versus realidade, 131
estratégia tit-for-tat, 251

excelência, 18
expertise, 96–97
Extreme Programming (XP), 15
　　valores, 25

F

facilitação profissional, 146
falar, 50–51
feedback, 25, 131
focar o pouco, 122
foco, 25
fracassos, 42
frameworks ágeis, 5–6
　　níveis de escuta, 48–49

G

gerenciamento
　　ambiente, 112
　　de problemas e riscos, 189–191
　　equipes, 111
　　investimentos, 112
gerente de projeto
　　formação, 14
　　trajetória, 12–15
　　treinamento, 111–114
gratidão, 45

H

habilidades, 70
histórias de usuário, 129

I

impedimentos, 123

individualidade, 61
influência, 8
instabilidade, 18
insucessos, 270–271
　　origens, 271–273
　　recuperação, 273–276
inteligência, 39–40
Interface Systems, 101–102
intermediação de conflito, 288–289
intuições, 49

J

Jean Tabaka, 211, 233
jogo de planejamento, 101–102
jornadas, 300–315
julgamentos, 48
Jurgen Appelo, 242

K

Kathy Harman, 313–316

L

Lean, 112
ler nas entrelinhas, 17
líder servidor, 38–39
líder técnico
　　trajetória, 15–16
linguajar, 8–9

M

Manifesto Ágil, 202–204
mapeamento mental, 130, 259
Martin Kearns, 310–313

mashups ágeis, 9
Menlo Innovations, 101–102
mentoria, 76–77
metáfora, 23
metavisão, 276
metodologia ágil
    paradoxos, 6
    regras, 61
microgerenciar, 98, 108
mindfulness, 46, 52, 274–275
mindset ágil, 112
modelo de máquina, 4–5
momentos críticos, 108
momentos de aprendizagem, 175
motivação, 22
mudanças, 287–288

N

níveis de escuta
    abrangente, 49
    focada, 49
    interna, 48

O

orientação a pessoas, 17

P

papéis ágeis, 175–176
    agile coach, 181–183
    entrelaçamento, 183–185
    gerentes, 179–181
    Product Owner, 176–178
parcerias, 276
Patrick Lencioni, 211

patrocinador, 107–108, 114–116
    treinamento, 114–116
perguntas poderosas, 141–143
perspectivas, 131
Planning Poker, 260
planos, 18
pontapé inicial, 171–173
pontos de verificação integrados, 43
práticas ágeis, 283–284
    vantagens, 284
presença, 52–54
pressão dos colegas, 122
priorização, 29
problemas, 193–199
    abordagens, 203–207
    dinâmica da equipe, 195–199
    processo, 194
    qualidade e desempenho, 194–195
    solucionar, 4–5
Product Owners, 14
    comportamento, 177
    erros, 105–106
    escolha, 178
    metas de curto prazo, 100
    papel, 106–109
    pressão, 106–107
    prioridade, 103
    treinamento, 98–100
projetos
    modelo mental, 3, 4
Punho dos Cinco, 233–234, 254

Q

quociente de inteligência emocional, 39–40

R

Rachel Davies, 300–303
raciocínio orientado a valor de negócios, 273
reclamações, 226–230
resolução de problemas, 191–192
respeito, 25
retrospectiva, 81
reuniões em pé, 121–123
    intervenções, 124–125
    problemas, 124–125
Rich Sheridan, 101–102
ritmo, 29

S

Scrum
    regras, 61
    valores, 25
Scrum Master, 8
    formação, 11
    trajetória, 10–12
Seth Godin, 248
Shanghai Quartet, 240
Shuhari, 60–64
    estágio Ha, 61
    estágio Ri, 61–62
    estágio Shu, 60
    objetivo, 62
    prática, 63
silêncio, 42, 51

simplicidade, 25
sistema de convicções, 15
solução de problemas, 26
Speed Leas, 213
sprint
    planejamento, 105, 127–130
        aprendizado, 129–130
        facilitação, 128
    retrospectiva
        facilitação, 135–139
        preparação, 136–137
    revisão, 131–135
        observações, 133–135
        propósito, 131
    treinamento, 79–81
sucesso, 276–279
    equipe, 26

T

taekwondo, 59
tai chi chuan, 59
team building, 155
Tobias Mayer, 29
treinamento ágil, 43–44, 90–93
    a distância, 97
    adoção, 9–10
    agile coaches, 109–110
    alicerces, 84–90
    apoiar o processo, 95
    concentração, 47
    contexto, 5–6
    definição, 76–77
    essência, 7–8
    estilos, 64–67
    gerentes, 111–114

importância, 5
individual, 83–90
início, 91–93
intuito, 77–78
modus operandi, 6–7
mudança, 68–70
níveis, 78–82
patrocinador, 114–116
prática diária, 45
preparação, 44
    conexão, 46
Product Owner, 285–286
Product Owners, 98–100
    administração de negócios, 100–102
    áreas principais, 100
    desempenho, 106–109
    feedback, 99
    relação com a equipe, 104–106
reações, 47
resolução de problemas, 95
rumo da conversa, 93–96
sugestões, 45
tom, 82

V

vaidade, 245
valor de negócio, 100
    microdefinições, 100–102
    sistema, 103–104
valores, 25–26
valorização, 5
verificação de integridade, 194
violações contra a dignidade humana fundamental, 192
visão abrangente, 275–276

CONHEÇA OUTROS LIVROS DA ALTA BOOKS

Todas as imagens são meramente ilustrativas.

- JORDAN B. PETERSON — 12 REGRAS PARA A VIDA — UM ANTÍDOTO PARA O CAOS — PREFÁCIO DE NORMAN DOIDGE
- PAI RICO PAI POBRE — NOVA EDIÇÃO ATUALIZADA E AMPLIADA — ROBERT T. KIYOSAKI
- BRUCE SCHNEIER — CLIQUE AQUI PARA MATAR TODO MUNDO — Como Sobreviver em um Mundo Hiperconectado
- TOM WRIGHT & BRADLEY HOPE — O BLEFE DE UM BILHÃO DE DÓLARES — O HOMEM QUE ENGANOU WALL STREET, HOLLYWOOD e o MUNDO
- WALTER LONGO — O FIM DA IDADE MÉDIA E O INÍCIO DA IDADE MÍDIA
- WALTER LONGO — INSIGHTS PARA UM MERCADO EM TRANSIÇÃO
- Daniel Pecaut e Corey Wrenn — A Universidade da Berkshire Hathaway — WARREN BUFFETT & CHARLIE MUNGER
- O PODER DE UMA EQUIPE POSITIVA — JON GORDON
- MORRENDO POR UM SALÁRIO — JEFFREY PFEFFER

+ CATEGORIAS

Negócios - Nacionais - Comunicação - Guias de Viagem - Interesse Geral - Informática - Idiomas

SEJA AUTOR DA ALTA BOOKS!

Envie a sua proposta para: autoria@altabooks.com.br

Visite também nosso site e nossas redes sociais para conhecer lançamentos e futuras publicações!
www.altabooks.com.br

ALTA BOOKS
GRUPO EDITORIAL

/altabooks · /altabooks · /alta_books

ROTAPLAN
GRÁFICA E EDITORA LTDA
Rua Álvaro Seixas, 165
Engenho Novo - Rio de Janeiro
Tels.: (21) 2201-2089 / 8898
E-mail: rotaplanrio@gmail.com